中铁设计集团隧道及地下工程技术丛书

莞惠城际铁路隧道及地下工程修建技术

蒋小锐 李 浩 孟 超 黄 杰 张俊儒 贾小波 著

中国建筑工业出版社

图书在版编目（CIP）数据

莞惠城际铁路隧道及地下工程修建技术/蒋小锐等
著. —北京：中国建筑工业出版社，2020.12
（中铁设计集团隧道及地下工程技术丛书）
ISBN 978-7-112-25860-4

Ⅰ.①莞… Ⅱ.①蒋… Ⅲ.①城市铁路-隧道施工
Ⅳ.①U459.1

中国版本图书馆CIP数据核字（2021）第024852号

莞惠城际铁路隧道总长57.484km，隧线比为55.87%，隧道沿线工程地质复杂，水系发育，不良地质众多，工程环境复杂；隧道采用明挖、盾构、矿山法施工。基于以上背景，作者对建设过程中形成的成果归纳、总结并提炼形成本著作。全书共分为8章，内容包括：莞惠城际铁路及隧道工程概况、城际铁路隧道空气动力学效应研究、复杂工程环境浅埋大跨暗挖车站修建技术、浅基岩地层明挖车站修建技术、盾构法区间近接既有建筑物施工影响及控制技术、矿山法区间近接既有建筑物施工影响及控制技术、超长硬岩地层段盾构掘进技术及浅埋富水砂层矿山法隧道掘进技术。

本书可供从事隧道与地下工程科研、设计、施工、监理的技术人员与管理人员，相关专业高等院校师生参考。

责任编辑：李笑然　刘瑞霞
责任校对：党　蕾

中铁设计集团隧道及地下工程技术丛书
莞惠城际铁路隧道及地下工程修建技术
蒋小锐　李　浩　孟　超　黄　杰　张俊儒　贾小波　著
*
中国建筑工业出版社出版、发行（北京海淀三里河路9号）
各地新华书店、建筑书店经销
霸州市顺浩图文科技发展有限公司制版
北京市密东印刷有限公司印刷
*
开本：787毫米×1092毫米　1/16　印张：25½　字数：632千字
2021年2月第一版　2021年2月第一次印刷
定价：79.00元
ISBN 978-7-112-25860-4
（36665）

版权所有　翻印必究
如有印装质量问题，可寄本社图书出版中心退换
（邮政编码100037）

中铁设计集团隧道及地下工程技术丛书
编审委员会

主　　任：谭富圣
副 主 任：蒋小锐　吕　刚
编　　委：石　山　陈学峰　张　鹏　王德福　刘宝权　马福东
　　　　　王　瑾　曲　强　罗元新　刘建友　于晨昀　刘　冰
　　　　　陈　达　李　力　于鹤然　殷文华　叶　雷　孟　超
　　　　　单士军　房霄虹　邬　泽　张　恒　陈　丹　张矿三
　　　　　陈俊林　张恒睿　陈　慧　亢跃华　刘　洋　晏小波
　　　　　侯　亮　闫树龙
审稿专家：巫伟军　蒋伟平　吴麦奎　李汶京　曹永刚　周江天
　　　　　汪　胜　赵巧兰　张东风　高玉兰　祝安龙　王继山
　　　　　邵建霖　陈五二　徐治中　李耐霞　刘东平　马　锴
　　　　　岳　岭　宋月光　陈志广　王若敏　郭　磊　张　延
　　　　　阮　松　潘元欣　杨文栋　路晓林　周金录　黄　杰
　　　　　徐恒国　王雪亮　文　罕　刘　方　董沂鑫　姜艳红
秘 书 组：刘建友　陈　丹　王　杨　彭　斌　胡　晶
主编单位：中铁工程设计咨询集团有限公司
　　　　　中铁设计城市轨道交通设计研究院

序

莞惠城际铁路是珠三角城际轨道交通网的重要组成部分，正线全长 99.841km，设计速度 200km/h，是全球首条时速 200km、具备自动驾驶功能的城际铁路。莞惠城际铁路沿线工程地质及工程环境复杂、施工风险高、施工难度大，参建各方联合攻关，迎难而上，群策群力，众志成城，历时八年将其修建完成。莞惠城际铁路的建成，对推进粤港澳大湾区建设、进一步深化内地和港澳交流合作、提升港澳竞争力、保持粤港澳大湾区长期繁荣稳定具有重要意义。

莞惠城际铁路隧道总长 57.484km，隧线比为 55.87%，其中松山湖隧道长 38.813km，为目前世界上最长的城际铁路隧道。隧道沿线工程地质复杂，水系发育，隧道穿越全（强、弱）风化混合片麻岩上软下硬地层、富水砂层、孤石层、淤泥质土层等多种不良地层；隧道沿线工程环境复杂，下穿鹅岭立交、万科金域华府、市政管线、京九铁路、广深四线铁路、寒溪河、黄沙河、东江等大量建（构）筑物；隧道施工方法有明挖、盾构、矿山法，堪称城际铁路工程地质和施工工法的博物馆。通过莞惠城际铁路隧道建设形成的技术成果，为今后时速 200km 及以上的城际快速轨道交通线隧道设计以及规范编制提供了丰富的经验借鉴和技术支持。

在长达八年的艰辛建设中，参建各方创造了许多新技术、新工艺、新工法。编著完成的《莞惠城际铁路隧道及地下工程修建技术》，系统提炼总结了莞惠城际铁路隧道空气动力学效应及解决技术、复杂工程环境浅埋大跨暗挖车站修建技术、浅基岩地层明挖车站修建技术、盾构法区间近接既有建筑物施工影响及控制技术、矿山法区间近接既有建筑物施工影响及控制技术、超长硬岩地层段盾构掘进技术、浅埋富水砂层矿山法隧道掘进技术等，是一部很有价值的工程技术专著。

本著作凝聚了莞惠城际铁路全体建设者创新发展的心血和智慧，我相信本书的出版对推动城际铁路的快速发展将起到积极有益的指导作用！

周福霖 中国工程院院士
2020 年 8 月

前　言

东莞至惠州城际铁路正线全长 99.841km，是全球首条时速 200km、具备自动驾驶功能的城际铁路。莞惠城际铁路的修建，对完善珠三角城际轨道交通网，推进粤港澳大湾区建设，进一步深化内地和港澳交流合作，对港澳参与国家发展战略，保持国家长期繁荣稳定，具有重大的经济意义和政治意义。

莞惠城际铁路隧道总长 57.484km，隧线比为 55.87%。隧道沿线工程地质复杂，水系发育，隧道穿越全（强、弱）风化混合片麻岩上软下硬地层、富水砂层、孤石层、淤泥质土等多种不良地层；隧道沿线工程环境复杂，线路敷设于东莞市、惠州市核心区，沿线下穿广深高速、市政管线、京九铁路、广深四线铁路、寒溪河、黄沙河、惠州西湖、东江、万科金域华府、一城峯景等大量建（构）筑物；隧道施工方法有明挖、盾构、矿山法，堪称城际铁路工程地质和施工工法的博物馆。在此背景下，参建各方联合攻关，迎难而上，群策群力，众志成城，经过八年的艰辛建设实现通车。作者将修建过程中的设计施工关键技术归纳、总结并提炼形成本著作，希望能给同行提供参考。

本著作在对莞惠城际铁路及隧道工程概况介绍的基础上，系统总结提炼了城际铁路隧道空气动力学效应及解决技术、复杂工程环境浅埋大跨暗挖车站修建技术、浅基岩地层明挖车站修建技术、盾构法区间近接既有建筑物施工影响及控制技术、矿山法区间近接既有建筑物施工影响及控制技术、超长硬岩地层段盾构掘进技术及浅埋富水砂层矿山法隧道掘进技术等。研究成果直接指导了莞惠城际铁路隧道的设计、施工等，为莞惠城际铁路的顺利开通运营奠定了基础。

本著作共分 8 章，第 1 章由蒋小锐、李浩、李汶京、刘建友、黄杰、张俊儒撰写；第 2 章由李汶京、蒋小锐、李浩、黄杰、马凯蒙撰写；第 3 章由李浩、蒋小锐、刘建友、贾小波、李汶京、徐剑撰写；第 4 章由蒋小锐、李浩、黄杰、孟超、张俊儒撰写；第 5 章由孟超、李浩、蒋小锐、周金录撰写；第 6 章由李浩、蒋小锐、刘建友、黄杰、李汶京撰写；第 7 章由黄杰、李浩、李汶京、蒋小锐、燕波撰写；第 8 章由蒋小锐、李浩、李汶京、孟超、王智勇撰写。全书由蒋小锐整理、修改、统编和校核。

书中引用了部分国内外已有专著、论文、规范等的成果，在此向其作者及相关人士表示感谢；特别感谢中铁工程设计咨询集团有限公司、广东珠三角城际轨道交通有限公司、中铁十一局集团有限公司、西南交通大学等单位对本书内容所涉及研究项目的支持与协助。

鉴于作者水平有限，疏漏不妥之处在所难免，敬请读者批评指正。

目 录

第1章 莞惠城际铁路及隧道工程概况 1

1.1 莞惠城际铁路概况 1
1.1.1 主要技术标准 1
1.1.2 地形地貌 2
1.1.3 地层岩性及地质构造 3
1.1.4 工程地质 4
1.1.5 水文地质 5

1.2 隧道及地下工程概况 5
1.2.1 重点隧道 5
1.2.2 建筑限界及隧道内轮廓 9
1.2.3 隧道施工工法 10

1.3 莞惠城际铁路隧道工程特点及风险 12

1.4 隧道及地下工程总体设计 13
1.4.1 洞口设计 13
1.4.2 明挖法隧道设计 14
1.4.3 地下车站设计 17
1.4.4 矿山法隧道设计 27
1.4.5 盾构法隧道设计 45
1.4.6 防灾救援设计 62
1.4.7 防排水设计 62
1.4.8 工程设计接口 63

第2章 城际铁路隧道空气动力学效应研究 64

2.1 研究概述 64
2.1.1 研究意义 64
2.1.2 研究目的 64
2.1.3 研究主要内容 64

2.2 地下车站及隧道空气动力学计算模型 65
2.2.1 城际高速铁路隧道压力波的基本物理特征 65
2.2.2 数值计算方法的验证 67

2.3 200km/h及160km/h动车组产生的隧道内空气动力学特性 70
2.3.1 计算基本条件 70

2.3.2 屏蔽门不同位置工况下空气动力学效应分析 72
  2.3.3 压缩波（微气压波）变化规律分析 84
  2.3.4 计算得到的压缩波（微气压波）最大正、负压力比较分析 86
  2.3.5 计算得到的速度场比较分析 89
  2.3.6 将车站考虑成单一的隧道形式 90
  2.3.7 小结 91
 2.4 竖井对减缓隧道及列车内瞬变压力影响研究 92
  2.4.1 竖井设置的可行性比较 92
  2.4.2 计算基本条件 93
  2.4.3 旅客舒适度标准 94
  2.4.4 压缩波向列车内传播规律 94
  2.4.5 竖井存在时隧道及列车内瞬变压力的变化规律 94
  2.4.6 竖井位置对隧道内压力变化的影响 97
  2.4.7 列车内瞬变压力的变化研究 101
  2.4.8 小结 104
 2.5 列车速度160km/h及200km/h会车时隧道最优断面研究 104
  2.5.1 计算基本条件 104
  2.5.2 列车速度160km/h时压缩波向列车内传播规律 104
  2.5.3 列车速度160km/h时隧道及列车内瞬变压力的变化规律 105
  2.5.4 列车速度200km/h时压缩波向列车内传播规律 108
  2.5.5 列车速度200km/h时隧道及列车内瞬变压力的变化规律 108
  2.5.6 小结 111

第3章 复杂工程环境浅埋大跨暗挖车站修建技术 112

 3.1 浅埋大跨暗挖车站修建技术现状 112
  3.1.1 研究意义及研究现状 112
  3.1.2 类似工程概况 114
  3.1.3 影响浅埋暗挖隧道工程地面沉降的主要因素 116
  3.1.4 控制浅埋暗挖隧道工程地面沉降的主要方法 118
 3.2 依托工程概况 119
  3.2.1 工程简介 119
  3.2.2 地形地貌及气象特征 120
  3.2.3 地层岩性及地质构造 121
  3.2.4 水文地质条件 122
  3.2.5 土石可挖性分级 123
  3.2.6 工程地质条件评价 123
  3.2.7 岩土物理力学指标 124
 3.3 工程设计及关键技术 125
  3.3.1 工程特点及关键技术 125

3.3.2　设计方案 ··· 125
　3.4　浅埋大跨暗挖车站施工过程力学分析 ··· 129
　　3.4.1　计算理论及方法 ··· 129
　　3.4.2　群洞数值模型 ·· 136
　　3.4.3　施工模拟步骤 ·· 138
　　3.4.4　围岩沉降分析 ·· 144
　　3.4.5　围岩应力分析 ·· 157
　　3.4.6　围岩塑性区分析 ··· 162
　　3.4.7　初期支护内力分析 ·· 162
　　3.4.8　二衬内力分析 ·· 167
　　3.4.9　暗挖车站套拱内力分析 ··· 171
　　3.4.10　小结 ·· 178

第4章　浅基岩地层明挖车站修建技术 ·· 179

　4.1　依托工程概况 ·· 179
　　4.1.1　工程背景及地质情况 ·· 179
　　4.1.2　基坑支护方案选型原则 ··· 181
　　4.1.3　松山湖隧道嵌岩基坑支护方案及特点 ······································· 182
　4.2　围护结构嵌岩深度及岩台尺寸影响规律分析研究 ································ 183
　　4.2.1　围护桩嵌固深度及尺寸研究数值分析模型 ································· 184
　　4.2.2　非岩质部分基坑开挖桩身嵌深度分析研究 ································· 185
　　4.2.3　桩身嵌固深度对最底层支撑受力影响研究 ································· 186
　　4.2.4　桩身嵌固深度对基坑位移及弯矩影响研究 ································· 187
　　4.2.5　岩台宽度的影响研究 ·· 187
　　4.2.6　小结 ··· 188
　4.3　嵌岩深基坑设计技术 ··· 189
　　4.3.1　嵌岩深基坑设计简化模型 ·· 189
　　4.3.2　上层非岩质部分排桩支护设计计算研究 ···································· 191
　　4.3.3　下层嵌岩部分锚喷支护设计计算研究 ······································· 195
　　4.3.4　基于简化设计模型的松山湖隧道嵌岩基坑设计 ··························· 197
　　4.3.5　小结 ··· 200
　4.4　嵌岩深基坑施工过程力学分析 ··· 201
　　4.4.1　地层本构模型 ·· 201
　　4.4.2　嵌岩深基坑数值模拟分析 ·· 203
　　4.4.3　小结 ··· 207

第5章　盾构法区间近接既有建筑物施工影响及控制技术 ································ 208

　5.1　莞惠城际铁路盾构法隧道概况及主要施工风险 ··································· 208
　　5.1.1　工程概况 ··· 208

         5.1.2 施工的主要难点及原因分析 ·· 208
    5.2 盾构穿越浅基础建筑物施工影响及控制技术 ··································· 210
         5.2.1 盾构穿越浅基础建筑物数值模拟研究 ······································ 210
         5.2.2 盾构下穿大量老龄浅基民居掘进技术研究 ································ 221
    5.3 盾构穿越桩基础建筑物施工影响及控制技术 ··································· 268
         5.3.1 三维盾构隧道模型建立 ··· 268
         5.3.2 建筑物沉降分析 ·· 268
         5.3.3 建筑物倾斜分析 ·· 272
    5.4 盾构穿越东江施工影响及控制技术 ·· 272
         5.4.1 工程概况 ··· 272
         5.4.2 工程重难点 ·· 272
         5.4.3 主要技术措施 ··· 273

第6章 矿山法区间近接既有建筑物施工影响及控制技术 ····························· 275

    6.1 莞惠城际铁路矿山法隧道概况及主要施工风险 ································ 275
         6.1.1 工程概况 ··· 275
         6.1.2 施工的主要难点及原因分析 ·· 275
    6.2 矿山法区间隧道下穿浅基础建筑物施工影响及控制技术 ···················· 276
         6.2.1 模型建立及工况设置 ··· 276
         6.2.2 模型计算说明及结果分析 ··· 281
         6.2.3 隧道施工对既有建筑物影响范围研究 ···································· 300
    6.3 矿山法区间隧道下穿桩基础建筑物施工影响及控制技术 ···················· 303
         6.3.1 模型建立及工况设置 ··· 303
         6.3.2 模型计算说明及结果分析 ··· 309
         6.3.3 隧道施工对既有建筑物影响范围研究 ···································· 325
    6.4 矿山法区间隧道下穿地表水体施工影响及控制技术 ·························· 327
         6.4.1 工程概况 ··· 327
         6.4.2 矿山法隧道下穿黄沙河 ··· 328
         6.4.3 隧道结构设计 ··· 328
         6.4.4 下穿处理措施 ··· 329
         6.4.5 结语 ··· 330

第7章 超长硬岩地层段盾构掘进技术 ·· 331

    7.1 依托工程概况 ·· 331
         7.1.1 工程概况 ··· 331
         7.1.2 地质条件 ··· 331
    7.2 盾构机选型 ··· 331
         7.2.1 盾构选型 ··· 331
         7.2.2 盾构机参数 ·· 334

7.3 盾构掘进技术 ·343
7.3.1 土压平衡盾构机原理 ·343
7.3.2 盾构掘进施工流程 ·344
7.3.3 掘进中关键点 ·344
7.3.4 掘进参数研究 ·347
7.3.5 数据分析 ·349
7.3.6 小结 ·349
7.4 刀具使用与管理技术 ·350
7.4.1 刀具工作原理 ·350
7.4.2 刀具维修 ·351
7.4.3 刀具的使用 ·352
7.4.4 刀具数据研究 ·353
7.4.5 刀具管理 ·354
7.4.6 小结 ·356
7.5 渣土改良技术 ·356
7.5.1 在盾构掘进中外加剂主要作用 ·356
7.5.2 渣土改良剂的类型 ·357
7.5.3 渣土改良剂的选择 ·357
7.5.4 经济评价 ·359
7.5.5 结论 ·359
7.6 盾构掘进风险及控制技术 ·360
7.6.1 控制地下水技术研究 ·360
7.6.2 刀盘和刀箱磨损严重 ·362
7.6.3 出现卡盾体情况 ·362
7.6.4 螺旋机磨损严重 ·363
7.6.5 后期螺旋机易卡死 ·363

第8章 浅埋富水砂层矿山法隧道掘进技术 ·364

8.1 依托工程概况 ·364
8.1.1 工程地质概况 ·364
8.1.2 水文地质概况 ·365
8.2 施工技术难点及总体方案 ·366
8.2.1 原设计情况及方案调整原因 ·366
8.2.2 过砂层段总体施工方案 ·368
8.2.3 施工难点分析 ·368
8.3 帷幕注浆设计与施工 ·369
8.3.1 帷幕注浆的设计 ·369
8.3.2 帷幕注浆的施工 ·372
8.3.3 注浆效果检验及评价标准研究 ·373

8.4 水平旋喷桩设计与施工 ·· 377
　8.4.1 水平旋喷桩超前支护的设计 ································ 377
　8.4.2 水平旋喷桩施工工艺参数控制 ······························ 380
　8.4.3 水平旋喷桩导向原理及施工原理 ···························· 382
　8.4.4 施工工艺流程及工序 ·· 382
　8.4.5 水平高压旋喷注浆技术特点 ································ 386
　8.4.6 水平旋喷桩效果 ·· 386
　8.4.7 施工工艺流程控制 ··· 386
　8.4.8 质量检查 ·· 387
　8.4.9 经济效益浅析 ··· 388
8.5 水平旋喷桩与帷幕注浆复合超前支护技术 ······················· 388
　8.5.1 水平旋喷桩超前支护措施的数值模拟 ······················ 388
　8.5.2 水平旋喷桩施工 ·· 389
　8.5.3 施工效果 ·· 391
　8.5.4 注浆效果检查 ··· 391

参考文献 ··· 393

第1章

莞惠城际铁路及隧道工程概况

1.1 莞惠城际铁路概况

（东）莞惠（州）城际线路自穗莞深城际铁路望洪站东端接轨，在东莞境内经洪梅、道滘、南城、东城、寮步、松山湖、大朗、常平、樟木头、谢岗等镇（区）；在惠州境内经沥林、仲恺高新区、惠环、龙丰、惠城等镇（区）；终点为惠州市惠州大道小金口站。正线全长 99.841km，其中高架段 40.145km，路基段 5.268km，地下段 54.428km。东莞市境内正线长 66.503km，惠州市境内正线长 33.338km。动车组走行线自小金口站南端折返线最外道岔引出至动车运用所，线路长 3.032km。

涉及范围包括：道滘（含）至小金口（含）段为 GDK2＋591.092～GDK105＋930，正线长度 99.841km；正线小金口站站后预留线里程为 GDK105＋930～GDK105＋955，长度 0.025km；动车组走行线 ZXDK0＋168.335～ZXDK3＋200.000，线路长度 3.032km；沥林北取送车走行线 LDK0＋000（＝京九 K2291＋100.929）～LDK3＋639.015（＝莞惠 GDK73＋133.771），线路长度 3.641km；惠州北动车运用所及综合维修车间，沥林综合维修工区。

全线新建车站 17 座，其中地下站 10 座，地面站 1 座，高架站 6 座；设惠州北动车运用所及综合维修车间、沥林综合维修工区。全线车站表见表 1.1.1。

1.1.1 主要技术标准

铁路等级：城际铁路；

正线数目：双线；

速度目标值：200km/h；

正线线间距：4.4m；

最小曲线半径：一般 2200m，困难 2000m；限速地段结合运行速度确定；

最大坡度：20‰，个别困难地段不大于 30‰；

到发线有效长度：400m；

牵引种类：电力；

机车类型：CRH6 城际动车组；

行车指挥系统：调度集中；

列车运行控制方式：采用 CTCS-2＋ATO 自动控制系统。

车站性质及开站情况表　　　　　　　表 1.1.1

序号	车站	中心里程	敷设方式	站间距（km）	开站情况 近期	开站情况 远期	备注
1	道滘	GDK5+365.000	高架侧式(2台2线)		开	开	
2	西平西(东莞新城)	GDK14+698.500	地下岛式(1台2线)	9.912	开	开	大站停
3	东城南(东莞东城南)	GDK18+148.226	地下岛式(1台2线)	3.450	开	开	
4	寮步	GDK26+711.936	地下侧式(2台4线)	8.563	开	开	有到发线
5	松山湖北	GDK32+895.803	地下岛式(1台2线)	6.179	开	开	
6	大朗镇(大朗)	GDK38+686.000	地下岛式(1台4线)	5.796	开	开	有到发线
7	常平南(常平)	GDK44+697.000	地下岛式(1台2线)	6.024	开	开	大站停
8	常平东	GDK53+099.500	高架侧式(2台4线)	4.292	开	开	有到发线
9	樟木头东(樟木头)	GDK59+989.000	高架侧式(2台2线)	6.890	开	开	
10	银瓶(谢岗)	GDK65+481.500	高架侧式(2台2线)	5.492	开	开	
11	沥林北(沥林)	GDK73+365.500	地面侧式(2台4线)	7.884	开	开	有到发线
12	仲恺(陈江)	GDK84+953.500	高架侧式(2台2线)	11.600	开	开	
13	惠环	GDK89+879.500	高架侧式(2台4线)	4.926	开	开	有到发线
14	龙丰(惠州新客运南)	GDK94+900.547	地下岛式(1台2线)	5.022	开	开	
15	西湖东(西湖)	GDK97+854.000	地下岛式(1台2线)	2.952	开	开	
16	云山(云山西路)	GDK101+003.500	地下岛式(1台2线)	3.149	开	开	
17	小金口	GDK105+740.000	地下岛式(3台4线)	4.745	开	开	本线终点
18	惠州北动车所（惠州客运北）	J1K4+370	地面	4.875	开	开	动车所

注：括号内为原设计车站名称。

1.1.2 地形地貌

东莞至惠州城际轨道交通项目地处东江下游，总体地势呈东北高、西南低，沿线地貌为东江三角洲平原、冲积平原、剥蚀丘陵及东江冲积平原。沿线城镇化程度高，房屋建筑密集，交通方便。

东江三角洲平原：东莞市洪梅镇至东莞大道路一带，地形平坦、开阔，海拔高程一般为 0～11m。河道纵横交错，经济发达，城镇密布，交通便利。

冲积平原：主要有寒溪河冲积平原、丘陵间冲积平原。寒溪河冲积平原位于常平镇一带，丘陵间冲积平原主要位于寮步、常平东、谢岗至沥林、陈江至惠州惠环一带。地形相对平坦，局部有零星残丘出露，现主要是居民区及厂房，部分为耕地。

剥蚀丘陵：东莞市境内与冲积平原间隔出露，惠州市位于 DK90～DK95 一带，山体自然坡度 15～20°，地势略有起伏，相对高差约 10～50m。

东江冲积平原：主要位于惠州东江以北市区，地势平坦开阔，由东江河床及两岸一、二级阶地组成，海拔高程一般为 15～25m，相对高差约 10m。

1.1.3 地层岩性及地质构造

1. 地层岩性

沿线出露的地层主要为第四系全新统（Q_4）、上第三系（N）、下第三系（E）、侏罗系下统（J_1）、白垩系（K）、三叠系（T）、前震旦系下统（P_{z_1}）和燕山期（λ_5）侵入岩地层，各地层的分布、主要岩性特征分述如下：

（1）第四系全新统（Q_4）

人工填土层（Q_4^{ml}）：主要分布于城镇地带，主要为黏性土含砂及碎石类土，厚度不一，一般小于 5m。

海冲积层（Q_4^{m+al}）：分布于东江三角洲平原区，主要为黏性土、粉细砂层及淤泥质土。

冲积层（Q_4^{al}）：主要分布于现代河床及两侧、丘间谷地及冲沟，主要有粉质黏土、砂、粗圆砾土及淤泥质土。

残坡积层（Q^{el+dl}）：主要分布在丘陵区坡麓，以黏性土为主，夹有碎砾石，呈硬塑状。

残积层（Q^{el}）：分布广泛，于丘陵区直接出露地表，平原区多被冲积层覆盖。主要为褐红色、褐黄色粉质黏土，以硬塑状为主。

（2）上第三系（N）

分布于三角洲平原区一带，里程范围为线路起点至 GDK11+900 段，青灰色泥质粉砂岩、泥岩、含砾砂岩。

（3）下第三系（E）

分布于三角洲平原区、惠州市区一带，里程范围为 GDK96+820 至线路终点，紫红色凝灰质砂岩夹砾岩、含砾砂岩、泥质砂岩及深灰色泥岩，与下伏地层呈不整合接触。

（4）侏罗系下统（J_1）

分布于常平东—惠州惠环一带，里程范围为 GDK51+150～GDK95+100。砂岩、页岩、凝灰质砂岩，局部为安山质凝灰岩。

（5）白垩系（K）

主要分布在道滘镇、寮步镇一带，里程范围为 GDK9+726～GDK11+980、GDK24+000～GDK29+530。岩性为紫红色、褐红色泥质粉砂岩。

（6）三叠系（T）

分布于 GDK50+800～GDK51+150，岩性为黑色的炭质页岩、深灰色及灰白色粉砂岩。

（7）前震旦系（P_{z_1}）

分布于剥蚀丘陵区东莞大道—常平一带，里程范围为 GDK11+980～GDK24+000、GDK29+530～GDK50+800，为一套混合岩及混合岩化变质岩系。岩性为混合片麻岩、花岗片麻岩、云母石英片麻岩等，厚度大于 720m，大部分变质为混合片麻岩。

（8）燕山期（λ_5）侵入岩

分布于 GDK95+100～GDK96+820，为花岗岩、花岗闪长岩等。

2. 地质构造

线路位于华南准地台的桂湘赣粤褶皱带东南侧与东南沿海褶皱带西南端的交界区。区内构造活动频繁，加里东运动、印支运动、燕山运动、喜马拉雅运动均有不同程度的显示。区内以北东向及北西向构造为主，兼有近东西向及近南北向构造，并发育有基底褶皱及大陆边缘活动带褶皱。区内主要断裂分述如下：

东莞—厚街断裂（F1）：东莞断陷盆地的南缘边界断裂，两盘组成不同的地貌单元。断裂自石龙沿东江进入东莞市区，再沿东江方向经厚街、沙田进入狮子洋。总体走向N60°～70°E，倾向NW。

东冲断层（F2）：属于区域性紫金—博罗大断裂的一部分。逆断层，走向N20°～60°E，倾向SE，断层西起虎门经过平墟、南坑向北东延伸，该断层控制了东莞盆地南缘的展布。

钢湖大断裂（F3）：北东向大断裂，为锦夏大断裂的一部分，向南西方向延伸，总体走向N60°～70°E，倾向南东，倾角45°～70°。

樟木头大断裂（F4）：起点为惠阳的曾公嶂之东，向南西方向延伸，总体走向N50°～70°E，倾向SE，倾角60°～70°。

另受区域性断裂紫金—博罗大断裂及樟木头大断裂的影响，沿线次级断裂发育，主要为北东向及北西向，局部地段呈网格状分布。

线路均以地下方式穿过断层，断层与线路的关系见表1.1.2所示。

沿线断层一览表　　　　　　　　　　　　　　　　　　　　　　　　表1.1.2

构造位置	构造产状	影响宽度(m)	岩性	与线路的关系
GDK30+000	38°∠25°	230	混合片麻岩	与线路夹角19°
GDK30+920	3°∠49°	270	混合片麻岩	与线路夹角11°
GDK36+220	35°∠70°	50～80	混合片麻岩	与线路夹角36°
GDK45+980	80°∠40°～70°	55	混合片麻岩	与线路夹角123°
GDK50+850	150°∠65°～70°	65	混合片麻岩	与线路夹角53°
GDK95+530	220°∠55°～70°	30～60	花岗岩	与线路夹角90°
GDK96+690	215°∠30°～45°	60～90	花岗岩	与线路夹角5°

1.1.4 工程地质

（1）不良地质分布及特征

沿线的不良地质主要为地震区。东江三角洲洪梅至东莞大道段地震动峰值加速度为0.10g，该段的地震设防烈度为Ⅷ度，为高烈度地震区，发育有海冲积相的饱和砂土，埋藏深度在2～20m，一般埋藏深度在10m以上，多呈松散～稍密状态，地下水位一般埋藏较浅，根据《铁路工程抗震设计规范》GB 50111—2006进行液化判别，饱和粉细砂多属轻微～中等液化土。隧道穿越饱和砂土时，应防止涌砂、突水，并采取抗液化措施。

（2）特殊岩土分布及特征

沿线的特殊岩土主要为人工填土、软土。

1) 人工填土

人工填土分布于地表，填土主要有素填土、杂填土等，成分有黏性土、碎石、砂石及建筑垃圾等，填土厚度不一。人工填土对基坑开挖有一定的影响，基坑开挖时应采取相应的支护措施。

2) 软土

软土分布于平原、水塘、古河道、东江及其支流、现代河谷的一级阶地和河漫滩，二级阶地上局部地段也有分布。软土多为淤泥、淤泥质土及淤泥质粉细砂，局部为泥炭土，其中夹有粉细砂透镜体，多含有贝壳、有机质，软~流塑状，厚度一般为2~8m，东江三角洲地区可达16~20m。一般具有天然含水量高、天然孔隙比大、高压缩性的特点。在深厚软土地段，以地下线通过时多采用盾构法施工，局部地段采用矿山法或明挖法施工，设计时均应考虑软土震陷的影响。

3) 残积土和风化岩

残积土和风化岩饱和状态下受扰动后，极易软化变形，强度、承载力骤减。

1.1.5 水文地质

(1) 地下水分布及特征

沿线地下水主要为第四系松散沉积层中的孔隙水和基岩中赋存的裂隙水。第四系孔隙水，主要赋存于东江及其支流的漫滩及阶地上的第四系海积、冲积地层中，埋深0.2~6m，水量较大，其补给方式主要由大气降水及河水补给，排泄方式以大气蒸发为主；剥蚀丘陵区仅在沟谷两岸赋存有第四系孔隙水，埋深1~5m，水量不大，主要靠大气降水补给，一部分通过蒸发排泄，一部分通过地下径流排泄。

基岩裂隙水主要赋存基岩的裂隙中，水量不大，径流条件差，透水性差，一般略具承压性，其流通性及水量大小受裂隙发育程度影响，分布不均匀。基岩裂隙水一般埋深较大。

(2) 沿线水质对混凝土侵蚀性评价

地下水一般水质较好，可作为生产、生活用水，对普通混凝土无侵蚀性。根据《铁路混凝土结构耐久性设计暂行规定》（铁建设［2005］157号），局部地区水的化学侵蚀环境作用等级为H1。

1.2 隧道及地下工程概况

莞惠城际线路设计范围内共新建隧道4座，全长57484m，隧线比为55.87%；其中松山湖隧道长38813m、樟木头隧道长312m、古庄山隧道长205m、东江隧道长18154m。

1.2.1 重点隧道

(1) 松山湖隧道

松山湖隧道位于广东省东莞市，全长38.813km，为双洞单线隧道，下穿东莞市城区及下属镇区，施工工法复杂，其中盾构段长度10.442km、暗挖段长度19.959km、明挖段长度6.362km、车站长度1.630km（西平西、东城南、寮步、松山湖北、大朗镇、常平南)、U形槽段长度0.420km。

隧道主要穿越震旦系(Pz_1)青灰色混合片麻岩,三叠系炭质页岩、泥质粉砂岩(T),侏罗系下统(J_1)泥质粉砂岩,白垩系(K)棕红色间灰白色含砾砂岩,上第三系(N)泥质粉砂岩,第四系(Q)。

隧道洞身穿越主要地层岩性依次为:GDK9+000～GDK11+900段为白垩系(K)和上第三系(N)泥质粉砂岩互层;GDK11+900～GDK24+700段为震旦系(Pz_1)混合片麻岩;GDK24+700～GDK29+900段为白垩系(K)泥质粉砂岩与第四系(Q)粉质黏土、淤泥质粉质黏土、中砂、粗砂等互层;GDK29+900～GDK30+100段为断层及其影响带,岩石破碎;GDK30+100～GDK30+790段为震旦系(Pz_1)混合片麻岩;GDK30+790～GDK31+100段为断层及其影响带,岩石破碎;GDK30+100～GDK45+945段为震旦系(Pz_1)混合片麻岩;GDK45+945～GDK46+065段为断层及其影响带,岩石破碎;GDK46+065～GDK50+800段为震旦系(Pz_1)混合片麻岩;GDK50+800～GDK50+880段为三叠系小坪组(T)炭质页岩、粉砂岩,岩石破碎;GDK50+880～GDK52+160段侏罗系下统蓝塘群(J_1ln)泥质粉砂岩与三叠系小坪组(T)粉砂岩互层。

松山湖隧道工点见表1.2.1。

松山湖隧道工点表(右线)　　　　表1.2.1

工点	进口里程	出口里程	全长(m)	工法	断链(m)	时速(km/h)
U形槽过渡段	GDK9+830.000	GDK9+920.040	90.040	明挖U形槽		200
U形槽过渡段	GDK9+920.040	GDK10+235.000	314.960	明挖U形槽		200
道滘站至西平西站区间	GDK10+235.000	GDK11+501.100	1266.140	明挖正洞	0.0398	200
道滘站至西平西站区间	GDK11+501.100	GDK12+240.749	1318.517	盾构正洞	578.868	160
道滘站至西平西站区间	GDK12+240.749	GDK12+260.251	19.502	明挖区间风井		160
道滘站至西平西站区间	GDK12+260.251	GDK14+199.000	1938.774	盾构正洞	0.0247	160
道滘站至西平西站区间	GDK14+199.000	GDK14+218.300	19.300	明挖盾构接收井		160
道滘站至西平西站区间	GDK14+218.300	GDK14+580.000	361.700	矿山正洞		200
西平西站	GDK14+580.000	GDK14+817.000	237.000	明挖车站		200
西平西站至东城南站区间	GDK14+817.000	GDK14+916.998	99.998	矿山正洞		160
西平西站至东城南站区间	GDK14+916.998	GDK16+569.474	1652.476	矿山正洞		160
西平西站至东城南站区间	GDK16+569.474	GDK16+586.674	17.200	明挖电力井		160
西平西站至东城南站区间	GDK16+586.674	GDK18+031.266	1445.126	盾构正洞	0.5338	160
东城南站	GDK18+031.266	GDK18+081.601	50.335	明挖车站		200
东城南站	GDK18+081.601	GDK18+139.931	58.330	矿山法车站		200
东城南站	GDK18+139.931	GDK18+206.601	66.670	明挖车站		200
东城南站	GDK18+206.601	GDK18+297.266	90.665	矿山法车站		200
东城南站	GDK18+297.266	GDK18+303.266	6.000	盾构接收断面		160

续表

工点	进口里程	出口里程	全长(m)	工法	断链(m)	时速(km/h)
东城南站至寮步站区间	GDK18+303.266	GDK19+649.000	1345.734	盾构正洞		160
	GDK19+649.000	GDK19+744.000	95.000	明挖盾构始发井		160
	GDK19+744.000	GDK19+780.000	36.000	矿山正洞		200
	GDK19+780.000	GDK25+080.000	5299.379	矿山正洞	−0.6207	200
	GDK25+080.000	GDK25+380.000	300.000	矿山正洞		200
	GDK25+380.000	GDK26+596.936	1216.936	明挖正洞		200
寮步站	GDK26+596.936	GDK26+866.936	270.000	明挖车站		200
寮步站至松山湖北站区间	GDK26+866.936	GDK29+530.000	2659.655	明挖正洞	−3.4087	200
	GDK29+530.000	GDK32+717.965	3187.965	矿山正洞		200
松山湖北站	GDK32+717.965	GDK33+022.303	303.000	明挖车站	−1.3381	200
松山湖北站至大朗镇站区间	GDK33+022.303	GDK33+835.477	813.174	矿山正洞		200
	GDK33+835.477	GDK33+951.219	115.742	明挖盾构始发井		200
	GDK33+951.219	GDK35+412.396	1461.177	盾构正洞		160
	GDK35+412.396	GDK35+432.596	20.200	明挖盾构接收井		160
	GDK35+432.596	GDK38+359.000	2932.593	盾构正洞	6.1888	160
	GDK38+359.000	GDK38+505.000	146.000	明挖盾构始发井		200
大朗镇站	GDK38+505.000	GDK38+827.000	322.000	明挖车站		200
大朗镇站至常平南站区间	GDK38+827.000	GDK38+952.000	125.000	明挖区间		200
	GDK38+952.000	GDK44+577.000	5637.885	矿山正洞	12.885	200
常平南站	GDK44+577.000	GDK44+809.000	232.000	明挖车站		200
常平南站至常平东站区间	GDK44+809.000	GDK51+339.000	2419.820	矿山正洞	−4110.18	160
	GDK51+339.000	GDK52+000.000	661.000	明挖正洞		160
	GDK52+000.000	GDK52+145.000	145.000	矿山正洞（双连拱）		160
	GDK52+145.000	GDK52+160.000	15.000	洞门段		160
汇总			38812.993			

(2) 樟木头隧道

樟木头隧道位于广东省东莞市。隧区为低山，地势平缓，地形起伏较小，地表植被发育，主要为旱地。隧道进出口距离公路较近，交通条件较好。隧道进口里程 GDK59+408，出口里程 GDK59+700，两端洞门段分别长 10m，隧道全长 312m，洞身坡度为 1.7‰、0‰，变坡点里程为 GDK59+550。隧道左、右线均位于半径约 1800m 的曲线上，为单洞双线隧道，双块式无砟轨道。

（3）古庄山隧道

古庄山隧道位于广东省惠州市沥林镇东楼村。隧区为低山丘陵，地势平缓，地形起伏较小，地表植被发育，主要为旱地。隧道进出口距离公路较近，交通条件较好。隧道进口里程GDK75+380，出口里程GDK75+565，两端洞门段分别长10m，隧道全长205m，洞身坡度为−12‰，全隧道左、右线位于半径2200m的曲线段上，为单洞双线隧道，为双块式无砟轨道。

（4）东江隧道

东江隧道全长18.154km，为双洞单线隧道，下穿惠州市城区及下属镇区，施工工法复杂，其中盾构段长度2.918km、暗挖段长度9.162km、明挖段长度4.421km、车站长度1.077km（龙丰、西湖东、云山、小金口）、U形槽段长度0.576km。

洞身主要穿越侏罗系下统蓝塘群（$J_1 ln$）凝灰质粉砂岩、第三系（E）含砾砂岩和燕山晚期（γ_5）侵入花岗闪长岩。隧道洞身穿越主要地层岩性依次为：GDK91+000~GDK95+000段为侏罗系下统蓝塘群凝灰质粉砂岩，紫红色、浅灰色；GDK95+000~GDK97+000段为燕山晚期花岗闪长岩，褐黄、青灰、浅灰色；GDK97+000~GDK103+500段为含砾砂岩，紫红色、褐红色。

隧道穿越西湖及东江水区，其下部含砾砂岩局部地段节理裂隙，有可能造成地表水与下部基岩裂隙水相联通。东江隧道工点见表1.2.2。

东江隧道工点表（右线） 表1.2.2

工点	进口里程	出口里程	全长(m)	工法	断链(m)	时速(km/h)
U形槽过渡段	GDK90+840.000	GDK90+930.000	90.000	U形槽		160
U形槽过渡段	GDK90+930.000	GDK91+116.000	186.000	U形槽		160
惠环站至龙丰站区间	GDK91+116.000	GDK91+340.000	224.000	明挖正洞		160
	GDK91+340.000	GDK94+777.047	3438.473	矿山正洞	1.4262	160
龙丰站	GDK94+777.047	GDK95+077.047	300.000	明挖车站		160
龙丰站至西湖东站区间	GDK95+077.047	GDK95+965.000	887.953	矿山正洞		160
	GDK95+965.000	GDK96+723.000	756.690	矿山正洞	−1.3105	160
	GDK96+723.000	GDK97+450.000	727.000	矿山正洞		160
	GDK97+450.000	GDK97+734.000	283.947	明挖正洞	−0.0527	160
西湖东站	GDK97+734.000	GDK97+966.000	232.000	明挖车站		160
西湖东站至云山站区间	GDK97+966.000	GDK100+885.000	2918.353	盾构正洞	−0.6467	160
云山站	GDK100+885.000	GDK101+122.000	237.000	明挖车站		160
云山站至客运北站区间	GDK101+122.000	GDK103+956.001	2842.151	矿山正洞	8.15	160
	GDK103+956.001	GDK104+309.265	353.264	明挖正洞		160
	GDK104+309.265	GDK105+559.500	1250.235	明挖（联体）		160
小金口站	GDK105+559.500	GDK105+867.000	307.500	明挖车站		160
小金口站后区间	GDK105+867.000	GDK105+930.000	63.000	矿山正洞		160

续表

工点	进口里程	出口里程	全长(m)	工法	断链(m)	时速(km/h)
小金口站后预留线区间	GDK105+930.000	GDK105+955.000	25.000	矿山正洞		160
动车组走行线区间	ZXDK0+168.335	ZXDK0+936.482	768.147	明挖(联体)		80
	ZXDK0+936.482	ZXDK1+110.000	173.518	明挖(下穿)		80
	ZXDK1+110.000	ZXDK1+532.000	422.000	暗挖		80
	ZXDK1+532.000	ZXDK2+900.000	1368.000	明挖		80
	ZXDK2+900.000	ZXDK3+200.000	300.000	U形槽		80
汇总			18154.231			

1.2.2 建筑限界及隧道内轮廓

(1) 非盾构隧道段建筑限界

正线隧道建筑限界按照《铁路技术管理规程》TG/01中"客运专线铁路建筑限界"设计。最高行车速度200km/h地段，单线隧道有效净空面积不小于50m^2，双线隧道有效净空面积不小于80m^2；最高行车速度160km/h地段，单线隧道有效净空面积不小于42m^2，双线隧道有效净空面积不小于76m^2。救援通道宽度不小于1.25m，单线隧道单侧设置，双线隧道两侧设置。

走行线隧道建筑限界采用"隧限-2A"，走行线不设置救援通道及联络通道。

(2) 盾构隧道段建筑限界

根据现有盾构设备情况，综合考虑动车组车辆限界、救援通道、轨下断面布置、接触网悬挂方式等，合理调整横断面布置，尽量加大隧道有效净空面积。救援通道设于隧道内侧，宽度暂按1.0m设计。

(3) 隧道内轮廓

根据建筑限界拟定的隧道内轮廓如图1.2.1所示（图中尺寸均以cm计）。

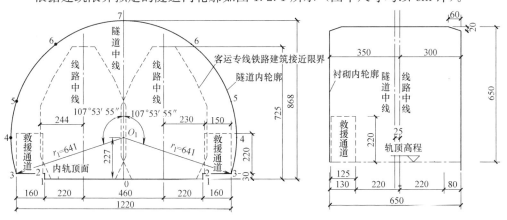

(a) 160km/h双线单洞隧道建筑限界及内轮廓   (b) 160km/h双洞单线明挖隧道衬砌内轮廓

图1.2.1 隧道衬砌内轮廓（一）

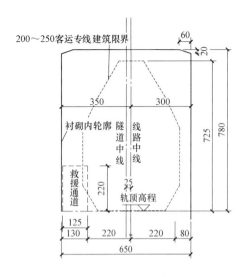
(c) 200km/h双洞单线明挖隧道衬砌内轮廓

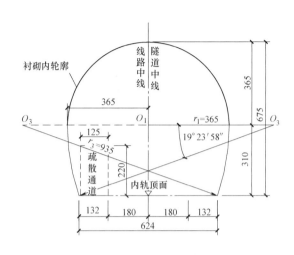
(d) 160km/h双洞单线暗挖隧道衬砌内轮廓

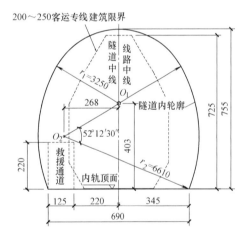
(e) 200km/h双洞单线暗挖隧道衬砌内轮廓

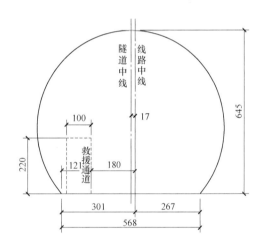
(f) 160km/h双洞单线盾构挖隧道衬砌内轮廓

图 1.2.1 隧道衬砌内轮廓（二）

1.2.3 隧道施工工法

莞惠城际铁路松山湖隧道全长为 38.813km，是截至目前全国最长的城际铁路隧道，下穿东莞市城区及下属镇区；东江隧道全长 18.154km，下穿惠州东江及惠州市城区，穿越地层复杂多变，周边工程环境复杂。因此在隧道施工工法选择上，根据地质情况和环境特征，采用明挖、暗挖、盾构三种方法。典型隧道松山湖隧道的施工工法如图 1.2.2 所示；东江隧道正线的施工工法如图 1.2.3 所示；东江隧道动车组走行线的施工工法如图 1.2.4 所示。

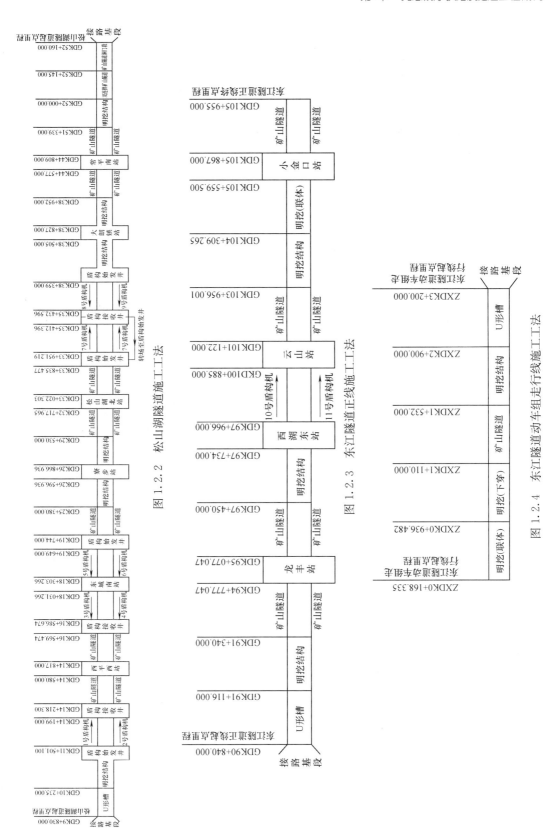

1.3 莞惠城际铁路隧道工程特点及风险

（1）莞惠城际铁路隧道采用明挖、暗挖、盾构三种方法施工，设计单位投入了大量的人力物力，从 2009 年开始长期在现场设计和施工配合，过程中解决了大量现场存在的问题。松山湖隧道全长 38.813km，穿越了东莞市繁华的城镇，隧道包括 6 座地下车站和 7 段地下区间；东江隧道全长 15.098km，下穿了惠州市繁华的老城区和江北新城，其中下穿东江段约 2.9km，为第一条下穿东江的隧道，隧道包括 4 座地下车站和 5 段地下区间。

（2）莞惠城际隧道堪称城际铁路工程地质和施工工法博物馆。莞惠城际隧道位于珠三角地区的东莞市、惠州市，沿线工程地质复杂，水系发育，隧道下穿了全（强、弱）风化混合片麻岩上软下硬地层、富水砂层、孤石层、淤泥质土等不良地层。隧道采用明挖、盾构、矿山法施工，其中明挖基坑深度最深达 49m，小金口站前四线明挖段，走行线下穿正线，断面众多，结构复杂；盾构段下穿全（强、弱）风化混合片麻岩上软下硬地层；矿山法隧道采用台阶、CD、CRD、中洞法等工法。

（3）莞惠城际铁路隧道下穿了东莞市、惠州市大量建筑物、市政桥梁、大型市政管线、河流、湖泊、铁路等，设计单位通过采取合理可行的工程措施，确保了工程安全。在惠州市矿山法下穿了一城峯景（24 层）、鹅岭立交、城区大量建筑物、东江、京九铁路等；在东莞市下穿了万科金域华府（18 层）、沃尔玛、寒溪河、黄沙河、广深四线铁路等。

（4）地质资料勘察、周边建（构）筑物基础资料调查不详的情况下仓促开工。莞惠城际铁路由于各种原因，期间未给设计单位合理充足的时间进行地质勘探和周边建（构）筑物调查，在设计院未全部探明地质情况和周边环境的前提下，现场施工单位已经进场施工，后续随着地质及边界条件清晰后，导致部分段落隧道进入建筑物基础内，需进行大范围的纵断面调整。

（5）加强与地方政府、规划部门沟通，就线路下穿的地块与之进行提前沟通，确保下穿方案考虑周全。莞惠城际线路下穿了大量的地块，其中部分地块的用地情况不是很明确，导致城际铁路施工后地方企业在隧道上方地块内进行楼盘等开发，双方均未提前进行沟通，增加了后期处理的难度。

（6）盾构机选型未完全匹配工程地质。莞惠城际铁路开工由于地质勘察时间有限，在盾构采购之前线路纵断面中未能真正揭示线路纵断面范围的地质情况，导致盾构机刀盘未能和地质情况完全匹配，在后期盾构掘进过程中带来较大难度。

（7）隧道工期筹划与实际复杂地质不匹配。莞惠城际铁路从 2009 年开工以来截止到竣工，工期策划经过多次调整，特别是地质勘察时间有限，工期策划过程中矿山法、盾构的进度指标和实际复杂地层不太匹配，导致后来多次调整相关进度指标，目标工期多次调整。

基于以上工程背景，结合莞惠城际铁路项目设计、施工关键技术以及形成的科研成果，编著形成本著作。主要包括八个方面的内容：(1) 隧道及地下工程总体设计；(2) 城际铁路隧道空气动力学效应研究；(3) 复杂工程环境浅埋大跨暗挖车站修建技术；(4) 浅基岩地层明挖车站修建技术；(5) 盾构法区间近接既有建筑物施工影响及控制技术；(6) 矿山法区间近接既有建筑物施工影响及控制技术；(7) 超长硬岩地层段盾构掘进技术；

(8) 浅埋富水砂层矿山法隧道掘进技术。

1.4 隧道及地下工程总体设计

1.4.1 洞口设计

1. 山岭隧道洞口

(1) 洞门及洞门形式

本段隧道洞口位置的选择，根据隧道的地形、地质、水文等条件，结合环保、洞口排水、施工场地及便道引入、弃砟处理等因素综合考虑，确定洞口的最佳位置。

洞口位置选择在坡面稳定、地质条件较好的地方，隧道进出口线路中线应尽量与地形等高线垂直或大角度相交，避免隧道浅埋和偏压；隧道洞口应尽量避免大开挖，少破坏山体植被，以保护环境和少占农田；洞口位置应避免设在山谷、山坳中心地带，尽量设在凸出的山坡附近，以利于地表排水及隧道自然通风。

隧道洞口位置选择考虑了洞口处地表排水，洞口位置避免设置在地势狭窄的沟谷低洼处，使自然排水通畅，有困难处采取改沟等措施，把地表水引至线路外排走，下穿沟谷处浅埋隧道的地表适当进行地表注浆、铺砌等处理，使地表水顺畅流走，避免渗入地下对隧道施工造成影响。

隧道洞口均设置洞门，综合考虑地形、地貌、洞口地质条件及附近建筑物、周边自然环境等因素，在保证结构和运营安全以及排水通畅的前提下，因地制宜地进行洞门结构的设计，洞门设置一般为双侧挡墙式。

(2) 洞口边仰坡防护

临时边仰坡防护：临时边仰坡及明暗分界直立开挖面均采用锚喷防护，支护参数根据具体地层情况确定。

永久边仰坡防护：采用方格式 C25 混凝土骨架护坡，骨架内喷播植草。

(3) 洞口段预加固

隧道洞口段暗洞进洞时原则上均采用一环 $\phi 108$ 管棚进行超前预支护，管棚设置长度根据具体地形、地质情况确定。黄土地区隧道洞口段施工前先进行地表水的防渗和疏导设施的施工。

(4) 洞口缓冲结构

本线隧道洞口不设置缓冲结构。

2. 城市隧道洞口

本线的城市隧道位于市区内，因此洞口景观设计十分必要，景观设计是一种能够表达当前科学、技术和人类意识活动的形式语言。景观是一个综合的整体，它是在一定的经济条件下实现的，必须满足社会的功能，也要符合自然的规律，遵循生态原则，同时它还属于艺术的范畴，缺少了其中任何一方面，设计就存在缺陷。

景观设计应突出工程与自然的和谐，第一条原则就是要尊重自然，尊重天地，尊重自然的山、自然的地形地貌、自然的水。此外，景观设计还应遵循以下基本原则：

(1) 适用性

建筑景观的设计主要是以使用者的需求为对象来考虑的，各种设施、设备、配置及动线均须符合人性化要求，并综合考虑各项因素的影响，这样才能做出更适合的设计，以发挥所设计的结构物及其景观的最大功效。

(2) 经济性

在设计上要做到对费用、空间和时间的合理利用，达到"省本多利"的目的。

1) 费用上

① 合理花费。

② 尽可能地使用当地现有材料，或对不同品质、不同价格的建筑材料多加比较、衡量。

③ 力求使设计简单化。

④ 对建筑景观设计分步骤、有次序地进行，减少建设初期的一次性投资，以时间换取金钱。

2) 空间上

① 合理利用空间，使空间利用率达到最大的效果。

② 运用空间经济方法：选择节省空间的材料；设施的布置简明有力，达到每种设施均有其独到的功能与目的，不显多余；利用借景（将远近景物借引入景观设计的空间中，有效地增加景观的特色并拓展空间；好的景色加以借引，不好的景色则遮蔽之），使有限的空间扩展到无限；利用错觉使空间感觉大一些；寻求被浪费或未被注意的额外空间，充分发挥景观设计扩大空间感觉的功能。

3) 时间上

缩短成景时间，可以节约造价，并使施工和维护管理的时间减少。

(3) 美观性

景观设计的美包括在视觉、嗅觉、听觉、味觉等多方面的享受，但目前多偏重于视觉上的美观。景观设计应在注重设计的社会性、群众性及经济实用性之后再论及美。景观设计的美实际上是指自然美加以人工化的人工模拟的自然美，因而可以由美的表现方式及美的造型组合法则来表达。

隧道洞口景观设计主要应考虑自然景观要素与人工景观要素（造园艺术）。自然景观要素主要包括地形和地貌两个因素。地形因素是洞门景观要素必须考虑的内容之一。植被有无、植被组成发育程度、秃山岩石形态等是隧道洞口景观设计要考虑的地貌因素。

1.4.2 明挖法隧道设计

莞惠城际铁路明挖法隧道全长 10.813km（双线），下穿东莞市、惠州市城区及下属镇区，沿线有大量既有建（构）筑物、地下管线、地表水体等。

1. 明挖法隧道下穿地表水体

(1) 工程概述

莞惠城际铁路松山湖隧道 GDK26+515～GDK26+577 明挖段，自西向东大角度横穿西南河药勒段，西南河河面宽 16m，勘测期间水量较小，随季节变化明显，河水深约 4.0m。该段隧道大里程端与寮步站相接，为单层双跨矩形结构，隧道开挖宽度 27.25m，结构高度为 13.6m，河床底与隧道顶板顶距离为 2.1m。河底地层主要为淤泥质粉质黏土、粉砂层、全～强风化泥质粉砂岩层。图1.4.1为穿越西南河平面图，图1.4.2为穿越西南河地质纵断面图。

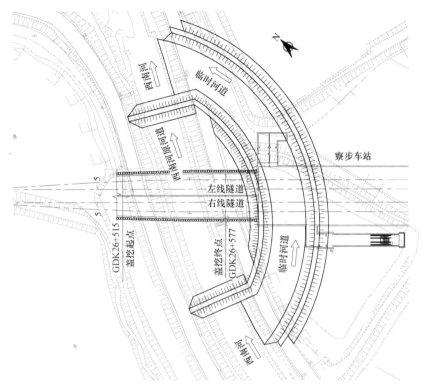

图1.4.1　穿越西南河平面图

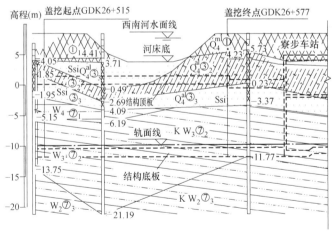

图1.4.2　穿越西南河地质纵断面图

（2）下穿方案选择

该段隧道下穿西南河存在以下特点：

1）下穿西南河后与寮步站相接，埋深受车站控制，河床覆土仅2m；

2）西南河有雨季的防洪要求，不能断流；

3）常水位河道相对较窄，枯水季水量较小；

4）所在场地开阔，均为农田，有河道导改的可能。

受区间工法及隧道埋深的影响，下穿西南河隧道仍采用明挖法，同时为保证防洪安全，需对河道进行临时改移。根据水利部门意见，受水力流向限制，临时河道仅能在河道东侧即车站站址一侧进行改移。为配合河道改移计划，并减小因河道改移占用站址对车站施工工期的影响，该段隧道采用盖挖顺筑法方案。

（3）河道改移

西南河担负着大岭山、松山湖、寮步镇等三镇区的防洪安全任务，为保证河道行洪安全，临时改移河道按原河道标准及规模设计。隧道施工前将河道临时改移至大里程一侧，临时河道宽20m，两侧堤顶设宽3m的防汛通道，改移的临时河道长度为198m。

（4）结构设计

盖挖顺筑法即采用围护结构和盖板形成河道下封闭空间，以围护桩、立柱桩以及盖板作为施工期间的承载结构，在盖板施工完成后回填恢复河道，在其下方进行土体开挖及主体结构的浇筑。

1）结构设计

围护结构采用1200@1350mm钻孔灌注桩，桩间设置ϕ600mm双管旋喷桩止水，旋喷桩深度为基坑以下2.0m，以钢管作为内支撑。盖挖盖板厚度1.1m，临时立柱处设置两道1.2m×1.5m纵梁。盖挖段隧道围护及主体结构剖面图如图1.4.3所示。

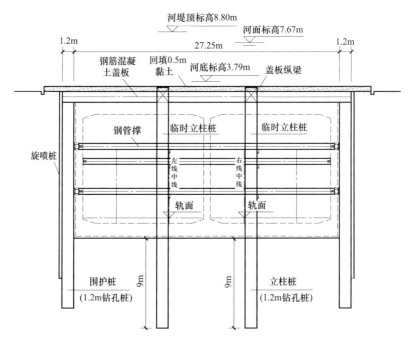

图1.4.3 盖挖顺筑法横断面图

2）盖挖顺筑法施工

下穿段隧道盖挖长度62m，基本施工工序为：

① 河道改移完成后对盖挖围护结构顶土体进行放坡开挖，挂钢筋网喷射10cm厚C20

混凝土面层护坡,并设置间距 1.2m×1.2m 土钉($L=2.5m$)。

② 按一定工序施作钻孔灌注桩(围护桩和立柱桩)、桩间止水旋喷桩。基坑范围内降水开挖,施作现浇钢筋混凝土盖板及纵梁,待盖板混凝土达到设计强度后,回填覆土恢复原河道。

③ 在盖板保护下对下部基坑进行开挖,随挖随设置钢支撑,至基坑底设计标高。

④ 铺设防水层,回筑主体结构。主体结构封顶前,临时立柱仍发挥作用,因此在回筑主体结构顶、底板过程中需在立柱处预留孔洞,待顶板浇筑完成后凿除临时立柱,对顶、底板孔洞进行封堵。

2. 明挖法隧道下穿惠州大道

明挖区间隧道全线位于惠州市惠城区江北惠州大道下,隧道南侧起始于惠州大道与金石一路交汇口,与走行线线路交叉后,以明挖四线并行接至小金口站,其中正线与走行线并行的地段主要采用倒品字矩形框架、三连拱、四跨矩形框架等 8 种结构形式。

明挖段基坑长 1531.978m,宽 27.4~40.4m,基坑围护结构采用 $\phi1200@1350$(局部采用 $\phi1000@1200$)钻孔灌注桩+桩间旋喷桩止水的形式(部分岩面较高区域采用吊脚桩),围护结构顶设置冠梁。基坑内设置内支撑体系(部分区域采用内支撑+预应力锚索体系),竖向设 3~5 道内支撑,第一、二道支撑为 1.0m×1.2m 的混凝土支撑,水平间距约 9m;其余均为 $\phi600$、$t=16mm$ 钢管支撑,水平间距约 3m。基坑中间加设 1~2 排临时立柱,纵向间距约 9.0m。

二级基坑长 424.008m、宽 12.8~13.6m,基坑围护结构分别采用 $\phi1000@1200$ 钻孔灌注桩+桩间旋喷桩止水、$\phi800@1000$ 钻孔灌注桩+桩间旋喷桩止水、双排旋喷桩护坡、放坡四种形式,钻孔桩顶设置冠梁。基坑内设置内支撑体系,竖向设 1~2 道内支撑,第一、二道支撑为 0.8m×1.0m 的混凝土支撑,水平间距约 6m;其余均为 $\phi600$、$t=16mm$ 钢管支撑,水平间距约 3m。

1.4.3 地下车站设计

莞惠城际铁路共 10 座地下车站,分别为西平西、东城南、寮步、松山湖北、大朗镇、常平南、龙丰、西湖东、云山、小金口站,全长 2076.5m,地下车站均位于东莞市及惠州市繁华市区,周围建筑、市政道路及地下管线密集,且车站规模远大于一般地铁车站。设计研究解决了大量明挖深大基坑降水、加宽、支护、控制变形及与周边建筑衔接等难题。

1. 盾构空推过暗挖地下车站

(1) 工程概述

东城南站是莞惠城际铁路第 3 座车站,位于东莞市莞长路和长泰路(G107 国道)丁字交汇处,车站斜跨莞长路,主体大部分位于莞长路和长泰路(G107 国道)交汇处的交通环岛内,其余部分位于东城第八小学校内,车站呈西南-东北向布置。由于现场条件的限制,车站主体结构分为四大部分分别施作,其中位于莞长路和长泰路(G107 国道)交汇处交通环岛部分和位于东城第八小学校内部分为地下三层双柱三跨现浇钢筋混凝土矩形框架结构,采用明挖法施工;中间横跨长泰路部分在地下三层为暗挖三联拱隧道,在地下一层为两暗挖单洞隧道连接两端明挖部分,采用矿山法施工;车站大里程端斜跨莞长路部分在地下三层为暗挖三联拱隧道，采用矿山法施工。车站小里程端盾构始发；大里程端盾构接收。车站斜跨莞长路部分与东莞R1线近似呈45°角斜交，并留与东莞R1线车站接驳条件。

根据工程整体筹划，需要在暗挖车站进行盾构接收，并空推过整个车站后，再进行盾构二次始发。暗挖车站所处地层为弱风化混合片麻岩，跨度为30.46m，暗挖车站采用复合式衬砌（初期支护＋套拱＋二次衬砌）；超前支护为大管棚＋小导管，初期支护由喷射混凝土、钢筋网、钢筋格栅和型钢支撑组成，二次衬砌为模筑钢筋混凝土，暗挖车站结构断面图如图1.4.4所示。

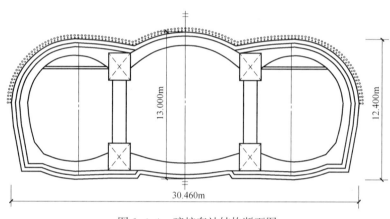

图1.4.4　暗挖车站结构断面图

（2）工程特点与难点

1）暗挖车站下穿莞长路为东莞市一重要市内道路，交通繁忙，地下管线复杂，施工时需严格控制地面沉降。

2）暗挖的衬砌设计共分为11个导洞依次施作，侧洞为交叉中隔壁施工，每侧有4个导洞，中洞分上、中、下三台阶开挖，施工周期较长，且废弃量较大。

3）侧洞法施工必须解决以下关键问题：首先两侧套拱施作时，应对其临时初衬结构进行破除，因此必须确保初期支护体系的安全与稳定；其次在两侧洞施作完毕、中洞开始施工时，将引起侧洞的二次衬砌结构受偏压作用，必须解决力的平衡与转换；最后在立体交叉结构形成与拆除过程中，必须确保结构内力的转换与平衡。

4）盾构机体积大、重量大，移动困难；盾构接收、空推，始发的稳定性、精度等是控制重点，如果盾构机姿态偏差较大，则调整非常困难。

5）工期紧，盾构机必须快速安全通过，才能确保二次始发节点目标，为区间整体工期目标的实现夯实基础。

（3）盾构空推主要施工步序

1）超前预支护

为保证施工过程中地层的安全稳定、控制施工引起的地表沉降，为此采取$\phi 108$大管棚配合$\phi=42$小导管注浆超前支护加固地层，并与初期支护形成棚架结构体系，共同承受管棚以上荷载。

2）偏洞开挖及套拱施工

暗挖车站采用侧洞法进行施工，开挖完成后，施工 350mm 厚钢筋混凝土套拱。暗挖车站开挖步序图如图 1.4.5 所示。

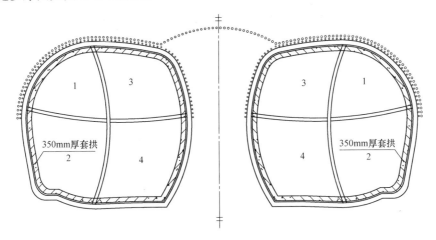

图 1.4.5 暗挖车站开挖步序图

3）导台施工

等套拱混凝土强度达到设计强度后，拆除临时横向和竖向支撑，施工钢筋混凝土导台，并铺设 3cm 厚 Q235 钢板。盾构空推过暗挖车站断面图如图 1.4.6 所示。

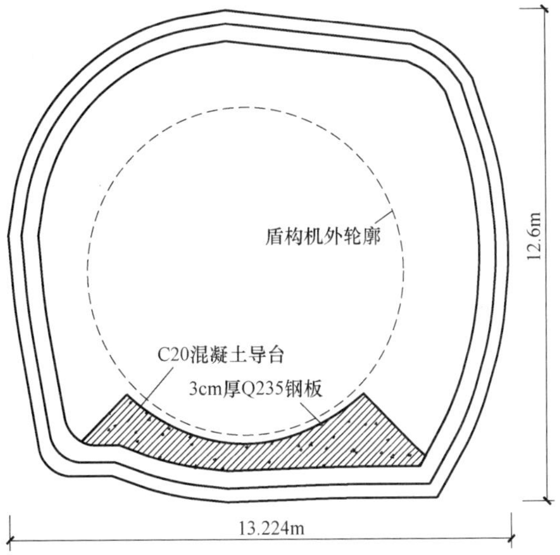

4）盾构机通过暗挖车站

等导台混凝土强度达到设计强度后，盾构机通过导台空推过暗挖车站。

5）侧洞二衬施工

盾构机空推过暗挖车站后，凿除导台，施工侧洞二衬，施工步骤如下：底纵梁施工→钢管柱施工→顶纵梁施工→仰拱施工→边墙及拱顶施工。

图 1.4.6 盾构空推过暗挖车站断面图

6）中洞施工

中洞施工在两侧洞二衬施工完成后进行，中洞开挖使两侧洞原有的受力平衡状态被打破而处于偏压状态，将导致侧洞结构产生位移。为使侧洞结构偏压内力能够逐步平衡、安全转换，中洞施工采取以下措施：

① 中洞严格按照 0.5m 的步距进行上台阶开挖，纵向紧跟施作拱顶初期支护，同时中隔壁穿孔并及时架设顶纵梁水平钢支撑（顶纵梁施工时在侧壁预埋钢板）。临时钢支撑采用 I32 工字钢，纵向 1m 一道。中洞开挖临时钢支撑架设图如图 1.4.7 所示。

② 中洞拱部二衬施工时，需破除侧洞的临时初期支护。

③ 施工全过程对侧洞梁柱结构实施应力应变及位移监测，根据监测数据控制施工步序，指导施工。

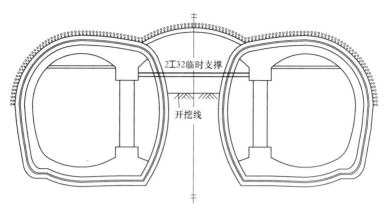

图 1.4.7　中洞开挖临时钢支撑架设图

④ 中洞下台阶开挖后，需凿除中隔壁并及时架设底纵梁水平钢支撑（底纵梁施工时在侧壁预埋钢板），临时钢支撑采用 I32 工字钢，纵向 1m 一道。

（4）施工注意事项

1）盾构机进入暗挖车站后，需在提前完成的导台上推进，导台为 C20 混凝土，并铺设 3cm 厚钢板，导台的精度直接关系到盾构机行进的控制，施工时需通过实测放样确定轴线点及两侧限位点，同时标出每一点的控制高程。

2）由于盾构机刀盘外径比盾体直径大，盾构机上导台之前，需要拆除刀盘与导台面接触的边缘刀具，避免盾构机在导台上推进时，钢板将刀具损坏。

3）盾构机进入暗挖车站后，需要调整各千斤顶，使盾构机姿态符合要求，且在盾构机推进时，速度不能过快，每推进一环，必须进行盾构轴线的测量，必要时，每 0.5 环测量一次。

2. 浅埋大跨度重叠隧道

（1）工程概述

东城南站是莞惠城际铁路第三座地下车站，位于东莞市莞长路（G107 国道）和长泰路丁字交汇处，车站总长 272m，为地下岛式车站。车站横跨长泰路部分为暗挖三连拱隧道；其上方为两条暗挖站厅层连接隧道，与暗挖车站竖向平行，暗挖站厅层连接通道与暗挖车站净距为 6.00m。

车站暗挖段拱顶埋深约为 20.00m，主体结构高度为 13.00m，跨度为 30.46m，开挖断面面积为 352.18m^2；主体结构主要位于 W_3 强风化混合片麻岩与 W_2 弱风化混合片麻岩中。

两条暗挖站厅层连接通道拱顶埋深约为 8.00m，主体结构高度为 6.50m，跨度为 6.70m，净距 10.70m，开挖断面面积为 41.32m^2；主体结构主要位于粉质黏土与 W_4 全风化混合片麻岩中。

隧道断面关系及拟采用施工工序如图 1.4.8 所示。

（2）施工方案选择

对于重叠隧道，开挖顺序选择至关重要，是"先上后下"还是"先下后上"呢？通过数值计算并结合工程实践经验得到：

1）重叠隧道后开挖隧道施工会对先开挖隧道地层变形形成叠加效应，在设计时必须

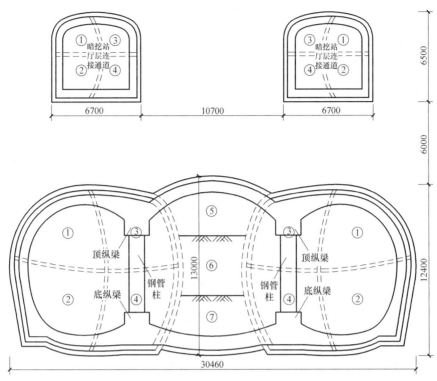

图 1.4.8　暗挖车站与站厅层连接通道断面关系图（单位：mm）

要考虑隧道之间的相互影响。

2）采用"先上后下"施工时，后期开挖的下部车站结构会对先期施作的通道结构产生较大的沉降位移，不利于通道结构的稳定，"先下后上"施工引起的地表沉降也较小，故推荐施工顺序为"先下后上"。

3）大跨暗挖车站采用"侧洞法"开挖，在施工过程中地面和洞周位移变化均较为平缓，且变形值可以控制在规范要求的范围内，说明设计方案比较合理，对施工具有指导意义。

3. 盾构机洞内拆解

（1）工程概述

东城南站位于东莞市莞长路和长泰路（G107国道）丁字交汇处，车站斜跨莞长路，主体大部分位于莞长路和长泰路（G107国道）交汇处的交通环岛内，其余部分位于东城第八小学校内，车站呈西南-东北向布置。由于现场条件的限制，车站主体结构分为四大部分分别施作，其中位于莞长路和长泰路（G107国道）交汇处交通环岛部分和位于东城第八小学校内部分为地下三层双柱三跨现浇钢筋混凝土矩形框架结构，采用明挖法施工；中间横跨长泰路部分在地下三层为暗挖三联拱隧道，在地下一层为两暗挖单洞隧道连接两端明挖部分，采用矿山法施工；车站大里程端斜跨莞长路部分在地下三层为暗挖三联拱隧道，采用矿山法施工。车站小里程端盾构始发；大里程端盾构接收。

原方案为在车站大里程端完成盾构接收后，空推过站，继续进行车站小里程盾构隧道掘进，因车站大里程端盾构隧道进度严重滞后，为保证项目施工工期，现场已新购置两台盾构机从车站小里程端始发,因东城南站大里程端明挖车站已经完成结构封顶,且未预留盾构吊出孔,现场需要在暗挖车站接收盾构机并在洞内完成拆解后吊出。

施工采用的盾构机主要由刀盘(开挖直径8830mm)、前盾体A环(ϕ8780mm×4390mm×3305mm)、中盾体BC环(ϕ8780mm×4390mm×2965mm、ϕ8780mm×4390mm×3035mm)、尾盾体D环(ϕ8780mm×4390mm×3985mm)、盾体内设备及连接桥和后配套拖车1~后配套拖车6共7节后配套拖车组成。

(2) 工程特点及重难点

1) 工期紧、任务重、拆机工程量大,现场管理人员要用科学的方法合理安排工序,科学管理,发挥自己的主观能动性以提高工作效率。

2) 拆机空间小,大型设备无法施工,大型部件完全依赖倒链、吊索、小型液压机具、手动工具人工拆卸,工作效率低。

3) 拆机过程中运输任务繁忙,运输量大,加之轨道单线运行效率低,电瓶车运力不足,途中出现故障难以排除,同时垂直运输紧张,这些极大地影响了施工进度,要安排专人进行调充,充分合理地利用有限的运力以达到最佳的效果,出现问题要及时排除,选用专业技术较强的人员进行吊点的焊接。

4) 大型部件洞内分解时,吊点位置选择有限且吊耳焊接时对焊工要求较高,且有些吊点选择在管片螺栓上,这对其也是一种考验,大部分吊点选在前、中盾盾壳外层,容易导致其变形,选用有吊装经验的人员进行操作,合理选择吊点,不能蛮干、存在侥幸心理。

5) 国内盾构机洞内拆解,借鉴的经验较少,管理人员对拆机方案进行充分的学习和掌握,并根据现场的实际情况及自己的工作经验合理安排,并持谨慎的态度。

6) 通风、排水问题难以解决,洞内工作环境难以保证,提前做好通风排水的准备工作。

7) 环境对工具的腐蚀特别是对吊具的腐蚀严重,应及时维修保养工具以保证能正常地使用,有问题的工具不能使用。

8) 多个工作面同时作业需用动火,消防安全难以保证,需安排专门的安全员进行巡查。

(3) 洞内拆机总体方案

盾构机掘进到暗挖隧道的扩大段至拼装完最后一环管片后,停机开始准备洞内解体。总体拆解方案及步骤为:

前期准备→刀盘解体→中心块翻转→并存放在扩大段→连接桥、台车管线分离→台车逐一运至始发井→连接桥运至始发井→连接桥分段拆除→螺旋输送机抽出并转运至始发井→管片拼装机拆除及转运至始发井→管片悬臂梁拆除及转运至始发井→推进油缸及铰接拆除及转运→拆除主驱动液压马达及减速机→A环上半块拆除→主驱动轴承外圈支撑环分离→主轴承翻转→主驱动轴承拆除→A环下半块拆除→BC环上半块拆除→BC环下半块拆除→D环上半块拆除→D环下半块拆除→解体完成收尾清理。

(4) 洞内拆机具体实施

1) 前期准备

① 拆机吊点的锚固设置,I32C工字钢及吊耳的准备;

② 轨行平板车的设计制作，拆机点至吊出井轨道的铺设；
③ 拆机处混凝土钢轨导台的预制与铺设（导台要预留两个沟槽便于刨盾体环缝）；
④ 后配套台车轨道铺设（建议在施工过程中就不拆除台车轨道），从始发井一直铺设到拆机位，做好连接桥支撑架准备；
⑤ 照明及风水电布置，特殊拆机工装及材料的准备。

洞内拆机纵断面布置图如图 1.4.9 所示。

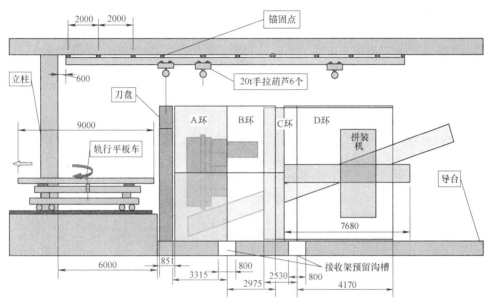

图 1.4.9 洞内拆机纵断面布置图（单位：mm）

2）刀盘解体

刀盘解体横断面图如图 1.4.10 所示。

刀盘按从上到下、从外圈到内圈的顺序分成 7 块进行炭刨刨除，将 1~6 块刀盘拆除，最后拆除刀盘与主驱动连接螺栓，焊接起吊及翻身吊耳。刨除刀盘 1、2、3 块的同时，盾体 A、B 环之间环缝和 A 环纵缝、B 环纵缝也同时刨除，为加快进度，在刀盘 1、2、3 块吊出后就可以吊 A 环上部及 B 环上部。

3）A 环上部拆除及吊运

刀盘上部 1、2、3 块吊出后就可以吊出 A 环上部，首先拆除 A 环上部与主驱动之间的连接螺栓及 A 环上部周边的焊缝刨除，根据吊轨宽度焊接 4 个吊耳。用 4 个 20t 葫芦通过滑轨将 A 环吊至平板车上，

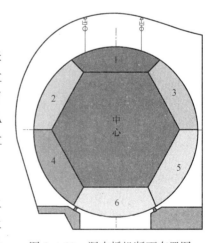

图 1.4-10 洞内拆机断面布置图

利用平板车上的回转平台将 A 环上部回转 90°，以保证 A 环在暗挖段运输中能顺利通过。

4）B 环上部拆除及吊运

首先刨除 B 环上部周边的焊缝，拆除铰接油缸与 C 环之间的连接销。根据吊轨宽度焊接 4 个吊耳。用 4 个 20t 葫芦通过滑轨将 B 环吊至平板车上，利用平板车上的回转平台

将 B 环上部回转 90°，以保证 A 环在暗挖段运输中能顺利通过。

5）D 环上部拆除及吊运

D 环上部也尽快吊出，便于盾体内附件和螺旋机的拆除。D 环上部的吊运方法同 A、B 环上部。

6）螺旋输送机拆解

罗宾斯螺旋机尺寸为 19m×1.4m×1.6m，重量为 41t，属于超长超重部件，利用滑轨上的 6 个倒链将螺旋机和螺旋机驱动部分分别挂住，在管片上设置 2 个吊点，挂 2 个 5t 倒链水平拉动螺旋机后移。当螺旋机拉出前盾，然后将螺旋机慢慢放平，利用 6 个 20t 倒链后移，螺旋机后端用平板车支撑，用倒链和平板车同时将螺旋机倒出，然后拉至始发井吊出。

7）盾体内设备拆除

推进油缸拆除前要确保管片与油缸回收状态的间距超过 2000mm，并且预先将铰接油缸拆除。同时，将推进油缸的进回油管拆除并做好封堵。割除推进油缸的定位调节块，将推进油缸从顶部的油缸拆起，在管片上安装吊点水平将油缸抽出，然后利用盾尾顶部及侧面焊接的吊点将油缸慢慢放置在准备好的管片小车上。双缸的推进油缸先将油缸的撑靴部位拆除，再将油缸分别抽出，不能一起抽出。

8）主驱动液压马达及减速箱拆除

① 主轴承位于前盾体内，重量为 200t（含 10 台驱动电机），直径为 5.897m，为最重和最难拆卸单元；

② 将主轴承内齿轮油排放后，拆除中心回转接头、管路及 10 驱动电机及减速机；

③ 拆除主驱动与 A 环之间的连接螺栓，并制作专用主轴承吊装用吊耳；

④ 主驱动电机拆除电缆后（前期准备），通过顶部滑轨将驱动电机及减速箱吊住，然后将减速箱与主驱动连接螺栓拆除，通过吊耳用倒链慢慢将电机及减速箱放置在准备好的平板小车上。电机及减速箱的拆除顺序为先拆最顶的，然后按左右顺序从顶部到底部逐一进行拆除。

9）人员仓拆除

用滑轨倒链将人员仓吊住，将人员仓与前体连接螺栓拆除。然后通过盾尾铰接座子用倒链将人员仓向后平移，并通过滑轨倒链及侧面倒链配合，将人员仓缓慢放置到准备好的平板车上将其运到始发井吊出。

10）拆除铰接油缸

铰接油缸共 12 条，分别连接中盾和盾尾，利用分离千斤顶铰接销轴和铰接支座分离，并将铰接油缸一一拆除，并做好标示。

11）盾体内管线的拆除

盾构机的管路、线路较为复杂。为了便于盾构机各构件下次安装时的顺利连接、功能的正常恢复，同时减少本次拆除和下次安装时的工作量，管线的拆除必须掌握"标识清楚、分类存放、原位固定"几个原则。

12）拆解后构件吊出

吊出 A 环下部→拼装机吊出→吊出 C 环上部→双臂梁吊下、井字架吊出→吊出双臂梁→C 环下部吊出→B 环下部吊出→D 环下部吊出→拼装机吊出。

4. 明、暗挖法结合地下车站

(1) 工程概述

东城南站斜跨莞长路，主体大部分位于莞长路和长泰路（G107国道）交汇处的交通环岛内，其余部分位于东城第八小学校内，车站呈西南-东北向布置。由于现场条件的限制，车站主体结构分为四大部分分别施作，其中位于莞长路和长泰路（G107国道）交汇处交通环岛部分和位于东城第八小学校内部分为地下三层双柱三跨现浇钢筋混凝土矩形框架结构，采用明挖法施工；中间横跨长泰路部分在地下三层为暗挖三联拱隧道，在地下一层为两暗挖单洞隧道连接两端明挖部分，采用矿山法施工；车站大里程端斜跨莞长路部分在地下三层为暗挖三联拱隧道，采用矿山法施工。车站小里程端盾构始发；大里程端盾构接收。车站斜跨莞长路部分与东莞R1线近似呈45°角斜交，并留与东莞R1线车站接驳条件。

东城南站站址范围地形略有起伏，地势呈西南高东北低，地面高程29.32～32.99m。周边建筑物主要有东侧的德生通用电器制造有限公司、南侧的中科院应化所拓扑研究中心、西侧的东城第八小学和位于北侧的东华高级中学，周边路面交通繁忙，且存在密集的电力、电信、雨水、给水、污水、燃气、等地下管线管道，地下管线管道的走向与道路平行，个别斜交。

车站采用岛式站台，有效站台中心处里程为GDK18+148.266，有效站台中心处轨面高程2.316m。车站起点里程为GDK18+031.266，终点里程为GDK18+297.266。车站总长266.0m，其中车站西侧明挖部分长50.335m，东侧明挖部分长66.67m；车站西侧暗挖部分长58.33m，车站东侧暗挖部分长90.665m。

(2) 部省合作之前方案

技术标准调整前，车站采用两端三层明挖＋中间单层暗挖方案，车站西侧明挖基坑长50.1m、宽24.4～30.5m、深26.9～29.7m；东侧明挖基坑长74.1m、宽24.4～30.5m、深27.1～28.8m，明挖基坑围护结构拟采用$\phi1200@1300$钻孔桩加$\phi600$旋喷桩桩间止水。截至技术标准调整时，现场围护桩已全部施工完成，西侧明挖基坑约完成土石方开挖10%，第一道钢筋混凝土支撑已施作完毕；东侧明挖基坑约完成土石方开挖25%，第一道和第二道钢筋混凝土支撑已施作完毕。

(3) 部省合作之后方案

技术标准调整后，根据新的车辆限界、建筑、设备、通风等的要求，结合现场施工情况，车站主体明挖基坑围护结构以原已施作基坑围护结构为基础进行适当调整。其中方案优化后的东侧明挖基坑长度保持不变，宽度由24.4～29.6m调整为29.64～36.02m。明挖基坑东侧和西侧围护结构布置基本不变并略微向南侧延伸；南侧围护结构布置外扩2.19～5.24m；北侧围护结构布置部分外扩1.9～4.5m；方案优化后的西侧明挖基坑长度由50.1m调整为51.44m，宽度由24.4～30.5m调整为31.7～34.75m。明挖基坑南侧围护结构布置外扩4.5～7.3m；北侧围护结构布置基本不变并向西侧延伸；东侧围护结构布置回收20.33m；西侧围护结构布置外扩21.665m。基坑整体向下加深约2.0m。调整后西侧明挖基坑长51.44m、宽31.7～34.75m、深31.95～34.0m；东侧明挖基坑长74.1m、宽29.64～36.02m、深31.0～33.4m。结合最新的地质勘察报告，西侧基坑的围护结构竖向分别采用5道600mm×1300mm的混凝土支撑＋1道倒撑（$\phi600$钢管，$t=$

16mm）和 3 道 600mm×1300mm 的混凝土支撑＋1 道预应力锚索的支护体系；西侧基坑的围护结构竖向分别采用 6 道 600mm×1300mm 的混凝土支撑＋2 道倒撑（φ600 钢管，$t=16$mm）和 3 道 600mm×1300mm 的混凝土支撑＋1 道预应力锚索的支护体系。由于车站范围内大部分基岩岩面较高，吊脚桩以下入岩段采用锚喷支护，外挂 Φ8@150×150mm 的钢筋网，喷射 15cm 厚的 C25 混凝土，打设 10m 长的锚杆，间距 1.2m×1.2m。

技术标准调整后最终实施方案与技术标准调整前设计方案对比：最终实施方案避免了 φ1200 供水管的迁改和原方案大里程端德生电器厂厂房拆迁问题，协调了莞长路立交桥上跨车站大里程端的方案。

5. 盾构基坑中始发

云山站为三柱四跨地下二层岛式站台。车站基坑总长 237.1m，采用明挖法施工。支护体系为内支撑＋预应力锚索结合体系。车站小里程端接盾构区间，小里程端进行盾构始发。为保证盾构尽早始发，在未施工车站底板时进行无结构始发。主要采取的技术措施有：

盾构端头井处为满足盾构始发要求凿除右线侧最长的一根第一、二道混凝土支撑，增设了三道预应力锚索。始发端头加固：始发端外侧 10m 范围采用高压旋喷桩加固，加固深度为盾构隧道底以下 4.5m。无底板结构始发处理：根据隧道设计的轴线，定出盾构始发姿态的空间位置，然后反推出托架至始发位置；由于受盾构井第一道斜撑影响，盾构机主体结构不能一次下井到位，需先将盾构机下吊至左右线中间位置，组装完成后，再进行盾体整体平移。盾构井设置 4 道盾构平移导槽。施工时，由于未施工车站底板结构，在始发位置处施工混凝土板并切割四条槽，在槽内安装预埋件及钢板，然后浇筑 C50 混凝土。待混凝土达到强度后，安装平移托架。托架安装：托架下焊接 8 个承重 200t 履带式小坦克，根据受力计算，小坦克按前密后疏布置。反力架安装：在左右线反力架立柱后部用钢筋混凝土做 4 幅钢筋混凝土墙，宽 0.8m，紧贴着反力架，并辅以钢管撑，确保反力架可承受 3000t 荷载。

车站主体结构未完成情况下，采用临时端墙的方式，顺利完成了盾构的始发，通过创新解决了车站与区间始发工期的矛盾，为后续类似项目提供了很好的借鉴。

6. 基坑加宽处理技术

云山站位于惠州市云山和文华一路交汇处。车站为地下二层岛式站台。车站基坑总长 237.1m，采用明挖法施工。原基坑设计深约 19～21m，基坑宽约 21.5～30.5m。基坑围护结构采用 φ1200@1350 钻孔桩加 φ600 旋喷桩桩间止水，采用内支撑结构体系。技术标准调整后，基坑整体向南侧加宽，向下加深，车站线间距由原来的 15.3m 改为 18.56m，轨面标高下调 0.901m，加宽后基坑宽约 35.4～39.8m，加深后基坑深度 19～21m。而此时，现场已按原方案围护桩全部施工完成，第一道混凝土支撑全部完成，部分底板及侧墙已施工。

加宽处理技术如下：①通过植筋方式将临时端墙与端墙处第二道混凝土支撑的腰梁及现场已施工结构底板连成整体。②根据新的车站外轮廓，在原围护桩外侧施作新的一排围护桩，并施作降水井和临时立柱，严格按图纸要求施作临时立柱。③利用原围护桩作为临时立柱，形成用于支撑的梁柱体系；外侧基坑开挖至冠梁底标高，在既有冠梁内植入接长混凝土支撑钢筋，并与新冠梁同时浇筑，待接长混凝土达到设计强度后，切割原围护桩和冠梁使其分离，并保留原冠梁及"八字撑"斜撑。

7. 基坑支护采用围护结构＋内支撑结合锚喷设计

小金口站位于惠州市火车站及城北汽车客运站处，车站沿惠州大道南北向设置。车站采用岛式站台，主体结构形式为地下两层双柱三跨现浇钢筋混凝土框架结构，全长307.5m。

本车站根据地质情况及主体结构形式选用了不同的围护结构形式：车站南端杂填土及淤泥质粉质黏土层较厚处采用$\phi 1200@1350$钻孔灌注桩＋桩间$\phi 600$旋喷桩止水，共设置3道支撑加1道倒撑，其中第一、二、三道支撑为$1m \times 1.2m$钢筋混凝土支撑，倒撑为钢管支撑，钢管直径600mm，壁厚16mm；车站西侧岩面较高处段采用土钉墙结合有限放坡＋喷锚支护作为基坑围护结构；车站东侧采用$\phi 1000@1150$钻孔灌注桩＋桩间$\phi 600$旋喷桩止水，钻孔灌注桩的嵌固深度应满足基坑整体稳定、抗倾覆、抗管涌、抗隆起要求。车站南端接明挖法施工区间，北段接暗挖区间。当为吊脚桩时，桩底设置一道锁脚锚索。位于岩层的下部基坑采用喷锚支护体系。

由于车站范围内大部分基岩岩面较高，吊脚桩以下入岩段采用锚喷支护，外挂$\phi 8@150 \times 150mm$的钢筋网，喷射10cm厚的C25混凝土，打设5m长的锚杆，间距$1.2m \times 1.2m$。

8. 车站上盖结合设计

西湖站斜跨于惠州市环城西路路下，环城西路西侧为规划荔浦风情景点及地下停车库，环城西路东侧为规划商业地块。西湖站设计与东、西两个地块的功能紧密结合；对于西侧地块规划，车站预留了地下停车库实施条件，风亭、消防楼梯间、冷却塔等地面建筑与荔浦风情景点结合设计，减少对景观的影响；对于东侧地块的商业上盖，车站预留了结构荷载条件、车站出入口与其商业地下室的接口衔接条件及风亭与上盖建筑远期结合的实施条件；同时，规划要求东、西两个地块的地下车库要连通，与各方设计配合后，为避免远期再对道路、管线进行拆改，两个地块的车库连通道也结合车站土建同期预留；另外，车站的出入口结合景观要求，均设计为仿古风格。

西湖东站位于惠州市环城西路，车站斜交环城西路设置；车站南端邻近惠州西湖，最小距离仅14m，车站北端邻近塘尾街。车站采用岛式站台，主体结构形式为地下两层三柱四跨现浇钢筋混凝土框架结构，全长232m。根据珠三角公司和惠州市政府的多次沟通协调及地方政府要求，西湖东站结合上部城市综合体设计，采用共用结构柱形式，根据上部城市综合体的荷载要求在顶板预留了相关接口节点。

1.4.4 矿山法隧道设计

莞惠城际铁路矿山法隧道全长29.569km（双线），下穿东莞市、惠州市城区及下属镇区，沿线下穿大量既有建（构）筑物、地下管线、地表水体等；采用了台阶法、CD、CRD、侧洞法、中洞法等工法。

1. 矿山法隧道总体设计

（1）初期支护

1）初期支护是永久衬砌的重要组成部分。初期支护与围岩共同受力，既要能与围岩共同变形，又要有足够的强度和刚度能抑制围岩的过大变形。初期支护的组成形式可根据工程地质情况、隧道净空、覆盖层厚度等因素选用，主要支护结构材料有：锚杆、钢筋网、喷混凝土、钢架等。

2）对喷射混凝土的厚度进行调整时，其厚度不应小于5cm。

3）Ⅴ～Ⅵ级围岩初期支护边墙部位设置锚杆，Ⅳ级围岩拱墙位置设置锚杆，Ⅲ级围岩拱部设置锚杆。锚杆采用全长粘结型锚杆，应保证注浆的饱满度，各种锚杆必须设置托（垫）板。隧道拱脚、钢架基脚或分部开挖基脚等处设置注浆锁脚锚管（锚杆），以控制基脚变形。

4）钢筋网一般选用HPB235钢筋，钢筋直径8mm，网格间距15～25cm，保护层厚度不小于3cm。

5）Ⅵ级、Ⅴ级浅埋段隧道，初期支护及临时支护钢架选用型钢钢架（I20a/I18）；Ⅴ级深埋、Ⅳ级浅埋初期支护钢架采用由钢筋焊接成的格栅钢架，临时支护钢架采用I16型钢。所有钢架应加强接头连接和纵向连接，钢架靠近围岩侧的保护层厚度不小于4cm。

（2）二次衬砌

1）二次衬砌是复合式衬砌的内层结构，与外层的喷锚初期支护及围岩共同组成完整的支护体系。二次衬砌采用模筑混凝土。

2）二次衬砌应根据围岩及初期支护的变形监控量测资料综合分析后进行施作，软弱围岩地段仰拱应紧跟开挖面施作，及早封闭成环，拱墙二次衬砌施工不可长时间滞后。

3）围岩变形过大或初期支护变形不收敛，又难以及时补强时，可设置临时仰拱或横撑，必要时也可提前施作二次衬砌，以确保围岩稳定，此时二次衬砌应考虑加强措施。

（3）仰拱、仰拱填充及无砟轨道基础垫层

1）Ⅲ～Ⅵ级围岩隧道采用曲墙有仰拱结构，仰拱及其与边墙的连接形式是影响隧道结构整体强度的重要因素，为保证仰拱有足够的强度和刚度，边墙与仰拱采用圆顺连接。为加强隧道底部结构，仰拱比拱墙适当加厚，并采用与拱墙同强度等级的混凝土浇筑。

2）仰拱填充应与仰拱分开施作，仰拱填充上部施作无砟轨道基础垫层，该层混凝土与仰拱填充混凝土分层浇筑，并满足轨道专业的技术要求。

各级围岩支护及衬砌设计参数见表1.4.1。

各级围岩支护及衬砌设计参数表 表1.4.1

衬砌类型		Ⅵ级	Ⅴ级浅埋	Ⅴ级深埋	Ⅳ级浅埋	Ⅳ级深埋	Ⅲ级
超前支护	范围	拱部180°	拱部180°	拱部180°	拱部120°	拱部120°	—
	长度(m)	3.0	3.0	3.0	3.0	3.0	—
	间距(m)(环×纵)	0.33×1.0	0.33×1.2	0.33×1.2	0.33×1.6	0.33×2.0	—
喷射混凝土	拱墙/仰拱(mm)	300/300	250/250	250/250	220/220	220/100	100/50
Φ8钢筋网	铺设范围	全环	全环	全环	全环	全环	拱部
	网格间距(mm)	150×150	150×150	150×150	200×200	200×200	250×250
锚杆	位置	边墙	边墙	边墙	拱墙	拱墙	拱部
	长度(m)	3.5	3.0	3.0	2.5	2.5	2.5
	间距(m)(环×纵)	0.8×1.0	1.0×1.0	1.0×1.0	1.2×1.0	1.2×1.0	1.5×1.0

续表

衬砌类型		Ⅵ级	Ⅴ级浅埋	Ⅴ级深埋	Ⅳ级浅埋	Ⅳ级深埋	Ⅲ级
钢架	位置	全环	全环	全环	全环	拱墙	—
	规格	I20a型钢	I18型钢	Φ22钢筋格栅	Φ20钢筋格栅	Φ20钢筋格栅	—
	每榀间距(m)	0.5	0.6	0.6	0.8	1.0	—
二次衬砌	拱墙/仰拱(mm)	500/550	450/500	450/500	400/450	400/450	350/400
预留变形量(mm)		100	80	80	60	60	40

注：二次衬砌均为钢筋混凝土。

2. 矿山法隧道下穿河流及地表水体

（1）工程概述

莞惠城际铁路松山湖隧道东城南—寮步站区间 GDK24+185～GDK24+905 矿山法段，以 66°斜角下穿黄沙河，河床宽 60m，水量随季节变化明显，雨季较大。隧道顶部距离黄沙河河床底最小距离约 13.5m。隧道下穿黄沙河平面图如图 1.4.11 所示，隧道下穿黄沙河地质纵断面图如图 1.4.12 所示。

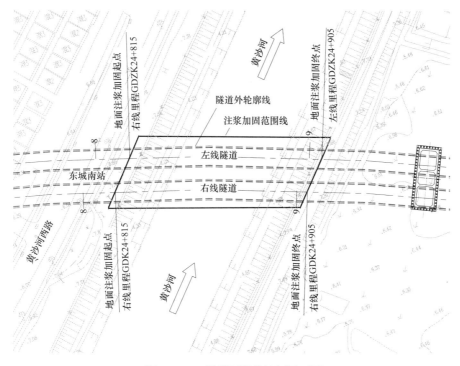

图 1.4.11 隧道下穿黄沙河平面图

河床地层由上而下分布有：砂层、全风化～弱风化泥质砂岩、弱风化花岗斑岩，其中花岗斑岩为侵入岩脉。隧道洞身位于弱风化花岗斑岩，局部位于弱风化泥质砂岩层。地下水主要为孔隙水，局部为基岩裂隙水，渗透性弱～中等，水量较大，雨季河水对地下水进行补给显著。隧道下穿黄沙河段拱顶覆土较薄，且局部分布有较厚砂层，地下水与河水有水力联系，施工过程中易发生涌水、涌砂现象，进而造成河床底下沉、开裂、河水涌入隧道等灾难性后果。

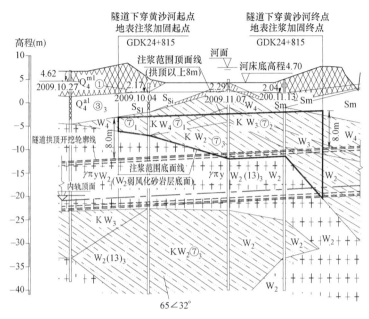

图1.4.12 隧道下穿黄沙河地质纵断面图

(2) 隧道结构设计

隧道为马蹄形结构,内轮廓净宽7.87m,净高9.0m。采用Ⅵ级浅埋复合式衬砌结构,初支挂网喷混凝土厚度30cm,二衬厚度50cm,初支型钢钢架间距0.5m,边墙部位设置$\phi 22$砂浆锚杆($L=3.5m$,0.8m×1m 环×纵),设计开挖工法为CD法。下穿黄沙河复合式衬砌断面如图1.4.13所示。

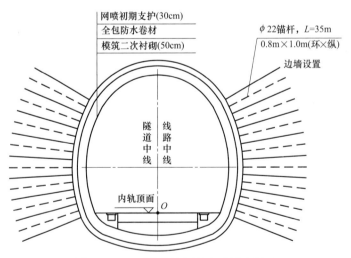

图1.4.13 下穿黄沙河复合式衬砌断面

(3) 下穿处理措施

1) 洞外措施

根据隧道埋深、地表环境及地质情况,采用在河面搭设临时注浆加固平台,对该段下穿隧道进行洞外注浆止水加固措施。该段隧道线间距较小，约15.2m，最小开挖净距约5.5m，因此采用左、右线隧道联合加固方案：加固横断面范围，水平方向为左线隧道开挖轮廓外3.0m至右线隧道开挖轮廓外3.0m，竖向范围为拱顶以上8.0m至W_2弱风化砂岩层底面。下穿黄沙河地面注浆横断面示意图如图1.4.14所示。

加固地层与地表水存在水力联系，为保证地表注浆加固止水效果，采用水泥-水玻璃双液浆，注浆方式采用后退式分段注浆，注浆孔按0.8m间距、梅花形布置，按"先隧道两边后中间"的顺序隔孔交替注浆。

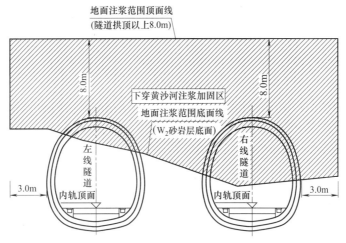

图1.4.14 下穿黄沙河地面注浆横断面示意图

2）洞内措施

① 超前小导管

隧道拱部180°范围打设一排 $\phi42$ 超前小导管进行预支护，纵向间距1.0m，环向间距0.33m。小导管长度3.0m，外插角度15°，并采用水灰比1:1的普通水泥浆对掌子面前方拱部以上地层进行注浆加固。

② 径向注浆止水

隧道内径向注浆作为预设计后期措施，根据隧道开挖后洞内的地下水发育情况，在初期支护封闭后，采用单液浆对隧道周边围岩进行注浆堵水，注浆范围为隧道开挖轮廓外3.0m，注浆管按1.5m×1.5m梅花形布置。

3. 矿山法隧道下穿高层建筑

(1) 工程概述

龙丰站—西湖东站矿山法区间右线隧道下穿新建畔山豪园A、B、C、D栋住宅，左线隧道下穿C、D栋住宅。新建畔山豪园住宅均为框支框架-剪力墙结构，其中A栋为24层结构、B、C、D栋为15～17层结构，无地下室。建筑物为柱下独立基础，基础间采用基础梁连接，基础高度300～1400mm，塔楼基础设置 $\phi22$ 砂浆锚杆，锚杆设计长度为入强风化岩12m，入中风化岩6m；C、D栋部分锚杆侵入隧道开挖面，隧道左右线初期支护施工均对C、D栋锚杆产生冲突，A、B栋锚杆距离隧道顶面距离均大于4.5m，隧道支护与锚杆无冲突。隧道与建筑群相对位置的俯视图如图1.4.15所示。

隧道采用矿山法开挖，结构形式为单洞单线马蹄形断面，采用带临时仰拱台阶法进行施工,隧道埋深约15~21m,隧道顶部覆土自上至下依次为全、强、弱风化花岗闪长岩,隧道主要穿越强、弱风化花岗闪长岩。隧道设计断面图如图1.4.16所示。

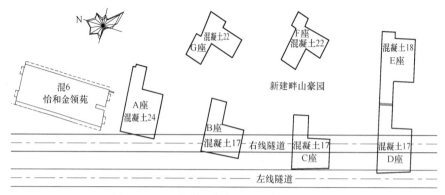

图1.4.15 隧道与建筑群相对位置的俯视图

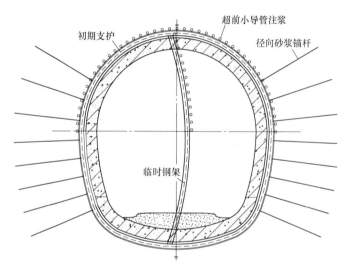

图1.4.16 隧道设计断面图

(2) 工程重难点

1) 地质情况复杂

该区段地层分界线起伏变化较大,岩层倾斜,风化严重,节理裂隙较为发育,整体性较差。因此下穿隧道的施工扰动会进一步加剧原本就较为破碎的地基岩层,破坏其整体结构性,影响建筑天然地基承载力以及砂浆锚杆与岩体之间的粘结抗拔力。

区段内部分建筑基础在软黏土层中,由于隧道开挖过程中水与软夹层的流失极易引起上覆软土地层发生失水而产生再固结沉降,容易对地面浅基础建筑物的安全造成不利影响。

2) 穿越距离近

隧道近距离穿越建筑群。右线隧道从B、C和D栋建筑正下方穿过,隧道断面紧邻高层建筑基础。本工程中高层建筑基础承台下有砂浆锚杆,锚杆长12m。隧道顶距离锚杆底部很近,最小距离仅有1.5m,因此隧道开挖势必会对锚杆产生扰动,加之锚杆所在土层较破碎,会对锚杆的抗拔能力产生一定的影响。

3) 穿越范围大、不对称

从 A 栋到 D 栋,下穿距离将近 200m,容易形成连续的下沉区,下穿点都偏向高层建筑的西侧,加上左线隧道的影响,对建筑影响是不对称的,易导致差异沉降。同时对左线隧道而言,由于建筑荷载的不对称,隧道结构会受到偏压作用,对隧道的受力也会产生影响。

4) 施工扰动大

矿山法隧道施工,振动扰动较大。该区段隧道采用矿山法施工,施工过程中涉及爆破,一方面会对隧道周围一定范围内的岩体造成扰动进而引起更大的沉降,另一方面会对既有建筑物的安全使用带来不利影响。

(3) 安全控制措施

由于隧道施工期间会造成地层失水,导致地面沉降,且建筑物基础本身的整体性差,对差异沉降敏感,考虑以上风险因素,设计从止水、控制变形等角度出发,提出以下措施:

1) 针对本工程的特点以及前期类似工程的研究成果,参考相关规范的要求,提出了依托工程中高层建筑物结构变位破坏的评价指标、爆破振动安全判据和影响建筑物抗震性能的评价指标,即高层建筑物总沉降不得超过 30mm、差异沉降应小于 0.05%、爆破引起的临界安全振动速度也应小于 1.3cm/s、建筑物地震响应加速度≤隧道穿越前的水平。

2) 为了达到上述目标值,需要在洞内与地表分别采取措施。首先结合已有管棚施工经验以及相关研究成果,提出了本工程管棚超前预支护的初步设计方案,即管棚钢管直径选择 $\phi108mm\sim\phi159mm$ 的大管棚,在拱顶 150°范围采用单层管棚弧形布置,管棚长度 25~30m,环间距根据施工精度按最小间距布置,搭接长度 4m,外插角度 2~5°,钢拱架或格栅间距 0.5~0.75m(对应的掘进进尺控制在 0.5~1m),注浆压力 0.5~2MPa,注浆材料多用水泥与水玻璃双液浆(体积比 1:0.5~1:1,水玻璃模数 2.4~3.4,波美度多用°Be'=35),并将 HSC 浆液作为沉降过大时的预案。

3) 城市地铁矿山法隧道中采用注浆措施辅助施工,已经有多年的应用和发展,注浆措施能否起到预期的目的,与注浆设计中选取的浆液类型、注浆工艺等都有密切的关系,还与施工中的监测和不断调整的注浆参数有密切关系。同时,正式注浆前一定要根据试验选取并调整注浆参数,并加强注浆后的质量检测,当检测不合格时,应进行补注浆,从而保证隧道顺利施工及施工安全。

4) 建议采用光面爆破技术,并且按照爆破振动影响因素重度顺序(爆心距、单段最大药量、总药量、微差延时、爆破方向、高程差、段数、地质条件),提出了五项安全控制措施。其中以单段最大齐爆药量、控制总药量和选取合适的微差延时为主导措施,以控制段数和改变爆破地震波传播途径为辅助措施,再分别给出控制原则及相应计算公式,以满足设计文件所提出的爆破振动安全判据的目标值。

4. 矿山法隧道下穿市政桥梁

(1) 工程概述

龙丰—西湖东区间矿山法隧道在 GDK96+600~GDK96+800 里程范围内下穿鹅岭立交桥,其中部分桩基临近或位于区间隧道平面范围内。鹅岭立交建成于 1994 年,交通较为繁忙,是一座三层全互通立交桥(图 1.4.17),其中地面一层,空中两层。A 线为最上层交通,方向为东西向,地面层交通是最下一层交通,地面层交通四通八达,可以绕环岛通往各个方向。

图 1.4.17　鹅岭立交平面示意图

区间隧道为双洞单线暗挖隧道,左右线线间距约 15.3m,隧道顶埋深约 30.5m,隧道主要穿越地层为强风化花岗闪长岩及断层碎裂岩。地质纵断面图如图 1.4.18 所示。

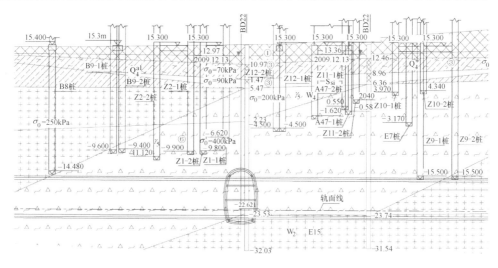

图 1.4.18　地质纵断面图

(2) 工程措施

1) 位于隧道平面范围内的桩基分别采取注浆隔离、注浆加固、钢管桩＋扩大承台和钢管桩＋托换梁的保护措施。临时支架设计图如图 1.4.19 所示。

2) 对于相对独立的桩基采取周边施作两圈封闭(圆形布置)袖阀管注浆的方式进行保护。

3) 对于两条桩基通过系梁连接采取两排封闭(方形布置)袖阀管注浆的方式进行保

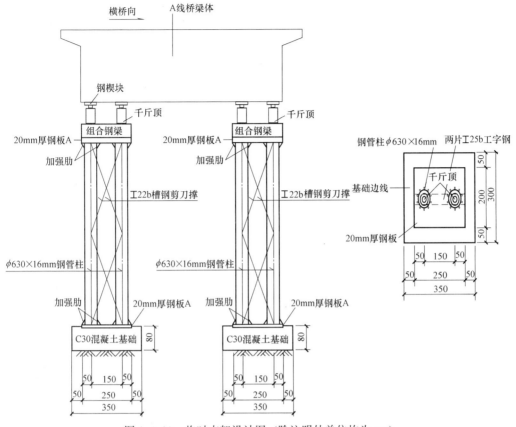

图 1.4.19 临时支架设计图（除注明外单位均为 cm）

护。袖阀管注浆加固设计图如图 1.4.20 所示。

4）对墩身是薄壁墩的桥墩采用两排封闭（方形布置）袖阀管注浆的方式进行加固。其他桥墩采用钢管桩＋托换梁的方式进行加固，钢管桩加固深度要求进入 W_2 地层。

5）鹅岭立交中层环形匝道桥墩和 A 线桥墩采用临时支架支顶，基础采用钢筋混凝土基础。

（3）应急预案

为了保证公路桥安全运营，各相关方须通力合作，采取有效的维护及应急措施，当量测中发现指标超限时，应立即停止隧道开挖作业，并及时通知监理工程师及设计工程师，提供所有资料给有关人员或部门，认真仔细分析与查找原因，提出对策，采取可靠措施后方可施工。

1）施工单位应有相应应急方案，隧道开挖期间应配备必要的抢险设备及材料。

2）成立应急响应机构：现场指挥组、抢险行动组、抢救疏散组、医疗救护组、安全防护组，按其职责与分工进行事故报告和现场处置。

3）应备一定数量的抢险人员，指挥人员应在现场值班。

4）施工单位在施工期间需和地方交通部门建立沟通机制，加强协调，出现异常情况需及时和相关部门反映，确保交通的安全。

5）根据监控量测资料，如桥梁出现较大的变形，应立即停止施工，对桥梁结构进行

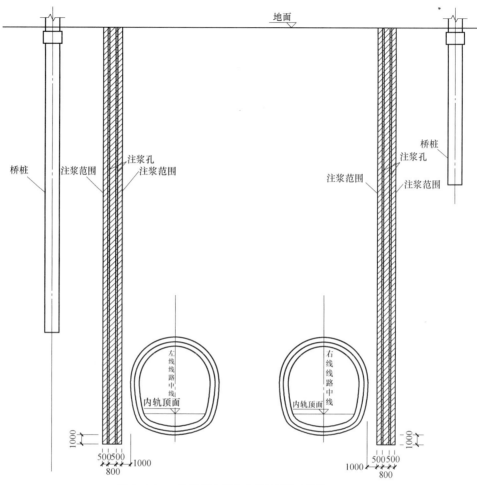

图 1.4.20 袖阀管注浆加固设计图（单位：mm）

加固处理，并停止列车运行，注意疏散无关人员。

6）强化桥梁的变形监测工作，及时分析变形规律和变形量，对桥墩基础采用注浆加固措施，调整桥墩加固施工过程中各墩的不均匀沉降以确保安全。

5. 矿山法隧道下穿既有铁路线

莞惠城际走行线隧道在 ZXDK1+246～ZXDK1+334 段下穿京九铁路线，下穿处京九铁路里程为 K2255+817，与铁路斜交，穿越角度约 38°，对既有铁路影响范围长 88m。隧道下穿既有京九铁路线采用矿山法施工，为单洞双线隧道，最大毛洞宽为 13.2m，隧道内线路最小间距为 4.537m，隧道埋深 15.5m，隧道拱顶位于淤泥质黏土中。

由于隧道拱顶距离既有线较近，地层较差，为确保不中断行车及保证施工和运营的安全，需对线路进行架空加固施工，常规的架空加固方法为：扣轨法、工字钢梁法、D型变梁法；由于隧道穿越角度较小，仅为 38°，导致扣轨法、工字钢梁法跨度加大，不满足受力要求；若采用 D 型变梁法，存在错位，无类似工程经验可鉴；结合现场实际情况，设计提出错位 D 型变梁设计方案，按照客车、货车分别计算最不利的情况进行加载计算，对钢轨位移差、三角坑等内容进行模拟计算，通过计算结果及现场施工期间监测数据表明采用错位 D 型梁架空既有线是安全、可靠的，为以后的工程提供了借鉴。

6. 城际铁路浅埋暗挖隧道扩挖改造

（1）工程概述

莞惠城际铁路原隧道设计时速 140km/h，遵循《珠三角城际轨道交通设计暂行规定》的要求，并参考《地铁设计规范》GB 50157—2013 相关规定进行设计，暗挖隧道按轨面以上净空面积 42.5m^2 设计；后期根据广东省与原铁道部合建珠三角城际铁路的建设精神，莞惠城际需考虑与国铁线路互联互通，技术标准参照原铁道部相关规范、标准执行，并且设计时速调整为 200km/h，相应的暗挖隧道轨面以上净空面积需满足不小于 50m^2 要求。

受此影响的暗挖隧道主要为按原技术标准及线路已完成开挖及初期支护的 GDK20+200 施工竖井作业范围段落。该段暗挖隧道原设计采用 CRD 工法施工，为双洞单线隧道，线间距 15.3m。技术标准和线路调整后，需加大断面、左线线位往右侧偏移 0.94m、右线线位往右侧偏移 4.20m、隧道已施工段落内左右线线路纵断标高整体上抬 1.339m、线间距调整为 18.56m，需对该已施工段区间隧道初期支护进行扩挖改造，左线正洞改造长度 141.5m，右线正洞改造长度 127.75m。隧道位置调整横断面位置关系图如图 1.4.21 所示。

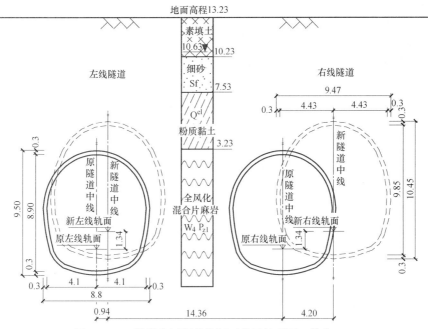

图 1.4.21　隧道位置调整横断面位置关系图（单位：m）

（2）工程及水文地质条件

隧道改造工程位于东莞市光明二路东南侧、八一路西南侧，莞惠城际东城南站—寮步站区间内，属剥蚀丘陵及丘间谷地，地势略有起伏。

1）场地内上覆第四系全新统人工堆积层（Q_4^{ml}）、冲积层（Q_4^{al}）、残积层（Q^{el}），下伏基岩为震旦系（P_{z1}）混合片麻岩。隧道拱顶覆土主要有素填土、淤泥质粉质黏土、砂层、粉质黏土、全风化混合片麻岩层，洞身主要位于全风化混合片麻岩层。素填土及杂填土，松散～稍密，属较不稳定土体，易造成隧道坍塌；饱和砂层，其富水性大，结构松散～中密，属较不稳定土体，透水性中等～强，施工中易发生坍塌、涌水、涌砂等现象；饱和状态下混合片麻岩残积土及全风化混合片麻岩，土质不均，属较不稳定土体，受施工扰动，强度骤降，极易造成隧道坍塌、侧壁失稳。

2）勘察钻孔显示地下水位埋深1.2～4.0m，水位变幅3.2m；地下水位随季节变化，变幅0.5～2.0m。

（3）工程难点及风险分析

1）隧道埋深浅，原隧道设计拱顶埋深8.3～11.2m，调整后隧道设计拱顶埋深仅6.2～9.1m，调整后隧道拱顶覆土厚度不足1D（D为隧道开挖净跨），属超浅埋隧道。

2）隧道间距小，线路及技术标准调整后，左、右线新旧隧道间开挖净距仅6.4m。

3）地质条件差，拱顶以上为松散土层，洞身为遇水软化的全风化混合片麻岩层，地下水丰富、地下水位较高。

4）既有隧道采用CRD工法施工，拆换撑工序多、工序复杂、工艺要求高，扩挖改造作业空间狭小。

以上工程及地质因素均使得该段隧道的扩挖改造风险极高，必须采取有效的措施以降低风险，保证实施过程中的安全。

（4）扩挖改造设计参数及措施

扩挖改造方案按浅埋暗挖法原理进行设计，以锚杆、型钢钢架、喷射混凝土等为初期支护，并辅以注浆小导管作为超前支护措施。同时扩挖改造前在隧道两侧进行井点降水，以减小隧道开挖地层的含水量，并利用既有隧道洞壁作为工作面展开径向注浆，能有效改善土层力学参数，提高洞周地层稳定性。

1）初期支护参数

按工程类比法确定的原隧道及新扩挖改造隧道初期支护参数见表1.4.2。

原隧道及新扩挖改造隧道初期支护参数 表1.4.2

项目	C25喷混凝土厚度（m）	ϕ22砂浆锚杆（m）			钢架（m）	
		位置	长度	间距	型号	间距
原隧道	0.3	—	—	—	格栅	0.75
扩挖隧道	0.3	扩挖边墙	3.5	0.8×1	I20a	0.50

2）洞外井点降水

原隧道在开挖过程中，于左、右线隧道之间及外侧各设一排纵向间距10m的ϕ700井点降水作为施工辅助措施。因隧道位置调整，在扩挖改造期间除继续利用左、右线隧道之间及左线外侧既有降水井外，需在右线隧道外侧新增一排水井在改造段内进行降水，将地下水降到隧道底部以下1.0m，确保隧道无水施工。右线隧道外侧既有降水井位于隧道扩挖范围，需采用C20素混凝土回填处理，避免在扩挖过程中既有降水井形成地下水通道，引起涌水、涌砂及坍塌等风险事件。回填前井壁四周预埋四根ϕ42注浆钢花管至井底，回填完毕对降水井外0.5m范围进行注浆处理。井点降水布置如图1.4.22所示；扩挖范围内既有降水井处理如图1.4.23所示。

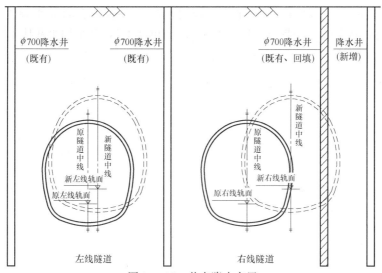

图 1.4.22 井点降水布置

3) 径向注浆加固

扩挖改造前,在已开挖的既有隧道空间内采用 $\phi 42$ 钢花管对地层进行径向注浆加固,加固区域为新隧道开挖轮廓至轮廓外 3m 范围。注浆材料为 425 号普通硅酸盐水泥浆液,水灰比为 $1:0.75 \sim 1:1$。注浆孔按浆液扩散半径 1.5m 设计,孔底间距约 2.0m,纵向间距 1.50m,梅花形布置。注浆顺序按先隧道两边后中间、隔孔交替注浆的原则进行,应控制注浆压力防止地面隆起及压裂既有隧道初期支护。径向注浆加固及分层回填横断面如图 1.4.24 所示。

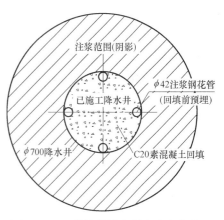

图 1.4.23 扩挖范围内既有降水井处理

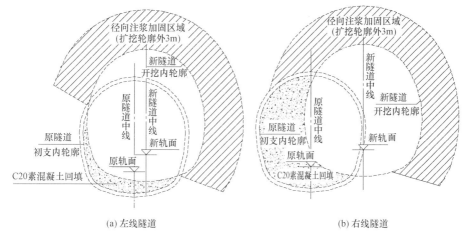

(a) 左线隧道   (b) 右线隧道

图 1.4.24 径向注浆加固及分层回填横断面

4) 小导管超前支护

沿新隧道拱部 180°范围内扩挖部分的洞周，打设一排 ϕ42 超前小导管，纵向间距 1.0m，环向间距 0.33m。小导管长度 3.0m，外插角度 15°，并采用水灰比 1：1 的普通水泥浆对掌子面前方拱部地层进行注浆加固。超前小导管既起到管棚预支护作用，又起到注浆加固地层作用，管周注浆固结体形成一定厚度加固圈后，实现超前支护的目的。

5）既有隧道与新隧道间回填

线路及技术标准调整后，新隧道轮廓与既有隧道轮廓存在交集区域，除该区域的空间可以为新隧道继续利用外，既有隧道开挖形成的剩余部分空间均需进行回填处理，采用 C20 素混凝土分层回填。

(5) 扩挖改造工序

原隧道支护体系由超前支护、钢拱架、连接筋、钢筋网、系统锚杆、喷射混凝土组成，是连续体，直接拆除会由于相互牵连引起大面积垮塌甚至大塌方，必须对其进行切割分解后拆除并及时施作新的支护体系，才能保证扩挖改造安全。扩挖改造前做好径向注浆加固及超前支护措施施工，同时扩挖改造采用人工开挖，严格控制钢架拆换及土体开挖进尺，钢架拆换按一榀一循环、扩挖土体开挖按 0.5m 一循环进行，施工完一循环的初支且临时支撑混凝土达到设计强度后方能进行下一循环土体的开挖和格栅的拆换。为保证钢架拆换过程中新安装初支钢架的封闭及后续扩挖过程中钢架接长的可操作性，对局部钢架节点设置钢架过渡单元。

选取右线隧道，其扩挖改造工序包括：

1）回填处理降水井及打设新增降水井，进行原隧道底部回填，全段径向注浆加固新隧道拱、墙扩挖轮廓外地层。

2）拆除原隧道临时支护，安装新隧道左侧边墙、部分仰拱钢架及钢架节点过渡单元 A、B，严格按逐榀拆换原则进行，分层回填素混凝土，挂网喷混施作新隧道初支。施作新隧道①部开挖土体周边（包括中隔壁）超前小导管。

3）开挖①部土体，拆除开挖范围内既有隧道初支，拆除新隧道钢架节点过渡单元 B，安装新隧道左侧拱部初支钢架、左侧上台阶临时中隔壁钢架及横撑（原隧道右侧剩余初支钢架需与新安装的横撑焊接封闭成环），挂网喷射混凝土施作新隧道左侧拱部初支及临时支护。施作新隧道②部开挖范围内土体周边超前小导管。

4）开挖②部土体，安装新隧道拱部右侧初期支护钢架及临时横撑钢架，挂网喷射混凝土施作新隧道右侧拱部初期支护及临时支护。

5）开挖③部土体，并拆除③部开挖周边既有隧道初期支护，拆除新隧道初支钢架节点过渡单元 A，安装新隧道右下部初期支护钢架及下部临时中隔壁接长钢架，挂网喷射混凝土施作新隧道右侧边墙、剩余仰拱初支及临时支护，使隧道初支护封闭成环。

隧道扩挖改造工序示意图如图 1.4.25 所示。

7. 矿山法隧道仰拱隆起处理

(1) 工程概述

莞惠城际 GZH-7 标右线大朗—常平南区间隧道 GDK40+638～GDK40+666 段位于东莞市常平镇朗常路下方，为矿山法双洞单线隧道，设计行车速度 200km/h，隧道拱顶埋深约 35.70m。隧道断面采用时速 200km V级围岩深埋复合式衬砌断面，按喷锚构筑法进行设计和施工，采用复合式衬砌结构形式，全包防水。初期支护采用喷混凝土、钢筋网、锚杆和格栅钢架，二衬采用钢筋混凝土。200km/h V级围岩深埋复合式衬砌断面设计图如图 1.4.26 所示。

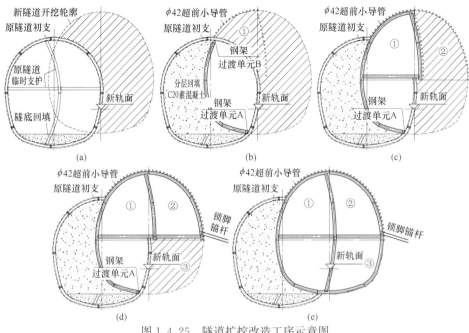

图 1.4.25 隧道扩挖改造工序示意图

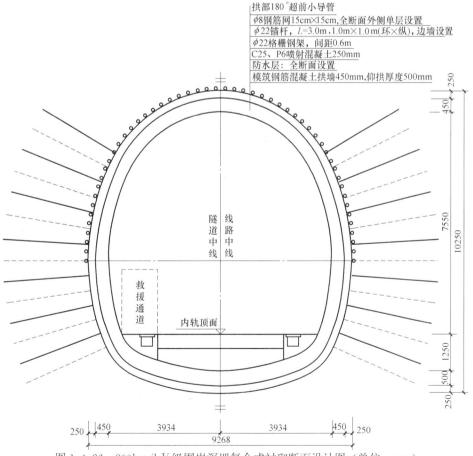

图 1.4.26 200km/h V级围岩深埋复合式衬砌断面设计图（单位：mm）

现场技术人员在值班过程中发现右线隧道GDK40+638~GDK40+666段轨道板外轨不平顺，仔细观察发现水沟有纵向裂缝，电缆槽和二次衬砌交接处存在相对位移。采用全站仪进行测量复核，确定GDK40+638~GDK40+666段轨道板存在隆起情况，轨道板内轨侧最大隆起4.5cm，轨道板外轨侧最大隆起10.8cm，数据呈抛物线形式变化，同时隧道外轨边墙处存在多条纵向裂缝。

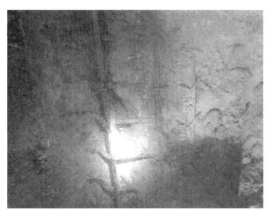

图1.4.27 现场外侧拱脚位置照片

（2）现场检测情况

现场在外侧拱脚处沿隧道纵向凿槽，槽宽1m，深度至二衬仰拱位置，以探明仰拱及拱脚情况。

根据现场开槽情况发现，外侧拱脚位置二衬内侧产生受压破坏，混凝土已受压破坏，钢筋已屈服。

图1.4.27为现场外侧拱脚位置照片。

（3）仰拱隆起原因分析

1）根据现场施工记录及监理日志，GDK40+607.3~663.8段仰拱浇筑时间为：2013年11月1日7：45至21：50；GDK40+663.8~722.6段仰拱浇筑时间为2014年6月23日14：00至24日6：00。GDK40+663.8处两侧施工间隔时间约8个月；在GDK40+663.8仰拱端头施工缝止水条有破损；浇筑过程中发现已浇筑仰拱端头有水流入到正在浇筑的混凝土中；隧道仰拱一次性浇筑长度达56.5m，长度过长。受水流影响施工缝部位混凝土质量存在质量缺陷，同时隧道防水存在渗漏点。根据施工记录，在浇筑二衬时，发生混凝土"堵管"现象，二衬内部存在施工冷缝。

2）根据施工记录显示该段隧道在2017年5月17日至2017年5月26日进行过渗漏水治理，根据现场反映注浆压力可能超过2MPa，注浆压力过大导致仰拱存在施工质量缺陷的薄弱点，易造成剪切破坏而引起隧道仰拱隆起。

（4）处理方案

1）切割整体道床，钢轨原位保护

① 将GDK40+638~GDK40+666拆除段前后各150m范围内的扣件全部松开，防止施工作业中损坏扣件。

② 凿除范围的两侧相邻道床需确保采用锚固杆进行锚固，道床切除和修复作业应选择在接近道床板原施工时的温度条件下进行。

③ 道床施工过程中，应对钢轨和扣件进行有效保护，还应采用轨距杆和支撑杆等工装对钢轨进行必要的支撑及加固。

2）凿除拱脚及素混凝土回填层

GDK40+638~GDK40+666段外轨外侧拱脚混凝土已破坏，需要凿除后重新浇筑；内轨内侧拱脚混凝土需要进行补强，凿除回填层混凝土即可。拱脚及素混凝土回填层凿除范围如图1.4.28所示。

3）重新浇筑衬砌混凝土

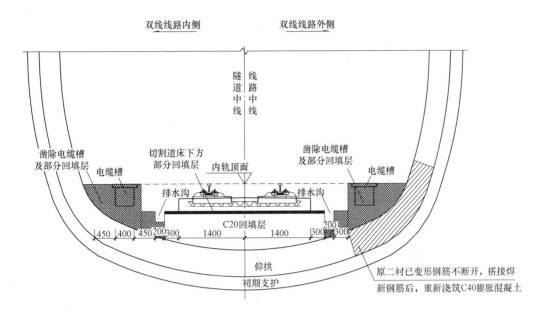

图 1.4.28 拱脚及素混凝土回填层凿除范围（单位：mm）

重新绑扎主筋、分布筋、箍筋锚入仰拱深度 200mm，并浇筑此段仰拱拱脚，采用 C40 微膨胀混凝土，新做钢筋与原有钢筋采用搭接焊，焊接长度 $10d$（d 为钢筋直径）。二次衬砌仰拱及拱脚补强措施图如图 1.4.29 所示。

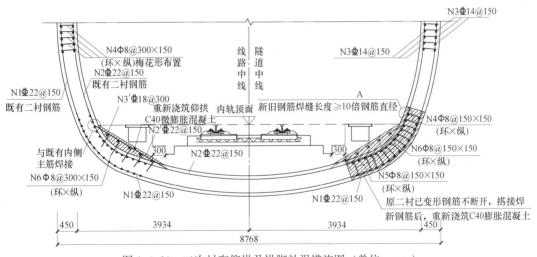

图 1.4.29 二次衬砌仰拱及拱脚补强措施图（单位：mm）

4）拱底充填注浆

对仰拱及底部空隙进行注浆加固，注浆管采用钢花管，具体深度按现场实际情况控制，浆液采用单液浆。注浆孔布置断面图如图 1.4.30 所示。

5）施作中空锚杆

在双块式轨枕之间及仰拱拱脚部位施作 ϕ38mm 中空锚杆，锚杆深入围岩 2.5m。锚杆纵向间距 1.30m，梅花形布置。锚杆顶采用丝扣、垫板加螺栓形式，锁定锚固力不小

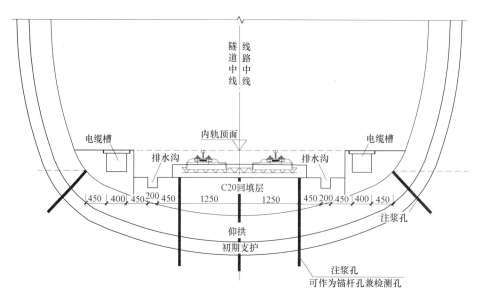

图 1.4.30 注浆孔布置断面图（单位：mm）

于 300kN。垫板、螺母和杆体不得露出结构表面，应置于道床板或回填层中，混凝土保护层厚度不小于 40mm。中空锚杆布置断面图如图 1.4.31 所示。

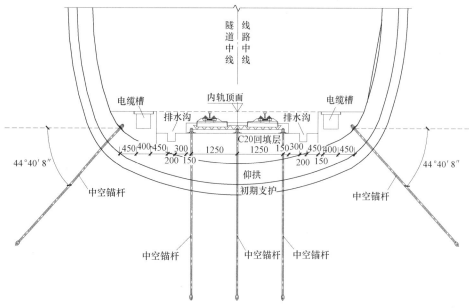

图 1.4.31 中空锚杆布置断面图（单位：mm）

6）道床及轨道恢复

① 道床恢复应在接近道床板原施工时的温度条件下进行，先凿开相邻道床板混凝土，露出纵向钢筋长度不得少于 700mm，并进行除锈处理，新做道床混凝土应采用一次性连续浇筑，新旧道床连接处按照施工缝处理。

② 钢轨锁定温度应与原设计要求锁定温度保持一致，为 27±5℃。无缝线路应在设计

锁定轨温范围内锁定,相邻单元轨节间的锁定轨温差不大于5℃,同一单元轨节左右股钢轨锁定轨温差不大于3℃,同一区间内单元轨节的最高与最低锁定轨温差不大于10℃。

③ 恢复轨道后,在GDK40+650处增设位移观测桩一处,并在无缝线路锁定后定期对此段线路的无缝线路状态进行跟踪。

1.4.5 盾构法隧道设计

莞惠城际铁路盾构法隧道全长为13.360km(双线),下穿东莞市、惠州市城区及下属镇区,沿线下穿大量既有建(构)筑物、地下管线、地表水体等。

1. 盾构法隧道衬砌设计

(1)设计参数

盾构隧道的结构形式采用平板型单层管片衬砌,管片设计参数见表1.4.3,衬砌圆环构造图如图1.4.32所示。

管片设计参数 表1.4.3

项目	特征	项目	特征
管片直径	外径φ8500mm,内径φ7700mm	管片宽度	1600mm
管片厚度	400mm	楔形量	双面楔形48mm
管片分块	7块		

(2)管片分块及形式

衬砌环分块及管片的编号见表1.4.4。

衬砌环分块及管片编号 表1.4.4

管片	封顶块	邻接块		标准块			
标准环	F	L1	L2	B1	B2	B3	B4

注:其中字母"F、L、B"表示衬砌环模具的编号,具体为"1、2、3、4"等,其编号应在模具上做好标记。

(3)管片衬砌配筋类型

根据地层条件、隧道埋深及下穿处地面建(构)筑物情况,盾构隧道衬砌环配筋分为Ⅰ、Ⅱ、Ⅲ、Ⅳ四种类型,其适用地段详见地质纵断面。其中正洞与联络通道相接处的衬砌环采用比正洞配筋加强一级的管片类型,每个联络通道处设置6环加强管片。

2. 盾构管片养护设计

作为主体结构,盾构隧道工程的设计使用年限一般达到100年甚至以上,因此管片的强度、刚度、防水性和耐久性等性能极为重要,混凝土管片的养护工作对管片的耐久性有深远的影响。

(1)管片接缝渗漏水修补

1)修补方案

采用嵌缝、注浆止水方法。

2)施工方法

① 渗漏水附近环、纵缝及手孔封堵,防止修补治理过程中渗漏水窜流。在渗漏水附近的环、纵缝,在缝内钻孔并注入封堵类浆液。钻孔深度不超过止水条,不得破坏管片止水条。手孔渗漏水一般为橡胶密封圈损坏造成,主要采用更换密封圈的方法进行消除渗

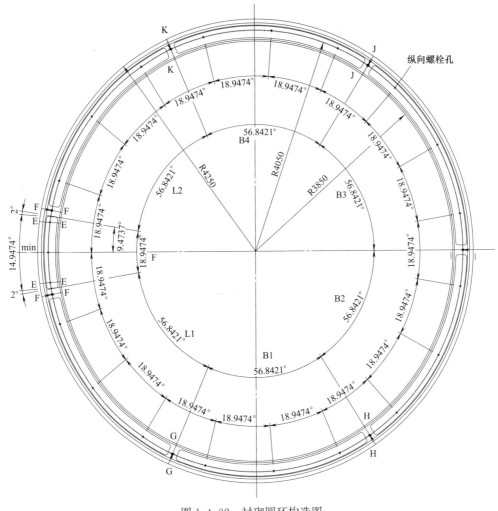

图 1.4.32 衬砌圆环构造图

漏水。

② 对渗漏水严重情况，可先在管片外侧注浆封堵。管片外侧注浆可通过吊装孔压注、从竖井与圆隧道接头间隙用水平管压注、十字或 T 字接头和环纵缝压注。

③ 在接缝处钻孔，并采用双块水泥封堵管片嵌缝槽接缝。钻孔一般不得破坏管片止水条。

④ 缝内注浆堵漏在管片接缝内注入改性环氧树脂或水泥基注浆材料，注浆材料应能够与周围混凝土牢固粘结。

⑤ 多次注浆，直到完全堵住渗漏水。

(2) 管片螺栓孔、注浆孔渗漏水修补

1) 注浆孔渗漏水处理

① 当注浆孔渗漏水较小时，先清理注浆孔，并在注浆孔内螺纹和闷盖外螺纹均涂少量速硬微膨胀胶泥，然后将闷盖旋紧（加设止水圈），最后在闷盖处再用水泥封一圈，彻底堵住渗水。

② 当注浆孔渗漏水较大时，先通过注浆止水，再在注浆孔内螺纹和闷盖外螺纹均涂少量速硬微膨胀胶泥，然后将闷盖旋紧（加设止水圈），最后在闷盖处再用水泥封一圈。

2）螺栓孔渗漏水处理

① 隧道管片螺栓孔处理可采用沿孔扩缝、封堵内腔、化学注浆和封闭密封的方法；

② 将螺栓四周凿槽，然后嵌入 PE 泡沫条；

③ 对螺栓四周进行封堵，并安装好注浆嘴；

④ 通过注浆嘴进行注浆止水，注浆材料需采用聚氨酯浆液或其他高分子注浆材料；

⑤ 注浆止水完成后，在表面做一道有机硅防水层或环氧树脂防水层；

⑥ 如管片螺栓可拧动的，可在拧松后嵌入聚硫密封膏或遇水膨胀密封膏。

(3) 裂缝修补

1）修补方法

① 混凝土裂缝修补，应综合考虑开裂原因、修补范围、环境条件、安全性、经济性等因素，选择合理的修补方案。

② 裂缝修补的常用方法有开槽嵌缝法、注浆法、贴补法、表面涂膜法等，应根据裂缝情况和环境条件选用或结合使用。

③ 对宽度小于 0.3mm 的湿裂缝或微渗裂缝，可采用无机高密封涂料或聚合物水泥浆液涂抹封闭处理。

④ 对宽度小于 0.3mm 但渗漏水较多的裂缝、影响混凝土结构承载力的裂缝、深度超过混凝土保护层的裂缝、薄壁构件形成的贯穿裂缝等，均应使用注浆方法进行修补，注浆材料宜选择改性环氧注浆料。

⑤ 对于活动裂缝，即处于继续开展而未稳定的裂缝，应在控制裂缝发展使其稳定后，方可进行修补。如裂缝发展不能控制，则应采取相应的措施，限制结构的变形，裂缝宜用弹柔性材料进行封闭处理。

2）技术要求

① 修补施工前应清除裂缝表面的灰尘、浮渣及松散层等污物，必要时用毛刷蘸甲苯、酒精等有机溶液，沿裂缝两侧 20～30mm 处擦洗干净。

② 开槽封缝施工应满足下列要求：

A. 开槽切缝宜在裂缝两侧 15mm 处进行，缝深宜 30mm，缝长宜在裂缝两端各延伸 200～300mm；

B. 应沿缝凿除混凝土，不得侵入槽外混凝土，槽帮两侧一定范围内应凿毛处理；

C. 封缝材料可采用改性环氧聚合物水泥砂浆或其他符合要求的封缝材料。涂抹砂浆时应防止产生小孔和气泡，要刮抹平整，保证封闭可靠。

③ 根据裂缝区域大小，可采用单孔注浆或分区群孔注浆，注浆施工应满足下列要求：

A. 设置注浆嘴，间距可由缝宽度及深度确定，注浆位置应设在裂缝端部、裂缝交叉处和裂缝较宽处，贯穿裂缝的构件两个侧面都应埋设注浆嘴；

B. 干燥裂缝宜采用环氧砂浆埋设注浆嘴和封缝；

C. 对渗水或涌水状态下的裂缝应先进行引水处理，后用水泥-水玻璃、速凝水泥或堵漏剂做快速封缝处理和埋设注浆嘴；

D. 应逐一加压检查注浆嘴的连通和封闭效果；

E. 应按试验确定的配比，准确称量各组成材料，搅拌均匀，浆液随配随用；

F. 注浆顺序：垂直缝应自下而上，水平缝自一端向另一端逐一进行，注浆压力及浆液凝结时间应按地下水的压力、裂缝宽度及深度进行确定；

G. 待浆液固化后再拆除注浆嘴，并对混凝土表面进行修整。

④ 浆液配制应按照不同浆材的配方及配制方法进行。浆液一次配备数量，需以浆液的凝固时间及进浆速度来确定。

⑤ 注浆是施工关键工序，为确保注浆质量，施工时要满足下列控制措施：

A. 注浆机具、器具在注浆前应进行检查，运行正常方可使用；

B. 注浆压力应通过现场试调确定，压力应逐渐升高，禁止骤然加压，达到规定压力后，应保持压力稳定；

C. 注浆停止的标志为吸浆率小于 0.1L/min，应继续压注几分钟再停止注浆；

D. 注浆结束后，应立即拆除注浆管并用水清洗干净，选用有机材料注浆后还应用丙酮冲洗注浆管和设备；

E. 为保证浆液充满，在注浆后约半小时，可以对每个注浆嘴再次补浆；

F. 注浆结束后，应检查补强效果和质量，发现缺陷应及时补救，确保工程质量。

⑥ 裂缝修补完成后，应在裂缝表面增设水泥砂浆、涂料防水层等加强措施。

⑦ 裂缝封闭后应进行压气试漏，检查密闭效果。试漏需待封缝材料有一定强度时进行。试漏前可沿裂缝涂抹一层肥皂水，从注浆嘴通入压缩空气进行检查，如存在漏气，应再次修补密封直至达到密闭要求。

（4）混凝土不密实渗漏水

1）基本要求

① 采用内部注浆和表面封堵相结合方法进行治理；

② 凿除松动的混凝土块体，不得大面积凿除混凝土。

2）较大面积渗漏水修补

① 治理方案

采用注浆材料渗透到混凝土内的孔洞、毛细孔隙中，封闭渗漏水通道，用注浆材料置换地下水在混凝土中的位置。渗透注浆完成后进行表层抹面防水。

② 采用的材料

注浆采用改性环氧灌浆料，表层抹面防水采用耐久性防水涂料。

③ 施工方法

A. 将大面积渗漏水范围内及其向周边延伸 0.3m 的范围内的基面清理干净，无浮浆、无松动块体、无钢筋伸出。

B. 布置注浆孔，注浆孔布置在渗漏水严重位置，且间距控制在 0.5～0.7m 之间，梅花形布置。

C. 清洗注浆孔，埋没注浆嘴，采用速凝堵漏材料封闭注浆孔，使大面积混凝土中的水从注浆嘴流出。

D. 大面积涂水泥-有机速凝防水材料，从弱渗水面步步为营向强渗水面涂抹，要求混凝土中的水不得从面上渗漏，而只能从注浆嘴流出。

E. 注浆：先注小漏孔后注大漏孔，使大面积渗漏水汇集一点或几点，最后集中注堵。

F. 做水压试验检查注浆效果，注浆完成后拆管封管。
3）渗漏水治理方法
① 治理方案
采用注浆和封堵相结合的方法。
② 采用的材料
A. 注浆材料采用改性环氧灌浆料；
B. 封堵材料采用水泥-有机封堵防水材料。
③ 施工方法
A. 渗水点凿孔，孔径 30mm，孔深 30mm；
B. 钻孔：孔径 $\phi 8 \sim \phi 12$，孔深大于等于 100mm；
C. 将凿孔外 50mm 范围内混凝土基面击成麻面，并用水清理干净；
D. 安设注浆管，用水泥有机封堵材料封堵钻孔；
E. 压水试验：检查封堵注浆孔有无渗漏水，并根据试水压力确定注浆压力；
F. 注浆：净浆压力为注水压力的 1.5～2.0 倍，注浆次数不少于 2 次；
G. 注浆后，采用注水方法检查注浆效果；
H. 拆管封管：采用防水材料封管（与大面积渗漏水治理方法相同）。
4）混凝土较大面积潮湿基面的处理
① 治理方案
采用先大面积抹面防水、后注浆的方法。
② 采用的材料
抹面采用水泥有机速凝剂或高分子聚合物防水砂浆。注浆采用改性环氧注浆液。
③ 施工方法
A. 彻底清除潮湿混凝土基面的浮浆、残余物、钢筋头等。
B. 将潮湿混凝土基面击成麻面（不准许凿除或破坏混凝土表面）。
C. 钻孔埋设引水管，孔径 $\phi 8 \sim \phi 12$，孔深小于等于 100mm。
D. 用水冲洗干净待处理的基面。
E. 涂抹水泥有机速凝剂，厚度 2～3mm，并连续湿养护不少于 3d。
F. 先注水检查是否还有大面积渗漏水。若有，则重新涂抹；若无，则进行注浆。
G. 注浆后拆管封管。

(5) 管片混凝土碎裂
1）修补方法
采用回填方法修补。
2）技术要求
① 修补材料可选用聚合物水泥砂浆、环氧砂浆或比原结构混凝土强度等级高一级的细石混凝土。砂浆、混凝土配合比应经现场试配，保证管片混凝土和回填材料之间的粘结力、回填材料强度达到管片混凝土原材料的性能指标要求。
② 修补施工时，将管片混凝土碎裂部分、空鼓部分彻底凿除。若管片钢筋或螺栓锈蚀，应进行除锈处理。
③ 对于最大深度小于 30mm 的碎裂掉块，应在坚实的管片混凝土上植筋，并挂高强

钢丝网片。

④ 用压力水冲洗，充分湿润修补部位的管片混凝土。

⑤ 用回填材料密实地填充缺陷部位。

⑥ 缺陷部位修补完成后，应洒水养护 14d 以上，并满足相关修补材料对养护时间要求的技术指标。

（6）蜂窝修补

1）修补方法

① 蜂窝较小时，蜂窝部位应凿毛后用聚合物水泥砂浆（有渗漏水时用防水水泥砂浆）压实抹平。

② 蜂窝较大时，根据凿除的深度选择使用聚合物水泥砂浆或细石混凝土修补。

③ 蜂窝较深时，如清除困难，可埋设注浆管，表面涂抹聚合物砂浆或灌筑混凝土封闭后，进行水泥压浆处理。

④ 结构表面要做装饰的，麻面部位可不处理；表面不做装饰的，麻面部位用清水冲刷干净，充分湿润后用水泥砂浆（有渗漏水时用防水水泥砂浆）压实抹平。

2）技术要求

① 蜂窝部位应凿毛，剔除缺陷处松散的混凝土颗粒直至露出密实混凝土，用清水冲刷干净并充分湿润，然后进行回填修补。

② 砂浆、混凝土原材料应符合相关规范规程的要求。

③ 修补所用的混合料配合比应现场调试确定，保证老混凝土和回填材料之间的粘结力、回填材料强度达到老混凝土原材料的性能指标要求。

④ 蜂窝麻面修复完成后，应洒水养护 14d 以上。

⑤ 修补完成后的表面应与原结构表面平齐光洁；结构表面不做装饰的，修补部位颜色与附近混凝土颜色应基本一致。

（7）局部露筋

1）修补方法

① 当钢筋锈蚀尚不严重时，或混凝土表面仅有细小裂缝或个别较小破损时，可采用在构件外表面涂抹绝缘层，如沥青漆、过氯乙烯漆、环氧树脂涂料等进行处理。

② 当钢筋锈蚀严重，在结构上由于钢筋锈蚀产生的裂缝较多或保护层剥落时，应处理锈蚀的钢筋，重设钢筋保护层。

2）技术要求

① 对钢筋进行修补前，首先应清除钢筋周围破坏的混凝土，清除过程严禁使用破碎机，以免对钢筋产生进一步危害。施工应满足下列要求：

A. 使用测厚计（确定混凝土中钢筋的位置和深度）和结构图纸来确定钢筋的位置；

B. 大面积的破损混凝土清除后，应使用小尺寸的切削锤来清除钢筋附近区域的混凝土，且注意不要振动钢筋；

C. 暴露钢筋表面的疏松砂浆、锈蚀物、油渍以及其他污物应用钢丝刷或油漆刀铲（刷）彻底清洁；

D. 混凝土清除范围应考虑增焊钢筋的搭接长度，应比钢筋锈蚀部分长度有所增加。

② 增强钢筋锈蚀时，应根据增强目的和钢筋构件要求的结构容限选择替换劣化钢筋

或增加附加钢筋的修补方法。

③ 钢筋替换时，新旧钢筋重叠部分的长度应符合设计要求，应避免采用对焊工艺。

④ 清洁后用来修补的钢筋，应采用环氧树脂、聚合物水泥浆或是富锌涂层进行保护，以免受氯离子腐蚀，涂层的厚度不宜大于 0.3mm。

⑤ 对于预应力粘合钢丝的修补，可采用替换法。要求构件加以改造，为新的替代钢丝提供必要的端锚墩。在为新钢丝放置锚墩时，应避免不合适的偏心度。

⑥ 钢筋修复后，采用聚合物水泥砂浆、环氧砂浆或强度等级比原结构高一级的细石混凝土重新施作钢筋保护层。保护层厚度应满足耐久性要求。

⑦ 钢筋保护层材料应浇筑或填抹密实，并按照材料要求进行养护。

3. 盾构法隧道下穿东江

(1) 工程概述

东江隧道西湖东—云山区间为双洞单线盾构隧道，GDK99+150～GDK99+650 段穿越东江，两线隧道净距 7.5m，盾构管片内径 7.7m，隧道顶部与河底最小距离为 17m，采用德国进口的两台直径 8.8m 的海瑞克土压平衡盾构机进行施工。盾构隧道下穿东江平面图如图 1.4.33 所示。

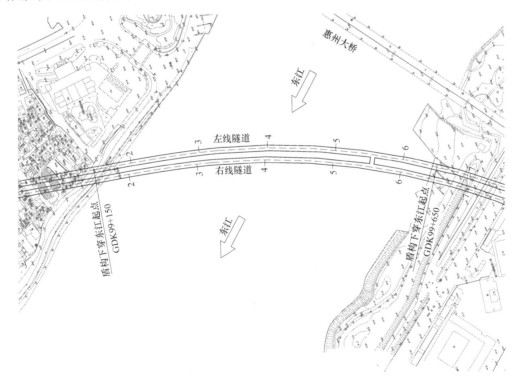

图 1.4.33 盾构隧道下穿东江平面图

西湖东—云山区间下穿东江，东江是珠江的主要支流之一，河道宽 523m，流域面积 25325km^2，流量 700m^3/s，江水深 5～15m，东江河道河床下有约 5m 厚的砂层，其下为含砾砂岩地层，盾构隧道所穿越地层以强风化和弱风化含砾砂岩地层为主，地层的渗透系数大，地下水与东江水有水力联系。

(2) 工程重难点

下穿段东江段是西湖东—云山区间的关键，直接影响到盾构施工的成败。根据工程水文地质情况，盾构掘进通过东江有以下几个关键点：

1) 盾构掘进下穿东江水体，关键是控制地层变形，防止东江河床结构开裂，造成涌水、涌砂风险事件。

2) 盾构隧道穿越东江段，处于线路缓和曲线及圆曲线范围，盾构纠偏控制难度大，对盾构姿态控制要求高，掘进参数需精确。

3) 左线盾构近100m段落通过上软下硬地层，盾构在该类地层中掘进极易造成地表较大沉降，甚至坍塌。

4) 江底换刀位置选择及换刀作业。

5) 东江隧道盾构过江段地质条件错综复杂，围岩裂隙发育；隧道埋深大，东江水系直接补充地下水，容易产生喷涌、盾尾渗漏等风险，设计及施工难度大。

(3) 主要技术措施

为了保证盾构机顺利穿越东江，在盾构机过东江之前，选择一开挖面自稳性较好的地段进行全面检修，包括刀具更换、盾尾密封的检修等，确保盾构机以良好的状态进入东江，减小下穿掘进过程中停机检修的风险。在整个施工过程中必须运用信息化施工，控制隧道变形和河床沉降，并对盾构掘进中的各类施工参数进行动态管理。

1) 土仓土压控制

土仓土压力设定是土压平衡掘进的最重要的参数，盾构掘进时土仓压力控制不好，就会导致东江水与掘进开挖面连通，易引起喷涌、大面积塌方等，造成重大工程事故。受江水潮汐及隧道埋深的影响，土仓土压力值的设定需充分考虑水头压力、水土压力。根据潮水潮差的监测情况，合理设定和适时、动态地调整土仓压力，所要建立的土压需要克服上部土体坍塌状况下的压力和周围水压，即盾构掌子面主动土压力、水压力和渣土仓土压力应始终满足 $P_z+P_w \leqslant P_i$，土体在开挖过程中才能保持稳定。掘进前，按照地质及水文情况、隧道的埋深测算出理论土压值，以理论土压值控制土仓内的压力，随着推进时产生的地层沉降、排土状况、刀盘扭矩等情况及时修正土压值，做到信息化施工。

2) 曲线段掘进施工要求

盾构在曲线上掘进时，盾构轴线控制较困难，需放慢掘进速度、小幅度纠偏、减小超挖、加大注浆量及加强纠偏测量工作，保证隧道中心线与设计轴线偏差在合理范围内。

① 盾构掘进时，应尽量将盾构机的位置控制在施工设计曲线的内侧，这样有利于盾构机姿态的控制和纠偏。

② 在曲线段施工时，为保持设计曲线线形，要合理分区地使用千斤顶，在掘进时要尽量维持施工参数的平稳，要尽量利用盾构机本身能力进行纠偏。

③ 曲线段推进时，管片结构单侧偏压受力，因而容易造成管片结构变形，此时壁后充填注浆质量显得尤其重要。

3) 同步注浆控制

同步注浆的作用是在盾构推进过程中，管片与地层之间的间隙将随着盾构推进不断地被浆液填充，以保证管片脱离盾尾时有一定的约束，同时也避免在地层不稳定时地层坍塌及地层变形过大。采用普通水泥砂浆作为同步注浆材料，注浆量取环形间隙理论体积的

1.3～1.5倍作为控制值，注浆量还应根据江底隆陷监测情况随时进行调整和动态管理。注浆压力主要受地层水土压力的影响，注浆压力的设定以能填满管片与开挖土层的间隙为原则，控制在0.2～0.4MPa。考虑到水土压力的差别和防止管片大幅度下沉和浮起的需要，各点的注浆压力将不同，并保持合适的压差。

4) 二次注浆要求

在盾构同步注浆结束后，因江底地层丰富、水压大，注浆材料流失造成注浆不充分或无法实施同步注浆时，将导致管片与地层之间仍留了空隙，并且盾构推力也会造成管片和地层间会相互分离，从而加剧地层后期沉降。因此施工中适当采用1：1配比的水泥-水玻璃双液浆进行二次注浆加以补强堵水，来充实管片背后空隙和提高止水能力，进一步控制地层后期沉降。

5) 渣土改良要求

在复杂地层盾构施工中，进行渣土改良是保证盾构施工安全、顺利、快速的一项不可缺少的重要技术手段，有利于稳定工作面，控制地表沉降。根据东江地质条件，在全、强、中风化含砂砾岩地层的掘进中，采用分别向刀盘面和土仓内注入泡沫的方法进行渣土改良，必要时可向螺旋输送机内注入泡沫。

6) 刀具配置要求

盾构下穿东江段范围内以不同风化程度的地层为主，地层对刀具有较强的磨损。含砾砂岩强度不大，岩石的砾质和主体岩质之间存在较大的强度差异，在掘进过程中，刀具容易出现磕碰现象。根据该类地层的特点，刀具配置为全断面滚刀，刀具配置为：中心双刃滚刀＋周边单刃滚刀＋贝壳刀。同时合理使用外加剂，提高渣土的和易性和流动性，减少渣土与刀具刀盘的摩擦，降低刀具的磨损。

4. 盾构法隧道下穿孤石群

(1) 工程概述

莞惠城际东城南—寮步区间GDK18＋303～GDK19＋649段盾构隧道位于东莞市东城区，盾构始发于GDK19＋649盾构接收井，线路沿西南方向下穿大量工业厂房、办公楼、居民住宅楼建筑物以及市政道路，至东城南站。盾构隧道内径7.7m，外径8.5m，管片厚度0.4m，刀盘直径8.83m。

根据地勘资料显示，左线GDZK18＋889～GDZK18＋913、右线GDK18＋889～GDK18＋938.3段盾构隧道拱顶埋深为31～33m，隧道拱顶地层从上至下依次为素填土，淤泥质粉质黏土，粉质黏土，全、强、弱风化混合片麻岩，盾构隧道洞身位于全、强、弱风化混合片麻岩"上软下硬"复合地层内。

下部基岩地下水为基岩裂隙水，主要分布于下部基岩中，主要赋存于强、弱风混合片麻岩中节理裂隙发育部位及裂隙带，一般略具承压性。局部基岩裂隙较发育，孔隙水与裂隙水具有连通性。由于前期地质勘察期间无法进入该建筑范围，此段落部分钻孔缺失，建筑物之外的地质钻孔未能发现孤石。

总平面图如图1.4.34所示；地质横断面图如图1.4.35所示。

(2) 孤石群发现

右线盾构掘进至GDK18＋918.3时，由于大量孤石进入土仓内，导致刀盘上三根主动搅拌棒及仓壁上一根被动搅拌棒断裂，且大量孤石堆积在螺旋机出土口，螺旋机无法出

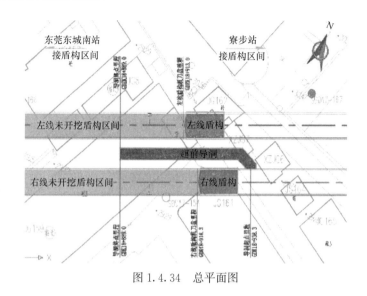

图 1.4.34 总平面图

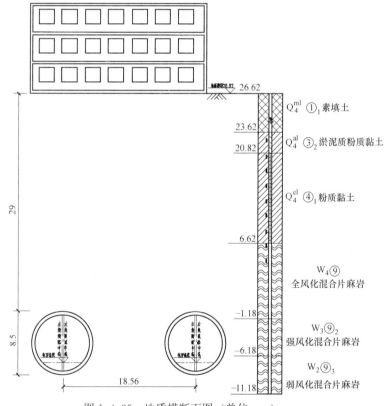

图 1.4.35 地质横断面图（单位：m）

土。经仓内注浆加固后，在清仓过程中发现土仓、刀盘开口内及掌子面上部土层中含大量抛石、孤石。

左线盾构掘进至 GDZK18+913 时，由于大量孤石进入土仓，在出土过程中，螺旋机叶片磨损严重，且螺旋机前段 70cm 叶片断裂，至螺旋机无法出土。经过置换填仓及注浆加固后，在清仓过程中发现土仓内、螺旋机出土口、刀盘开口及掌子面全风化区域均存在大量孤石。

根据现场情况，经过和建筑物业主多次协商，对建筑物周边进行了补勘。补勘显示建筑物下方左右线盾构刀盘前方地层中均存在大量孤石，且左右线刀盘开口尺寸过大，进入土仓内孤石粒径远大于螺旋机出土最大粒径，造成粒径大于 35cm 石块堆积于土仓内，刀具磨损严重，刀盘搅拌棒容易断裂，带压进仓检查刀具、更换刀具次数频繁，施工风险较大且严重制约施工进度。

图 1.4.36 为现场从刀盘取出的孤石照片。

图 1.4.36　现场从刀盘取出孤石照片

(3) 孤石处理方案比选

根据补勘的地质情况及通过土仓观察，发现掌子面在大量直径较小的孤石进入土仓后，不能由螺旋机排出，对刀盘及土仓内搅拌棒造成破坏，导致盾构无法正常掘进。

孤石处理方法将根据孤石的大小、位置、形状、周边环境等因素确定。主要有三种处理方法：

1) 盾构机直接破除。若工期紧且对地表变形要求较低时可以采用此方法。掘进参数改为低转速、小推力、低扭矩。此种方法的风险较大，推进速度慢，极有可能出现盾构机偏离原设计轴线的情况。

2) 洞外人工破除。该方法为常采用的孤石处理方法，具体有地面注浆加固、钻孔爆破、地面冲孔破碎等。洞外破除工艺相对简单，效果好，但是成本和人工费均较高。

3) 洞内人工破除。包括盾构机超前注浆、岩石分裂机破碎等。超前注浆是指通过盾构机上预留的超前注浆孔对地层进行注浆加固；岩石分裂机指的是直接开舱破碎掌子面孤石。洞内人工破除对地质条件的要求较高，同时施工也存在一定风险。

由于盾构所处位置正上方为建筑物，经过多方多次协调建筑物临迁、拆迁的可能性均无果，无洞外处理的可能性；同时经过现场试验，盾构机也无法破除孤石，也就是常规的盾构处理方案无法实施。在保证建筑物安全的前提下，经过多次研究，提出了洞外对建筑物进行跟踪注浆及从盾构隧道两线中间设置矿山法导洞，超前对两线盾构隧道上方打设管棚及盾构隧道内注浆的措施，主要达到如下目的：

1) 导洞可进行超前地质预报，进一步探明孤石的分布。

2) 从导洞内向两侧盾构隧道顶部打设密排管棚，防止盾构掘进过程中拱顶孤石掉落到盾构隧道范围内。

3) 从小导洞内超前对盾构隧道范围进行注浆加固地层，确保盾构机开仓处理孤石，同时对盾构掘进的上软下硬地层进行加固。

4) 根据监控量测情况，及时对隧道上方的建筑物进行注浆，确保建筑物的安全。

(4) 孤石处理设计方案

1) 开洞管片加固

管片开洞前，先对暗挖导洞两侧各 4 环管片进行钢支撑加固，然后于管片开洞处设置注浆管进行全断面注浆加固,待注浆加固完成后,再进行暗挖通道的开挖。

对施工影响范围内的盾构隧道进行钢支撑加固,并进行全断面注浆加固,待暗挖导洞达到预期加固效果后,对管片进行切割及开洞环梁施工,待完成受力体系转换后方可进行矿山法施工。导洞进洞处格栅钢架先采用渐变尺寸,后通过扩挖和反挖成型,前三榀格栅密排。暗挖导洞施工完成以后,应对通道中线前后各5环范围内的管片背后进行二次注浆,确保正洞衬砌与围岩密贴。

2) 导洞设计方案

暗挖导洞位于直线段左右线盾构隧道中间,需先破除右线部分盾构管片。导洞从GDK18+918.3处右线盾构隧道管片开洞后,以13.186‰上坡,至GDK18+918.3里程时,变为与左右线纵坡相同的26.5‰上坡,直至导洞终点。

暗挖导洞结构为直墙拱顶结构,净宽3.5m、净高3.5m,仅施作初期支护,厚度0.25m,由喷射混凝土、钢筋网、格栅钢架组成,为增加底板刚度,在底板上方施作200mm厚C30钢筋混凝土底板。

暗挖导洞采用上下台阶法施工。采用洞内注浆加固止水方式,从洞内于管片开洞处先采用小导管超前预注浆,进行地层加固和止水,在加固到达预期效果后,方可进行导洞开挖施工。

导洞开挖完成后,由导洞向左右线盾构隧道拱顶打设 ϕ108管棚并对盾构掘进掌子面及拱顶实施注浆加固。

图1.4.37为矿山法导洞衬砌断面图;图1.4.38为暗挖导洞与盾构正线平面关系图。

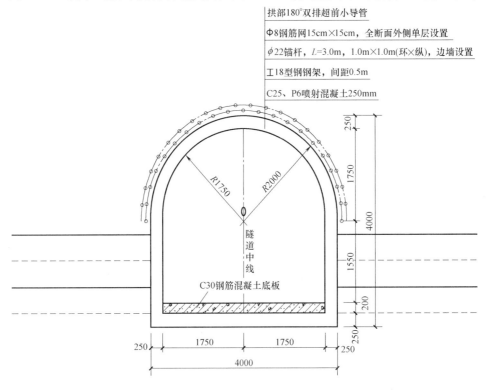

图1.4.37 矿山法导洞衬砌断面图(单位:mm)

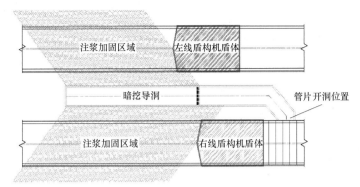

图 1.4.38 暗挖导洞与盾构正线平面关系图

3）管棚及注浆加固设计方案

① 管棚及注浆加固：加固范围为左线 GDZK18+913～GDZK18+889，右线 GDK18+918.3～GDK18+889。管棚沿隧道方向布置，与隧道水平夹角为 50°，垂直偏角 2°，纵向间距 0.3m，加固宽度为导洞初支内轮廓至隧道外轮廓线外 3m。管棚采用 ϕ108 无缝钢管，壁厚 8mm，分节长度 2m、2.5m，单根总长度 19.3m，管节采用丝扣连接，管棚内插 3 根 Φ20 钢筋以提高刚度。

② 深孔注浆：暗挖导洞深孔注浆加固范围为隧道开挖掌子面范围及隧道下断面开挖轮廓外 2m 范围，注浆沿隧道掘进方向 10m 为一循环段。一个注浆段完成后留 1m 不开挖，作为下一循环的止水岩盘。盾构掘进掌子面注浆加固范围为隧道洞顶上方 3m 至 W3 强风化地层、W2 中风化地层岩面分界线，宽度至隧道外轮廓线 5m，采用双液浆。注浆孔布置由工作面向开挖方向呈辐射状，钻孔均匀布置成圆形圈，保证注浆充分，不留死角，浆液扩散半径为 1.5m。注浆孔开孔直径不小于 110mm，终孔直径不小于 91mm；孔口管采用 ϕ108mm、壁厚 5mm 的热轧无缝钢管，管长 3m，孔口管应埋设牢固，并有良好止浆措施。图 1.4.39 所示为注浆加固断面图。

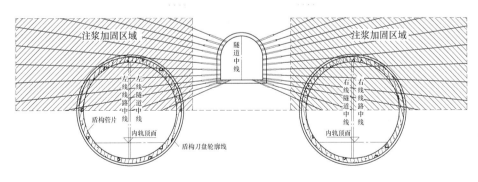

图 1.4.39 注浆加固断面图

4）地面建筑物跟踪注浆措施

当建筑物的沉降超过监控量测警戒值（警戒值按照控制值的 80% 取值）时，对建筑物进行跟踪注浆加固。注浆设计参数如下：

① 注浆孔布置：注浆孔沿建筑物外轮廓均匀布置，与基础边的距离根据建筑物基础

深度确定,间距1.0m,尽量打设斜孔到房屋投影下方,尽量减小无法加固区域,钻孔布置可根据现场实际情况适当调整钻孔位置及间距,整个注浆结束后采取水泥砂浆对钻孔进行封堵处理。

② 注浆深度范围:注浆加固深度范围为地面至基础底以下2.0m。

③ 浆液扩散半径:$R=0.8$m。

④ 注浆材料:主动注浆加固及跟踪注浆加固均采用42.5级普通硅酸盐水泥浆液,浆液浓度应根据地层情况调整,初拟为水泥浆水灰比0.8∶1~1∶1。

⑤ 注浆压力:注浆压力根据水文地质及工程地质条件确定,设计终压值一般按0.5~0.8MPa控制,注浆施工过程中需对地表及建筑物抬升情况进行监测,及时调整注浆压力,防止注浆压力过大对建筑物造成的损害。

⑥ 注浆方式:采用袖阀管分段注浆。

⑦ 注浆顺序:按"自然沉降最大处开始,至较小处结束;沉降量大的地方多注浆,沉降量少的地方少注浆;多次反复进行,控制流量、压力和抬升速度;采用多台设备对称施工。"的原则进行。

⑧ 注浆结束标准:以建筑物监测值为主要控制标准,建筑物基础注浆后沉降控制在警戒值范围内即可结束整体注浆。

(5)现场孤石处理情况

管棚及注浆加固在隧道周边形成了一个支护体系,因管棚净间距仅22cm,能有效控制盾构机在上软下硬地段掘进过程中的超方,阻止隧道上方孤石、抛石进入刀盘前方。

导洞及支护体系施工完成后,可通过盾构机刀盘开口进入刀盘前方,对刀盘面板进行清理,使刀盘运转。

盾构掘进过程中,每掘进30~50cm开仓对刀盘前方进行检查。若能常压开仓,则及时采用液压破碎锤对孤石进行破碎。

5. 矿山法开挖盾构空推拼管片隧道

(1)工程概述

莞惠城际GZH-6标松山湖北—大朗镇站区间GDK33+951~GDK35+412段盾构隧道主要穿越全断面弱风化混合片麻岩,采用一台8.83m土压平衡式盾构机进行施工,在GDK35+428处设置一区间风井兼盾构吊出井。

2015年6月20日大朗镇出现大暴雨天气,24h的降雨量为133.6mm,造成盾构机水淹,维修耗费70d。恢复掘进后盾构机主驱动、推进系统、铰接系统以及拼装系统等部分部件时常发生故障,影响正常掘进,8月份进度仅为36.8m。根据当时施工情况,该段隧道预计于2016年5月上旬贯通,不满足2016年12月底通车的工期要求。

经参建各方讨论,为保证施工工期,决定由盾构吊出井施作矿山法隧道(不做二次衬砌)接应盾构施工。

(2)主要技术要求

矿山法隧道超前支护采用超前小导管;初期支护采用喷混凝土/套拱、钢筋网、格栅/型钢钢架、系统锚杆;初期支护施工完成后视渗水情况对隧道周边进行径向注浆加固。

1)矿山法隧道设计参数见表1.4.5。

矿山法隧道设计参数 表1.4.5

衬砌类型		V级	IV级	III级
超前支护	范围	拱部180°	拱部120°	拱部120°
	长度(m)	3.0	—	—
	间距(m)(环×纵)	0.33×1.0	—	—
初支喷射混凝土	全环(mm)	250	220	220
套拱喷射混凝土	全环(mm)	300	—	—
Φ8钢筋网	铺设范围	全环	全环	全环
	网格间距(mm)	150×150	200×200	200×200
锚杆	位置	边墙	拱墙	拱墙
	长度(m)	3.0	2.5	2.5
	间距(m)(环×纵)	1.0×1.0	1.2×1.0	1.2×1.0
钢架	位置	全环	全环	全环
	规格	I18型钢	Φ20钢筋格栅	Φ20钢筋格栅
	每榀间距(m)	0.5	0.8	1.0
临时支撑	纵向间距(m)	1.0	1.6	—

2）导台：C30混凝土，厚400mm。

3）盾构接收端头封堵墙厚度400mm，采用玻璃纤维筋。

4）盾构接收端头加固：深孔注浆加固范围为盾构隧道轮廓外5.0m范围，长度为盾构接收端头封堵墙沿线路方向10m，注浆材料采用水泥-水玻璃双浆液，水玻璃浓度为35°Bé，模数为2.6~2.8。浆液浓度应根据隧道围岩条件加以调整，初拟水泥浆与水玻璃体积比为1:0.6，水泥浆水灰比为1:1。

矿山法开挖盾构空推拼管片隧道断面图如图1.4.40所示。

（3）工程重难点

1）管片安装质量

盾构步进空推时，遇到的阻力较小，可能导致管片环之间的橡胶止水条达不到设计挤压力要求，密封性不好，容易造成管片环之间漏水。同时因为管片背衬注浆的原因，容易使管片之间产生较大的错台。因此，在施工过程中，加强管片环的防水效果和管片安装质量将是本工程的一个重点。

2）隧道轴线符合设计

在过暗挖段时，盾构是沿着已经施作好的混凝土导台向前推进，导台的走向决定盾构机的走向，考虑注浆与外界其他环境的影响，保证盾构掘进轴线符合设计轴线将是本段施工的一个重点。

3）工作面多、工序多

根据施工计划，在盾构通过暗挖段的过程之中，要完成端头墙施工、导台施工、隧道内堆土、暗挖断面处理、盾构推进、管片拼装、管片背后充填注浆等多个施工项目。工作面多、工序多是本段施工的一大难点。

4）爆破要求严格

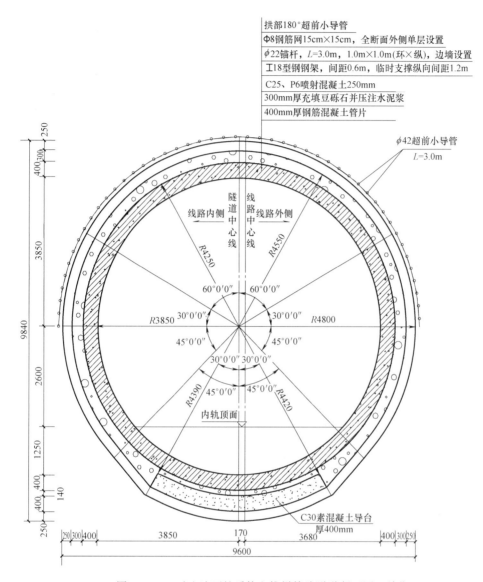

图 1.4.40 矿山法开挖盾构空推拼管片隧道断面图（单位：mm）

隧道开挖时需进行爆破施工，而周边建筑物众多，需加强隧道爆破振动及噪声控制，爆破振动速度控制在不大于 2.5cm/s。

爆破振动控制标准按照技术规范要求的爆破垂直振动速度允许值控制，其中砖砌平房允许值为 0.8~1.0cm/s，一般砖石结构及地下管线允许值为 1.5cm/s，混凝土或钢筋混凝土结构允许值为 2.5cm/s。针对本段隧道实际情况，爆破垂直振动速度标准为：地面房屋爆破垂直振动速度为 1.0cm/s，后开挖的隧道爆破引起先行开挖隧道支护内的爆破垂直振动速度为 10cm/s，开挖工作 5m 外隧道支护内爆破振动速度为 15cm/s。

（4）具体施工工艺

1）盾构机通过前将隧道挖通，完成导台施工并达到设计要求。隧道的开挖断面要满足盾构机安全平稳通过。施工暗挖段除了注意施工安全外，还要特别控制好隧道的中心线、隧道的超挖、隧道欠挖、导台的标高、导台的弧度、导台的中心线等。在贯通前，应检查隧道的欠挖、导台的标高，如果不符合设计要求，要立即进行处理。

2) 盾构机通过暗挖段

盾构机通过暗挖段拼装管片的主要工序为：盾构端头堆土、盾构机步进、拼装管片、管片背衬回填（喷射豆砾石）、管片背填注浆。具体如下：

① 盾构端头堆土：在暗挖隧道端头全断面范围堆土，长度为10m。

② 盾构机步进：盾构机上导台后要步进安装管片，盾构机在导台上步进1.6m安装一环管片，在步进过程中要在盾构机前方提供反力，以确保安装质量的要求，增强管片防水效果，在步进过程中盾构机姿态的控制，主要依赖导台的施工质量。

③ 拼装管片：管片拼装工艺与正常掘进时相同。

④ 管片背衬回填（喷射豆砾石）：管片拼装完成后，要及时进行管片与初支间背衬回填工作，背衬回填时，首先每隔4.8m在盾构机的切口四周用袋装砂围成一个围堰，防止注浆液、豆砾石从刀盘前方流出，然后用混凝土喷射机自刀盘前方向盾构机后方吹入粒径5~10mm的豆砾石骨料，每步进1.5m（即一环），再一次用混凝土喷射机向管片背后吹入豆砾石，以确保管片背后充分密实。为了不影响施工进度，要将豆砾石准备充分。管片背衬回填是在刀盘前方，将$\phi 50mm$导管从盾构机盾壳外插入到盾构机中或者后体进行，在背衬回填时盾构机停止步进。

⑤ 管片背填注浆：该注浆液采用水泥砂浆、水泥、膨润土、粉煤灰、砂、水的配比混合浆液，注浆在每环管片豆砾石骨料回填后进行。在管片安装10环后，间隔6.4m在管片吊装孔检查注浆效果，若注浆效果不好，则进行补充注浆，补充注浆浆液采用水泥浆。

(5) 施工注意事项

1) 注意隧道中心线与线路中心线的偏移值。

2) 暗挖段应采取信息化施工和设计，根据监测数据修正支护参数。

3) 盾构机空载通过暗挖段时，应严格控制盾构机的掘进姿态，加强隧道中线的定位检测；管片与暗挖段初支的空隙通过吹豆砾石并进行压注水泥浆来充填，注浆压力不小于0.4MPa，充填密实保证注浆效果。

4) 压注水泥浆时，应加强隧道轴线的监测，防止隧道上浮。

5) 盾构机通过暗挖段的施工要求：初支净空圆顺，满足设计要求，不得有欠挖。导台面的标高误差应满足（+10/-5）的要求。

6) 施工单位在开挖前应先进行试验，以确定炮眼深度、间距、装药量等，同时应对隧道经过地区的地面建筑进行调查，了解对爆破振动的控制要求。

7) 本段区间下穿建筑物众多，施工中应将建筑物的安全监测作为首要工作，施工前必须制定可靠的施工方案和应急预案，施工时遵循"短进尺、强支护、勤量测"的原则，必须先施作超前支护和注浆加固土体并经检验符合设计要求后方可掘进。掘进时严禁采用爆破，上一循环初期支护未施作或未封闭，不应开挖下一循环，施工支护参数、施工工序和量测等相结合，确保施工和建筑物安全。

8) 矿山法隧道及盾构空推导台施工完成后，临时支撑应在盾构机到来前分段拆除，不得全段一次性拆除。

1.4.6 防灾救援设计

(1) 防灾和救援的设计基本按"以防为主,以消为辅,防消结合,立足自救"的原则进行。

(2) 采取经济、可靠的防火措施和消防手段,做到安全可靠、经济合理、使用维修方便。

(3) 总长大于10km的特长隧道或隧道群的防灾救援方案应优先采用"定点"模式,"定点"附近应设置紧急出口或结合隧道内车站设置"定点"。

(4) 需要防灾救援设计的隧道内应设置必要的监控系统、防灾报警系统、消防灭火系统、防排烟系统等。

(5) 双线单洞的隧道内两侧应设置贯通的疏散通道,在水下隧道两端设置防淹隔离门。

(6) 双线双洞隧道两隧道互为疏散隧道,对于特长隧道,隧道内设置两条专给消火栓供水的消防干管和运营消防通风系统,以及中继站、紧急电话、指示灯和简单的控制系统等,隧道内的消防设施采用阻燃材料,以避免灾害的蔓延和扩大。为确保水源充足,在洞外设置专用抽水井、消防水池和通道。对于较长水下隧道,间隔不大于500m,在两隧道间设置横向联络通道。联络通道"定点"处应当加密。

(7) 长度大于1000m的隧道,有条件时宜设置紧急出入口,大于6000m的隧道应考虑设置紧急出口。紧急出入口通道断面最小尺寸应符合下列规定:

1) 宽度不应小于2.3m;
2) 高度不应小于2.5m。

满足以上条件的施工辅助通道可改造为紧急出口。紧急出口通道内应设置通风排烟系统、照明系统和其他相关设施。

(8) 救援通道每隔100m应设图像、文字标记,指示两个方向分别到下一个洞口或紧急出口的整百米数,并配备灯光显示方向。

(9) 为有序疏散乘客,隧道内设置疏散指示灯。采用集中应急电源,隧道内设指示照明干线,指示灯具接于指示照明干线。隧道内紧急呼叫电话处指示灯、灯具接于隧道照明干线上,自带蓄电池。

1.4.7 防排水设计

樟木头和古庄山两座山岭隧道的防排水采取"防、排、截、堵相结合,因地制宜综合治理"的原则。松山湖隧道和东江隧道两座城市隧道按防水隧道设计,其防水应遵循"以防为主、刚柔结合、多道防线、因地制宜、综合治理"的原则。

(1) "以防为主":主要是以混凝土自防水为主,首先应保证混凝土、钢筋混凝土结构的自防水能力,为此应采取有效的技术措施,保证防水混凝土达到规范规定的密实性、抗渗性、抗裂性、防腐性和耐久性。加强结构变形缝、施工缝、穿墙管、预埋件、预留通道、接头、桩头、拐角等细部构造的防水措施。

(2) "刚柔结合":采用结构自防水和外包柔性防水层相结合的防水方式。适应结构变形,隔离地下水对混凝土的侵蚀,增加结构防水性、耐久性。

(3)"多道防线":除以混凝土自防水为主、提高其抗裂和抗渗性能外,应辅以柔性防水层,并在围护结构的设计与施工中积极创造条件,满足防水要求,达到互补作用,才能实现整体工程防水的不渗、不漏。细部如变形缝、施工缝等同时设多道防水措施。

(4)"因地制宜":莞惠城际轨道交通工程的环境和地层条件是天气潮湿多雨、气温高、地下水位高、补给来源丰富、地层渗透系数大、地下水对混凝土结构和钢筋混凝土结构具有不同程度的腐蚀作用等,确定采用全包防水是有效的防水防腐措施。在城市修建城际轨道交通,根据环保、水资源保护的要求,防排水设计应采用"防"而不是"排"的原则,严禁将地下水引入区间。

(5)"综合治理":地下工程防水是一项技术性强、部门多、涉及面广的综合性工程,因之要求结构与防水相结合,结构自防水与外包防水层相结合,主体结构防水与细部构造防水并重,主材与辅材配套,施工、设计相协调,同时做好其他辅助措施。

1.4.8 工程设计接口

1. 隧道轨下基础类型

一般隧道道床采用整体道床,采用双块式无砟轨道,整体道床轨道结构高度515mm。

2. 照明设置

长度大于1000m的隧道设置固定照明设备,长度大于500m的隧道设置应急照明设备。

3. 专业接口设计

隧道内接触网悬挂方式为:隧道后锚固植入形式,采用吊柱腕臂结构形式。

综合接地系统设置按相关专业要求设置,接地钢筋应充分利用隧道二衬及底板结构钢筋,二衬无结构配筋地段需设置环向接地钢筋,环向接地钢筋与纵向贯通地线间设置连接钢筋。两侧贯通地线敷设于电力电缆槽内。

双线隧道一侧设置电力电缆槽,一侧设置通信、信号电缆槽,通信、信号电缆槽分设,电力电缆槽尺寸为35cm×30cm(宽×高),通信电缆槽尺寸为30cm×30cm(宽×高),信号电缆槽尺寸为35cm×30cm(宽×高)。

单线隧道内侧设置电力电缆槽,外侧设置通信、信号电缆槽,通信、信号电缆槽合设。电力电缆槽尺寸为40cm×35cm(宽×高),通信、信号电缆槽尺寸为40cm×35cm(宽×高)。

4. 消防设施

隧道内主洞设置水消防,辅助洞室内设置气体消防。

第 2 章

城际铁路隧道空气动力学效应研究

2.1 研究概述

2.1.1 研究意义

莞惠城际铁路设计速度 200km/h，是全球首条时速 200km、具备自动驾驶功能的城际铁路。课题研究旨在探明 CRH6 型列车在高速运行和高速运行会车条件下，隧道断面面积变化、不同屏蔽门方案、竖井减缓隧道断面面积变化和多种设置方案对洞内压缩波规律和旅客舒适度的影响规律，进而明确列车时速 200km 运行的可行性，为今后时速 200km 及以上的城际快速轨道交通线隧道设计以及规范编制提供经验借鉴和技术支持，课题开展将为国家和社会带来巨大的技术经济效益及社会效益。

2.1.2 研究目的

通过研究"动车组 CRH6 型车"以 160km/h 和 200km/h 速度高速运行和会车时，隧道断面面积、屏蔽门和竖井减缓隧道的不同设置方案对隧道内压缩波和车内舒适度的影响规律，为莞惠城际铁路的隧道方案、隧道内设备、屏蔽门方案等内容的设计提供数据及技术资料支撑，为珠三角城际轨道交通网的隧道规范、技术制式编制积累经验。

2.1.3 研究主要内容

（1）不同速度条件下，列车高速运行时空气动力学效应的研究，具体包括：
1）车站两端区间隧道内压力的传播规律研究，这是研究车站压力传播规律的基础；
2）屏蔽门关闭的情况下车站范围隧道内压力传播规律的研究；
3）隧道不同阻塞比下车站隧道内、车站与两个区间隧道结合部位的压力场分布规律的研究（考虑屏蔽门距离站台边缘不同的距离导致的阻塞比发生变化）；
4）在列车进入车站之前，第一个区间隧道的长度变化对车站屏蔽门关闭时，屏蔽门所在位置的压力变化影响的研究；
5）改变屏蔽门和车站站台边缘的距离对车站隧道内速度场影响的研究。
（2）竖井减缓隧道及列车内瞬变压力变化研究，具体包括：
1）竖井位置对隧道内压力变化的影响；
2）列车内瞬变压力的变化；
3）时速 160km、200km 会车时隧道最优断面积计算；

4）列车速度 160km/h 时压缩波向列车内传播规律和隧道及列车内瞬变压力的变化规律；

5）列车速度 200km/h 时压缩波向列车内传播规律和隧道及列车内瞬变压力的变化规律。

2.2 地下车站及隧道空气动力学计算模型

2.2.1 城际高速铁路隧道压力波的基本物理特征

1. 隧道入口附近以及隧道内空气流动物理特征

高速（准高速）列车从接近并驶入隧道后所引起的隧道内空气流动是复杂的三维、非定常、可压缩的紊流流动。

高速（准高速）列车进入隧道入口时伴随着两个重要的空气动力学现象：一是与列车运动方向相反的朝隧道入口运动的出口流动情况；二是朝列车前方运动的被压缩的空气流并形成压缩波。出口流与隧道内的压缩空气流有着密切的关系。对隧道入口所形成的出口流和隧道内压缩波的研究是对由于"隧道-列车"这一体系所引起的空气动力学现象的较全面的了解。

当列车驶入隧道瞬间，由于空气的压缩性及列车壁和隧道壁限制了空气侧向流动和向上流动的空间，使紧贴在列车车头前面的空气受到压缩并随列车向前流动，造成列车前方的空气压力突然升高，产生压缩波。被列车排挤的另一部分空气则通过环状空间向列车后方流动。向后方流动的空气在隧道入口处形成喷射流喷射出隧道。在这部分空气溢出隧道入口的过程中，伴随着涡的形成。涡的形成大体上经历了四个阶段，即涡的形成阶段、涡的发展阶段、涡的传播阶段以及涡的破坏阶段。

随着列车进一步驶入隧道，环状空间长度逐步增大，使列车前隧道空间的空气压力继续升高，即压缩波的强度继续增大，直到列车全部进入隧道为止。该压缩波以近似音速的速度向前传播。压缩波前方的空气流速为零，而压缩波后方的空气则以一定的流速随着列车向前流动。压缩波传播到隧道出口后，一部分压缩波以膨胀波形式被反射回隧道，另一部分则以微气压波的形式向隧道出口空间扩散。

列车进入隧道形成的压力波不仅引起车厢内压力的变化，而且在压缩波由隧道口作为冲击波穿出时，会形成噪声，作为微气压波向周围传播。其形成过程如图 2.2.1 所示。

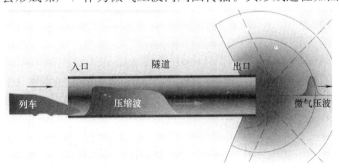

图 2.2.1 压缩波与微压波形成机理

当列车尾部进入隧道后，由于列车尾部产生的负压低于大气压力，原先经过环状空间流到隧道入口外的空气改变流向，变成流入列车后方的隧道空间，而且隧道外的空气也流入该空间。由于经环状空间流入车后隧道空间的空气流量小于列车所排挤开的空气流量，于是在列车尾部形成了低于隧道洞口外大气压的压力，即产生膨胀波，该膨胀波沿隧道以声速向出口方向传播。传播到出口端后，大部分以压缩波形式反射回来，沿隧道长度方向朝隧道入口端传播。

由于隧道壁面以及列车摩擦不断消耗波的能量，以及波在隧道两端和列车两端处多次反射和传递，使得压缩波和膨胀波相互重叠，所以压缩波和膨胀波的强度逐渐衰减。同时，各种传递波和反射波的叠加，使得隧道内空气压力随时间变化而产生波动。

另外，列车是一个长宽比很大的细长物体，且近地运动。由于粘性的作用，紧贴列车壁面和隧道壁面的空气保持相对静止的状态，其他部分的空气以不同的流速运动，使得在同一时间内，隧道内空气流动可能存在紊流、过渡层和层流三种状态。通常，列车车身并未实现完全的流线型化，在列车头部附近将存在不同程度的边界层分离现象。同时，空气与列车壁面、隧道壁面之间的摩擦、传热等因素，使流动是不等熵的。所以，隧道内空气流动是可压缩的、存在边界层分离的三维不定常紊流流动。

2. 隧道出口微气压波特征

当高速列车驶入隧道时，会在隧道出口出现爆破噪声"声爆"，并且引起洞口及其附近建筑物的振动，对周围环境造成巨大的影响。这个现象是由被称为"微气压波"的压力突增引起的。高速列车进入隧道后，产生压缩波。该压缩波以声速沿着隧道向前传播，到达隧道出口时，以微气压波形式向洞口外四处传播。其过程如图 2.2.2 所示。

微气压波是由部分隧道内的压缩波转化而来的散射波。其产生过程经历了三个阶段：

(1) 高速列车进入隧道内产生压缩波；
(2) 压缩波在隧道内传播；
(3) 部分压缩波转变为微气压波向隧道出口外四面传播。

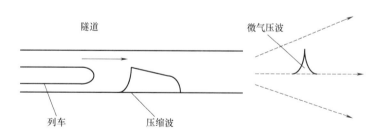

图 2.2.2 压缩波和微气压波示意图

对于第一阶段和第二阶段，M. S. Howe 把模型隧道视为一个半无限长圆柱体，运用精确声学格林函数计算列车与隧道的相互作用，并提出压缩波最大值及其最大梯度与列车速度、阻塞比、隧道水力半径及空气密度的关系。

压缩波最大梯度值由下式确定：

$$\left(\frac{\mathrm{d}p}{\mathrm{d}t}\right)_{\max}=\left(\frac{\rho V_{\text{train}}^3 \beta}{D_{\text{tunnel}}}\right)\frac{0.64+1.3M_a^6}{1-M_a^2} \quad (2.2.1)$$

式中：V_{train} 为列车进入隧道时的入洞速度；β 为阻塞比；D_{tunnel} 是隧道水力半径；ρ 是空气密度；M_a 是列车马赫数。

从式（2.2.1）可以看出：隧道初始压缩波压力最大值与列车入洞速度的三次方成正比，并和阻塞比 β 密切相关。

压缩波最大压力值由下式确定：

$$p = \frac{\rho V_{\text{train}}^2 \beta}{1-M_a^2} \qquad (2.2.2)$$

式中各符号含义与式（2.2.1）中各符号含义相同。

从式（2.2.2）可以看出：隧道初始压缩波最大值与列车入洞速度的二次方成正比，并和阻塞比 β 密切相关。

对于第三阶段，Yamamoto 运用远场和低频近似方法得到微气压波的压力值 $p(r,t)$ 与到达隧道出口端的压缩波压力梯度的近似关系：

$$p(r,t) = \frac{2S_{\text{tunnel}}}{\Omega c r} \left[\frac{\mathrm{d}p}{\mathrm{d}t}\right]_{\max} \qquad (2.2.3)$$

其中：S_{tunnel} 表示隧道横断面面积（m²）；Ω 表示隧道出口立体角；C 表示声音传播速度（m/s）；r、t 分别表示测点距隧道出口的距离（m）和时间（s）；$\left[\dfrac{\mathrm{d}p}{\mathrm{d}t}\right]_{\max}$ 表示隧道出口的压力梯度峰值（Pa/s）。

由式（2.2.3）可以看出：微气压波的压力值 $p(r,t)$ 与到达隧道出口端的压缩波梯度值 $\left[\dfrac{\mathrm{d}p}{\mathrm{d}t}\right]_{\max}$ 成正比，并与测点和隧道出口处线路中心点的距离 r 成反比。

3. 隧道压缩波的计算

根据上节建立的隧道内空气流动物理模型，并考虑以下实际因素：

（1）空气与列车和隧道壁面之间存在着摩擦；
（2）考虑列车为一个完全隔热的实心体；
（3）隧道断面沿着隧道长度方向的变化量很小；
（4）隧道内的气体为完全气体；
（5）除了沿着隧道轴向方向存在着风速外，隧道横断面上存在着水平方向和垂直方向的速度分布，同时，应该考虑列车的运行方式，即列车在单、双线隧道内运行时，隧道内同一断面上的压力分布并不均匀；
（6）假定列车在隧道内以恒定的速度运行。一般地讲，隧道的入口和出口都处于同一标高上，由于列车进入隧道后，列车所受到的空气阻力和摩擦阻力增加，列车为了在隧道里保持恒定的速度，其全部能量最后将转化为热。在隧道中热从列车传给隧道里的空气，再传到隧道衬砌，而且热通过通风迁移，这些都涉及隧道内的热平衡问题。

根据上面考虑的实际因素，我们可采用三维粘性、不等熵、可压缩、非定常气流理论来计算隧道内压缩波的瞬变压力。

2.2.2 数值计算方法的验证

数值方法的验证分别以中南大学及西南交通大学室内缩尺模型试验结果进行对比验证。

本次动模型试验采用模型的线性缩尺比例为1/17.6。试验采用的模型列车为CRH3动车组，采用两车编组（流线型头车＋流线型尾车），总车长为2.92m。两隧道洞口间距为3.075m，其中一个隧道长为28m，另一隧道长为24.39m。隧道断面积0.258m²，模型试验断面尺寸如图2.2.3所示。图2.2.4表示三维计算模型的隧道内及列车表面上的压力云图。

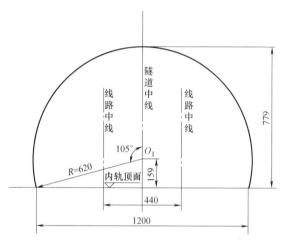

图2.2.3　模型试验隧道断面尺寸示意图（单位：mm）

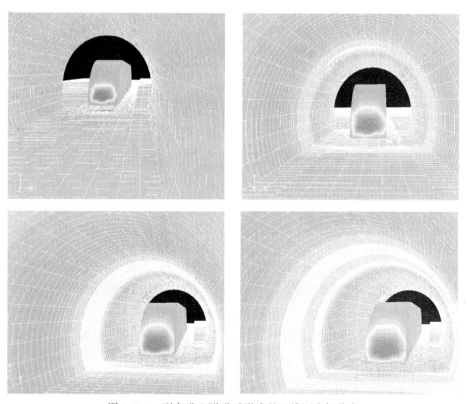

图2.2.4　列车进入隧道时形成的三维压力场分布

工况一：单车过隧道试验数据，其中列车运行速度为56.86km/h。

工况二：两车在隧道内交会试验数据，其中一列车速为58.35km/h，对面车速度为55.98m/s。两车进洞时间相差0.03s。

图2.2.5～图2.2.7表示在室内模型试验装置下的试验结果与计算结果的对比，可得出如下结论：

（1）计算值比试验值的最大峰值估计略大5%左右；

（2）计算曲线与试验曲线非常相似，波前到达测点的时间基本相同；

（3）计算值反射波的现象没有试验值反射波的现象明显，主要是计算时考虑网格的影响，在隧道出口附近的网格比较粗糙的缘故，但不会影响整个计算的分析，因为主要是考虑列车进入隧道时产生的第一波的大小和梯度。

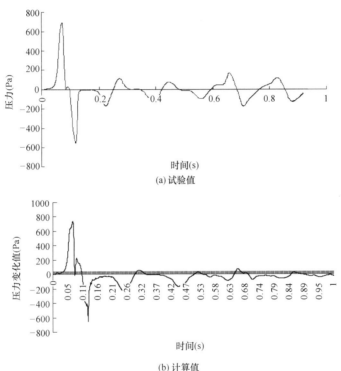

图2.2.5 距隧道口1.13m（实际为距隧道入口20m）

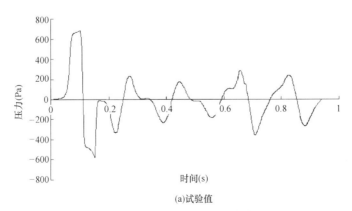

图2.2.6 距隧道口2.9m（实际为距隧道入口51m）（一）

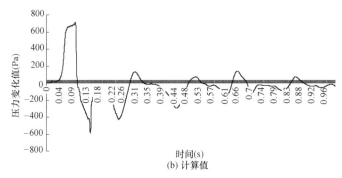

图 2.2.6 距隧道口 2.9m（实际为距隧道入口 51m）（二）

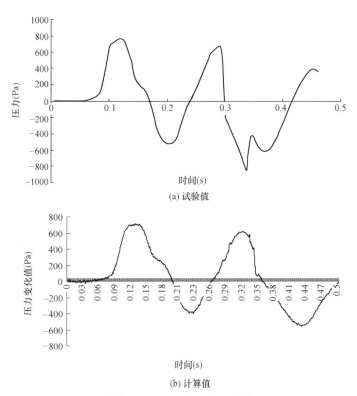

图 2.2.7 距隧道口 14.2m（实际为距隧道入口 246.5m）

综合分析认为，本节计算结果与本试验装置试验结果很吻合，可以进行下一步的大量计算工作。

2.3 200km/h 及 160km/h 动车组产生的隧道内空气动力学特性

2.3.1 计算基本条件

对隧道内瞬变压力的数值计算利用流体分析软件 Fluent 6.3 进行三维模拟。空气介质按照黏性、可压缩理想气体计算，紊流方程采用 k-ε 模型，来求解三维 Navier-Stocks

方程。动车组在 200km/h、160km/h 速度下计算的基本参数见表 2.3.1。计算网格如图 2.3.1 所示，隧道内测点位置如图 2.3.2 所示。

计算参数表　　　　　　　　　　　　　　　　　表 2.3.1

列车类型	CRH6 动车组，最大断面积为 $11.4m^2$
隧道长度	总的计算区域长度为 7500m，其中车站长度 313m，两区间隧道长度各取 3000m，其余两端边界条件的长度为 593.5m
隧道断面积	区间断面积为 $50.48m^2$，考虑屏蔽门不同的位置，车站屏蔽门与隧道之间的空间断面积随着屏蔽门和车站站台之间的距离而发生变化
列车长度	八编组，总长约 200m
屏蔽门状态	关闭
屏蔽门位置	在站台边缘，与站台边缘的距离分别为：0m、0.5m、1m、1.2m、1.5m
隧道出入口远场压力(Pa)	101325
网格尺寸(m)	在隧道出口最小为 0.2m，在其他部位最小为 0.5m
隧道壁面粗糙度常数	0.5
隧道壁面粗糙度高度(m)	0.001
列车壁面粗糙度常数	0.3
列车壁面粗糙度高度(m)	0.0005
列车启动位置	距离隧道入口各 50m 远
远场边界位置	沿着隧道方向 200m，左右各 100m

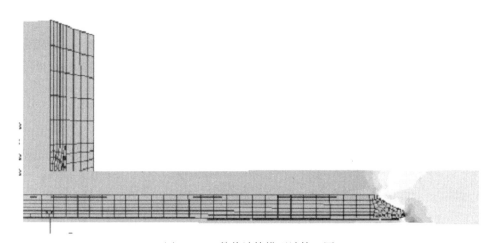

图 2.3.1　数值计算模型计算云图

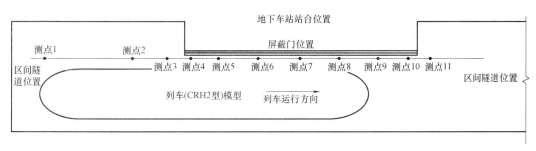

图 2.3.2　地下车站区间隧道 CRH2 型列车测点位置平面布置示意图

测点位置说明：

测点1：进站前的区间隧道内距离车站入口1000m；

测点2：进站前的区间隧道内距离车站入口100m；

测点3：进站前的区间隧道内距离车站入口50m；

测点4：进入车站范围内距离车站入口10m；

测点5：进入车站范围内距离车站入口50m；

测点6：进入车站范围内距离车站入口100m；

测点7：进入车站范围内距离车站入口150m；

测点8：进入车站范围内距离车站入口200m；

测点9：进入车站范围内距离车站入口250m；

测点10：进入车站范围内距离车站入口300m；

测点11：出站后进入下一个区间隧道距离车站出口20m。

2.3.2 屏蔽门不同位置工况下空气动力学效应分析

1. 距离站台边缘0.0m（所形成的断面积为28.02m^2）

（1）速度200km/h

从图2.3.3～图2.3.7可知：

1）列车未进入车站，在区间隧道内运行时产生的压缩波传播到隧道与车站结合部位时，由于受到断面积由大到小的变化，导致压缩波在结合部位压力逐渐升高。

2）在结合部位，进入车站后，压缩波继续向车站内朝前传播，在区间隧道与车站入口处，区间隧道产生的压缩波在结合部位，由于断面积的变化形成反射波，反射波的波峰或波谷与第一个压缩波的波峰或波谷叠加形成车站内共同的压缩波，沿着屏蔽门封闭时所形成的通道向车站深处传播。由于波的叠加，导致波形曲线的最大值比进入车站内的最大值有所降低。

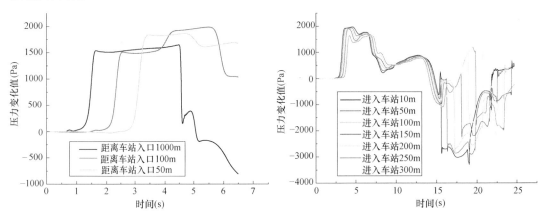

图2.3.3 区间隧道中距离车站不同位置时区间隧道中测点的压力变化曲线

图2.3.4 车站不同位置处屏蔽门测点的压力变化曲线

3）叠加波形向前传播，由于受到车站轨道上部设备、屏蔽门以及车站边墙壁面的摩擦阻力的影响，消耗到波的能量，导致波形曲线有一定程度的变化，波形曲线的最大值也有所降低，压缩波在车站站台屏蔽门所形成的小断面隧道范围内，压缩波的峰值逐渐降低。

4) 压缩波传播到车站末端进入下一个区间隧道时，由于隧道断面积突然由小断面扩展到大断面，在不考虑波的反射和折射的情况下，波的能量是降低的，也就是说波峰值应该降低，但在出口断面积发生变化，在此处，在隧道断面突变部位以及列车头部之间，形成了波的反射波和压缩波的多次叠加。在本案计算中，在车站出口20m，即进入下一个区间隧道20m处，波的峰值反而比车站末端的峰值稍微增大（这个峰值与车站和区间断面突变的大小是有关系的）。

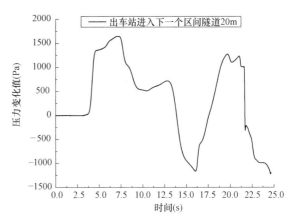

图 2.3.5 出车站进入区间隧道时距离车站 20m 位置测点的压力变化曲线

5) 在第二个区间隧道出口约 20m 及 50m 处的微气压波值都比较小，按照日本提供的隧道出口周边环境的微气压波的评判标准，上述两个测点的值是符合要求的。

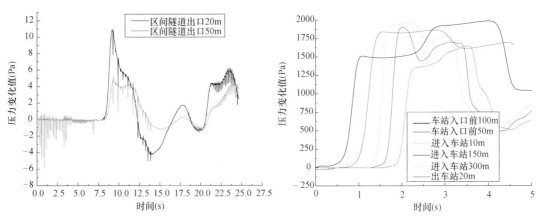

图 2.3.6 区间隧道出口微气压波压力变化曲线　　图 2.3.7 区间及车站关键点的压力变化曲线比较

在本工况的计算中，两个区间隧道及车站屏蔽门关闭时，各个测点的最大压力值见表 2.3.2。

各个测点的最大压力值比较（Pa）（在屏蔽门侧壁表面上）　　表 2.3.2

位置		测点	最大压力	最小压力
区间隧道		距离车站入口 1000m	1538	
		距离车站 100m	1985	
		距离车站 50m	1990	
车站 （总长313m）	屏蔽门在站台边沿	进入车站 10m	1975	−3214
		进入车站 50m	1941	−2889
		进入车站 100m	1916	−2894

续表

位置		测点	最大压力	最小压力
车站 （总长 313m）	屏蔽门在 站台边沿	进入车站 150	1900	−2232
		进入车站 200m	1844	−2162
		进入车站 250m	1649	−2000
		进入车站 300m	1630	−1716
区间隧道		出车站进入区间隧道 20m	1644	

从图 2.3.8～图 2.3.11 可知：沿着 X、Y、Z 方向的风速，首先表现在列车未进入测点前，速度均有一定大小的速度增值，这主要是由于压缩波压缩隧道前面的空气形成的气流，但气流速度较小。在列车接近测点以及列车经过测点的过程中，无论是 X 方向、Y 方向还是 Z 方向，靠近屏蔽门位置处的风速发生突变现象，沿着 X 和 Y 方向的风速急剧

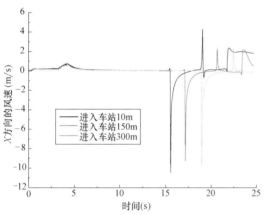

图 2.3.8 在车站入口 10m、车站中部 150m、车站末端 300m 位置靠近屏蔽门位置处测点沿 X 方向的风速曲线（X 方向指垂直于屏蔽门方向）

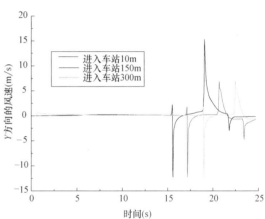

图 2.3.9 在车站入口 10m、车站中部 150m、车站末端 300m 位置靠近屏蔽门位置处测点沿 Y 方向的风速曲线（Y 方向指垂直于车站顶板方向）

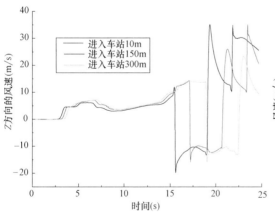

图 2.3.10 在车站入口 10m、车站中部 150m、车站末端 300m 位置靠近屏蔽门位置处测点沿 Z 方向的风速曲线（Z 方向指列车运行的前进方向）

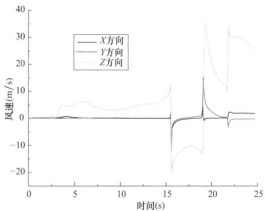

图 2.3.11 在进入车站 10m 位置靠近屏蔽门位置处测点 1 沿着 X、Y、Z 方向的风速变化曲线

降低到某一个负值，然后逐渐增大到某一个正值。在整个列车通过测点的过程中，沿着列车运行方向的风速的变化明显大于沿着 X 方向及 Y 方向的值，其最大的正值可到达 35m/s，最大负值可达到 −20m/s。

本工况的计算结果表明：在车站屏蔽门关闭所形成的空腔中，屏蔽门所在位置处的最大压力值中的极大值应当在区间隧道进入车站入口端。本工况测点 1 的最大压力值是 1975Pa，最大的风速（沿着列车运行方向的活塞风）在整个车站范围内基本上相同，最大正值可到达 35m/s，最大负值可达到 −20m/s。

（2）速度 160km/h

从图 2.3.12～图 2.3.14 可知：

1）在结合部位，进入车站后，压缩波继续向车站内朝前传播，在区间隧道与车站入口处，在区间隧道产生的压缩波在结合部位，由于断面积的变化，导致压缩波在结合部位形成反射波，反射波的波峰或波谷与第一个压缩波的波峰或波谷叠加形成车站内共同的压缩波，沿着屏蔽门封闭时所形成的通道向车站深处传播。由于波的叠加，导致波形曲线的最大值比进入车站内的最大值有所降低，与列车以 200km/h 速度进入隧道和车站的变化趋势一致。

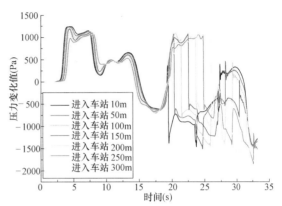

图 2.3.12　车站不同位置处屏蔽门测点的压力变化曲线

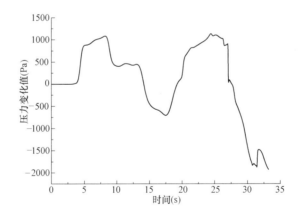

图 2.3.13　出车站进入区间隧道时距离车站 20m 位置测点的压力变化曲线

2）叠加波形向前传播，由于受到车站轨道上部设备、屏蔽门以及车站边墙壁面的摩擦阻力的影响，消耗到波的能量，导致波形曲线有一定程度的变化，波形曲线的最大值也有所降低，压缩波在车站站台屏蔽门所形成的小断面隧道范围内，压缩波的峰值逐渐降低。

3）压缩波传播到车站末端进入下一个区间隧道时，由于隧道断面积突然由小断面扩展到大断面，在不考虑波的反射和折射的情况下，波的能量是降低的，也就是说波峰值应

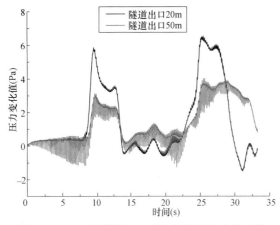

图 2.3.14 区间隧道出口微气压波压力变化曲线

该降低,但在出口断面积发生变化,在此处,在隧道断面突变部位以及列车头部之间,形成了波的反射波和压缩波的多次叠加。

4)在第二个区间隧道出口约 20m 及 50m 处的微气压波值都比较小,按照日本提供的隧道出口周边环境的微气压波的评判标准,上述两个测点的值是符合要求的。

在本工况的计算中,两个区间隧道及车站屏蔽门关闭时,各个测点的最大压力值见表 2.3.3。

屏蔽门关闭时屏蔽门在站台边沿时各个测点的最大正(负)压力值比较

表 2.3.3

位置	测点	最大正压(Pa)	最大负压(Pa)	正负压差值(Pa)
车站	进入车站 10m	1243	−1444	2687
屏蔽门在站台边沿	进入车站 50m	1232	−1507	2739
	进入车站 100m	1220	−1459	1679
	进入车站 150	1191	−1433	2624
	进入车站 200m	1116	−1430	2546
	进入车站 250m	1092	−1513	2605
	进入车站 300m	1078	−1956	3034
区间隧道	出车站 20m	1045	−1847	2892

从图 2.3.15~图 2.3.18 可知:沿着 X、Y、Z 方向的风速,首先表现在列车未进入测点前,速度均有一定大小的速度增值,这主要是由于压缩波压缩隧道前面的空气形成的气流,但气流速度较小。在列车接近测点以及列车经过测点的过程中,无论是 X 方向、Y 方向还是 Z 方向,靠近屏蔽门位置处的风速发生突变现象,沿着 X 和 Y 方向的风速急剧降低到某一个负值,然后逐渐增大到某一个正值。在整个列车通过测点的过程中,沿着列车运行方向的风速的变化明显大于沿着 X 方向及 Y 方向的值,其最大的正值可到达 35m/s,最大负值可达到−20m/s。

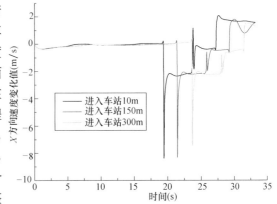

图 2.3.15 在车站入口 10m、车站中部 150m、车站末端 300m 位置靠近屏蔽门位置处测点沿 X 方向的风速曲线
(X 方向指垂直于屏蔽门方向)

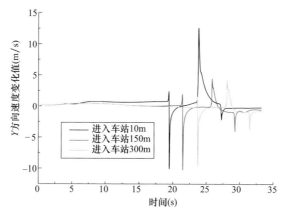

图 2.3.16 在车站入口 10m、车站中部 150m、车站末端 300m 位置靠近屏蔽门位置处测点沿 Y 方向的风速曲线（Y 方向指垂直于车站顶板方向）

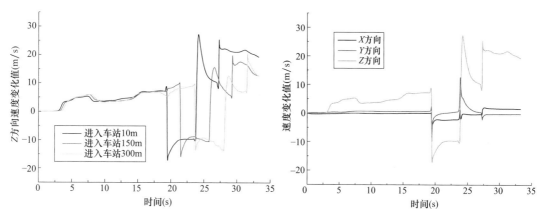

图 2.3.17 在车站入口 10m、车站中部 150m、车站末端 300m 位置靠近屏蔽门位置处测点沿 Z 方向的风速曲线（Z 方向指列车运行的前进方向）

图 2.3.18 在进入车站 10m 测点 1 靠近屏蔽门位置处测点 1 沿着 X、Y、Z 方向的风速变化曲线

本工况的计算结果表明：在车站屏蔽门关闭所形成的空腔中，屏蔽门所在位置处的最大压力值中的极大值应当在区间隧道进入车站入口端。本工况测点 1 的最大压力值是 1975Pa，最大的风速（沿着列车运行方向的活塞风）在整个车站范围内基本上相同，最大正值可到达 35m/s，最大负值可达到 −20m/s。

2. 屏蔽门距离站台边缘 0.5m（所形成的断面积为 31.36m²）

（1）速度 200km/h

在图 2.3.19 中，在车站前的区间隧道里，随着测点接近车站，隧道内各个测点的压力先降低，这是由于压缩波在传播过程中受到隧道侧壁摩擦的影响，但是，在接近隧道车站时，隧道内的压力反而逐渐升高，这是因为在此处，第一条区间隧道的断面积比屏蔽门所形成的车站段的隧道断面积要大，压缩波传播到此处时，受到断面积的影响，气体反而被进一步压缩，造成靠近车站与区间隧道结合部位区间隧道中的测点压力增大。

在图 2.3.20 中，在车站后的区间隧道里，由于隧道断面积比车站范围内的隧道断面积要大，压缩波在车站范围内的隧道中传播到第二个区间隧道时，气体压力发生突降，在进入下一个区间隧道后,压缩波在向第二个区间隧道的出口传播时,由于受到隧道摩擦壁面、隧道内湿度、空气的黏性等因素的影响,造成压缩波的峰值进一步降低。

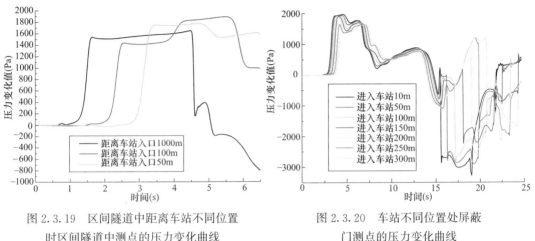

图 2.3.19　区间隧道中距离车站不同位置
时区间隧道中测点的压力变化曲线

图 2.3.20　车站不同位置处屏蔽
门测点的压力变化曲线

(2) 速度 160km/h

本工况的计算结果表明(图 2.3.21、图 2.3.22):在车站屏蔽门关闭所形成的空腔中,屏蔽门所在位置处的最大压力值中的极大值应当在区间隧道进入车站入口端。本工况测点 1 的最大正压值是 1212Pa,最大负压值是 1710Pa,最大的风速(沿着列车运行方向的活塞风)在整个车站范围内基本上相同,最大正值可到达 25m/s,最大负值可达到 −15m/s(表 2.3.4)。

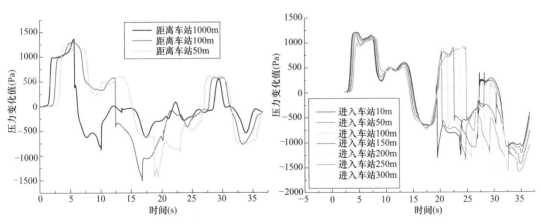

图 2.3.21　进入车站前区间隧道中
不同位置测点的压力变化曲线

图 2.3.22　车站不同位置处屏蔽
门测点的压力变化曲线

屏蔽门关闭时屏蔽门在站台边沿时各个测点的最大正(负)风速值比较　表 2.3.4

位置		测点	最大正风速(m/s)	最大负风速(m/s)
车站	屏蔽门在站台边沿	进入车站 10m	23	−15
		进入车站 150m	24	−13.6
		进入车站 300m	25	−12

在本工况的计算中，两个区间隧道及车站屏蔽门关闭时，各个测点的最大压力值见表 2.3.5。

屏蔽门关闭时屏蔽门在站台边沿时各个测点的最大正（负）压力值比较

表 2.3.5

位置	测点	最大正压(Pa)	最大负压(Pa)	正负压差值(Pa)
第一个区间隧道	距离车站 1000m			
	距离车站 100m	1350		
	距离车站 50m	1240		
车站	屏蔽门在站台边沿 进入车站 10m	1212	－1351	2563
	进入车站 50m	1200	－1312	2512
	进入车站 100m	1191	－1308	2499
	进入车站 150m	1182	－1390	2572
	进入车站 200m	1177	－1498	2675
	进入车站 250m	1169	－1579	2748
	进入车站 300m	996	－1710	2706
区间隧道	出车站 20m	1011		

3. 屏蔽门距离站台边缘 1.0m 位置（所形成的断面积为 34.52m²）

（1）速度 200km/h

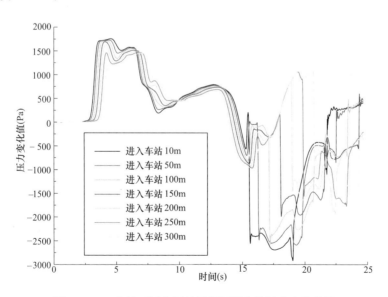

图 2.3.23　车站不同位置处屏蔽门测点的压力变化曲线

（2）速度 160km/h

本工况的计算结果表明（图 2.3.25、图 2.3.26）：在车站屏蔽门关闭所形成的空腔中，屏蔽门所在位置处的最大压力值中的极大值应当在区间隧道进入车站入口端。本工况

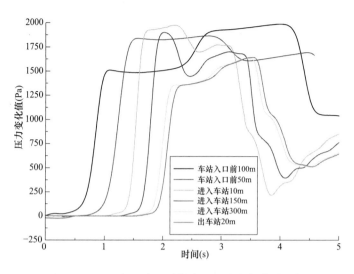

图 2.3.24 区间及车站关键点的压力变化曲线比较

测点 1 的最大正压值是 1204Pa,最大负压值是 1503Pa,最大的风速(沿着列车运行方向的活塞风)在整个车站范围内基本上相同,最大正值可到达 22m/s,最大负值可达到 −13m/s。

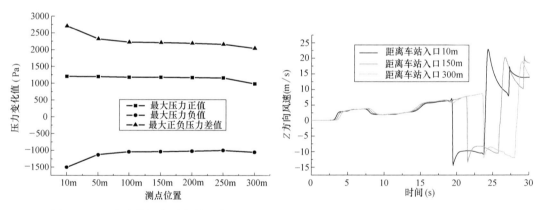

图 2.3.25 车站范围内测点的最大压力正值(负值)及最大正负压力差值

图 2.3.26 在车站入口 10m、车站中部 150m、车站末端 300m 位置靠近屏蔽门位置处测点沿 Z 方向的风速曲线(Z 方向指列车运行前进的方向)

在本工况的计算中,两个区间隧道及车站屏蔽门关闭时,各个测点的最大压力值见表 2.3.6。

屏蔽门关闭时屏蔽门在站台边沿时各个测点的最大正(负)压力值比较　　表 2.3.6

位置	测点	最大正压(Pa)	最大负压(Pa)	正负压差值(Pa)
第一个区间隧道	距离车站 1000m	1059		
	距离车站 100m	1230		
	距离车站 50m	1230		

续表

位置		测点	最大正压(Pa)	最大负压(Pa)	正负压差值(Pa)
车站	屏蔽门在站台边沿	进入车站10m	1204	−1503	2707
		进入车站50m	1199	−1122	2321
		进入车站100m	1183	−1041	2224
		进入车站150m	1178	−1034	2212
		进入车站200m	1171	−1021	2192
		进入车站250m	1160	−1000	2160
		进入车站300m	986	−1054	2040
区间隧道		出车站20m	1003		

4. 屏蔽门距离站台边缘1.2m位置（所形成的断面积为35.82m^2）

（1）速度200km/h

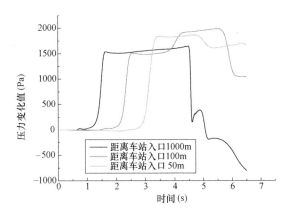

图2.3.27 区间隧道中距离车站不同位置时区间隧道中测点的压力变化曲线

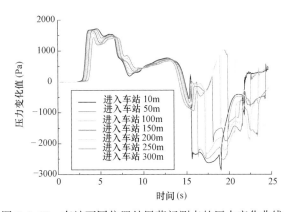

图2.3.28 车站不同位置处屏蔽门测点的压力变化曲线

（2）速度160km/h

本工况的计算结果表明（图2.3.29～图2.3.31）：在车站屏蔽门关闭所形成的空腔

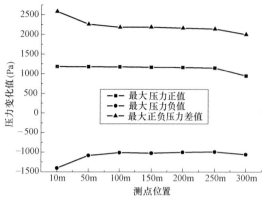

图 2.3.29 车站范围内测点的最大压力正值
（负值）及最大正负压力差值

中，屏蔽门所在位置处的最大压力值中的极大值应当在区间隧道进入车站入口端。本工况测点 1 的最大正压值是 1181Pa，最大负压值是 1404Pa，最大的风速（沿着列车运行方向的活塞风）在整个车站范围内基本上相同，最大正值可到达 15m/s，最大负值可达到－15m/s。

在本工况的计算中，两个区间隧道及车站屏蔽门关闭时，各个测点的最大压力值见表 2.3.7。

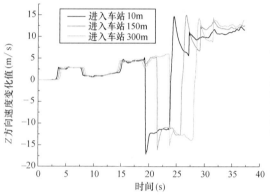

图 2.3.30 在车站入口 10m、车站中部 150m、车站末端 300m 位置靠近屏蔽门位置处测点沿 Z 方向的风速变化曲线（Z 方向指列车运行的前进方向）

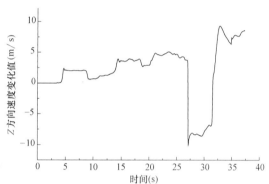

图 2.3.31 车站出口 20m 测点 Z 方向的风速变化曲线

屏蔽门关闭时屏蔽门在站台边沿时各个测点的最大正（负）压力值比较　　表 2.3.7

位置		测点	最大正压(Pa)	最大负压(Pa)	正负压差值(Pa)
第一个区间隧道		距离车站 1000m	997		
		距离车站 100m	1007		
		距离车站 50m	1154		
车站	屏蔽门在站台边沿	进入车站 10m	1181	－1404	2585
		进入车站 50m	1178	－1082	2260
		进入车站 100m	1174	－1010	2184
		进入车站 150m	1165	－1021	2186
		进入车站 200m	1163	－1000	2163
		进入车站 250m	1151	－989	2140
		进入车站 300m	945	－1055	2000
区间隧道		出车站 20m	963		

5. 屏蔽门距离站台边缘 1.5m 位置（所形成的断面积为 37.77m²）

（1）速度 200km/h

在车站前的区间隧道里，随着测点接近车站，隧道内各个测点的压力先降低，这是由于压缩波在传播过程中受到隧道侧壁摩擦的影响，但是，在接近隧道车站时，隧道内的压力反而逐渐升高，这是因为在此处，第一条区间隧道的断面积比屏蔽门所形成的车站段的隧道断面积要大，压缩波传播到此处时，受到断面积的影响，气体反而被进一步压缩，造成靠近车站与区间隧道结合部位区间隧道中的测点压力增大（图2.3.32）。

在车站后的区间隧道里，由于隧道断面积比车站范围内的隧道断面积要大，压缩波在车站范围内的隧道中传播到第二个区间隧道时，气体压力发生突降，在进入下一个区间隧道后，压缩波在向第二个区间隧道出口传播时，由于受到隧道摩擦壁面、隧道内湿度、空气的黏性等因素的影响，造成压缩波的峰值进一步降低（图2.3.33）。

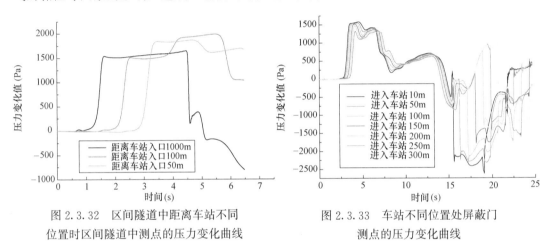

图2.3.32　区间隧道中距离车站不同位置时区间隧道中测点的压力变化曲线

图2.3.33　车站不同位置处屏蔽门测点的压力变化曲线

（2）速度160km/h

本工况的计算结果表明（图2.3.34、图2.3.35）：在车站屏蔽门关闭所形成的空腔中，屏蔽门所在位置处的最大压力值中的极大值应当在区间隧道进入车站入口端。本工况测点1的最大正压值是1134Pa，最大负压值是1321Pa，最大的风速（沿着列车运行方向的活塞风）在整个车站范围内基本上相同，最大的正值可到达12m/s，最大负值可达到−6.8m/s。

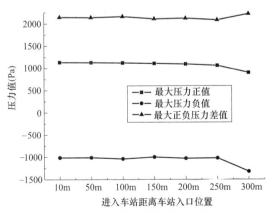

图2.3.34　车站范围内测点的最大压力正值（负值）及最大正负压力差值

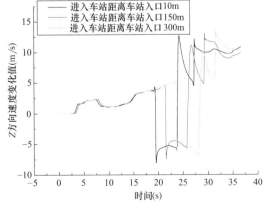

图2.3.35　在车站入口10m、车站中部150m、车站末端300m位置靠近屏蔽门位置处测点沿Z方向的风速变化曲线（Z方向指列车运行的前进方向）

在本工况的计算中，两个区间隧道及车站屏蔽门关闭时，各个测点的最大压力值见表 2.3.8。

屏蔽门关闭时屏蔽门在站台边沿时各个测点的最大正（负）压力值比较　　表 2.3.8

位置	测点	最大正压(Pa)	最大负压(Pa)	正负压差值(Pa)
第一个区间隧道	距离车站 1000m	979		
	距离车站 100m	1200		
	距离车站 50m	1168		
车站 屏蔽门在站台边沿	进入车站 10m	1134	−1012	2146
	进入车站 50m	1129	−1010	2139
	进入车站 100m	1121	−1039	2160
	进入车站 150	1109	−998	2107
	进入车站 200m	1094	−1028	2122
	进入车站 250m	1063	−1021	2084
	进入车站 300m	898	−1321	2219
区间隧道	出车站 20m	912		

2.3.3 压缩波（微气压波）变化规律分析

1. 距离车站入口 1000m、100m、50m 位置测点的压力变化比较

图 2.3.36 表明，改变屏蔽门与站台边沿的距离，对远离车站的第一个区间隧道内的测点的压力变化无影响。

图 2.3.37、图 2.3.38 以及前面的各种工况下的第一个区间隧道测点压力变化曲线表明，在第一个区间隧道接近车站时，由于受到车站断面积由小变大的影响，在区间隧道与车站入口的接合部位，气压密度上升，从而导致接近车站接合部位的区间隧道中的测点的压力逐渐上升。在区间隧道中，测点越接近车站入口，气压上升逐渐增大。

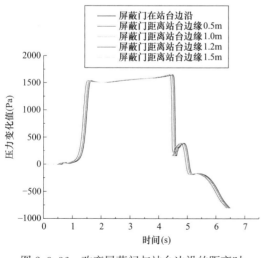

图 2.3.36　改变屏蔽门与站台边沿的距离时距离车站入口 1000m 处压力变化曲线

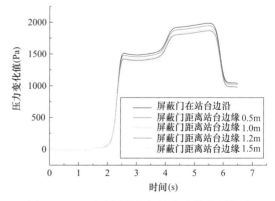

图 2.3.37　改变屏蔽门与站台边沿的距离时距离车站入口 100m 处压力变化曲线

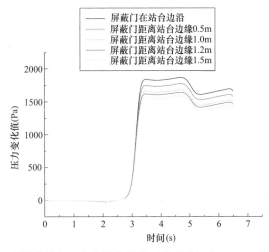

图 2.3.38　改变屏蔽门与站台边沿的距离时距离车站入口 50m 处压力变化曲线

2. 车站范围内关键点位置测点的压力变化比较

图 2.3.39～图 2.3.41 表明，随着屏蔽门与站台边沿的距离的增大，也就是屏蔽门关闭后所形成的空间断面积的增大，各个测点的压力逐渐减小，减小呈非线性变化。

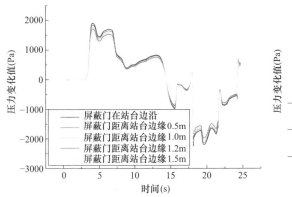

图 2.3.39　改变屏蔽门与站台边沿的距离时距离车站入口 10m 处压力变化曲线

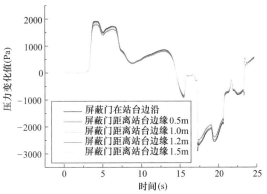

图 2.3.40　改变屏蔽门与站台边沿的距离时距离车站入口 150m 处压力变化曲线

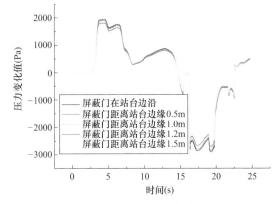

图 2.3.41　改变屏蔽门与站台边沿的距离时距离车站入口 300m 处压力变化曲线

3. 车站出口进入下一个区间隧道内测点的压力变化比较

图 2.3.42 表明，随着屏蔽门与站台边沿的距离的增大，也就是屏蔽门关闭后所形成的空间断面积的增大，下一个区间隧道内各个测点的压力逐渐减小，减小呈非线性变化。

4. 隧道出口测点的微气压波压力变化比较

图 2.3.43 表明，随着屏蔽门与站台边沿距离的增大，也就是随着屏蔽门关闭后所形成的空间断面积的增大，下一个区间隧道内各个测点的压力逐渐减小，减小呈非线性变化。

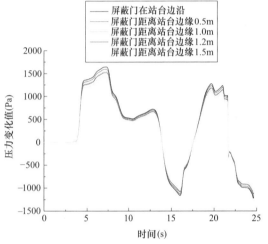 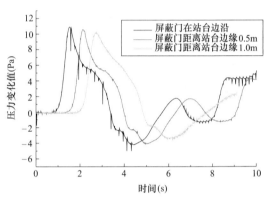

图 2.3.42　改变屏蔽门与站台边沿的距离时距离车站出口 20m 处压力变化曲线

图 2.3.43　改变屏蔽门与站台边沿的距离时车站出口 20m 处微气压波压力变化曲线

2.3.4　计算得到的压缩波（微气压波）最大正、负压力比较分析

计算结果表明（表 2.3.9~表 2.3.13、图 2.3.44~图 2.3.46）：

（1）对于屏蔽门在某一固定位置，两个区间隧道及车站范围内的最大压力变化规律是：

1）第一个区间隧道中：沿着列车前进方向，在远离车站一定范围内，隧道内测点的最大压力基本上保持不变，当测点逐渐接近车站入口时，最大压力逐渐增大。

2）在车站范围内测点的最大压力逐渐减小，特别是到了车站末端，由于进入下一个区间隧道时，隧道断面积增大，增大了车站范围内空气的泄压面积，因此在车站末端最大压力降低幅度增大，而在车站进站端，最大压力减低幅度较小。

3）在车站出口的下一个区间隧道中，最大压力逐渐减小，直至到该区间隧道的出口。

4）在车站出口与下一个区间隧道的接合部位其测点的最大压力要大于第一个区间隧道远离车站范围内测点的最大压力。这是由于整个区间＋车站范围内，存在着断面积缩小区段，从而导致最大压力有一个升幅阶段。

（2）在整个计算过程中，只对车站范围内的测点的最小值的变化情况进行了统计，分析表明：

1) 在屏蔽门位置固定时，整个车站范围内测点的最小值的绝对值逐渐减小；
2) 随着屏蔽门位置远离站台的边缘，整个车站范围内测点最小值的绝对值也逐渐减小。

屏蔽门关闭时屏蔽门距离站台边缘距离为 0m 时各个测点的最大正（负）压力值比较

表 2.3.9

位置		测点	最大正压力值(Pa)	最大负压力值(Pa)
区间隧道		距离车站入口 1000m	1538	
		距离车站 100m	1985	
		距离车站 50m	1990	
车站	屏蔽门在站台边沿	进入车站 10m	1975	−3214
		进入车站 50m	1941	−2889
		进入车站 100m	1916	−2894
		进入车站 150m	1900	−2232
		进入车站 200m	1865	−2162
		进入车站 250m	1774	−2000
		进入车站 300m	1689	−1716
区间隧道		出车站 20m	1699	

屏蔽门关闭时屏蔽门距离站台边缘距离为 0.5m 时各个测点的最大正（负）压力值比较

表 2.3.10

位置		测点	最大正压力值(Pa)	最大负压力值(Pa)
区间隧道		距离车站入口 1000m	1533	
		距离车站 100m	1894	
		距离车站 50m	1901	
车站	屏蔽门在站台边沿	进入车站 10m	1889	−2868
		进入车站 50m	1876	−2792
		进入车站 100m	1871	−2567
		进入车站 150m	1837	−2360
		进入车站 200m	1797	−2053
		进入车站 250m	1723	−1828
		进入车站 300m	1633	−1742
区间隧道		出车站 20m	1652	

屏蔽门关闭时屏蔽门距离站台边缘距离为 1.0m 时各个测点的最大正（负）压力值比较

表 2.3.11

位置	测点	最大正压力值(Pa)	最大负压力值(Pa)
区间隧道	距离车站入口 1000m	1538	
	距离车站 100m	1985	
	距离车站 50m	1894	

续表

位置		测点	最大正压力值(Pa)	最大负压力值(Pa)
车站	屏蔽门在站台边沿	进入车站 10m	1842	−2753
		进入车站 50m	1808	−2672
		进入车站 100m	1783	−2424
		进入车站 150m	1763	−2285
		进入车站 200m	1723	−1991
		进入车站 250m	1661	−1766
		进入车站 300m	1576	−1696
区间隧道		出车站 20m	1601	

屏蔽门关闭时屏蔽门距离站台边缘距离为 1.2m 时各个测点的最大正（负）压力值比较

表 2.3.12

位置		测点	最大正压力值(Pa)	最大负压力值(Pa)
区间隧道		距离车站入口 1000m	1538	
		距离车站 100m	1745	
		距离车站 50m	1790	
车站	屏蔽门在站台边沿	进入车站 10m	1795	−2668
		进入车站 50m	1766	−2520
		进入车站 100m	1762	−2319
		进入车站 150m	1730	−2186
		进入车站 200m	1680	−1859
		进入车站 250m	1610	−1719
		进入车站 300m	1542	−1618
区间隧道		出车站 20m	1588	

屏蔽门关闭时屏蔽门距离站台边缘距离为 1.5m 时各个测点的最大正（负）压力值比较

表 2.3.13

位置		测点	最大正压力值(Pa)	最大负压力值(Pa)
区间隧道		距离车站入口 1000m	1538	
		距离车站 100m	1694	
		距离车站 50m	1701	
车站	屏蔽门在站台边沿	进入车站 10m	1693	−2536
		进入车站 50m	1697	−2349
		进入车站 100m	1664	−2239
		进入车站 150m	1648	−2000

续表

位置	测点	最大正压力值(Pa)	最大负压力值(Pa)
车站 屏蔽门在站台边沿	进入车站200m	1619	−1711
	进入车站250m	1570	−1649
	进入车站300m	1525	−1579
区间隧道	出车站20m	1540	

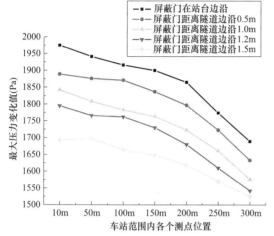

图 2.3.44　车站范围内屏蔽门位置处各个测点最大压力变化值与屏蔽门距离站台边缘的距离的关系示意图

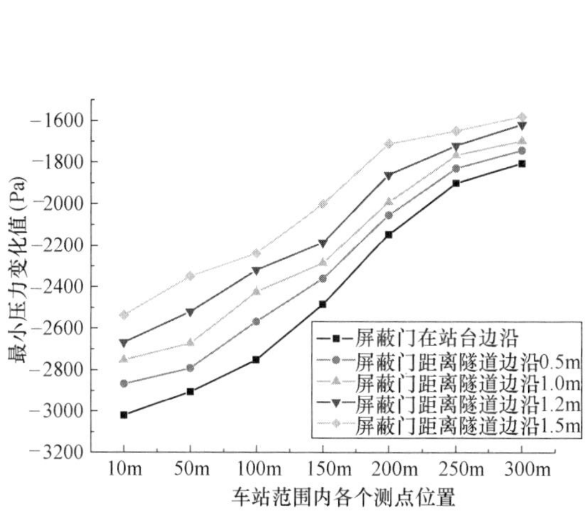

图 2.3.45　车站范围内屏蔽门位置处各个测点最小压力变化值与屏蔽门距离站台边缘的距离的关系示意图

2.3.5　计算得到的速度场比较分析

根据前面的计算，选取屏蔽门关闭时在车站入口附近的测点 1 作为分析的基础，其他点与此类似。屏蔽门处沿 X、Y、Z 方向风速的变化曲线如图 2.3.47～图 2.3.49 所示。

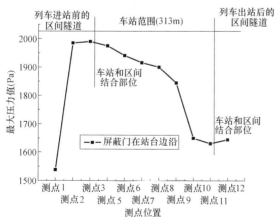
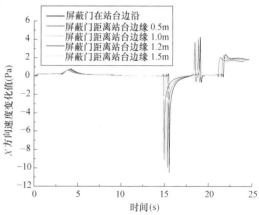

图 2.3.46　车站范围内屏蔽门位置处各个测点最小压力变化值与屏蔽门距离站台边缘的距离的关系示意图

图 2.3.47　距离车站进站口 10m 处屏蔽门处沿着 X 方向（列车运行方向）风速的变化曲线

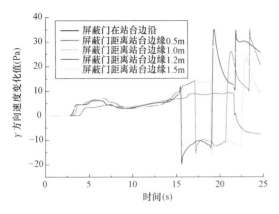
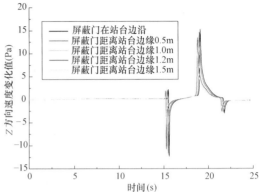

图 2.3.48 距离车站进站口 10m 处屏蔽门处沿着 Y 方向（列车运行方向）风速的变化曲线

图 2.3.49 距离车站进站口 10m 处屏蔽门处沿着 Z 方向（列车运行方向）风速的变化曲线

在车站入口 10m 处靠近屏蔽门位置沿列车运行方向的风速最大值及最小值见表 2.3.14、图 2.3.50。

车站屏蔽门关闭后在车站入口 10m 处靠近屏蔽门位置处沿着列车运行方向（Z 方向）的风速最大值及最小值　表 2.3.14

测点位置	Z 方向最大正风速值（m/s）	Z 方向最大负风速值（m/s）
屏蔽门距离站台 0.0m	35.04	−19.42
屏蔽门距离站台 0.5m	33.31	−15.38
屏蔽门距离站台 1.0m	29.83	−13.86
屏蔽门距离站台 1.2m	28.12	−11.25
屏蔽门距离站台 1.5m	25.14	−8.39

2.3.6 将车站考虑成单一的隧道形式

本次计算主要是说明列车直接以 200km/h 的速度进入车站屏蔽门与车站顶部、底部以及边墙所形成的空间隧道（断面积为 28.02m^2）时产生的压力变化规律，而不考虑列车从区间隧道（断面积为 50.48m^2）进入车站时产生的压力值的大小（图 2.3.51、图 2.3.52）。

从图 2.3.51、图 2.3.52 可知：在本工况的计算中，两个区间隧道及车站屏蔽门关闭时，各个测点的最大压力值见表 2.3.15。

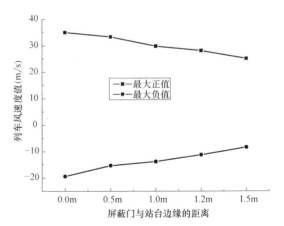

图 2.3.50 距离车站进站口 10m 处屏蔽门处沿着 Z 方向（列车运行方向）风速最大值（最大正值及最大负值）的变化情况

第2章 城际铁路隧道空气动力学效应研究

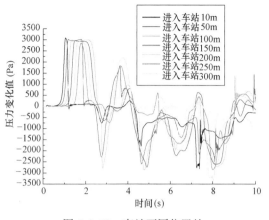

图 2.3.51 车站不同位置处屏蔽门测点的压力变化曲线

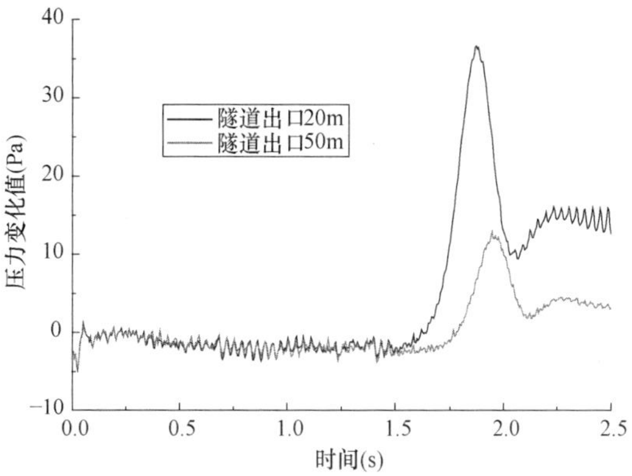

图 2.3.52 区间隧道出口微气压波压力变化曲线

屏蔽门关闭时屏蔽门在站台边沿时各个测点的最大正(负)压力值比较　表 2.3.15

位置	测点	最大正压力值(Pa)	最大负压力值(Pa)
车站屏蔽门在站台边沿	进入车站 10m	3089	−2761
	进入车站 50m	3026	−2484
	进入车站 100m	3002	−2755
	进入车站 150m	2973	−2636
	进入车站 200m	2952	−3221
	进入车站 250m	2847	−2724
	进入车站 300m	1399	−1335

上述计算结果只是说明在车站两端无区间隧道的情况下的计算值,在有区间隧道的情况下,计算时不是从一个无限大的区域进入一个小的区域(车站断面积为 20.82m²),而是从一个有限区域(区间隧道的断面积为 50.48m²)进入一个小的区域(车站断面积为 20.82m²),在这个过程中产生的压缩波与反射波经历了多次的叠加之后会消减压缩波的峰值(包括波峰与波谷的峰值)。

2.3.7 小结

1. 速度 200km/h (表 2.3.16、表 2.3.17)

速度 200km/h 下屏蔽门距离车站站台边缘不同位置时车站屏蔽门位置处的最大及最小压力变化值

表 2.3.16

200km/h 速度过站	最大正压力值(Pa)	最大负压力值(Pa)
屏蔽门距离站台 0.0m	1975	−3019
屏蔽门距离站台 0.5m	1889	−2868
屏蔽门距离站台 1m	1842	−2753
屏蔽门距离站台 1.2m	1795	−2668
屏蔽门距离站台 1.5m	1693	−2536

速度 200km/h 下屏蔽门距离车站站台边缘不同位置时
车站屏蔽门位置处的最大及最小 Z 方向风速变化值　　　表 2.3.17

测点位置	Z 方向最大正风速值(m/s)	Z 方向最大负风速值(m/s)
屏蔽门距离站台 0.0m	35.04	−19.42
屏蔽门距离站台 0.5m	33.31	−15.38
屏蔽门距离站台 1.0m	29.83	−13.86
屏蔽门距离站台 1.2m	28.12	−11.25
屏蔽门距离站台 1.5m	25.14	−8.39

2. 速度 160km/h（表 2.3.18、表 2.3.19）

速度 160km/h 下屏蔽门距离车站站台边缘不同位置时车站屏蔽门位置处的最大及最小压力变化值

表 2.3.18

160km/h 速度过站	最大正压力值(Pa)	最大负压力值(Pa)
屏蔽门距离站台 0.0m	1243	−1956
屏蔽门距离站台 0.5m	1212	−1710
屏蔽门距离站台 1m	1204	−1503
屏蔽门距离站台 1.2m	1181	−1404
屏蔽门距离站台 1.5m	1134	−1321

速度 160km/h 下屏蔽门距离车站站台边缘不同位置时车站
屏蔽门位置处的最大及最小 Z 方向风速变化值　　　表 2.3.19

测点位置	Z 方向最大正风速值（m/s）	Z 方向最大负风速值（m/s）
屏蔽门距离站台 0.0m	28	−18
屏蔽门距离站台 0.5m	25	−15
屏蔽门距离站台 1.0m	22	−13
屏蔽门距离站台 1.2m	15	−15
屏蔽门距离站台 1.5m	12	−6.8

2.4　竖井对减缓隧道及列车内瞬变压力影响研究

2.4.1　竖井设置的可行性比较

根据前面的内容可以知道，当 CRH6 型列车以 160km/h 的速度进入有效净空断面积 28.02m^2 的隧道时，除了在隧道内产生的压缩波使列车内的乘客出现不适感外，产生的较大压缩波也会对屏蔽门产生较大的影响。因此，为了减缓这种乘客的不舒适感以及从屏蔽门的安全设计角度来讲，在车站入口端设置通风竖井是一种行之有效的方法。通过对表 2.4.1 中的各种减缓隧道空气动力学效应的措施、技术性、经济性、可行性方面来分析，认为沿着隧道方向设置通风（救援）竖井（通道）是比较适合地下车站及地下隧道（地铁）的一种措施。竖井的存在可以在很大程度上缓解由于高速带来的空气动力学问题，因为竖井的存在可以改变隧道内的流场分布状况，同时对列车内受到的瞬变压力有比较明显的降低效果。

莞惠城际高速列车进出隧道空气动力学效应措施比较　　　　表 2.4.1

项目	技术性	经济性	可行性
扩大隧道内净空断面	容易	投资高	不可行
提高机车车辆的气密性	较难	投资高	可行
设置通风竖井	技术难度较小，考虑隧道长度较大，必须设置逃生通道	如隧道埋深较浅，相对扩大隧道内净空断面来说，比较经济	可行
车厢内设置压力调节风机	很难		可行
限速	容易	不经济	不可行
更换机车	很难	投资高	可行
设置缓冲结构	容易	投资小	在隧道入口设置不可行
	在浅埋隧道中技术难度大、施工风险高	投资高	在隧道内设置可行

2.4.2　计算基本条件

对隧道内瞬变压力的数值计算利用流体分析软件 Fluent 6.3 进行三维模拟。空气介质按照黏性、可压缩理想气体计算，紊流方程采用 k-ε 模型，来求解三维 Navier-Stocks 方程。

采用动态网格技术，模拟列车进出隧道的全过程。计算的基本参数见表 2.4.2。

计算参数表　　　　表 2.4.2

列车类型	A 型地铁列车编组，断面积为 $11.4m^2$
隧道长度(m)	开启时：2500；关闭时：3200
隧道净空断面积(m^2)	26.4
列车最大速度(km/h)	140
列车初速度(km/h)	0
列车头部形状	近似钝头型
站台长度(m)	200
隧道出入口远场压力(Pa)	101325
网格尺寸(m)	在隧道出口最小为 0.2m，在其他部位最小为 0.5m
隧道壁面粗糙度常数	0.5
隧道壁面粗糙度高度(m)	0.002
隧道底板粗糙度常数	0.5
隧道底板粗糙度高度(m)	0.005
列车壁面粗糙度常数	0.3
列车壁面粗糙度高度(m)	0.001

续表

列车启动位置	隧道入口处
远场边界位置	沿着隧道方向200m,左右各100m
空气密度(kg/m³)	1.2
声速(m/s)	340
竖井位置	400m、500m、600m、1000m、1500m
竖井断面积及形状	15.84、13.25、10.65、7.952,方形

2.4.3 旅客舒适度标准

参照前面章节中的内容,根据2007年4月21日,原铁道部下发的《铁路隧道设计施工有关标准补充规定》,综合欧盟国家的控制标准,考虑莞惠线铁路隧道的分布情况,确定莞惠城际单线高速铁路旅客舒适度标准为:＜1250Pa/4s。

2.4.4 压缩波向列车内传播规律

根据列车的最大速度160km/h,该动车组系列列车基本上属于高速密封空调列车,其密封性较好,因此,这里可考虑两种状况的列车密封指数:0.7s、1.5s。得到列车内外压力传播存在着以下关系:

(1) 对于密封指数:0.7s, $p_i \approx p_e$(不封闭、不密封);

(2) 对于密封指数:1.5s, $p_i = 0.931 p_e$(稍加密封)。

2.4.5 竖井存在时隧道及列车内瞬变压力的变化规律

竖井的存在可以在很大程度上缓解由于高速带来的空气动力学问题,因为竖井可以改变隧道内的流场分布状况,同时对列车内受到的瞬变压力和隧道洞口的微压波有明显的降低效果。

1. 单个竖井对于竖井与隧道联结处流场的分析

隧道构造和列车头部进入隧道并经过竖井处的流场如图2.4.1所示。从图中可以看到,当列车头部经过竖井处时,竖井处将会产生射流,事实上,在列车即将到达竖井位置,但还没有到达时,已经在竖井处产生了射流。这些射流都是由于列车头部排开了其前面的空气所致。观察显示,列车附近的剪切流的范围和大小随着列车头部逐渐进入隧道内而逐渐增加,最终形成紊流而与列车产生分离,并充满列车头部末端至隧道入口之间的环状空间。这使得压缩波产生之后的压力逐渐缓慢增长,该压力的大小主要取决于列车和隧道的几何构造。当列车头部进入隧道时,列车前面的压力不断上升。这个压力以声速传播至竖井处,气体在压力的作用下开始从竖井处流出。随着列车接近竖井,竖井处的高压得以维持在一个近似不变的值,气体则以一近似不变的流量从竖井处流出隧道。当列车头部通过竖井时,由于竖井处压力的迅速下降,竖井处气流向外的射流量也被减少了。

列车进入顶部开有单个竖井的隧道时所产生的压缩波的形成可以分为两个阶段。首先,列车进入隧道入口将会产生初始压缩波,该压缩波沿隧道轴线向前传播。当其到达竖井处时,其一部分能量将会向隧道入口反射回去,反射波到达隧道入口处又发生反射,因而,该部分能量将会在隧道入口和竖井之间被多次反射。另外,初始压缩波和反射波在竖井处反射的同时也会有一部分能量通过顶部竖井传递到隧道外的大气之中。初始压缩波除了一部分能量被反射回隧道入口和另一部分通过顶部竖井传递到隧道外的大气之中的这两部分能量外,其余的能量继续向前传播,从而形成了隧道内测点处压力曲线上的第一个压力峰值。接着,当列车头部逐渐接近顶部竖井,竖井处的射流速度达到一个稳定值,竖井处的压力也相应发生变化。列车通过竖井的过程中产生的压缩波通过竖井传向隧道深处,即形成隧道内测点处压力曲线上的第二部分。

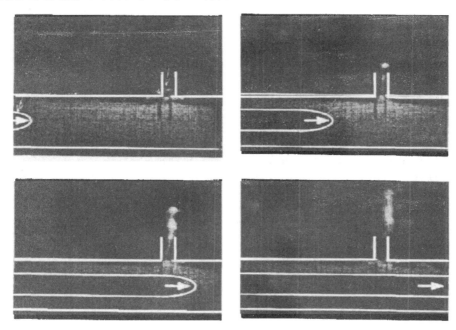

图 2.4.1 列车头部进入隧道并经过竖井处的流场

隧道顶部的单个竖井的作用相当于一个低频压力节点,它使得压缩波的具体波形较强地依赖于列车的马赫数。列车头部的逐渐靠近使得竖井处的压力逐渐增加,从而在竖井处形成一个向外喷射的高速气流,同时在竖井的周边附近还会产生涡流,因而,空气的惯性对于压缩波的形成会具有比较重要的影响。竖井处的射流将会反作用于隧道内的流场,产生一个局部的压力上升,该压力波动向隧道深处传播,成为压缩波压力变化的一部分。

2. 列车通过设有竖井隧道时其流场变化的数值模拟

高速列车进入带有竖井的隧道时,所引起的压缩波及微压波的传播比起没有竖井时将更加复杂。当隧道设有竖井时,列车驶入隧道将主要产生以下几个空气波:

(1) 车头驶入隧道入口时产生的压缩波;
(2) 车尾驶入隧道入口时产生的膨胀波;
(3) 车头驶过竖井时产生的压缩波;
(4) 车尾驶过竖井时产生的膨胀波。

由于这四个波的反射与叠加，会使隧道内的流场产生复杂变化。随着列车靠近隧道入口，隧道内的空气压力已经开始上升，当列车鼻部进入隧道时，压力将迅速增加，这样产生的压缩波以相对于当地气流的音速沿隧道传播，并将列车前方隧道中的空气进行压缩和加速。随着列车进一步进入隧道中，环状空间的长度逐渐增长，列车和隧道壁的摩擦力沿着环状空间形成压力梯度，因此列车前端的压力逐渐升高，以维持这一压力梯度，直到列车的全长都进入隧道为止。还应该注意到，当列车完全进入隧道之前，由于列车驶入隧道时产生的压缩波已经传播到竖井位置，此时将产生如下的现象：压缩波的一部分将以膨胀波的形式反射回来，向着隧道入口方向传播，另外的一部分将分成两个压缩波，一个继续向前传播，即向隧道出口方向传播，一个沿着竖井向竖井出口方向传播，当此压缩波传播到竖井出口时，一部分压缩波将传播到竖井外面，形成竖井微气压波，同时产生一个膨胀波向竖井下方传播，当此膨胀波传到竖井与隧道相交处时，一部分将以压缩波的形式反射回去，向竖井出口方向传播，另外一部分将以两个膨胀波的形式向隧道两端传播，使隧道流场变得更加复杂。

为了更好地理解列车经过竖井时隧道及竖井的流场状态，我们可以假设竖井将隧道分割成两个更短的隧道，如图2.4.2所示。当列车头部到达A点时，一个压缩波将产生，并沿着隧道壁和列车之间的环状空间向后方传播，导致列车周围压力上升。在很短的时间内，车头已经到达B点，一个更强的压缩波将产生，并向前方传播，导致列车头部压力继续升高，并且这个压缩波的峰值与列车驶入隧道时产生的压缩波的峰值很接近，有时甚至会大于它，这主要取决于竖井的面积。当车尾经过A点时，一个膨胀波将产生，并向列车后部传播，即向隧道入口方向传播。当列车尾部到达B点时，将产生第二个膨胀波，并沿着隧道壁和列车之间的环状空间向前传播。事实上，列车经过竖井时的流场状态与列车离开一个隧道后马上进入另外一个隧道的流场状态很相似，但是，这种对比不能照章取义，因为一般情况下，一个稳态的压力场将不会在A、B点之间的空间存在。从车头压力可以看出，当车头通过竖井时，其压力有一个突然的升高，而后其压力升高是比较缓和的，这是由于列车其他部分经过竖井进入了一短隧道的缘故。并且这个压力上升的时间并不会很长，因为由列车进入隧道时产生的压缩波此时已经传到隧道出口，并且以膨胀波的形式反射回了列车头部。

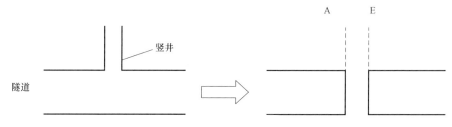

图2.4.2 竖井将长隧道分割成短隧道示意图

列车头部使出隧道时，将产生一个压缩波，不过由于这是由隧道内的有限空间向隧道外无限空间的一个过渡，与列车进入隧道的过程相反，因此产生的压力波将很快降低，但是列车头部的压力却没有显著降低，并且随着列车进一步地驶出隧道，列车周围的压力场逐步由在隧道内复杂的压力分布过渡到在明线上的相对简单的压力分布的情况。

2.4.6 竖井位置对隧道内压力变化的影响

作为一项缓解高速铁路隧道空气动力学问题的重要措施,在隧道的合理位置修建合理个数和合理断面面积的竖井已经被人们所认同。

1. 竖井降低微气压波原理分析

当列车前端进入隧道时产生的压缩波传播到隧道出口时,以膨胀波的形式沿隧道向着隧道进口反射回来,但列车前端经过竖井时,也将再次产生另一个压缩波。所以针对降低瞬变压力,有的学者认为,竖井的最佳位置应能使初始压缩波的反射膨胀波与竖井处产生的压缩波正巧在列车前端处叠合。这样,列车前端处的空气压力变化就会很小。

设声波的传播速度为 c,列车速度为 V,隧道长度为 l。初始压缩波传播到隧道出口后再反射回来以膨胀波的形式传到竖井底口位置所经历的时间为 t,如果在这一时刻,列车前端到达竖井底口位置,那么膨胀波就正好与列车到达竖井所产生的压缩波叠合,在这种情况下,竖井离隧道入口的距离 OA 就是竖井理论上的最佳位置。

由:

$$t=\frac{l}{c}+\frac{l-OA}{c}=\frac{l}{c}+\frac{l-Vt}{c} \qquad (2.4.1)$$

得:

$$t=\frac{2l}{c\left(1+\dfrac{V}{c}\right)} \qquad (2.4.2)$$

则:

$$OA=Vt=\frac{2Vl}{c\left(1+\dfrac{V}{c}\right)} \qquad (2.4.3)$$

根据本研究内容的参数,最佳的竖井位置应该为距离隧道入口约 513m,第二个竖井的位置为 923m。

然而,用此公式并不能确定利用竖井来降低洞口微压波时竖井的最佳位置,因为,微压波的产生是由于车头进入隧道产生的第一个压缩波传播到隧道出口形成的,按照上面的理论,竖井位置是与压缩波传播到隧道出口又反射回来的膨胀波所经过的时间共同决定的,此时微气压波已经在洞口形成了。根据本研究报告前面内容可知,在本研究中,隧道出口处产生的微气压波值比较小,在这里只考虑竖井降低隧道内及列车内的瞬变压力值的大小。

2. 隧道及列车内的瞬变压力变化规律

(1) 竖井位置对压力变化的影响(1个竖井)

考虑一个竖井位置变化时,竖井的存在对压力的变化影响。选择隧道断面积为 $26.4m^2$,竖井断面积为隧道断面积的 0.6 倍,及竖井断面积为 $15.84m^2$。列车进入隧道时压力变化云图如图 2.4.3 所示。

图 2.4.3 列车进入隧道时压力变化云图

从图 2.4.4~图 2.4.6 中可以看出,除了竖井位置距隧道入口 1000m 以及 1500m 处的测点最大值没有什么变化外,竖井在其他三个位置时的压力均有所降低。从而也可以看出,竖井具有降低隧道内压力的作用。

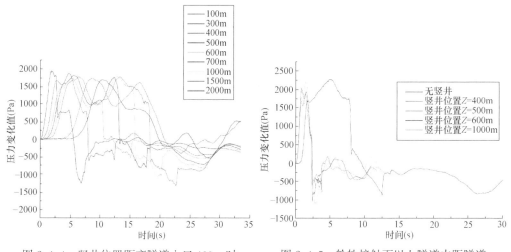

图 2.4.4 竖井位置距离隧道入口 400m 时隧道内各个测点的压力变化曲线

图 2.4.5 轮轨接触面以上隧道内距隧道入口 300m 处测点的压力变化曲线

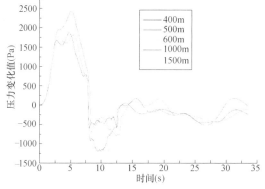

图 2.4.6 隧道内距隧道入口 300m 处测点的压力变化曲线

图 2.4.7 表明，在竖井前面的测点，出现二次压缩波的现象不明显，而在竖井后面的测点出现二次压缩波的现象明显，这是因为列车到达竖井后继续前进，相当于列车再次以高速度进入隧道，这样产生第二次压缩波。图 2.4.8 所示为竖井位置变化时屏蔽门处的压力变化曲线。表 2.4.3 表示竖井位置变化时距离隧道入口 700m 处的最大峰值的比较。从表中可以看出，当竖井位置在距离隧道入口 500m 左右的位置时，它对降低隧道内的压力效果比其他几种情况效果要稍好。

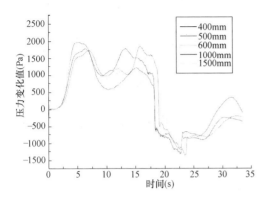

图 2.4.7 隧道内距隧道入口 700m 处测点的压力变化曲线

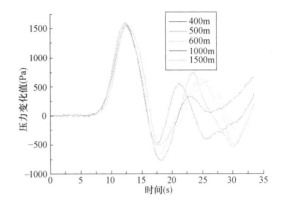

图 2.4.8 竖井位置变化时屏蔽门处的压力变化曲线

竖井位置变化时距离隧道入口 **700m** 处两个压缩波的最大峰值比较　　表 2.4.3

竖井位置	第一个初始压缩波峰值(Pa)	第二个压缩波峰值(Pa)
距离入口 400m	1780	1881
距离入口 500m	1720	1184
距离入口 600m	1735	1127
距离入口 1000m	1972	
距离入口 1500m	2272	

图 2.4.3～图 2.4.8 表明，竖井能够降低竖井前面的隧道内的测点的压力变化值，但是，在竖井后面的测点的压力值，竖井对测点的降压效果不明显。但比较起来，竖井位置在距离隧道入口约 500m 左右时降压效果稍好。

图 2.4.9 及图 2.4.10 表明，当竖井位置距离隧道入口越远时，其对列车头部的降压效果并不明显，相反，当竖井离隧道入口越近时，对降低列车头部的压力效果很明显。并且可以看出，当竖井的位置距离隧道入口 500m 左右时，降压效果明显。

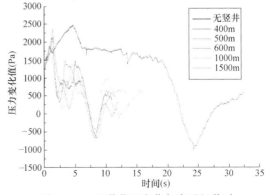

图 2.4.9 竖井位置变化与有无竖井时列车头部的压力变化曲线

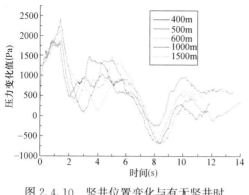

图 2.4.10　竖井位置变化与有无竖井时列车头部的压力变化曲线

小结：

1）竖井的存在能够降低隧道内及列车上的压力变化值，对于隧道内的测点来说，在竖井前的测点的降压效果比在竖井后的测点的降压效果好。

2）改变竖井的位置可以不同程度地降低隧道内及列车上的压力最大值。通过比较，可以发现，当竖井位置在距离隧道入口 500m 左右时，其对降低隧道及列车上的压力值效果较好。因此建议第一个竖井的位置设置在距离隧道入口 500m 左右。

(2) 竖井断面积对压力变化的影响

在（1）的基础上，将竖井的位置设置在距离隧道入口 500m 处时来研究竖井断面积的变化对降低隧道及列车上的压力变化的影响。

图 2.4.11 表明，改变竖井的断面积大小，也能降低隧道内的压力最大值。从图中可以看出，压力变化曲线也出现了两个压缩波的波峰值，这是由于从竖井出口处传回来的反射波在列车及出口、连接处之间来回往复的反射所形成的。

从图 2.4.11 中看出，竖井的断面积越大，其对处于竖井前面 200m 处的测点（距离隧道入口 300m）降压效果越明显，也就是竖井断面积越大，其泄压作用越明显。从图 2.4.12～图 2.4.14 这 3 个图中也可以看出，随着竖井断面积的不断增大，隧道内及列车上测点压力不断减小，说明竖井断面积大小对降低隧道内的压力有一定的效果。

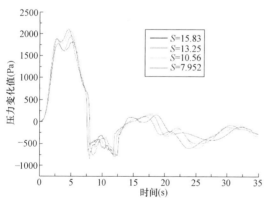

图 2.4.11　竖井断面积变化时距隧道入口 300m 处（距竖井前 200m）压力变化曲线

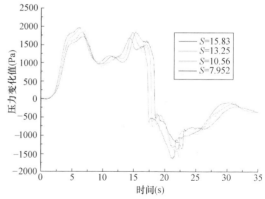

图 2.4.12　竖井断面积变化时距隧道入口 700m 处（距竖井后 200m）压力变化曲线

根据理论分析，隧道出口处的微气压波与隧道内的初始压缩波的压力梯度有关，而在隧道中设置竖井后，在竖井后面的隧道内的测点会出现第二个初始压缩波，因此也会在隧道出口产生第二次微气压波。通过表 2.4.4 的比较发现，当竖井断面积的大小为隧道断面积的 0.6 倍时，第二个初始压缩波的峰值大于第一个初始压缩波的压力峰值。而当竖井断面积为隧道断面积的 0.5 倍时，第二个波峰的峰值略小于第一个波峰的峰值。

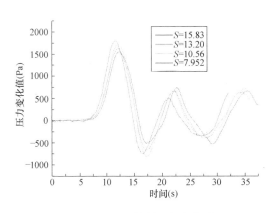

图 2.4.13 竖井断面积变化时
在屏蔽门处压力变化曲线

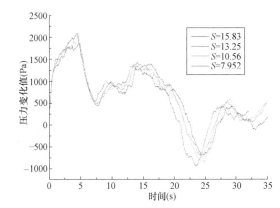

图 2.4.14 竖井断面积变化时
列车头部压力变化曲线

竖井断面积变化时两个压缩波的最大峰值比较　　　　表 2.4.4

竖井断面积	第一个初始压缩波峰值(Pa)	第二个压缩波峰值(Pa)
$S=15.83\text{m}^2$	1708	1844
$S=13.25\text{m}^2$	1836	1828
$S=10.56\text{m}^2$	1971	1841
$S=7.952\text{m}^2$	1969	1690

分析认为，当竖井的断面积略微比 $S=13.25\text{m}^2$ 大时，第一个压缩波与第二个压缩波的峰值基本上相等。

小结：

1) 随着竖井断面积的不断增大，隧道内及列车上的测点压力不断减小，说明竖井断面积的大小对降低隧道内的压力有一定的效果。

2) 建议竖井的断面积约为隧道断面积的 0.52 倍时，是比较合适的。

3. 小结

通过上面的分析比较，认为：

(1) 竖井的存在能够降低隧道内的压力及列车上的压力最大值。同时，改变竖井的断面积的大小也能有效降低隧道及列车上测点的压力最大值。

(2) 在本研究中，对于长度在 2500m 的隧道，建议第一个竖井的位置设置在距离隧道入口约 500m 左右的位置，并且竖井的断面积的大小约为隧道断面积的 0.52 倍比较适宜。

2.4.7 列车内瞬变压力的变化研究

在本章第 2 节的基础上，考虑在隧道长度为 2500m、竖井位置在距离隧道入口 500m 处，并且竖井的断面积是隧道断面积的 0.502 倍时，隧道内及列车上的压力变化情况（图 2.4.15～图 2.4.21，表 2.4.5、表 2.4.6），以此判断隧道及列车内旅客的舒适度问题。

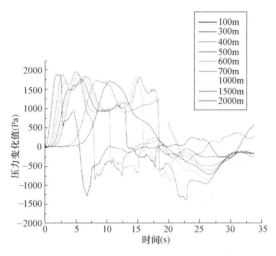

图 2.4.15　第一个竖井位置距隧道入口 500m，且其断面积为 13.25m² 时隧道内各个测点的压力变化曲线

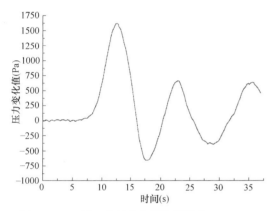

图 2.4.16　第一个竖井位置距隧道入口 500m，且其断面积为 13.25m² 时隧道内屏蔽门位置（隧道出口 50m）处的压力变化曲线

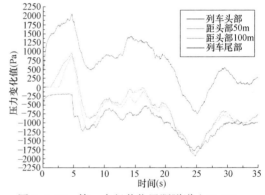

图 2.4.17　第一个竖井位置距隧道入口 500m，且其断面积为 13.25m² 时隧道列车上各个测点处的压力变化曲线

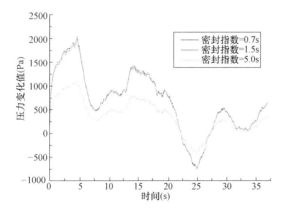

图 2.4.18　第一个竖井位置距隧道入口 500m，且其断面积为 13.25m² 时隧道列车头部内测点处的压力变化曲线

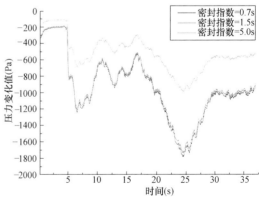

图 2.4.19　第一个竖井位置距隧道入口 500m，且其断面积为 13.25m² 时隧道列车尾部内测点处的压力变化曲线

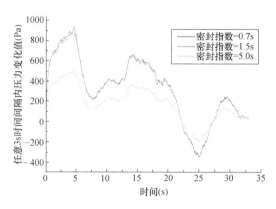

图 2.4.20 第一个竖井位置距隧道入口 500m，且其断面积为 13.25m² 时隧道列车头部任意 3s 时间间隔内测点处的压力变化曲线

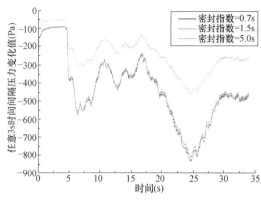

图 2.4.21 第一个竖井位置距隧道入口 500m，且其断面积为 13.25m² 时隧道列车尾部任意 3s 时间间隔内测点处的压力变化曲线

第一个竖井位置距隧道入口 500m，且其断面积为 13.25m² 时，隧道轨面以上净空断面积 $S=26.4 \text{ m}^2$ 时列车内的最大、最小压差值（Pa） 表 2.4.5

名称		密封指数＝0.7s	密封指数＝1.5s
列车头部	最大压力	2049（第一波峰值）	1954
	最小压力	482（第一波谷值）	475
	时间间隔(s)	2.98	2.98
	压差	1567	1479
	是否舒适	否 程度较轻	否 程度较轻
列车尾部	最大压力	－350	－366
	最小压力	－1242	－1207
	压差	892	841
	时间间隔(s)	3.2	3.2
	是否舒适	是	是

第一个竖井位置距隧道入口 500m，且其断面积为 13.25m² 时，隧道轨面以上净空断面积 $S=26.9 \text{ m}^2$ 时列车内的最大、最小压差值（Pa） 表 2.4.6

名称		密封指数＝0.7s	密封指数＝1.5s
列车头部	最大压力	1804（第一波峰值）	1785
	最小压力	475（第一波谷值）	557
	时间间隔(s)	2.98	2.98
	压差	1332	1228
	是否舒适	否 程度较轻	是

2.4.8 小结

通过上述的计算可知，在有竖井的情况下，隧道轨面以上的断面积为 26.9m² 时，能够缓解隧道内的压力变化对乘客造成的舒适度的影响。

本工况的计算结果表明：在车站屏蔽门关闭所形成的空腔中，屏蔽门所在位置处的最大压力值中的极大值应当在区间隧道进入车站入口端。本工况测点的最大正压值是 1750Pa、最大负压值是 2820Pa，最大的风速（沿着列车运行方向的活塞风）在整个车站范围内基本上相同，最大正值可到达 32m/s，最大负值可达到 −21m/s。

2.5 列车速度 160km/h 及 200km/h 会车时隧道最优断面研究

2.5.1 计算基本条件

对隧道内瞬变压力的数值计算利用流体分析软件 Fluent 6.3 进行三维模拟。空气介质按照黏性、可压缩理想气体计算，紊流方程采用 k-ε 模型，来求解三维 Navier-Stocks 方程。

计算中，考虑 A 型列车，最高速度为 160km/h。考虑动车组系列："春城号"电动车组；双层内燃动车组；"新曙光号"动车组；"蓝箭号"交流动车组；"神州号"双层动车组；"中原之星"动车组；"先锋号"电动车组；"中华之星"电动车组。该动车组系列的主要技术参数：最高运行速度 200km/h。计算的基本参数见表 2.5.1。

计算参数表　　　　表 2.5.1

列车类型	动车组系列
隧道长度	2500
列车速度(km/h)	140/200
隧道出入口远场压力(Pa)	101325
网格尺寸(m)	在隧道出口最小为 0.2m，在其他部位最小为 0.5m
隧道壁面粗糙度常数	0.5
隧道壁面粗糙度高度(m)	0.001
列车壁面粗糙度常数	0.3
列车壁面粗糙度高度(m)	0.0005
2 列列车启动位置	距离隧道入口各 50m 远
远场边界位置	沿着隧道方向 200m，左右各 100m

注：考虑到如果列车以 160km/h 或者其他高速会车时，都不会在车站会车，也有一列车进站而另一列车高速通过车站（这种情况下的屏蔽门与前面的单列车通过车站时的情况完全一样），因此，会车的情况只能是在隧道中的某一个位置，这里考虑在列车中部会车的情况。

2.5.2 列车速度 160km/h 时压缩波向列车内传播规律

根据列车的最大速度 160km/h，该动车组系列列车基本上属于密封空调列车，其密封性比普通列车较好，因此，这里可考虑两种状况的列车密封指数：1.5s、5.0s。

(1) 对于密封指数：1.5s，$p_i=0.931p_e$（稍加密封）；

(2) 对于密封指数：5.0s，$p_i=0.551p_e$（密封"稍好"）。

2.5.3 列车速度 160km/h 时隧道及列车内瞬变压力的变化规律

1. 列车内乘客舒适度

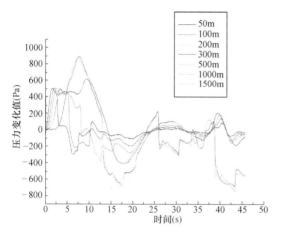

图 2.5.1 轨道接触面以上隧道有效净空断面积 $S=57.5m^2$ 时隧道内各个测点的压力变化曲线

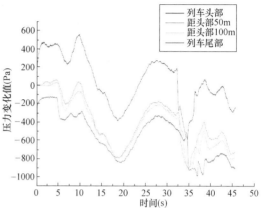

图 2.5.2 轨道接触面以上隧道有效净空断面积 $S=57.5m^2$ 时列车车体上测点的压力实时变化曲线

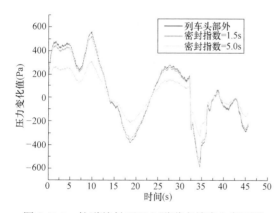

图 2.5.3 轨道接触面以上隧道有效净空断面积 $S=57.5m^2$ 时列车头部内的压力实时变化曲线

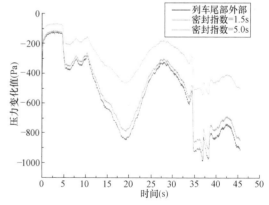

图 2.5.4 轨道接触面以上隧道有效净空断面积 $S=57.5m^2$ 时列车尾部内的压力实时变化曲线

轨道接触面以上隧道有效净空断面积 $S=57.5m^2$ 时
列车内任意 4s 时间间隔内的最大、最小压差值（Pa） 表 2.5.2

	名称	密封指数=1.5s	密封指数=5.0s
列车头部	最大压力	231	137
	最小压力	−548	−324
	压差	779	461
	时间间隔	4s	4s
	是否舒适	是	是

续表

名称		密封指数=1.5s	密封指数=5.0s
列车尾部	最大压力	−475	−281
	最小压力	−908	−538
	压差	433	257
	时间间隔	4s	4s
	是否舒适	是	是

轨道接触面以上隧道有效净空断面积 $S=50m^2$ 时
列车内任意 4s 时间间隔内的最大、最小压差值（Pa）　　表 2.5.3

名称		密封指数=1.5s	密封指数=5.0s
列车头部	最大压力	351.36	240.34
	最小压力	−692.96	−419.68
	压差	1044.32	660.02
	时间间隔	4s	4s
	是否舒适	是	是
列车尾部	最大压力	−579.5	−342.82
	最小压力	−1107.76	−656.36
	压差	528.26	313.54
	时间间隔	4s	4s
	是否舒适	是	是

轨道接触面以上隧道有效净空断面积 $S=46m^2$ 时列车内任意 4s 时间
间隔内的最大、最小压差值（Pa）　　表 2.5.4

名称		密封指数=1.5s	密封指数=5.0s
列车头部	最大压力	391.68	267.92
	最小压力	−772.48	−467.84
	压差	1164.16	735.76
	时间间隔	4s	4s
	是否舒适	是	是
列车尾部	最大压力	−646	−382.16
	最小压力	−1234.88	−731.68
	压差	588.88	349.52
	时间间隔	4s	4s
	是否舒适	是	是

轨道接触面以上隧道有效净空断面积 $S=44m^2$ 时
列车内任意 4s 时间间隔内的最大、最小压差值（Pa）　　表 2.5.5

名称		密封指数=1.5s	密封指数=5.0s
列车头部	最大压力	429.12	293.53
	最小压力	−846.32	−512.56
	压差	1275.44	806.09
	时间间隔	4s	4s
	是否舒适	否	是
列车尾部	最大压力	−707.75	−418.69
	最小压力	−1352.92	−801.62
	压差	645.17	382.93
	时间间隔	4s	4s
	是否舒适	是	是

轨道接触面以上隧道有效净空断面积 $S=38m^2$ 时列车内
任意 4s 时间间隔内的最大、最小压差值（Pa）　　表 2.5.6

名称		密封指数=1.5s	密封指数=5.0s
列车头部	最大压力	576	394
	最小压力	−1136	−688
	压差	1712	1082
	时间间隔	4s	4s
	是否舒适	否	是
列车尾部	最大压力	−950	−562
	最小压力	−1816	−1076
	压差	866	514
	时间间隔	4s	4s
	是否舒适	是	是

轨道接触面以上隧道有效净空断面积 $S=36m^2$ 时列车内
任意 4s 时间间隔内的最大、最小压差值（Pa）　　表 2.5.7

名称		密封指数=1.5s	密封指数=5.0s
列车头部	最大压力	720	492.5
	最小压力	−1420	−860
	压差	2140	1352.5
	时间间隔	4s	4s
	是否舒适	否	否
列车尾部	最大压力	−1187.5	−702.5
	最小压力	−2470	−1345
	压差	1282.5	642.5
	时间间隔	4s	4s
	是否舒适	否	是

2. 小结

通过对前面几种工况的计算表明,可以初步得到下列结论:

(1) 按照英国及欧洲其他主要几个国家对乘客舒适度的控制标准的度量,对于会车工况,采取 1250Pa/4s 的控制标准,列车的密封指数考虑了 1.5s、5.0s。

(2) 计算结果表明,如果动车组系列的密封性按照比较低的 1.5s 考虑时,则建议在速度为 160km/h 时,隧道轨道接触面以上的有效净空面积为 $45.2m^2$;如果动车组系列的密封性按照比较低的 5.0s 考虑时,则建议在速度为 160km/h 时,隧道轨道接触面以上的有效净空面积为 $37.4m^2$。

2.5.4 列车速度 200km/h 时压缩波向列车内传播规律

根据列车的最大速度 200km/h,该动车组系列列车基本上属于密封空调列车,其密封性比 A 型列车较好,因此,这里考虑两种状况的列车的密封指数:5.0s、7.0s。

(1) 对于密封指数:5.0s,$p_i = 0.551 p_e$;

(2) 对于密封指数:7.0s,$p_i = 0.436 p_e$。

2.5.5 列车速度 200km/h 时隧道及列车内瞬变压力的变化规律

1. 列车内乘客舒适度

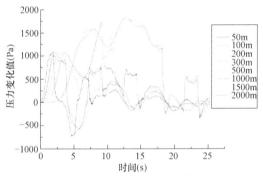

图 2.5.5 轨道接触面以上隧道有效净空断面积 $S=57.5m^2$ 时隧道内各个测点的压力变化曲线

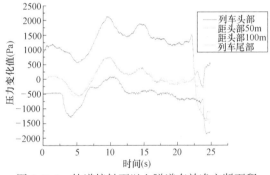

图 2.5.6 轨道接触面以上隧道有效净空断面积 $S=57.5m^2$ 时列车车体上测点的压力实时变化曲线

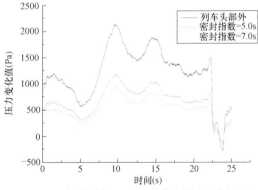

图 2.5.7 轨道接触面以上隧道有效净空断面积 $S=57.5m^2$ 时列车头部外的压力实时变化曲线

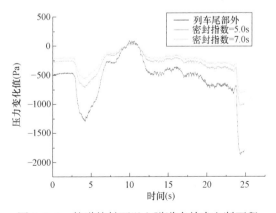

图 2.5.8 轨道接触面以上隧道有效净空断面积 $S=57.5m^2$ 时列车尾部外的压力实时变化曲线

轨道接触面以上隧道有效净空断面积 $S=57.5m^2$ 时列车内任意 4s 时间隔内的最大、最小压差值（Pa）

表 2.5.8

名称		密封指数=5.0s	密封指数=7.0s
列车头部	最大压力	831	657
	最小压力	−160	−126
	压差	991	783
	时间间隔	2.4s	2.4s
	是否舒适	是	是
列车尾部	最大压力	−248	−201
	最小压力	−1010	−800
	压差	762	600
	时间间隔	3.2s	3.2s
	是否舒适	是	是

轨道接触面以上隧道有效净空断面积 $S=54.2m^2$ 时列车内任意 4s 时间隔内的最大、最小压差值（Pa）

表 2.5.9

名称		密封指数=5.0s	密封指数=7.0s
列车头部	最大压力	925	729
	最小压力	−178	−140
	压差	1100	869
	时间间隔	2.4s	2.4s
	是否舒适	是	是
列车尾部	最大压力	−276	−223
	最小压力	−1121	−888
	压差	846	666
	时间间隔	3.2s	3.2s
	是否舒适	是	是

轨道接触面以上隧道有效净空断面积 $S=50.3m^2$ 时列车内任意 4s 时间隔内的最大、最小压差值（Pa）

表 2.5.10

名称		密封指数=5.0s	密封指数=7.0s
列车头部	最大压力	1022.13	808.11
	最小压力	−196.8	−154.98
	压差	1218.93	963.09
	时间间隔	2.4s	2.4s
	是否舒适	是(但个体可能出现不舒适感)	是
列车尾部	最大压力	−305.04	−247.23
	最小压力	−1242.3	−984
	压差	937.26	738
	时间间隔	3.2s	3.2s
	是否舒适	是	是

轨道接触面以上隧道有效净空断面积 $S=45.9\text{m}^2$ 时列车内任意 4s 时间间隔内的最大、最小压差值（Pa）

表 2.5.11

名称		密封指数=5.0s	密封指数=7.0s
列车头部	最大压力	1138.47	900.09
	最小压力	−219.2	−172.62
	压差	1357.67	1072.71
	时间间隔	2.4s	2.4s
	是否舒适	是	是
列车尾部	最大压力	−339.76	−275.37
	最小压力	−1383.7	−1096
	压差	1043.94	822
	时间间隔	3.2s	3.2s
	是否舒适	是	是

轨道接触面以上隧道有效净空断面积 $S=43.7\text{m}^2$ 时列车内任意 4s 时间间隔内的最大、最小压差值（Pa）

表 2.5.12

名称		密封指数=5.0s	密封指数=7.0s
列车头部	最大压力	1204.95	952.65
	最小压力	−232	−182.7
	压差	1436.95	1135.35
	时间间隔	2.4s	2.4s
	是否舒适	否	是
列车尾部	最大压力	−359.6	−291.45
	最小压力	−1464.5	−1160
	压差	1104.9	870
	时间间隔	3.2s	3.2s
	是否舒适	是	是

轨道接触面以上隧道有效净空断面积 $S=41.4\text{m}^2$ 时列车内任意 4s 时间间隔内的最大、最小压差值（Pa）

表 2.5.13

名称		密封指数=5.0s	密封指数=7.0s
列车头部	最大压力	1346.22	1064.34
	最小压力	−259.2	−204.12
	压差	1605.42	1268.46
	时间间隔	2.4s	2.4s
	是否舒适	否	否
列车尾部	最大压力	−401.76	−325.62
	最小压力	−1636.2	−1296
	压差	1234.44	972
	时间间隔	3.2s	3.2s
	是否舒适	是	是

2. 小结

（1）按照英国及欧洲其他主要几个国家对乘客舒适度的控制标准的度量，对于会车工况，采取1250Pa/4s的控制标准，列车的密封指数考虑了5.0s、7.0s。

（2）计算结果表明，如果动车组系列的密封性按照比较低的5.0s考虑时，则建议在速度为200km/h时，隧道轨道接触面以上的有效净空面积为45.9m^2；如果动车组系列的密封性按照比较低的7.0s考虑时，则建议在速度为200km/h时，隧道轨道接触面以上的有效净空面积为40m^2。

2.5.6 小结

通过对时速160km，采用A型地铁列车时，以及对时速200km，采用动车组列车的隧道空气动力学问题的研究，确定比较合理的隧道有效净空断面积（轨面以上）如下：

（1）按照英国及欧洲其他主要几个国家对乘客舒适度的控制标准的度量，对于会车工况，采取1250Pa/4s的控制标准。在对于A型列车且速度为160km/h时，列车的密封指数考虑了1.5s、5.0s；对于动车组且列车速度为200km/h时，列车的密封指数考虑了5.0s、7.0s。

（2）计算结果表明，如果A型车系列的密封性按照比较低的1.5s考虑时，则建议在速度为160km/h时，隧道轨道接触面以上的有效净空面积为45m^2；如果动车组系列的密封性按照比较低的5.0s考虑时，则建议在速度为160km/h时，隧道轨道接触面以上的有效净空面积为37m^2。

（3）如果动车组系列的密封性按照比较低的5.0s考虑时，则建议在速度为200km/h时，隧道轨道接触面以上的有效净空面积为45.9m^2；如果动车组系列的密封性按照比较低的7.0s考虑时，则建议在速度为200km/h时，隧道轨道接触面以上的有效净空面积为40m^2。

第 3 章
复杂工程环境浅埋大跨暗挖车站修建技术

莞惠城际铁路共 10 座地下车站，分别为西平西、东城南、寮步、松山湖北、大朗镇、常平南、龙丰、西湖东、云山、小金口站，全长 2076.5m，地下车站均位于东莞市及惠州市繁华市区，周围建筑、市政道路及地下管线密集，且车站规模远大于一般地铁车站，暗挖车站具有跨度大、埋深浅、地质条件复杂、地下管线众多及盾构空推过站等特点。本章针对这一问题，对复杂工程环境城际铁路浅埋大跨度暗挖车站修建技术进行阐述。

3.1 浅埋大跨暗挖车站修建技术现状

3.1.1 研究意义及研究现状

1. 研究意义

随着地下空间的开发，城市轨道交通隧道越来越多，城市地下可利用空间也将越来越少，在城市轨道交通修建过程中必将面临新建隧道与既有隧道越来越多的近接。其近接的形式也各种各样，有隧道的平行相邻，也有竖向的交叉、重叠近接等，甚至是复杂多洞室小间距隧道在空间上的近接。隧道开挖会对其周围围岩产生扰动，形成应力的多次重分布。因此与单洞隧道开挖不同，近接小间距隧道后开挖隧道施工对先开挖隧道地层变形会形成叠加效应，先开挖隧道对后开挖隧道施工的应力重分布也会产生影响，恶化围岩的受力，严重时导致洞身破坏，使得设计与施工难度加大。

浅埋暗挖法是在距离地表较近的地下进行各种类型地下洞室暗挖施工的一种方法。在城镇软弱围岩地层中，在浅埋条件下修建地下工程，以改造地质条件为前提，以控制地表沉降为重点，以格栅（或其他钢结构）和喷锚作为初期支护手段，按照十八字原则进行施工，称之为浅埋暗挖法。

城市浅埋地下工程的特点主要有：埋深较浅，地质及环境复杂，围岩自稳能力差、地层变形快等；采用多部开挖，群洞效应作用明显，合理的开挖方法和开挖工序对减少和避免群洞效应、减少地面沉降等变形及保证施工安全具有十分重要的意义。大跨浅埋暗挖结构，由于开挖断面大，其稳定性更差，通常需要分部开挖施工。

本章针对暗挖车站跨度大、埋深浅、地质条件复杂、地下管线众多及盾构空推过站等特点，进行暗挖车站断面形式、支护参数、施工工法及动态施工力学行为研究；对重叠洞室开挖引起的群洞效应进行分析，对群洞施工方案进行优化研究。通过以上研究分析，提出合理的结构断面形式、支护参数及对周边环境影响最小的施工方案，进而为城际铁路浅埋大跨度暗挖车站的设计与施工提供借鉴。

2. 研究现状

在相邻隧道施工时，当隧道间距减小到一定范围时，隧道的施工会对邻近隧道产生影响，已建隧道也会影响着施工隧道的围岩变化，从而给设计和施工增加难度，相邻隧道在施工过程中如何保证围岩的稳定性，国内外已经对小间距隧道施工的交互影响做了大量的研究。日本对近接隧道施工交互影响的研究较早，其铁路系统、电力系统和公路系统都制定了相关施工规范，另外大量的专著和文献结合工程实例也进行了研究论述，并编写了《既有铁路隧道近接施工指南》。

近接隧道的近接度一般以其隧道间的最小距离进行划分。但这种划分缺乏理论基础，主要靠经验进行划分，并且没有统一的划分指标表达式；日本铁路系统的《既有铁路隧道近接施工指南》和电力系统的《近接施工指南》分别对近接隧道近接度进行了划分，但这两种划分标准有一定的差异性，存在分歧；公路系统发布的《公路隧道近接施工指南》对近接隧道近接度的划分有所改进，建立了统一分区，但没有考虑隧道不同空间位置的影响，并且以隧道宽度的平均值作为隧道尺寸的代表值，这也是不合理的。我国学者仇文革的博士论文对矿山法施工的双孔近接隧道施工影响分区和近接度等进行了较系统的研究，他认为近接隧道施工影响区的划分主要受围岩力学特征、隧道结构及尺寸、隧道的空间位置关系以及地质条件等因素的影响。并且将近接隧道施工影响范围划分为三种：强影响区、弱影响区和无影响区。指出对于两平行近距离隧道：当双洞间距 $B=1.0D$ 时，近接区为强影响区；当双洞间距 $B=1.5\sim3.0D$ 时，近接区为弱影响区；当双洞间距 $B>3.0D$ 时，近接区为无影响区，如图 3.1.1 所示。

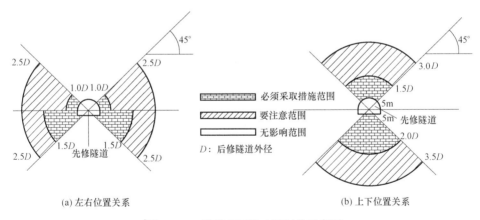

(a) 左右位置关系　　　　　　　　　　　(b) 上下位置关系

图 3.1.1　隧道相互影响区划分示意图

马建宏分析了隧道开挖后围岩变形的开挖面支撑效应和空间效应，根据开挖空间效应特性曲线，将围岩变形过程划分为空间效应显著作用区和空间效应作用区。

丁春林等采用弹塑性有限元法分析了地应力释放对盾构隧道围岩强度和变形以及地表沉降变形的影响。随着地应力释放值增加，隧道开挖面洞周的拱顶、拱底、拱腰变形增大，围岩塑性区明显扩大，由稳定状态向不稳定状态转化。

王小敏等对传统有限元开挖释放荷载的计算方法进行了讨论与分析，并基于体系平衡的有限元，提出开挖作用的直接分析法、间接分析法的概念及开挖不平衡力的计算方法。

李煜舲等采用收敛侧限法理论，基于二维平面应变及隧道纵剖面变形曲线，在考量三维隧道开挖前进效应条件下，配合中国台湾东部北回线铁路单轨隧道群现场监测资料，模拟分析了隧道开挖所引致岩体应力、位移变化和支撑结构相互力学行为。经由外显示分析法计算分析，预估了中国台湾北回线铁路单轨隧道群沿线通过岩体的弹性模量，以及纵剖面变形曲线的分布趋势和隧道相关收敛位移值，还初步了解了岩体弹性模量与埋深的相关性，预估了结构支撑压力值与岩体应力分布。

对于重叠隧道的施工顺序问题，有两种选择：工况 1——先修上层隧道；工况 2——先修下层隧道。针对该问题的研究，不同的学者提出了不同的看法。深圳地铁一期工程中罗湖—大剧院区间出现的双洞重叠段隧道，针对该段隧道的施工顺序问题，部分文献中认为应该先修建上层隧道后修建下层隧道（工况 1）；也有文献的观点正好相反，即认为工况 2 是有利的。

林刚采用 ANSYS 有限元软件对深圳地铁 3 号线老街—东门东路区间地铁重叠隧道段建立数值模型，在地表无任何建筑物和地表有房屋这两种工程条件下，分别采用"先上后下"和"先下后上"的施工顺序，对围岩受力进行对比分析。最后得出，在地表无建筑物工程条件时，采用先上洞后下洞施工顺序的，地层应力、地层位移、地表沉降、地层塑性区和结构内力值在施工全过程中的最大值都将小于采用先下洞后上洞施工顺序的相应值；在地表有房屋基础工程条件（可以认为在地表有一相当的集中荷载）时，采用先上洞后下洞施工顺序的，地层应力、地层位移、地表沉降、地层塑性区和结构内力值在施工全过程中各阶段的最大值都将大于采用先下洞后上洞施工顺序的相应值。

吕奇峰等通过对深圳地铁 5 号线太怡区间重叠隧道段的数值模拟分析，采用"先上后下"和"先下后上"这两种不同的施工顺序，通过对比两种工况的塑性区分布和衬砌内力的变化，得出"先下后上"施工顺序有利的结论。

陈先国、高波运用 ANSYS 对深圳地铁 1 期工程中的三种典型的重叠断面建立数值模型，进行地表沉降和拱顶下沉分析。研究显示重叠隧道和单孔隧道、平行双孔隧道的解都不一样，在隧道开挖过程中如何保证对隧道间岩土体的稳定性是重叠隧道施工的难点。

苏会锋等采用数值仿真的方法，对北京地铁 6 号线朝阳门站导洞暗挖施工的群洞效应及其对周围环境的影响进行了模拟分析。根据拟定的施工方案，从地表竖向变形、管线竖向变形、地层沉降竖向分布等方面，分析了先施工上导洞方案与先施工下导洞方案的优劣。研究结果表明采用先施工上导洞方案更为合理。

3.1.2 类似工程概况

近年来，国内外已建成部分类似浅埋暗挖大跨度隧道的设计施工实例，对其进行调研统计，结果见表 3.1.1。

国内外部分浅埋暗挖隧道工程统计表　　　　　　表 3.1.1

	工程简介	施工方法
日本真米公路隧道	穿过地层为新生代第四纪洪积世关庐姆(loam)层、大矢部砂砾和粉土质砂。覆土厚 10～15m，开挖断面积达 120m²，宽 13.6m，高 10.5m(1984)	日本首次应用 CRD 中壁法修建成功的隧道
机场隧道	第八工区：覆盖层厚 0～10m，掘进断面达 120～140m²，宽、高分别为 14.3m、11.82m。上部地层主要是细砂、中砂及凝灰质黏土	明挖法、矿山法、双侧壁导坑式新奥法

续表

工程简介		施工方法
慕尼黑地铁	最大开挖断面为176m²,主要为含承压水的砂层、粉土质层、黏土质和泥灰质地层(1977—1981)	CRD法及双侧壁导洞—拱部—核心土开挖法
德国赫斯拉奇2号公路隧道	开挖断面宽15.75m,高12.05m,覆土厚12~25m,为晚三叠纪石膏、软粉砂、断层带,地下水丰富	上台阶两侧导洞—核心顶部—核心下部—下台阶及仰拱一次开挖法
日本世子隧道	开挖断面为140m²(最大为170m²)(1955—1958)	双侧壁导洞法
日本帷子河隧道	开挖断面为20.6m×12.6m(1992)	管棚预加固的双侧壁导坑
京广线鹰山1号隧道	开挖断面为19.36m×13.2m(1994)	锚喷网—格栅预加固后正台阶弧形导坑留核心土、下台阶马口开挖法
北京长安街过街通道	开挖断面为11.5m×5.20m	采用短台阶、快封闭式CRD法施工
北京复兴门折返线	开挖断面为14.5m×7.9m(1987)	是国内用浅埋暗挖法施工地铁的首例
山东某市地下廊道	开挖断面为24m×4.5m	超前锚杆和管棚支护下小断面开挖及分段开挖
北京地铁10号线安定路站—北土城东站区间	区间穿越安定路,安定路车流量比较大,并且路下管线密布,隧道穿越的上层为粉质黏土④层和粉土⑥$_2$层,隧道埋深大约9m,跨度为11m的双连拱结构	矿山法施工
北京地铁5号线和平西桥站—北土城东路站区	站区间位于朝阳区樱花园西街下方,为双线,双线间距为14.8~18.8m,洞顶埋深10.5m;洞身穿越粉土层、粉细砂层,地下水丰富;单洞最大开挖尺寸为14m×9.4m	采用浅埋暗挖法施工,地表设大口井降水,复合式衬砌结构,初期支护与二次衬砌间设全包防水层
北京地铁5号线东单站	下穿交通繁忙的建国门内大街,上跨1号线王(府井)—东(单)区间,车站总长204.4m,车站两端为明挖框架结构,车站中部为单拱两柱三跨暗挖隧道结构,单层站台层,暗挖段长度为63.8m,开挖宽度为23.9m,最小覆土厚度为5.5m	浅埋暗挖法
天津地铁某车站1号风机房	位于城市8车道交通线的下面,该风机房为矩形大跨结构,开挖宽度14.74m,开挖高度6.4m,最小埋深为1.8~2.0m,分5跨10部	浅埋暗挖法
重庆轻轨较场口车站	该工程位于重庆市最繁华的商业闹市区,设计开挖高度10.10m,开挖跨度11.8m,开挖断面积108.30m²,隧道拱顶埋深2.8~4.7m,属超浅埋隧道;洞顶覆盖层从上到下分别为松散杂填土约4.30m,砂黏土约0.30m,下伏基岩为弱~中风化砂岩	浅埋暗挖法
杭州某暗挖隧道	暗挖隧道段影响范围内共有挂牌古树6株,且有一株700年香樟树,属杭州市重点保护文物;双洞隧道开挖宽度最大26.4m,覆土厚度为2.6~5m	浅埋暗挖法

近年来,国内外已建成部分类似重叠隧道的设计施工实例,对其进行调研统计,结果见表3.1.2。

国内外部分近接隧道工程统计表　　　　表 3.1.2

隧道名称	最小净距(m)	围岩级别	施工方法
日本京都某地铁	0.6		盾构法
英吉利海峡三孔隧道	8.8	Ⅱ～Ⅳ	盾构法
上海轨道交通 9 号线	3.6	Ⅴ	盾构法
上海外滩观光隧道	1.57		盾构法
明珠二期穿越地铁 2 号线	1.4	Ⅴ	盾构法
北京地铁 10 号线三元桥站—亮马河站	1.65		盾构法
深圳地铁罗湖—大剧院的交错重叠隧道	1.9	Ⅴ	盾构法
南京地铁南延右线隧道	2.5		钻爆法
三孔盾构隧道穿越沪-杭铁路干线	3.8	Ⅴ	盾构法
宁波招宝山隧道	2.8～4.2	Ⅲ～Ⅳ	钻爆法
渝怀铁路板桃隧道	6	Ⅴ	钻爆法
上海地铁 2 号线人民公园站—河南中路站区间隧道	1	Ⅴ	盾构法
南京地铁玄武门站至许府巷站区间隧道	1～1.7		盾构法
都汝高速董家山隧道	3.8	Ⅱ～Ⅳ	钻爆法
京福高速金旗山隧道	5.1	Ⅲ～Ⅳ	钻爆法
泉州市丰泽街隧道	6.4	Ⅳ	钻爆法
厦门市仙岳山隧道	19	Ⅱ	钻爆法
深圳地铁 3 号线	1.6	Ⅴ	盾构法

以上隧道的成功建设标志着大断面、大跨度隧道和近接隧道的建造技术日益完善、日渐成熟。在修建隧道和地下工程的实践中，人们已经普遍认识到，隧道及地下工程的核心问题是开挖和支护两个关键工序，即应该如何开挖，才能更有利于围岩的稳定性和便于支护；若需要支护时，又如何支护才能更有效地保证坑道稳定和便于开挖。这是隧道及地下工程设计与施工中两个相互促进又相互制约的问题。世界发达国家已有的隧道和地下工程施工技术，大部分已在我国开发利用，并在工程实践中结合中国的国情得到不断的改进和发展。

综观当今国内外浅埋暗挖大跨隧道和近接隧道的施工方法，尽管浅埋暗挖隧道和近接隧道的开挖方法多种多样，但对于软弱岩土层均需经过适当的地层预加固处理，并采用双侧壁导洞法、CRD 或 CRD 工法、台阶法、弧形导洞超前法或其中的组合方法开挖。其出发点是尽可能地借助于辅助施工方法改良土体，将大断面化大为小，并尽快地沿开挖轮廓形成封闭或半封闭的承载结构，再开挖核心部和仰拱。在修建浅埋暗挖大跨度隧道时，由于其稳定性差，因而必须借助于辅助的预加固措施才能顺利施工。

3.1.3 影响浅埋暗挖隧道工程地面沉降的主要因素

地下洞室施工开挖过程中，由于围岩可能被扰动、破坏、失稳变形以及地下水流失，从而导致洞室地面变形。事实上引起地层沉降变形的原因较多，也很复杂，且实际工程中具体考虑的主要因素也各不相同。在总结前人研究成果的基础上，可以认为影响浅埋暗挖隧道施工中产生地层沉降的主要因素有以下几点：

1. 地层土体特征

隧道开挖后上覆土层形成自然拱的最小土层厚度与土体本身力学特征密切相关。隧道开挖后能否形成自然拱不仅对隧道支护结构影响大，对地层和地表的变形沉降影响也大。能形成自然拱对地表沉降量的影响就小一些，反之大一些。同时土体特征也会随条件的改变而改变，特征改变后对地表沉降量的影响也随之改变。属于浅埋或超浅埋的隧道多处于第四纪松软地层中，所以必须了解各层的类型、厚度、黏性土或砂性土、塑性状或流塑状、灵敏性等土层的物理力学性质，这些也是确定辅助工法的基础。

2. 地下水

地下工程位于水位线以下的居多，隧道开挖排水后，易造成地下水位因压力差的存在不断渗出，形成多条渗水通道，使地层持续失水，土层空隙及节理裂隙固结收缩，引起地层地表出现超前、超大范围的变形及沉降。地下水的长期作用会使围岩强度降低，引起地层不稳，加大围岩压力，从而增加支护结构的内力。地下水对地面沉降和施工方法影响很大，无水条件下施工时相对容易控制。

3. 地层应力释放

由地层的收敛约束特征可知，随着地层产生变位位移，其上覆地层施加到隧道结构上的荷载将减小。最佳支护概念就是在允许地层产生稳定位移的条件下，使支护结构所受的力最大。对地下工程，尤其是浅埋暗挖隧道，为保证地表的变形得到控制，原则上不允许地表出现超越规定值的下沉，为此采取了地层预加固和及时支护、快速封闭成环等技术措施。对多孔介质土且具潜在塌滑面的地层，随地表下沉及地层应力的释放，塌滑区增多或增大，沉降槽宽度及下沉量均较大。与此同时，由于垂直应力释放，使拱顶下沉变形亦渐增加，但较之地表下沉要小，控制地层应力释放度可以减少下沉波及的范围。

4. 隧道相互作用的叠加

国内外实践表明，对于衬砌隧道，当两隧道的中心线距为 $5D$（D 为隧道宽度）时，可不考虑相互作用。但中心线距小于 $3D$ 时，则必须考虑其相互作用。显然，若两平行隧道间距小，则两隧道同时开挖对地层的扰动要大于单一隧道的开挖，其结果会造成地层的突然松弛，出现大的和持续不断的变形。对地表沉降而言，两隧道的相互作用会使地表沉降有叠加作用。

5. 隧道施工工法

（1）施工方法

采用浅埋暗挖法施工时，常见的典型施工方法包括正台阶法、全断面法、单侧壁导坑超前正台阶法、双侧壁导坑正台阶法、中隔墙法等，施工时根据不同的地层条件选择合适的施工方法。在这些施工方法中，台阶法是对地表下沉影响最为严重的一种施工方法（较 CRD 法引起的地表沉降量增加一倍）。但台阶法操作简单，造价低，只要措施得当，一般可满足地表沉降的要求。国内外对区间单线隧道采用台阶法的较多，台阶法也多种多样，需根据不同的断面形式及地层条件谨慎选取。对于多层或大跨隧道，一般采用 CRD 法结合台阶法施工。

（2）开挖进尺

开挖进尺的大小实质是工作面无支护空间的大小，其值不仅决定着地表下沉及拱顶沉降，而且也影响开挖面的稳定性，二者相互作用并以工作面的稳定为基础。对软土隧道，工作面难以自稳，因而必须支撑。研究和施工实践表明，开挖时工作面需支撑的压力并不大，仅 10MPa 就足以使工作面短期内自稳，使开挖顺利进行，且这个稳定开挖工作面的支撑力与上覆土层的厚度以及土体的密度几乎没有关系，仅与隧道的直径成线形关系。法国的研究表明，如果工作面无支护距离小于 0.2D（D 为隧道宽度），对稳定工作开挖的支撑力无特别要求；但若超过此值，则无支护空间要求的稳定工作面开挖的支撑力就要变大，否则工作面就会变大。对软弱地层、浅埋暗挖法施工的地下工程，开挖进尺的控制十分重要，应通过分析研究，有目的地控制。

6. 衬砌的影响

复合式衬砌在设计上考虑荷载分配时，由初期支护完全承受荷载。初期支护的刚度对地层的变形有较大的影响。刚度大，则抵抗变形的能力强。同时初期支护必须保证一定的柔性，允许一定量的变形。初期支护中刚度和相应的支护施作时间与地层变形的关系十分密切，可通过地层变形的监测数据来及时进行调整。二次衬砌虽然不承受荷载，但实际施工经验及有关监测资料均表明，初期支护后地表达到稳定时间较长，在二衬完成后，隧道地层、地表即趋于完全稳定，因此二次衬砌完成后，隧道地层地表即趋于稳定。

7. 结构类型和埋深的影响

结构拱顶上部覆盖的土层厚度与隧道结构跨度之比，称为覆跨比，这个比值对地面沉降的影响很大，国内外的研究成果表明，若覆跨比大于 1~2，其施工难度不大，而且比较容易控制沉降比；若覆跨比小于 1，则需要投入的辅助工法的费用大幅度增加。该项影响因素非常重要，要认真研究对待。此外，隧道的结构类型对地面沉降也有影响，通常圆形隧道在受力上是比较合理的，对于控制地面沉降也是有利的。因此对于地质条件较差的情况，除了设置顶拱外，还应设置仰拱。

由此可见，地面沉降的分析是十分复杂的，首先必须通过现场实测积累判断依据，然后经过对实测数据的分析，得到经验或理论的结果。

3.1.4 控制浅埋暗挖隧道工程地面沉降的主要方法

隧道开挖后必然造成应力集中，并且在尚未得到有效支护前周围土体将向开挖空间移动，应力集中造成地层的压缩变形进而增大地表下沉。因此，控制地层变形及地表下沉的基本原理就是增加土体的刚度，有效减少水土的流失，同时增大支护刚度并减少暴露的时间。增加土体完整性、减小流水流沙以及选择合理的施工方案可以有效地控制地层变形和地表下沉，以避免对建（构）筑物造成危害。我国在施工实践中总结了一套浅埋暗挖法的工艺技术要求：管超前，严注浆，短开挖，强支护，快封闭，勤量测。这"十八字"充分体现了浅埋暗挖隧道施工的精髓，可以结合不同地质的实际情况进行灵活应用，具体可以从以下几个方面着手：

（1）改善土体特性。通过对隧道开挖周边外土体进行局部加固处理，一方面可以促进隧道开挖后自然拱的形成，另一方面可以改进土体的特征，促进其往好的方面转化。改善土体特性通常通过采用小导管注浆措施实现，合理地选择小导管及注浆参数，可以实现保证加固地层和堵水的双重效果。这种方法是实际工程中最常采用的一种方法。

（2）适度排放地下水。地下水的排放无疑会使上覆地层尤其是隧道工作面附近地层的强度增加、刚度变大。但对于砂层、砾砂等特殊地层,过度抽排地下水,会使上覆多孔介质土层超固结,从而引起地表大范围沉降。因此,在保证工作面稳定的正常开挖的条件下,应尽量减小地下水的抽排。

(3) 采用合理的施工方法。保持开挖面稳定,减少对地层的扰动,这对于控制地面沉降是极其重要的,为了稳定开挖面,新奥法施工已发展了多种开挖方法,常用的有分布开挖法、压缩空气法、机械预切槽法等;此外选择合理的施工步骤也是十分关键的,不同的开挖顺序对于地面沉降造成的影响往往相差距大。全面理解"短开挖、强支护和快封闭"的精神实质,并力求在施工中落到实处。作为城市地下工程浅埋暗挖法关键技术的"短开挖"从广义上是指减小对隧道周围土层的影响范围,包括必要时留设核心土。这在开挖面稳定性较差时应引起足够的重视。"强支护"是指要加强抵抗隧道周围土体的变形能力,包括初期支护和二次衬砌的刚度以及二者之间的时空关系,而且是否形成封闭结构也具有重要影响。"快封闭"不仅是指全断面的及早封闭,还包括分部开挖过程中的及早封闭,必要时可施作临时仰拱。

(4) 为减小两平行隧道施工过程中的相互影响,应在隧道二次衬砌施作完成后开挖另一隧道,左右线开挖的间距应控制在 50m 左右。

(5) 增大支护刚度并及时施作二次衬砌,使地层变形尽快趋于稳定。

(6) 减小开挖进尺,上下台阶平行作业,并施行工作面前方的预加固。

(7) 尽量避免对地层反复扰动。

3.2 依托工程概况

3.2.1 工程简介

东莞东城南站是东莞至惠州城际铁路第三座地下车站(图 3.2.1),位于东莞市莞长路(G107 国道)和长泰路丁字交汇处,车站总长 266m,为地下岛式车站。

图 3.2.1 东城南站车站平面布置图

车站斜跨莞长路,主体大部分位于莞长路和长泰路(G107 国道)交汇处的交通环岛内,其余部分位于东城第八小学校内,车站呈西南-东北向布置。车站斜跨莞长路部分与东莞 R1 线近似呈 45°角斜交,车站预留与东莞 R1 线车站接驳条件。由于现场条件的限制,车站主体结构分为四大部分分别施作,其中位于莞长路和长泰路(G107 国道)交汇处交通环岛部分和位于东城第八小学校内部分为地下三层双柱三跨现浇钢筋混凝土矩形框架结构,采用明挖法施工;中间横跨长泰路部分在地下三层为暗挖三连拱隧道,在地下一层为两暗挖单洞隧道连接两端明挖结构站厅层,采用矿山法施工,暗挖站厅层连接通道与暗挖车站净距为 6.00m;车站大里程端斜跨莞长路部分在地下三层为暗挖三连拱隧道,采用矿山法施工;车站两端均与盾构区间相接。

由于地面施工场地不满足盾构机从大里程端明挖基坑内调出及小里程端明挖基坑二次始发的要求,故采用盾构机整体通过东莞东城南车站明挖段及暗挖段主体方案,盾构空推过车站示意图如图 3.2.2 所示。

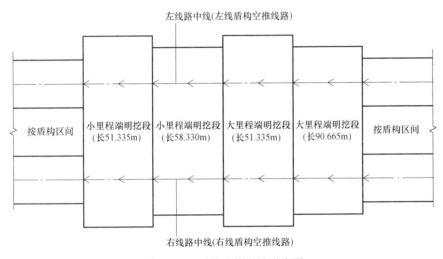

图 3.2.2 盾构空推过站示意图

站址范围地形略有起伏,地势呈西南高、东北低,地面高程 29.32~32.99m,暗挖车站拱顶覆土深度约为 20m。站址周边分布建筑较密集,主要有位于车站暗挖段大里程端头上方的德生通用电器制造有限公司、位于小里程端的东城第八小学和位于北侧的东华高级中学,站址周边路面交通繁忙,场地周边存在密集的地下管线,地下管线管道的走向与道路平行,个别斜交;重要管线为一条 $\phi=1.6m$、埋深 1.80m 混凝土给水管及一条 $\phi=1.2m$、埋深 1.80m 混凝土给水管。

车站采用岛式站台,有效站台中心处里程 GDK18+148.266,车站起点里程 GDK18+031.266,终点里程 GDK18+297.266,全长 266m,其中车站小里程端明挖段长 50.335m,小里程端暗挖段长 58.330m,车站大里程端明挖段长 66.67.000m,大里程端暗挖段长 90.665m。

暗挖车站及站厅层连接通道位置关系如图 3.2.3 所示。

3.2.2 地形地貌及气象特征

1. 地形地貌

拟建东城南站位于东莞市区,所在地区为剥蚀残丘地貌,地形略有起伏,地面高程

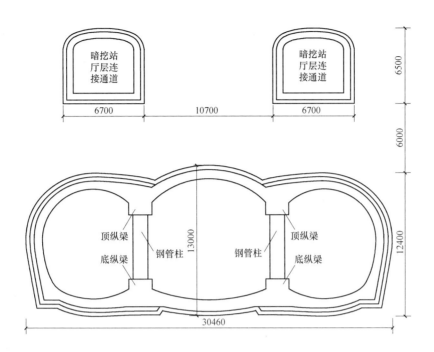

图 3.2.3 暗挖车站及站厅层连接通道断面关系图（单位：mm）

29.32～32.99m，相对高差 3.67m。东城南站位于四环路与莞长路交汇处，北侧为东华高级中学，西侧为东城第八小学和中科院应化所拓扑研究中心，东侧为德生通用电器制造有限公司。

2. 气象特征

本区属热带季风海洋性气候，冬季无严寒，夏季湿热多雨，雷暴较多，主要集中在雨季的 4～9 月份，主要灾害性天气为台风及暴雨，具体见表 3.2.1。

主要气象要素表　　　　表 3.2.1

项目	东莞气象站 1952 年	项目	东莞气象站 1952 年
历年极端最高气温(℃)	38.2	历年平均降水量(mm)	1788.6
历年极端最低气温(℃)	−0.5	历年平均蒸发量(mm)	1731.0
历年平均气温(℃)	22.0	历年最大积雪深度(cm)	未出现
历年最冷月平均气温(℃)	14.0	累年平均风速(m/s)	1.9
历年最热月平均气温(℃)	28.4	累年最大风速(m/s)及风向	26
历年平均相对湿度(%)	79		

3.2.3 地层岩性及地质构造

1. 地层岩性

拟建车站场地地层从上到下依次为：

（1）第四系全新统人工堆积层（Q_4^{ml}）

按照填土填料成分不同分为①$_1$ 素填土、①$_2$ 杂填土 2 个亚层；在本场地内仅揭露有①$_1$ 素填土层。

①₁ 素填土：主要为褐黄色、红褐色，主要由黏性土、砂粒等组成，局部含少量砖块。厚 1.30～4.50m，层底高程 25.92～30.63m。

（2）第四系全新统冲积层（Q_4^{al}）

③₂ 淤泥质粉质黏土：灰褐色，流塑，混少量粉细砂，具高压缩性，厚 2.45～4.00m，该层仅 BD1Z-1630、BD1Z-1644 孔有揭露。层顶高程 26.25～27.44m，层底高程 23.44～23.80m。

（3）残积层（Q^{el}）

④₁ 粉质黏土：以褐黄色、褐红色为主，夹灰白色，硬塑，由下伏基岩风化残积而成。具中压缩性，厚 2.50～7.50m，层顶高程 25.92～30.63m，层底高程 20.62～26.69m。

（4）震旦系混合片麻岩（P_{z1}）

按风化程度可分为⑨₁ 全风化混合片麻岩、⑨₂ 强风化混合片麻岩和⑨₃ 弱风化混合片麻岩 3 个亚层，分述如下：

⑨₁ 全风化混合片麻岩：岩石强烈风化，岩芯呈坚硬土状，局部夹风化岩块，矿物成分显著风化。揭露厚度 0.90～18.80m，层顶高程 20.62～28.01m，层底高程 6.52～25.79m。

⑨₂ 强风化混合片麻岩：岩石裂隙较发育，岩体呈碎块状、块状，局部短柱状，揭露厚度 0.40～5.25m，层顶高程 7.44～25.79m，层底高程 5.06～24.79m。

⑨₃ 弱风化混合片麻岩：岩质坚硬，岩体呈块状及短柱状，揭露厚度 3.70～24.80m，层顶高程 5.06～24.79m，揭露顶埋深 8.20～27.00m。

2. 地质构造

拟建车站场地地质构造主要表现为上覆为第四系地层，其下为混合片麻岩，混合片麻岩在风化作用下形成残积层。工程勘测期间未发现影响本工程的不良地质构造现象。

3.2.4 水文地质条件

1. 地表水

本场地内无地表河流、鱼塘、沟渠等地表水体。

2. 地下水

场地内的地下水主要为第四系地层的孔隙水和基岩裂隙水：第四系孔隙水由大气降水补给，通过蒸发排泄，水位随季节及气候变化较大。

基岩裂隙水主要贮存于强风化及弱风化岩裂隙内，具有一定的承压性，主要由第四系孔隙水入渗补给，随季节及气候变化不大。

3. 地下水的腐蚀性

经钻孔取水样试验，根据《混凝土结构耐久性设计标准》GB/T 50476 表 7.2.1 判定：地下水无化学腐蚀性。

4. 地层富水性及渗透系数

综合分析野外抽水试验、室内渗透试验，参考本工程勘察资料，结合地区经验确定渗透系数 K 值如下：

主要成分以黏性土和砂粒为主的①₁ 素填土具弱透水性，建议取渗透系数 $K = 0.1～0.4$ m/d。

冲积③₂ 淤泥质粉质黏土呈饱和状态，具微透水性，属相对隔水层，建议取渗透系数

$K=0.001\mathrm{m/d}$。

残积④$_1$粉质黏土呈饱和状态,具弱透水性,建议取渗透系数 $K=0.1\sim0.5\mathrm{m/d}$。

⑨$_1$全风化混合片麻岩具弱~中等透水性,渗透性从上向下逐渐增大,建议取渗透系数 $K=0.2\sim1.2\mathrm{m/d}$。

⑨$_2$强风化混合片麻岩具弱~中等透水性,建议取渗透系数 $K=0.2\sim2.0\mathrm{m/d}$。

⑨$_3$弱风化混合片麻岩具弱~中等透水性,渗透性随节理裂隙发育程度改变,建议取渗透系数 $K=0.2\sim1.0\mathrm{m/d}$。

3.2.5 土石可挖性分级

根据现行国家标准《城市轨道交通岩土工程勘察规范》GB 50307—2012,本车站土、石可挖性分级如下:

(1) Ⅰ级:松土

本场地无土石可挖性等级为Ⅰ级的岩土。

(2) Ⅱ级:普通土

包括冲积成因的③$_2$淤泥质粉质黏土、残积成因的④$_1$粉质黏土,即开挖时,部分用镐刨松,再用锹挖,以脚蹬锹须连蹬数次才能挖动的,机械须部分刨松方能直接铲挖满载,或可直接铲挖,但不能满载。

(3) Ⅲ级:硬土

主要为风化成土状的⑨$_1$全风化混合片麻岩,即开挖时,必须用镐整个刨过,才能用锹挖,机械须普遍刨松或部分爆碎方能铲挖满载。

(4) Ⅳ级:软石

包括⑨$_2$强风化混合片麻岩,即开挖时,用撬棍或十字镐及大锤开挖,部分用爆破法开挖。

(5) Ⅴ级:次坚石

包括⑨$_3$弱风化混合片麻岩等,用爆破法开挖。

3.2.6 工程地质条件评价

1. 场地稳定性及适宜性评价

本工程场地位于海积平原出露的剥蚀残丘,地形略有起伏,场地现为市政道路。场地上覆第四系冲积淤泥质粉质黏土层、残积层,下伏风化混合片麻岩体,地质构造简单,属稳定区。地震震源位于场地外围,对场地的影响最大烈度为Ⅵ度,场地稳定性较好,场地外动力地质作用弱,地面基本处于稳定状态。由于场地内局部分布薄层软土,地震时软土可能产生震陷。场地土类型为中硬土,场地类别为Ⅱ类。

软土含水量高,孔隙比大,渗透性低,承载力低,抗剪强度低,容易产生触变、流变,引起地基变形和失稳,属不稳定土体。

残积土及全风化岩土质不均,呈可塑~坚硬状态,容易引起不均匀沉陷,施工开挖容易坍塌,属较不稳定土体。

2. 特殊土及不良地质对工程的影响

本工程场地局部分布有冲积的淤泥质粉质黏土,具有孔隙比大、压缩性高、抗剪强度低等特点，具触变性、流变性和不均匀性，属不稳定土体，施工中易产生侧向滑动和地面沉降。

饱和状态下混合片麻岩残积土、全风化岩土质不均，属较不稳定土体，受施工扰动，强度骤降，渗透性增大，易造成翻浆冒泥、涌水等危害。

3. 地下水对工程的影响

本工程场地范围内的主要含水层是强风化混合片麻岩和弱风化混合片麻岩。

在施工过程中，随着地下水的流失，土中细颗粒也随水流失，造成岩层结构更加松散，渗透性加强，地下水和细颗粒土流失加剧，土体易失水固结，引起地面沉降。

3.2.7 岩土物理力学指标

1. 统计方法

岩土物理力学统计指标是指按照有关规范及试验、测试要求的方法，对室内试验和原位测试的数据进行统计后所获得的指标，其中的标准值按照不利组合考虑，当该组合无实际意义时，则空缺。

2. 统计数据的可靠性

统计数据源于试验资料，试验样品源于采样。本次工作中黏性土、残积土、全风化混合片麻岩岩土样均为原状样，样品基本具有代表性，试验方法与操作按规范规定执行，但由于地层的不均一性和岩相的变化，各种测试手段提供的同种数据有差异性，所以在使用时，应综合各种经验选取。

3. 统计数据的说明

本章所列岩土参数建议值，是指为满足工程需要，根据有关规范的规定在室内土工试验和原位测试的基础上，利用其统计结果进一步计算、查表，并结合地区经验综合判断后给出的各岩土层的参数。

关于本章室内试验和原位测试成果统计表所列出的标准值和平均值的使用，特别做如下说明：根据现行国家标准《城市轨道交通岩土工程勘察规范》GB 50307—2012 有关规定，表示岩土性状的物理性指标及按正常使用极限状态计算的变形指标，可采用平均值；当按承载能力极限状态计算强度或稳定时，可采用本报告汇总表、统计表中各岩土参数标准值，当设计规范另有标准值取值方法的专门规定时，应按照设计规范执行。当指标统计数量少于 6 个时，根据指标的范围值，结合地区经验，给出经验值。岩土物理力学参数建议值见表 3.2.2。

岩土物理力学参数建议值表　　　　　表 3.2.2

岩土编号	成因年代	岩土名称	天然含水量 ω (%)	重力密度 γ (kN/m²)	土粒比重 G_s	天然孔隙比 e	饱和度 S_r (%)	液限 ω_L (%)	塑限 ω_p (%)	塑性指数 I_p	液性指数 I_L	压缩系数 α 0.1~0.2 (1/MPa)	压缩模量 F_s 0.1~0.2 (MPa)	直剪 内摩擦角 φ_q (度)(快剪)	直剪 黏聚力 C_q (kPa)(快剪)	承载力特征值 f_{ak} (kPa)	泊松比	侧压力系数	基床系数 k (MPa/m)	天然抗压强度 f_c (MPa)	渗透系数 K (m/d)
①₁	Q_4^{ml}	素填土																			0.1~0.4

续表

岩土编号	岩土成因年代	岩土名称	天然含水量 ω (%)	重力密度 γ (kN/m²)	土粒比重 G_s	天然孔隙比 e	饱和度 S_r (%)	液限 ω_L (%)	塑限 ω_p (%)	塑性指数 I_p	液性指数 I_L	压缩系数 α 0.1~0.2 (1/MPa)	压缩模量 E_s 0.1~0.2 (MPa)	直剪 内摩擦角 φ_q (度)(快剪)	直剪 黏聚力 C_q (kPa)(快剪)	承载力特征值 f_{ak} (kPa)	泊松比	侧压力系数	基床系数 k (MPa/m)	天然抗压强度 f_c (MPa)	渗透系数 K (m/d)
③₂	Q_4^{al}	淤泥质粉质黏土	39.50	17.80	2.68	1.14	90.30	31.80	21.10	10.60	1.17	0.65	2.80	8.00	12.00	80	0.35	0.54	5		0.001
④₁	Q^{el}	粉质黏土	29.90	17.70	2.72	0.92	86.60	40.00	26.60	13.80	0.50	0.47	4.09	20.80	15.60	200	0.25	0.33	40		0.1~0.5
⑨₁	P_{zl}	混合片麻岩	26.40	18.40	2.72	0.91	84.30	39.50	26.20	13.40	0.52	0.46	4.12	20.20	20.70	250	0.25	0.33	50		0.2~1.2
⑨₂	P_{zl}	混合片麻岩		24.00												500	0.22	0.28	500		0.2~2.0
⑨₃	P_{zl}	混合片麻岩		26.60												1000	0.2	0.25	1500	0	0.2~1.0

3.3 工程设计及关键技术

3.3.1 工程特点及关键技术

(1) 该车站结构外缘为三连拱,而三连拱的V形三角汇水区防水施工是该工程的一个难点。

(2) 暗挖车站及站厅层连接通道下穿莞长路为东莞市一重要市内道路,交通繁忙,地下管线复杂,施工时需严格控制地面沉降。

(3) 暗挖车站的衬砌设计共分为11个导洞依次施作,侧洞采用CRD法施工,每侧有4个导洞,中洞分上、中、下三个台阶开挖,施工周期较长,且废弃量较大。

(4) 侧洞法施工必须解决以下关键问题:首先两侧套拱施作时,应对其临时初衬结构进行破除,因此必须确保初期支护体系的安全与稳定;其次在两侧洞施作完毕,中洞开始施工时,将引起侧洞的二次衬砌结构受偏压作用,必须解决力的平衡与转换;最后在立体交叉结构形成与拆除过程中,必须确保结构内力的转换与平衡。

(5) 由于浅埋重叠隧道施工时的相互影响,其力学行为已不同于单个隧道施工,且对地面沉降控制要求较高,该暗挖车站与暗挖站厅层连接通道是整个莞惠城际铁路的难点和重点之一。

3.3.2 设计方案

车站站台层暗挖段拱顶埋深约为20.00m,主体结构高度为13.00m,跨度为30.46m,开挖断面面积为352.18m²;主体结构主要位于W3强风化混合片麻岩与W2弱风化混合片麻岩中。

两条暗挖站厅层连接通道拱顶埋深约为 8.00m，主体结构高度为 6.50m，跨度为 6.70m，净距 10.70m，开挖断面面积为 41.32m²；主体结构主要位于粉质黏土与 W4 全风化混合片麻岩中。

暗挖隧道埋深浅、跨度大、围岩差，隧道水平和竖向净距小，同时对地表沉降控制要求高，在类似工程中也非常罕见。在隧道施工过程前，预先进行施工方案设计，并且对各施工方案进行数值模拟分析，比较各优缺点，最后选择合理的方案再进行论证分析和实施是极为必要的。

拟比选的施工方案有两种，即先开挖连接通道、后开挖暗挖车站方案与先开挖暗挖车站、后开挖连接通道方案，具体的支护参数及施工工序介绍如下：

1. 车站暗挖段

（1）支护参数

车站暗挖段采用复合式衬砌结构形式，超前支护采用大管棚、超前小导管；初期支护采用喷混凝土、钢筋网、格栅钢架和临时型钢支撑（I25a），套拱采用 C35 钢筋混凝土，二衬及顶、底纵梁采用 C45、P12 模筑钢筋混凝土，钢管柱采用 Q420 钢管，各支护参数如下：

1）初支喷混凝土：C25 混凝土，全断面支护。

2）套拱：C35 钢筋混凝土，两侧洞全断面支护。

3）钢筋网：采用 $\phi 8$ 钢筋，构成 150mm×150mm 网格，全环和临时支撑单层设置，钢筋网应与注浆管尾端连接牢固，其喷混凝土保护层厚度为 40mm。

4）格栅钢架：全环设置，间距 0.5m，钢架采用四肢格栅钢架，其布置间距可根据地质情况或监测信息予以调整。

5）纵向联结钢筋：纵向每榀格栅之间用 $\phi 22$ 的钢筋连接，间距 1.0m，内外层交错布置，连接筋应与格栅主筋焊接牢固。

6）超前小导管：拱部范围内单排设置，环向间距 0.3m，纵向间距 0.8m，外插角为 15°；小导管采用外径 $\phi 42$、壁厚 3.25mm、长 3.0m 的无缝钢管。钢管前端呈尖锥状，尾端应置于钢架腹部，并与格栅钢筋焊接牢固。施工中应利用小导管向地层注浆。注浆浆液采用水灰比 1:1 的水泥浆，注浆压力为 0.1～0.3MPa。

7）长管棚：拱部范围内沿隧道方向施作长管棚，外插角为 1°，长管棚设计参数如下：

① 钢管规格：$\phi=108$mm、壁厚 6mm 的热轧无缝钢管。管棚打设时相邻两钢管接头采用不同管节组合方式错开。

② 管距：环向间距中至中为 0.3m，距隧道初支外轮廓线 0.3m。

③ 钢管施工误差：径向不大于 20cm，沿相邻钢管方向不大于 10cm。

④ 采用水泥浆液灌注，R42.5 号普通硅酸盐水泥，水泥浆水灰比：$W:C=0.8:1\sim 1.5:1$。注浆压力初始压力为 0.5～1.0MPa，终止压力为 1.5～2.0MPa。

8）锁脚锚杆：格栅未落脚处打两根 $\phi 25$ 螺纹砂浆锚杆，$L=3.5$m。

9）钢管柱：采用 Q420 钢管，外径 $\phi=1200$mm、壁厚 $\delta=25$mm，钢管内填充 C60 混凝土。

(2) 施工工序

车站暗挖段拟采用侧洞法施工，其中两侧洞采用CRD法施工，中洞采用台阶法施工，如图3.3.1所示。

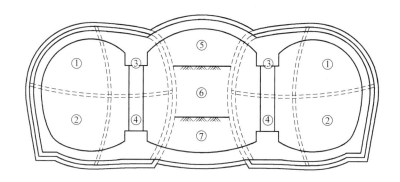

图3.3.1 暗挖车站施工工序示意图

施工工序为：

1) 施作拱顶范围 $\phi 108$ 大管棚及①部范围 $\phi 42$ 超前小导管，注浆加固地层。开挖①部，左右两洞室纵向开挖错开距离不小于10m，施作初期支护，在初支未落脚处打两根 $\phi 25$ 锁脚锚杆。

2) 开挖②部，左右两洞室纵向开挖错开距离不小于10m，施作初期支护。

3) 施作③部范围 $\phi 42$ 超前小导管，注浆加固地层。开挖③部，左右两洞室纵向开挖错开距离不小于10m，施作初期支护，在初支未落脚处打两根 $\phi 25$ 锁脚锚杆。

4) 开挖④部，左右两洞室纵向开挖错开距离不小于10m，施作初期支护。

5) 绑扎左右侧洞套拱钢筋，浇筑套拱混凝土。

6) 待套拱混凝土强度达到设计强度，拆除临时中隔壁及临时仰拱。

7) 施工盾构过站素混凝土导台，在导台上铺设Q235钢板，待导台达到设计强度后，盾构机及后配套空推通并拆除导台，按照顺序依次施作底梁、钢管柱、顶梁、侧洞二次衬砌（含防水）。

8) 施作中跨 $\phi 42$ 超前小导管，注浆加固地层，上台阶开挖⑤部，纵向紧跟施作中洞拱顶初期支护，中隔壁穿孔并及时在左右洞室顶梁架设2I32a水平钢支撑，间隔1m。

9) 中台阶开挖⑥部。

10) 下台阶开挖⑦部，穿洞架设底纵梁2I32a临时钢支撑，开挖至基底，封闭初期支护。

11) 凿除顶部中隔壁及套拱并施作底板、顶板二次衬砌（含防水），顶、底板二衬达到强度后可拆除I32a临时支撑，完成暗挖段主体结构施工。

2. 站厅层暗挖连接通道

(1) 支护参数

站厅层连接通道采用复合式衬砌结构形式，初期支护采用喷混凝土、钢筋网、大管棚、超前小导管、格栅钢架和临时型钢支撑（I 25a），二衬及环梁采用喷射钢筋混凝土，各支护参数如下：

1) 初支喷混凝土：C25 混凝土，全断面支护。

2) 钢筋网：采用 $\phi 8$ 钢筋，构成 150mm×150mm 网格，全环和临时支撑单层设置。钢筋网应与注浆管尾端连接牢固。其喷混凝土保护层厚度为 20mm。

3) 格栅钢架：全环设置，间距 0.5m，进洞前三榀格栅密布，钢架采用四肢格栅钢架，其布置间距可根据地质情况或监测信息予以调整。

4) 纵向连接钢筋：纵向每榀格栅之间用 $\phi 22$ 的钢筋连接，间距 1.0m，内外层交错布置，连接筋应与格栅主筋焊接牢固。

5) 超前小导管：拱部范围内单排设置，环向间距 0.3m，纵向间距 1.0m，外插角为 15°；小导管采用外径 $\phi 42$、壁厚 3.25mm、长 3.0m 的无缝钢管。钢管前端呈尖锥状，尾端应置于钢架腹部，并与格栅钢筋焊接牢固。施工中应利用小导管向地层注浆。注浆浆液采用水灰比 1∶1 的水泥浆，注浆压力为 0.1～0.3MPa。

6) 长管棚：拱部范围隧道方向施作长管棚，外插角为 1°，长管棚设计参数如下：

① 钢管规格：$\phi = 108$mm、壁厚 6mm 的热轧无缝钢管。管棚打设时相邻两钢管接头采用不同管节组合方式错开。

② 管距：环向间距中至中为 0.3m，距隧道初支外轮廓线 0.3m。

③ 钢管施工误差：径向不大于 20cm，沿相邻钢管方向不大于 10cm。

④ 采用水泥浆液灌注，R42.5 号普通硅酸盐水泥，水泥浆水灰比：$W∶C = 0.8∶1 \sim 1.5∶1$。注浆压力初始压力 0.5～1.0MPa，终止压力 1.5～2.0MPa。

7) 锁脚锚管：格栅未落脚处打两根 $\phi 42$ 锁脚锚管，$t = 3.25$mm、长度 $L = 3$m。

（2）施工工序

站厅层连接通道拟采用 CRD 法施工，如图 3.3.2 所示。

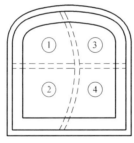 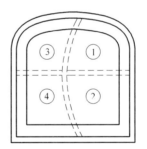

图 3.3.2 暗挖站厅层连接通道施工工序示意图

施工工序为：

1) 进行全断面注浆加固地层，施作 $\phi 108$ 大管棚超前支护，施作①部 $\phi 42$ 超前小导管，注浆加固地层，开挖①部，左右两洞室纵向开挖错开距离不小于 10m，施作初期支护，在初支未落脚处打两根 $\phi 42$ 锁脚锚管。

2) 开挖②部，左右两洞室纵向开挖错开距离不小于 10m，施作初期支护。

3) 施作③部 $\phi 42$ 超前小导管，注浆加固地层，开挖③部，左右两洞室纵向开挖错开距离不小于 10m，施作初期支护，在初支未落脚处打两根 $\phi 42$ 锁脚锚管。

4) 开挖④部，左右两洞室纵向开挖错开距离不小于 10m，施作初期支护。

5) 拆除临时支撑，施作二次衬砌（含防水）。

3.4 浅埋大跨暗挖车站施工过程力学分析

东城南站暗挖部分可分为上下两部分，上部为两条连接两端明挖结构站厅层的连接通道，下部为暗挖三连拱车站站台层。在城市地下工程中，隧道的施工都会不可避免地产生地表沉降、建筑物不均匀沉降等对环境的负面影响，这种现象在修建交叠大断面地铁群洞隧道时表现得尤为突出。由于城市地铁周边地面建筑物和各种地下管线众多，往往对隧道施工产生的地表沉降有着严格的限制要求，因此，对隧道地表沉降做出较为准确的预测和采取相应的控制地表沉降的措施就显得十分重要。具有群洞系统的地下工程通常结构复杂、施工难度较大，因此怎样选择良好的施工方法和施工顺序已成为目前地下工程科研工作的重点。本节将以浅埋大跨暗挖车站群洞施工力学行为为研究课题，以大型通用软件MIDAS/GTS进行有限元数值模拟计算为研究手段，着重研究群洞隧道不同施工方法、施作顺序对地表沉降的规律、围岩应力变化及群洞隧道结构施作的相互影响等。

3.4.1 计算理论及方法

1. MIDAS/GTS 数值模拟软件

MIDAS/GTS（岩土与隧道分析系统）软件由韩国MIDAS公司开发。该软件代表了当前工程软件发展的最新技术，在隧道工程与特殊结构领域为我们提供了一个崭新的解决方案。自从1989年以来，MIDAS公司致力于有限元分析与仿真方面的研究，而GTS就是在其基础上发展而形成的。

MIDAS/GTS可以对复杂的几何模型进行可视化的直观建模。另外，MIDAS/GTS独特的Multi-Frontal求解器能为我们提供最快的运算速度，这也是最强大的功能之一。在后处理中，能以表格、图形、图表形式自动输出简洁实用的计算书。MIDAS/GTS已经通过了QA/QC质量管理体系认证，能确保计算结果的精度和质量。

2. 弹塑性材料本构关系

岩土材料的弹塑性应力-应变关系即本构关系包括四个组成部分：（1）屈服条件和破坏条件，确定材料是否塑性屈服和破坏；（2）硬化定律，指明屈服条件由于塑性应变而发生的变化；（3）流动法则，确定塑性应变的方向；（4）加载和卸载准则，表明材料的工作状态。

根据应力-应变关系的不同，弹塑性材料基本上可以分为三大类：（1）理想弹塑性材料；（2）应变硬化材料；（3）应变硬化-软化材料。岩土材料可归属第（2）、（3）类。

由于弹塑性材料对外部作用的反应与变形历史有关，因此本构方程应以增量的形式出现。其应力-应变关系表述如下：

当处于弹性阶段（加载或卸载）时，

$$\sigma = [D]\varepsilon \qquad (3.4.1)$$

当处于塑形状态时（加载或软化阶段）时，

$$\mathrm{d}\sigma = [D]_{ep}\mathrm{d}\varepsilon \qquad (3.4.2)$$

式中：$[D]$ 为弹性矩阵；$[D]_{ep}$ 为弹塑性矩阵。

在单轴应力状态下，当应力值达到屈服极限 σ_y 时，材料开始屈服并发生塑性流动。

因此，$\sigma=\sigma_y$ 便是单轴应力状态下的屈服条件，又称为屈服准则。在复杂应力状态下，材料中某一点开始塑性变形时所需满足的条件通常表示为屈服函数：

$$f(\sigma_x, \sigma_y, \sigma_z, \tau_{xy}, \tau_{yz}, \tau_{zx})=C \tag{3.4.3}$$

式中：C 为材料常数。

岩土材料的屈服条件通常表示为：

$$F(\sigma_{ij}, k)=0 \tag{3.4.4}$$

式中：k 为塑性应变函数。

屈服函数为一种标量函数，它在主应力空间的图像称为屈服面。屈服面也可以看成是多个屈服的应力点连接起来所构成的一个空间曲面。屈服面所包围的空间区域称为弹性区。在弹性区内的应力点处于弹性状态，位于屈服面上的应力点处于塑性状态。

对于理想弹塑性材料，材料开始屈服也就是开始破坏，因此，其屈服条件亦即是破坏条件，初始屈服面与破坏面重合。对于应变硬化（软化）材料，在初始屈服之后，屈服面不断扩大（缩小）或发生平移，破坏面可认为是代表极限状态的一个屈服面。

3. 屈服准则

目前，对于各种不同的介质材料，常用的屈服准则有 Tresca 准则、Mises 准则、Mohr-Coulomb 准则、Drucker-Prager 准则等，其中前两种适用于金属材料，后两种适用于岩土类材料，因此，这里只对后两种准则做以下简述。

（1）Mohr-Coulomb（莫尔-库仑）屈服准则

MIDAS/GTS 软件中涉及多达十几种塑性模型来分析结构塑性变形的相关性质，本课题数值模拟中采用工程中应用最为广泛的 Mohr-Coulomb 破坏和强度准则。Mohr-Coulomb 准则是目前岩石力学中应用最广和应用时间最长的岩石力学强度准则之一。

岩土体的破坏形式通常是剪切破坏，当土体内部任何一个面上的剪应力达到材料的极限抗剪强度时即发生剪切破坏，Mohr-Coulomb（简称 M-C）强度条件的表达式为：

当 $\sigma_1 > \sigma_2 > \sigma_3$ 时，Mohr-Coulomb 准则可以表示为：

$$\frac{J_1}{3}\sin\varphi + \sqrt{J_2'}\left(\cos\theta - \frac{1}{\sqrt{3}}\sin\theta\sin\varphi\right) = c\cos\varphi \tag{3.4.5}$$

式中：J_1 为应力张量的第一不变量；J_2' 为应力偏张量的第二不变量。

$$\begin{cases} J_1 = \sigma_1 + \sigma_2 + \sigma_3 \\ J_2' = \frac{1}{6}\left[(\sigma_1-\sigma_2)^2 + (\sigma_2-\sigma_3)^2 + (\sigma_3-\sigma_1)^2\right] \\ -\frac{\pi}{6} \leqslant \theta = \frac{1}{3}\sin^{-1}\left(\frac{-3\sqrt{3}}{2} \cdot \frac{J_3}{J_2^{\frac{3}{2}}}\right) \leqslant \frac{\pi}{6} \end{cases} \tag{3.4.6}$$

Mohr-Coulomb 屈服面在主应力空间中为一不规则的六角锥面，如图 3.4.1 所示。该准则较为符合混凝土、岩土的屈服和破坏特征，而且简单实用，因此在岩土力学和塑性理论中得到了广泛的应用。但由于 Mohr-Coulomb 屈服准则不能反映中间主应力 σ_2 对屈服和破坏的影响，而且屈服面有棱角，不便于塑性增量的计算，给数值计算带来了一定的困难。

（2）Drucker-Prager 屈服准则

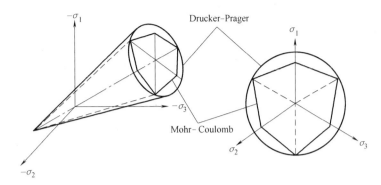

图 3.4.1 Mohr-Coulomb 和 Drucker-Prager 屈服准则

针对以上 Mohr-Coulomb 准则的不足，考虑到静水压力可以引起岩土屈服，加入静水压力因素修正 Mohr-Coulomb 准则，便可得到 Drucker-Prager 屈服准则，即：

$$\alpha J_1 + (J'_2)^{1/2} = k \tag{3.4.7}$$

在平面应力条件下，式中，J_1、J'_2 同上。

对于平面应变状态：

$$\alpha = \frac{\sin\varphi}{\sqrt{3}\sqrt{3+\sin^2\varphi}}, \quad k = \frac{\sqrt{3}c\cos\varphi}{\sqrt{3+\sin^2\varphi}} \tag{3.4.8}$$

此时，当 $\varphi > 0$ 时，Drucker-Prager 准则所表示的屈服面在主应力空间内是一个内切于 Mohr-Coulomb 屈服面的圆锥面，如图 3.4.1 所示，当 $\varphi = 0$ 时，Drucker-Prager 准则便退化为 Mises 准则，对于三轴压缩状态：

$$\alpha = \frac{2\sin\varphi}{\sqrt{3}\sqrt{3-\sin\varphi}}, \quad k = \frac{6c\cos\varphi}{\sqrt{3}(3-\sin\varphi)} \tag{3.4.9}$$

此时，该准则所表示的圆锥面为 Mohr-Coulomb 准则的六边形外顶点的外接圆。对于三轴拉伸状态：

$$\alpha = \frac{2\sin\varphi}{\sqrt{3}\sqrt{3+\sin\varphi}}, \quad k = \frac{6c\cos\varphi}{\sqrt{3}(3+\sin\varphi)} \tag{3.4.10}$$

此时，该准则所表示的圆锥面为 Mohr-Coulomb 准则六边形内顶点的外接圆。

Drucker-Prager 准则考虑了主应力对屈服和破坏的影响，而且屈服面光滑，可以避免 Mohr-Coulomb 准则屈服面在棱角处引起的数值计算上的困难，但没有考虑屈服和破坏的非线性特性，也未考虑岩土类材料在偏平面上拉压强度不同的特性，对实际破坏条件的逼近较差。因此，本节有限元计算中采用了 Mohr-Coulomb（莫尔-库仑）屈服准则。

4. 流动法则

流动法则（Von Mises 1928）假定塑性应变增量与塑性势 Q 的应力梯度成正比：

$$d\varepsilon^p_{ij} = d\lambda \frac{\partial Q}{\partial \sigma_{ij}} \tag{3.4.11}$$

式中：$d\lambda$ 为一个正值的比例因子，又称为塑性系数。

如果采用关联流动法则，则有 $F \equiv Q$，在这种情况下，塑性应变增量的矢量垂直于屈服面，则有

$$d\varepsilon_{ij}^p = d\lambda \frac{\partial F}{\partial \sigma_{ij}} \qquad (3.4.12)$$

由于岩土材料具有剪胀现象,且塑性体积膨胀随内摩擦角增加而增大,如果采用关联流动法则,则会夸大岩土的膨胀值,可以采用非关联流动法则予以纠正,通常的做法是将塑性势函数取成屈服函数同样的函数形式,将其内摩擦角 φ 替换成剪胀角 ψ,$0 \leqslant \psi \leqslant \varphi$。

5. 加载和卸载准则

该准则用以判别从一塑性状态出发是继续塑性加载还是弹性卸载,这是计算过程中判定是否继续塑性变形以及决定是采用弹塑性本构关系还是弹性本构关系所必需的。

(1)理想塑性材料的加载和卸载

理想塑性材料不发生强化,加载条件和屈服条件相同,应力点不可能位于屈服面外,当应力点保持在屈服面上时,称为加载,因为这时塑性变形可以增长。当应力点从屈服面上退回到屈服面内时,属于卸载。理想塑性材料的加载和卸载可表示为[图3.4.2(a)]:

$$\left. \begin{array}{l} F(\sigma_{ij}) < 0 \qquad \text{(弹性状态)} \\ F(\sigma_{ij}) = 0, dF = \dfrac{\partial F}{\partial \sigma_{ij}} d\sigma_{ij} = 0 \quad \text{(加载)} \\ F(\sigma_{ij}) = 0, dF = \dfrac{\partial F}{\partial \sigma_{ij}} d\sigma_{ij} < 0 \quad \text{(加载)} \end{array} \right\} \qquad (3.4.13)$$

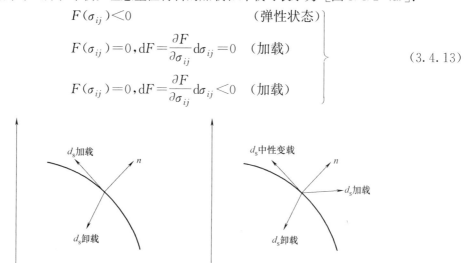

图 3.4.2 加载和卸载

(2)强化塑性材料的加载和卸载

强化材料的加载面可以扩大,因此只有当 d_s 指向面外时才是加载,当 d_s 沿着加载面变化时,加载面并不改变,只表示一点的应力状态从一个塑性状态过渡到另一个塑性状态,但不引起新的塑性变形,这种变化过程称为中性变载,d_s 指向加载面时,为卸载。强化塑性材料的加载和卸载准则可表示为[图3.4.2(b)]:

$$\left. \begin{array}{l} F(\sigma_{ij}) = 0, dF = \dfrac{\partial F}{\partial \sigma_{ij}} d\sigma_{ij} > 0 \quad \text{(加载)} \\ F(\sigma_{ij}) = 0, dF = \dfrac{\partial F}{\partial \sigma_{ij}} d\sigma_{ij} = 0 \quad \text{(中性变载)} \\ F(\sigma_{ij}) = 0, dF = \dfrac{\partial F}{\partial \sigma_{ij}} d\sigma_{ij} < 0 \quad \text{(卸载)} \end{array} \right\} \qquad (3.4.14)$$

6. 有限变形弹塑性问题的求解方法

岩土材料和地下结构物在外力作用下常常表现出非线性特性，而地下工程问题一般可用一组非线性方程组来进行描述，因此，地下工程问题常常归结为对非线性方程组的求解，在求解非线性方程组时，仍以线性问题的处理方法为基础，通过一系列的线性运算来逼近真实的非线性解，这种逼近的实现有几种方法（图 3.4.3），其中，迭代法和基本增量法是基础，其他方法都是直接或间接地在它们的基础上构造的。原则上，这些方法都可以用来求解非线性弹性问题，对于非线性弹塑性或弹黏塑性问题，由于采用的是增量型本构关系，因此，更适宜采用以增量法为基础的求解方法。实际上地下工程的开挖问题不仅与当时的应力水平有关，而且还与整个应力历史的路径相关，必须采用增量法。

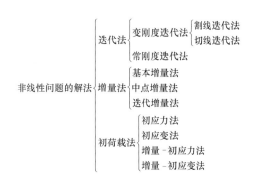

图 3.4.3　非线性问题求解方法

增量法是将全部荷载分为若干级荷载增量，逐级施加于结构，在每级荷载下，假定材料是线弹性的，根据前级荷载的计算结果确定本级荷载下的材料弹性常数和刚度矩阵，从而求得各级荷载作用下的位移、应变和应力增量。将它们累加起来就是全部荷载作用下的总位移、总应变和总应力。这种方法相当于用分段的直线来逼近曲线，当荷载划分较小时，能收敛于真实解。增量法概念比较直观，而且由于荷载是逐渐施加的，因此可以模拟施工加荷过程，计算结果可以清楚地反映施工各阶段的变形和应力情况，它比一次加载的迭代法具有更大的优越性，因而使用较广，对于既有材料非线性又有几何非线性的双非线性问题，常用增量变刚度法（即增量-迭代混合法），该方法适应性较好。

7. 有限元分析过程

有限元法的分析过程，概括起来可以分为以下六个步骤：

（1）结构的离散化

结构的离散化是有限单元法分析的第一步，它是有限元法的基本概念。所谓离散化简单地说，就是将要分析的结构物分割成有限个单元体，并在单元体的指定点设置节点，使相邻单元的有关参数具有一定的连续性，并构成一个单元的集合体，用它代替原来的结构。如果分析的对象是连续体，那么为了有效地逼近实际的连续体，就需要考虑选择单元的形状和分割方案以及确定单元和节点的数目等问题。

（2）选择位移模式

在完成结构的离散化后，就可以对典型单元进行特性分析。此时，为了能用节点位移表示单元体的位移、应变和应力，在分析连续体问题时，必须对单元中位移的分布做出一定的假定，也就是假定位移是坐标的某种简单的函数，这种函数称为位移模式或插值函数。选择适当的位移函数是有限元法分析中的关键。通常选择多项式作为位移模式，其原因是多项式的数学运算（微分和积分）比较方便，并且由于所有光滑函数的局部，都可以用多项式逼近。根据选定的位移模式，就可以导出用节点位移表示单元内任一点位移关系式，其矩阵形式是：

$$\{f\} = [N]\{\delta\}^e \tag{3.4.15}$$

式中：$\{f\}$ 为单元内任一点的位移列阵；$\{\delta\}^e$ 为单元的节点位移列阵；$[N]$ 为形函数矩阵，它的元素是位置坐标的函数。

与经典的近似法相比较，有限元法具有明显的优越性。例如，在经典的瑞利-里兹法中，要求选取一个函数来近似地描述整个求解区域中的位移，并须满足边界条件；而在有限元法中则采用分块近似，只需对一个单元选择一个近似位移函数。此时，不必考虑位移边界条件，只需考虑单元之间位移的连续性就可以了。这样做当然比起在整个区域中选取一个连续函数要简单得多，特别是对于复杂的几何形状或者材料性质、作用荷载有突变的结构。

(3) 单元力学特性分析

位移模式选定以后，就可以进行单元的力学特性分析，包括下面三部分内容：

1) 利用几何方程，由位移表达式 $\{f\} = [N]\{\delta\}^e$ 导出节点位移表示单元应变的关系式：

$$\{\varepsilon\} = [B]\{\delta\}^e \tag{3.4.16}$$

式中：$\{\varepsilon\}$ 为单元内任一点的应变列阵；$[B]$ 为单元应变矩阵。

2) 利用本构方程，由应变的表达式导出节点位移表示单元应力的关系式：

$$\{\sigma\} = [D][B]\{\delta\}^e \tag{3.4.17}$$

式中：$\{\sigma\}$ 为单元内任一点的应力列阵；$[D]$ 为与材料有关的弹性矩阵。

3) 利用变分原理，建立作用于单元上的节点力和节点位移之间的关系式，即单元的平衡方程：

$$\{F\}^e = [k]^e\{\delta\}^e \tag{3.4.18}$$

式中：$[k]^e$ 称为单元刚度矩阵，其表达式为：

$$[k]^e = \iiint_V [B]^T[D][B]\,dx\,dy\,dz \tag{3.4.19}$$

利用变分原理还可同时导出等效节点力 $\{F\}$。

在以上三项中，导出单元刚度矩阵是单元特性分析的核心内容。

(4) 集合所有单元的平衡方程，建立整个结构的平衡方程

这个集合包括两个方面的内容：一方面将各个单元的刚度矩阵集合成整个刚度矩阵；二是将作用于各单元的等效节点力列阵，集合成总的荷载列阵。最常用的集合刚度矩阵的方法是直接刚度法。一般来说，集合所依据的理由是要求所有相邻的单元在公共节点处的位移相等，于是就得到整个刚度矩阵 $[K]$、荷载矩阵 $[F]$ 以及整个物体的节点位移列阵 $[\delta]$ 表示的整个结构的平衡方程

$$[K]\{\delta\} = [F] \tag{3.4.20}$$

这些方程还应该考虑集合边界条件做适当的修改之后，才能够解出所有的未知节点位移。

(5) 求解未知节点位移和计算单元应力

由集合起来的平衡方程组 $\{f\}=[N]\{\delta\}^e$ 解出未知位移。

（6）利用公式 $[K]\{\delta\}=[F]$ 和已求出的节点位移计算各单元的应力，并加以整理得出所要的结果。

8. 开挖过程的模拟

（1）地应力场的模拟

地应力是存在于地层中的未受工程扰动的天然应力，也称为岩体初始应力、绝对应力或原岩应力。它是引起各种地下或露天岩石开挖工程变形和破坏的根本作用力，是确定工程岩体力学属性、进行围岩稳定性分析、实现岩石工程开挖设计和决策科学化的必要前提条件。因此，只有真实地模拟出隧道围岩的初始地应力分布情况，才能在随后的隧道施工过程数值模拟中得到可信的结果。

目前，应用较多的初始地应力数值分析方法大致可以分为两类：一类是位移反分析方法；另一类为回归分析方法。前者是利用较易获得的岩体位移信息，通过采用不同的本构关系和相应的力学特性参数，反演岩体的初始地应力。后者为结合对区域地应力场产生条件的规律性认识，建立该区域地应力场的有限元计算模型，根据工程所在地区少量地应力实测资料进行回归分析，使实测点的地应力与回归地应力拟合得最好。

本节研究所采用的有限元计算软件 MIDAS/GTS 可以很方便地实现对地应力的模拟，只需在第一施工阶段中计算围岩的自重应力场，并对该阶段位移清零，因为在实际中初始位移在地壳运动结束后即可得到隧道围岩的初始地应力场。

（2）开挖施工步骤的模拟

计算中假定初始应力场为重力场，用有限单元法计算在自重作用下地下工程的开挖，一般采用反转应力释放法进行计算。

隧道开挖前围岩处于初始应力状态 $\{\sigma\}^0$，以及与之相适应的初始位移场 $\{u\}^0$，沿开挖边界上的各点也都处于一定的原始应力状态（图 3.4.4），隧道开挖后，因其周边上的径向应力和剪切力都为零，开挖使这些边界的应力"解除"（卸荷），从而引起围岩变形和应力场的变化，对上述过程的模拟通常采用的方法是邓肯（J. M. Duncan）等人提出的"反转应力释放法"，即把这种沿开挖作用面上的初始地应力反向后转换成等价的"释放载荷"，通常的做法是根据已知的初始应力，求得沿预计开挖的洞周边界上各节点的应力，一般假定各个节点间应力呈线性分布，反转洞周边界上各节点的应力方向，并改变其符号，即可求得洞周边界上的释放载荷，然后施加于开挖作用面进行有限元分析，把由此得到的位移作为由于工程开挖卸荷产生的围岩位移，把得到的应力场与初始地应力场叠加即为开挖后的应力场，这种模拟开挖效果的方法如图 3.4.4 所示，可见，这种方法的关键是释放载荷的确定。对于释放载荷的确定，常用的方法是根据预计边界两侧单元的初始应力通过插值求得各边界节点上的应力，然后假定两相邻边界节点之间应力变化为线性分布，从而按静力等效原则计算各节点的等效节点荷载。

（3）支护过程的模拟

在地下洞室的施工过程中，通常需要通过支护结构来保持围岩的稳定性以满足地下结构的正常使用功能。采用有限单元法可对施工过程中支护结构的作用效果进行有效的模拟，在计算中支护结构常常用杆梁线状单元、板壳面状单元以及实体单元等进行模拟，譬如用杆梁或板壳来模拟支护，常常需要先进行"空单元化"，然后在合适的载荷步中恢复

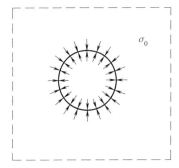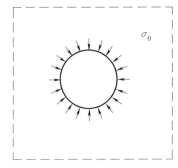

图 3.4.4　释放荷载的确定

其刚度等材料属性，来实现支护的功能，许多国际上著名的软件（如 ANSYS、MARC、ABAQUS、ADINA、FLAC 等）把这两个过程分别称之为或变相地称之为单元"生"或"死"，在 GTS 中则称为单元的"激活"或"钝化"。当用实体单元来模拟预支护结构时，一般是通过在合适的载荷步中对围岩单元利用重新赋予材料属性的功能来实现，当用实体单元模拟一般的支护结构时，需要在合适的载荷步中对先前挖掉的"空气单元"利用重新赋予材料属性的功能来实现。

3.4.2　群洞数值模型

1. 模型尺寸

东莞东城南站暗挖段分为上下两部分，上部是两条平行的站厅层连接通道，下部为大埋站台层。连接通道开挖宽度为 6.7m、高度为 6.5m。暗挖站台层开挖跨度为 30.66m、高度为 12.6m。模型模拟尺寸横向取站台开挖跨度 7 倍，模型下边界距离站台层拱底为站台开挖高度的 3 倍。兼顾建模的便捷与准确性，最终模型计算范围为 215m×75m。模型上边界为自由边界，无约束；左右边界受到水平方向的约束，下边界受到竖直方向的约束。数值网格模型如图 3.4.5 所示。

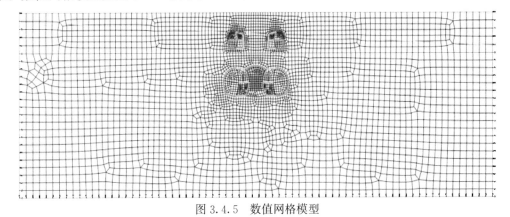

图 3.4.5　数值网格模型

2. 单元类型

在此次数值计算中，岩体和二衬采用平面应变单元，如图 3.4.6 所示。初支和套拱采用梁单元模拟，分别如图 3.4.7 和图 3.4.8 所示。相关结构单元类型及对应的单元数量列于表 3.4.1 中。

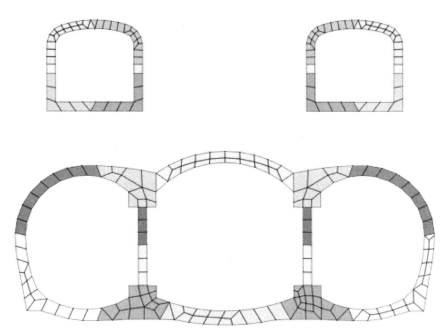

图 3.4.6　通道及车站二衬平面应变单元

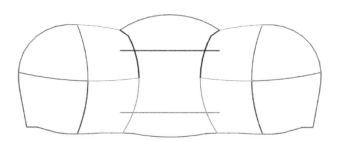

图 3.4.7　通道及车站初支梁单元

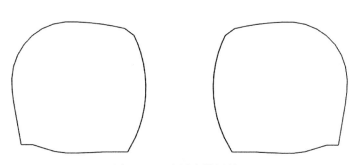

图 3.4.8　车站套拱梁单元

单元类型及数量　　　　　　　　表 3.4.1

结构类型	类别	单元类型	单元数量
岩体		平面应变	4129
通道	初支	梁单元	104
	二衬	平面应变	90
车站	初支	梁单元	166
	套拱	梁单元	79
	二衬	平面应变	141

3. 计算参数

表 3.4.2 和表 3.4.3 中的弹性模量参考《铁路隧道设计规范》TB 10003 和 Z T Bieniawski 关于节理化岩体变形模量公式综合确定。Z T Bieniawski 关于节理化岩体变形模量公式如下：

$$E = 10^{(RMR-10)/40} \quad (3.4.21)$$

式中：RMR——基于 RMR 围岩分级系统的岩体评分值。

岩体模型物理参数　　　　　　　　表 3.4.2

材料	密度(kg/m³)	弹性模量 E (MPa)	泊松比 μ	黏聚力 (kPa)	内摩擦角 (°)
填土	1720	2.0	0.35	10	12.5
淤泥黏土	1780	2.8	0.35	12	8.0
粉质黏土	1770	4.09	0.25	15.6	20.8
片麻岩	1840	4.17	0.22	20.7	20.2

支护结构模型物理参数　　　　　　　　表 3.4.3

材料	密度(kg/m³)	弹性模量 E (GPa)	泊松比 μ	厚度 d (m)
初支	2700	65	0.23	0.35
套拱	2700	100	0.23	0.35
二衬	2750	130	0.23	—

3.4.3　施工模拟步骤

1. 车站侧导洞法开挖模拟步骤

车站双侧导洞法开挖模拟步骤见表 3.4.4。

车站侧导洞法开挖模拟步骤　　　　　　　　表 3.4.4

序号	步骤	说明
0		还未开挖时车站整体形态及相关区域网格划分

续表

序号	步骤	说明
1		开挖两侧导洞的第一部分
2		对开挖后的部分施做初期支护
3		开挖两侧导洞的第二部分
4		对上步开挖后的部分施做初期支护
5		开挖两侧导洞的第三部分
6		对上步开挖后的部分施做初期支护

续表

序号	步骤	说明
7		开挖两侧导洞的第四部分
8		对上步开挖后的部分施做初期支护
9		对完成开挖后的两侧导洞施做套拱
10		拆除两侧导洞的内部初期支护,盾构空推通过
11		施作两侧导洞的二衬及支柱
12		开挖中间部分的上台阶岩体

续表

序号	步骤	说明
13		对上步开挖后的部分施做初期支护
14		开挖中间部分的中台阶岩体
15		对上步开挖后的部分施做初期支护
16		开挖中间部分的下台阶岩体
17		对上步开挖后的部分施做初期支护
18		拆除中间部分的初支和套拱

续表

序号	步骤	说明
19	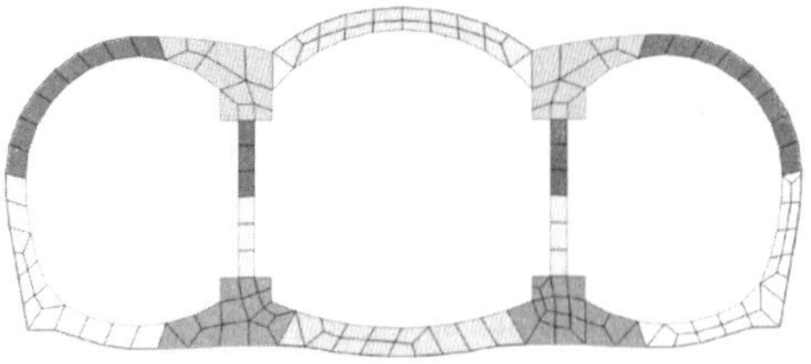	施做中间部分拱顶和拱底的二衬部分,车站部分施做完毕

2. 连接通道 CRD 法开挖模拟步骤

连接通道 CRD 法开挖模拟步骤见表 3.4.5。

连接通道 CRD 法开挖模拟步骤　　　　表 3.4.5

序号	步骤	说明
0		还未开挖时通道整体形态及相关区域网格划分
1		开挖两侧通道的第一部分
2		对上步开挖后的部分施做初期支护
3		开挖两侧通道的第二部分
4		对上步开挖后的部分施做初期支护

续表

序号	步骤	说明
5		开挖两侧通道的第三部分
6		对上步开挖后的部分施做初期支护
7		开挖两侧通道的第四部分
8		对上步开挖后的部分施做初期支护
9		拆掉两侧通道中间竖撑的下半部分
10		施做两侧通道的下半部分二衬
11		拆除通道剩余的内部初期支护

续表

序号	步骤	说明
12		施做两侧通道上半部分二衬

3.4.4 围岩沉降分析

分别对先开挖下部车站后开挖上部连接通道（以下简称"先下后上"）和先开挖上部连接通道后开挖下部车站（以下简称"先上后下"）两种施工顺序进行建模分析，两种施作方法的围岩沉降位移变化云图见表 3.4.6 和表 3.4.7。从表中可以看到，采用先上后下施作法时，拱顶最大沉降为 13.8mm，最大隆起位移为 9.1mm，并且在整个施工阶段，围岩沉降主要集中在通道拱顶部位，隆起则主要集中在车站拱底部位。采用先下后上施作法时，从表中可以看到，拱顶最大沉降位移为 11.4mm，最大隆起位移为 7.9mm。施作车站时，围岩沉降集中在车站拱顶部位，随着通道的施作，沉降位移主要发生在通道拱顶部位，隆起位移则依然主要集中在车站拱底部位，且在整个通道施作过程中，通道部位围岩都没有出现隆起位移，有利于通道拱底支护施作。

先上后下施作法沉降位移　　　　表 3.4.6

施工阶段	位移云图	说明
1		开挖通道第一部分。拱顶最大沉降 3.6mm，拱底最大隆起 3.8mm
2		施作通道第一部分初支。拱顶最大沉降 3.9mm，拱底最大隆起 3.4mm

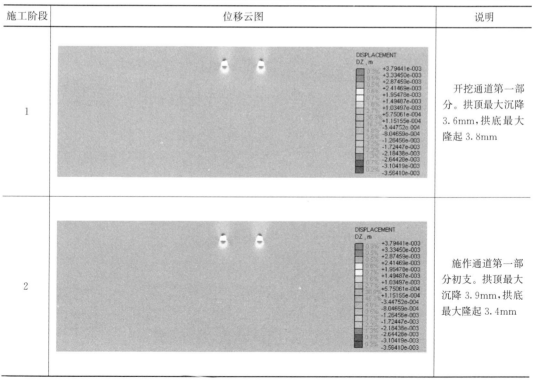

续表

施工阶段	位移云图	说明
3	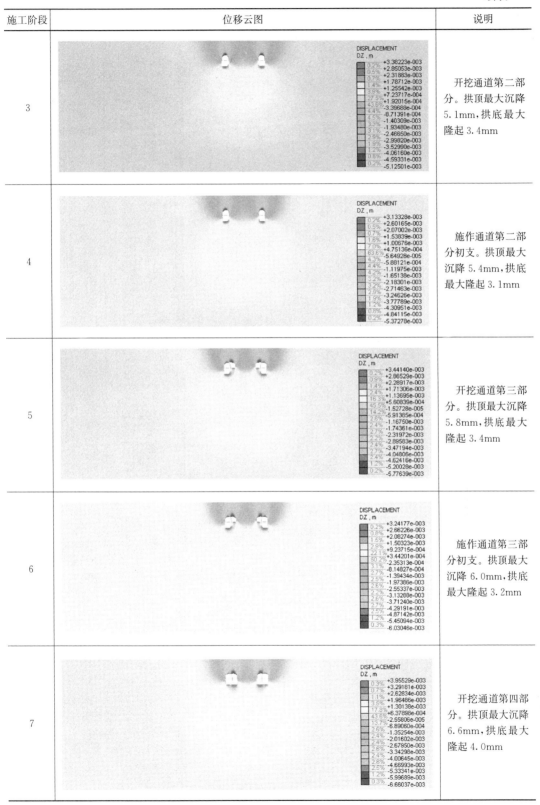	开挖通道第二部分。拱顶最大沉降5.1mm,拱底最大隆起3.4mm
4		施作通道第二部分初支。拱顶最大沉降5.4mm,拱底最大隆起3.1mm
5		开挖通道第三部分。拱顶最大沉降5.8mm,拱底最大隆起3.4mm
6		施作通道第三部分初支。拱顶最大沉降6.0mm,拱底最大隆起3.2mm
7		开挖通道第四部分。拱顶最大沉降6.6mm,拱底最大隆起4.0mm

续表

施工阶段	位移云图	说明
8	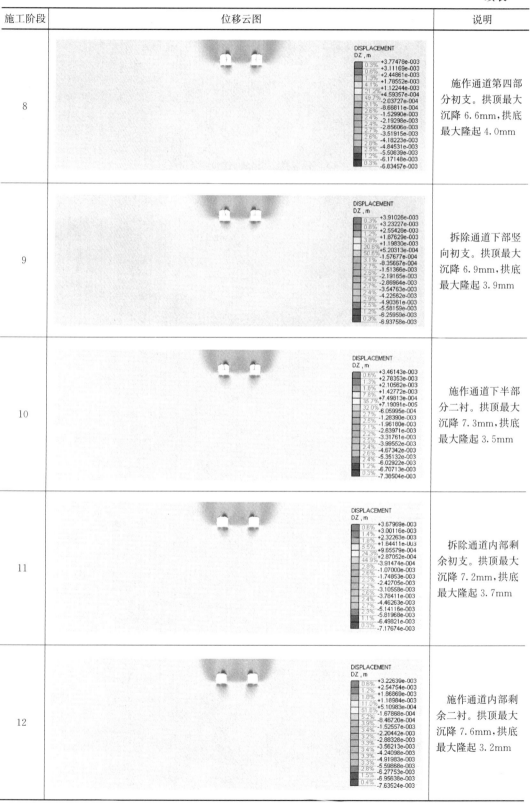	施作通道第四部分初支。拱顶最大沉降 6.6mm,拱底最大隆起 4.0mm
9		拆除通道下部竖向初支。拱顶最大沉降 6.9mm,拱底最大隆起 3.9mm
10		施作通道下半部分二衬。拱顶最大沉降 7.3mm,拱底最大隆起 3.5mm
11		拆除通道内部剩余初支。拱顶最大沉降 7.2mm,拱底最大隆起 3.7mm
12		施作通道内部剩余二衬。拱顶最大沉降 7.6mm,拱底最大隆起 3.2mm

续表

施工阶段	位移云图	说明
13	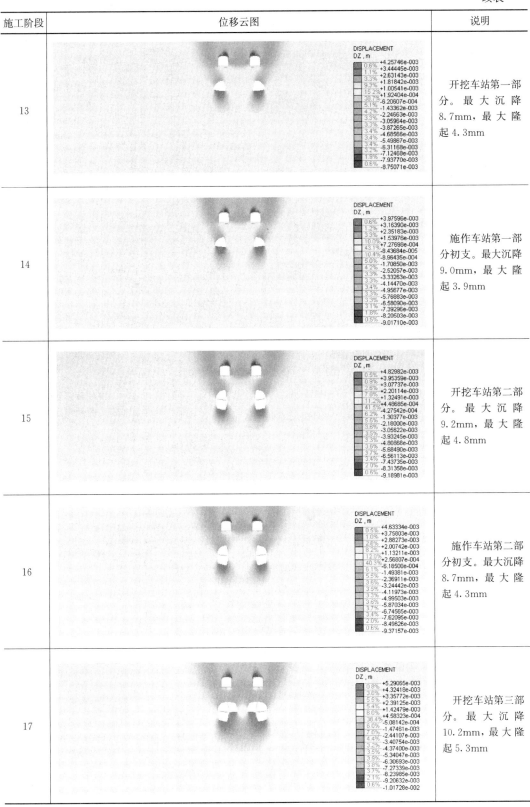	开挖车站第一部分。最大沉降8.7mm,最大隆起4.3mm
14		施作车站第一部分初支。最大沉降9.0mm,最大隆起3.9mm
15		开挖车站第二部分。最大沉降9.2mm,最大隆起4.8mm
16		施作车站第二部分初支。最大沉降8.7mm,最大隆起4.3mm
17		开挖车站第三部分。最大沉降10.2mm,最大隆起5.3mm

续表

施工阶段	位移云图	说明
18	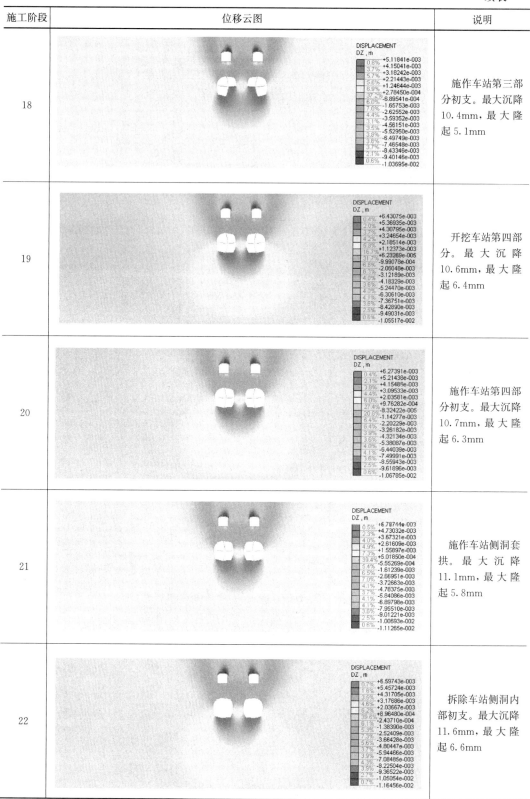	施作车站第三部分初支。最大沉降10.4mm,最大隆起5.1mm
19		开挖车站第四部分。最大沉降10.6mm,最大隆起6.4mm
20		施作车站第四部分初支。最大沉降10.7mm,最大隆起6.3mm
21		施作车站侧洞套拱。最大沉降11.1mm,最大隆起5.8mm
22		拆除车站侧洞内部初支。最大沉降11.6mm,最大隆起6.6mm

第3章 复杂工程环境浅埋大跨暗挖车站修建技术

续表

施工阶段	位移云图	说明
23	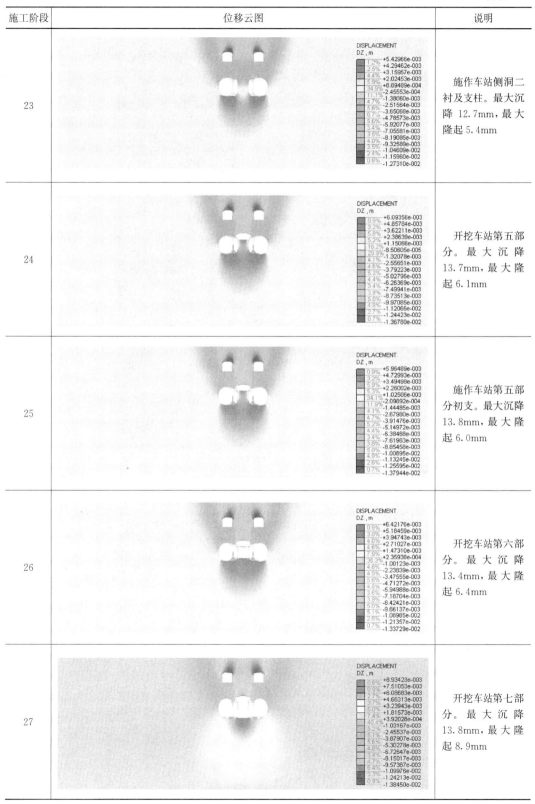	施作车站侧洞二衬及支柱。最大沉降12.7mm,最大隆起5.4mm
24		开挖车站第五部分。最大沉降13.7mm,最大隆起6.1mm
25		施作车站第五部分初支。最大沉降13.8mm,最大隆起6.0mm
26		开挖车站第六部分。最大沉降13.4mm,最大隆起6.4mm
27		开挖车站第七部分。最大沉降13.8mm,最大隆起8.9mm

续表

施工阶段	位移云图	说明
28		施作车站第七部分初支。最大沉降 13.9mm，最大隆起 8.9mm
29		拆除车站中跨初支和套拱。最大沉降 13.5mm，最大隆起 9.1mm
30		施作车站中跨二衬。最大沉降 13.8mm，最大隆起 8.8mm

先下后上施作法沉降位移　　　　　　　表 3.4.7

施工阶段	位移云图	说明
1		开挖车站第一部分。最大沉降 2.7mm，最大隆起 3.4mm
2		施作车站第一部分初支。最大沉降 3.0mm，最大隆起 3.1mm

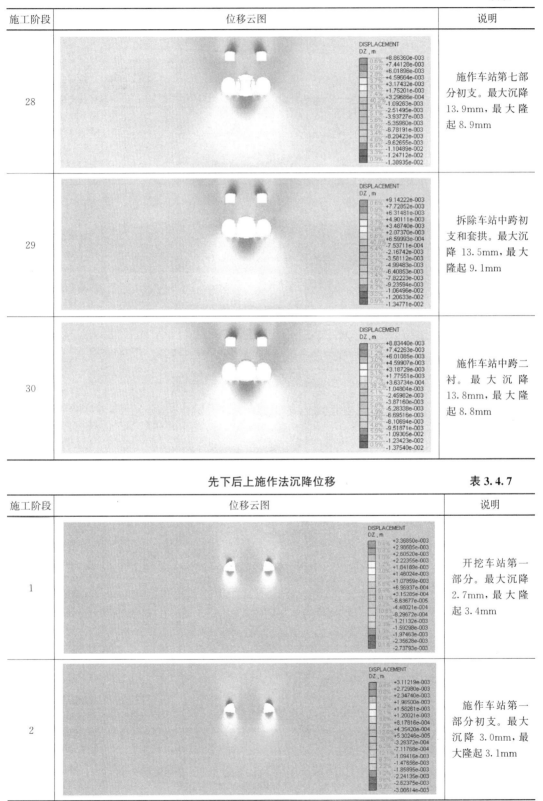

续表

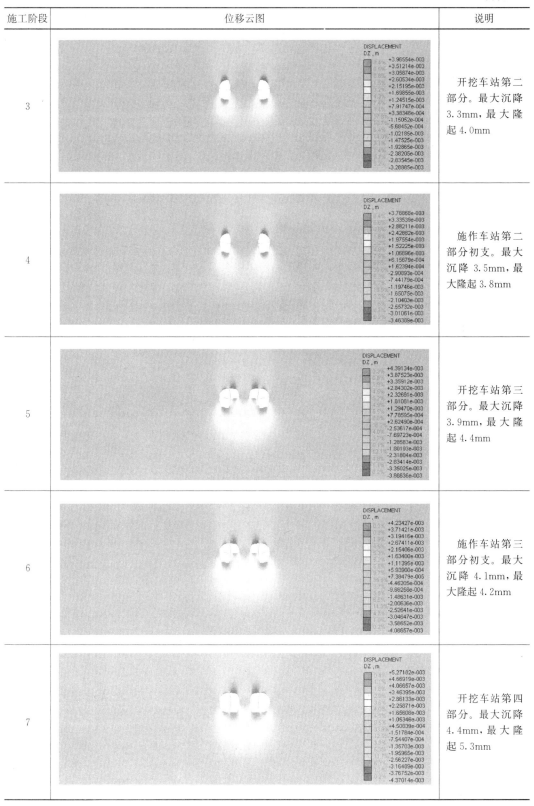

施工阶段	位移云图	说明
3		开挖车站第二部分。最大沉降3.3mm,最大隆起4.0mm
4		施作车站第二部分初支。最大沉降3.5mm,最大隆起3.8mm
5		开挖车站第三部分。最大沉降3.9mm,最大隆起4.4mm
6		施作车站第三部分初支。最大沉降4.1mm,最大隆起4.2mm
7		开挖车站第四部分。最大沉降4.4mm,最大隆起5.3mm

续表

施工阶段	位移云图	说明
8	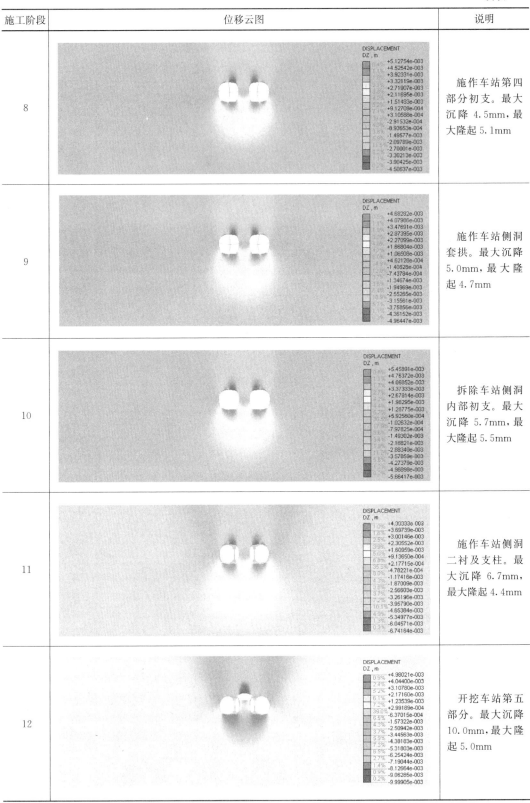	施作车站第四部分初支。最大沉降4.5mm,最大隆起5.1mm
9		施作车站侧洞套拱。最大沉降5.0mm,最大隆起4.7mm
10		拆除车站侧洞内部初支。最大沉降5.7mm,最大隆起5.5mm
11		施作车站侧洞二衬及支柱。最大沉降6.7mm,最大隆起4.4mm
12		开挖车站第五部分。最大沉降10.0mm,最大隆起5.0mm

续表

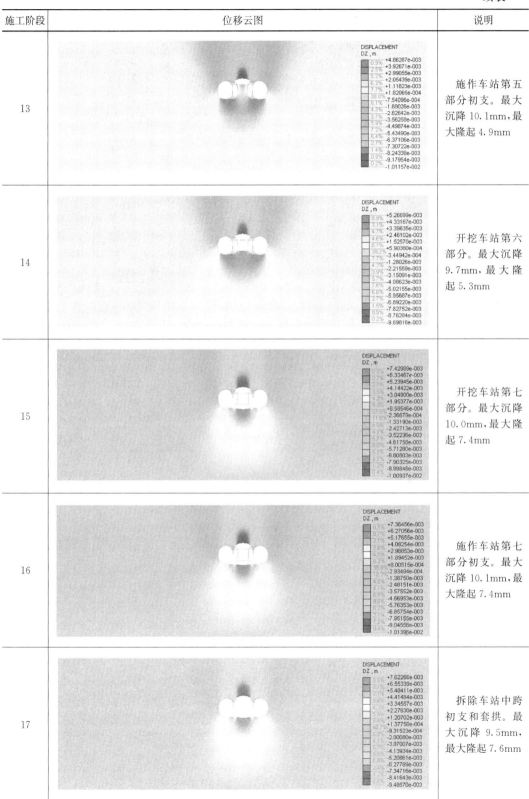

施工阶段	位移云图	说明
13		施作车站第五部分初支。最大沉降10.1mm,最大隆起4.9mm
14		开挖车站第六部分。最大沉降9.7mm,最大隆起5.3mm
15		开挖车站第七部分。最大沉降10.0mm,最大隆起7.4mm
16		施作车站第七部分初支。最大沉降10.1mm,最大隆起7.4mm
17		拆除车站中跨初支和套拱。最大沉降9.5mm,最大隆起7.6mm

续表

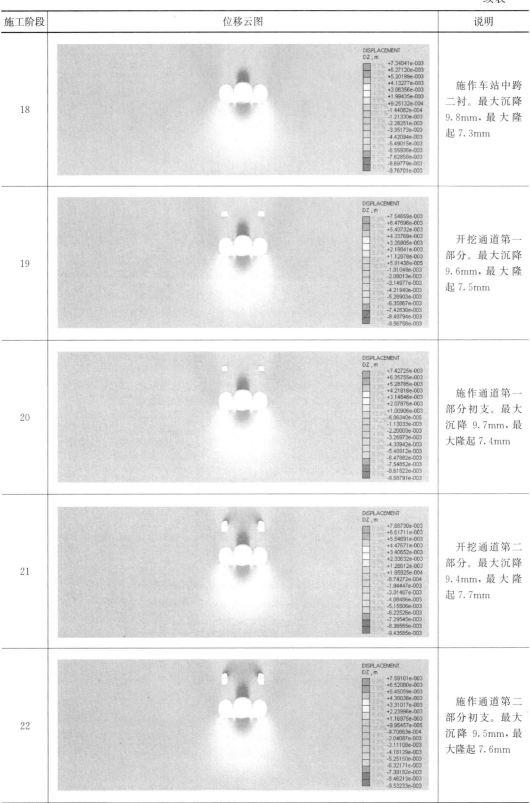

施工阶段	位移云图	说明
18		施作车站中跨二衬。最大沉降9.8mm，最大隆起7.3mm
19		开挖通道第一部分。最大沉降9.6mm，最大隆起7.5mm
20		施作通道第一部分初支。最大沉降9.7mm，最大隆起7.4mm
21		开挖通道第二部分。最大沉降9.4mm，最大隆起7.7mm
22		施作通道第二部分初支。最大沉降9.5mm，最大隆起7.6mm

第3章 复杂工程环境浅埋大跨暗挖车站修建技术

续表

施工阶段	位移云图	说明
23		开挖通道第三部分。最大沉降 9.9mm,最大隆起 7.7mm
24		施作通道第三部分初支。最大沉降 10.1mm,最大隆起 7.7mm
25		开挖通道第四部分。最大沉降 10.7mm,最大隆起 7.9mm
26		施作通道第四部分初支。最大沉降 10.8mm,最大隆起 7.9mm
27		拆除通道下部竖向初支。最大沉降 10.9mm,最大隆起 7.9mm

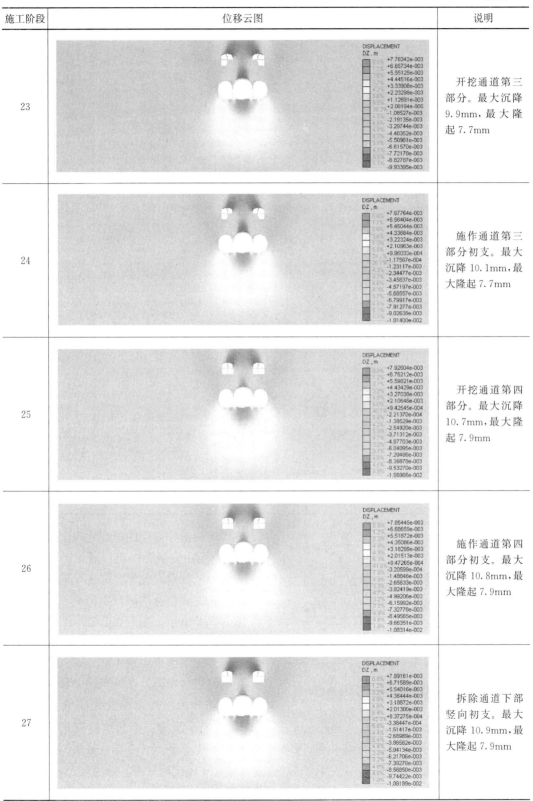

续表

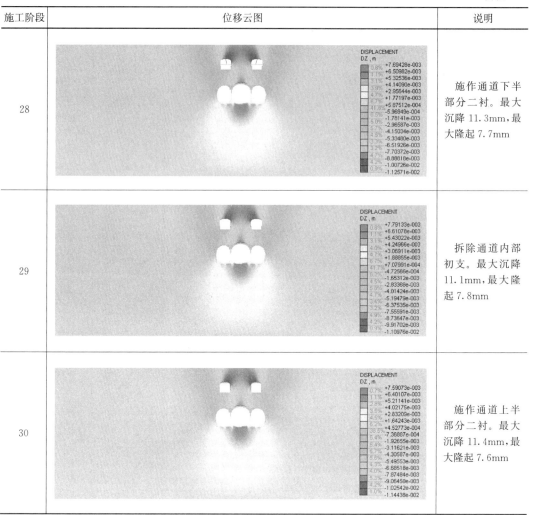

施工阶段	位移云图	说明
28		施作通道下半部分二衬。最大沉降11.3mm,最大隆起7.7mm
29		拆除通道内部初支。最大沉降11.1mm,最大隆起7.8mm
30		施作通道上半部分二衬。最大沉降11.4mm,最大隆起7.6mm

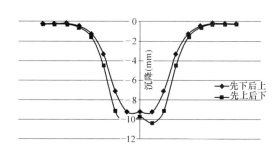

图3.4.9 两种施作方法的最终地表沉降值

两种施作方法的最终地表沉降值如图3.4.9所示。从图中可以看出,两种施作方法导致的地表位移沉降变化趋势基本一致,先下后上施作法产生的地表沉降最大值为9.23mm,先上后下施作法产生的地表沉降最大值为10.36mm。分别对两种施作方法下通道拱顶中部、通道拱底中部和车站拱顶中部、车站拱底中部的位移进行监测分析,其位移变化曲线分别如图3.4.10、图3.4.11、图3.4.12和图3.4.13所示。从四个关键点处的位移变化曲线可以看出,两种施工方法引起的围岩位移,除通道拱底部位基本相当,其余三处围岩位移都是先下后上施工方法占有优势。先上后下施作方法在第14施工阶段时,通道便已施作完毕,从图3.4.10和图3.4.11可以看出,从第14阶段后直至施工结束,先上后下施工法对通道的拱顶和拱底的位移影响比先下后上施工法要大,即采用先上后下施工法时,车站的施作将会对通道产生比较大的影响,不利于通道衬砌的稳定,甚至对通道衬砌产生破坏。反之,采用先下后上施作法,在第 21 施工阶段车站结构就已施作完毕,而后续的通道施作则基本不对车站周围的围岩位移产生影响,如图 3.4.12 和图 3.4.13 所示。

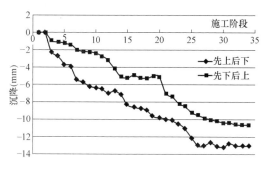

图 3.4.10 通道拱顶位移随施工阶段变化曲线 　　图 3.4.11 通道拱底位移随施工阶段变化曲线

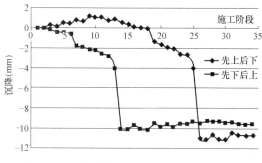
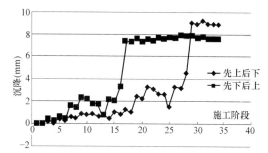

图 3.4.12 车站拱顶位移施工阶段变化曲线 　　图 3.4.13 车站拱底位移随施工阶段变化曲线

3.4.5 围岩应力分析

在开始开挖前首先要进行初始地应力平衡,目的是平衡由于重力而产生的位移。图 3.4.14 为围岩初始应力云图,从图中可以看出围岩本身地应力云图分布合理,最大主应力和最小主应力上表面基本接近于 0。

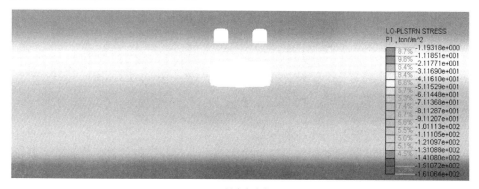

(a) 最大主应力

图 3.4.14 围岩初始应力云图 (一)

(b) 最小主应力

图 3.4.14　围岩初始应力云图（二）

采用先上后下施作法时，不同施工阶段的围岩最大主应力和最小主应力分别如图 3.4.15 和图 3.4.16 所示。在第 26 施工阶段时，即开挖车站第五部分围岩时，在侧跨与中跨的拱顶交界处出现了压应力集中，如图 3.4.15（b）所示。在第 5 施工阶段时，即开挖通道第二部分时，通道拱底围岩出现了拉应力集中，如图 3.4.16（a）所示；在第 9 施工阶段时，围岩拉应力消失，如图 3.4.16（b）所示；在第 26 施工阶段时（开挖车站第五部分岩体），通道中跨拱顶部位出现拉应力集中，如图 3.4.16（c）所示；在第 29 施工阶段时（开挖车站第七部分岩体），通道中跨拱底部位也出现了拉应力集中，如图 3.4.16（d）所示，围岩拉应力区主要集中在车站中跨拱顶、拱底和通道拱底部位。

(a) 第25施工阶段

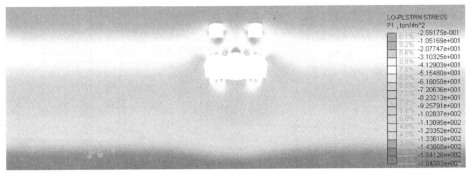

(b) 第26施工阶段

图 3.4.15　先上后下施作法不同施工阶段的围岩最大主应力（一）

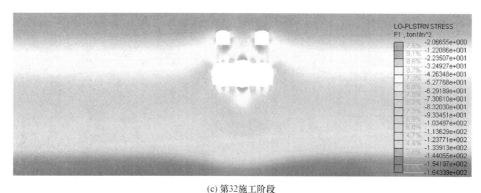

(c) 第32施工阶段

图 3.4.15　先上后下施作法不同施工阶段的围岩最大主应力（二）

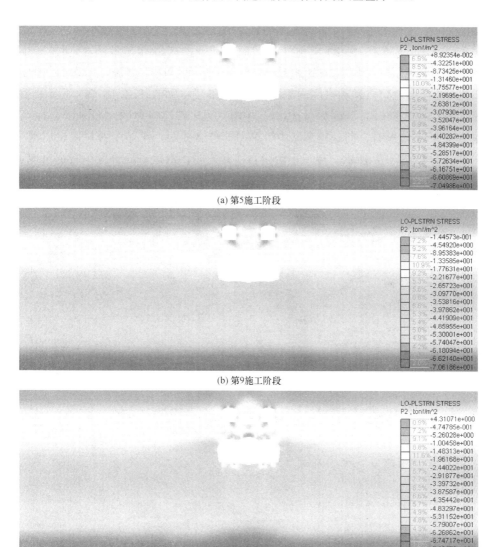

(a) 第5施工阶段

(b) 第9施工阶段

(c) 第26施工阶段

图 3.4.16　先上后下施作法不同施工阶段的围岩最小主应力（一）

(d) 第29施工阶段

图 3.4.16　先上后下施作法不同施工阶段的围岩最小主应力（二）

采用先下后上施作法时，不同施工阶段的围岩最大主应力和最小主应力分别如图 3.4.17 和图 3.4.18 所示。在第 14 施工阶段时，即开挖车站第五部分岩体时，侧跨和中跨拱顶交界处出现压应力集中，如图 3.4.17（a）所示。在第 12 施工阶段时，即拆除侧跨内部初支阶段，侧跨拱顶和拱底内侧围岩出现拉应力，如图 3.4.18（a）所示；在第 14 施工阶段时，即开挖车站第五部分岩体时，中跨拱顶出现拉应力区，如图 3.4.18（b）所示；在第 17 施工阶段时，即开挖车站中跨第七部分岩体时，车站中跨拱底也出现了拉应力区，如图 3.4.18（c）所示；通道下台阶岩体开挖时，通道拱底部分围岩也出现了拉应力区，如图 3.4.18（d）、（e）所示；围岩拉应力区主要集中在车站中跨拱顶、拱底和通道拱底部位，如图 3.4.18（f）所示。

(a) 第14施工阶段

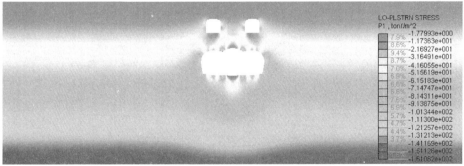

(b) 第32施工阶段

图 3.4.17　先下后上施作法不同施工阶段的围岩最大主应力

(a) 第12施工阶段

(b) 第14施工阶段

(c) 第17施工阶段

(d) 第24施工阶段

图 3.4.18　先下后上施作法不同施工阶段的围岩最小主应力（一）

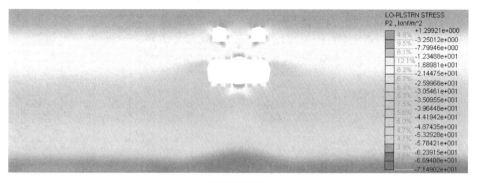

(e) 第27施工阶段

(f) 第32施工阶段

图 3.4.18　先下后上施作法不同施工阶段的围岩最小主应力（二）

从两种施作法不同施工阶段下围岩最大主应力和最小主应力云图可以看出，压应力主要集中在车站侧跨和中跨的拱顶交界处；拉应力主要出现在通道拱底、车站拱顶和车站拱底位置，在施工中，应加强对这些关键地方的监测和维护。

3.4.6　围岩塑性区分析

采用先上后下施作法时，在开挖第一步时就有塑性区的产生，但范围很小。随着开挖范围的增大，塑性区的分布也逐渐变化，在第 9 施工阶段后，围岩塑性区几乎不变，如图 3.4.19（a）所示，塑性区主要分布在通道内侧直墙上下端。到第 26 施工阶段时，塑性区稍微发生变化，如图 3.4.19（b）所示，其后一直到施工阶段结束，塑性区不再变化。在整个施工阶段中，车站周围围岩几乎没有塑性区出现。采用先下后上施作法时，在第一步开挖时就出现围岩塑性区，也是随着开挖范围不断发生变化，在第 17 施工阶段时，围岩塑性区主要分布在车站侧跨和中跨交接的拱顶位置以及两侧拱底，但分布范围及强度很小，如图 3.4.20（a）所示。此后随着通道的开挖，塑性区也不断变化，主要分布在通道内侧直墙的上下两端，如图 3.4.20（b）所示。

3.4.7　初期支护内力分析

1. 车站初期支护弯矩

车站初期支护的弯矩如图 3.4.21 和图 3.4.22 所示，从图中可以看出，最大正弯矩都是出现在侧跨拱顶中部，最大负弯矩出现在侧跨拱底中部，拱底与边墙连接处也出现较大

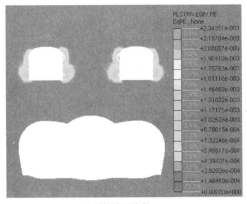
(a) 第9施工阶段

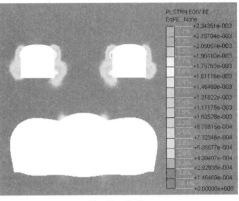
(b) 第26施工阶段

图 3.4.19　先上后下施作法塑性区

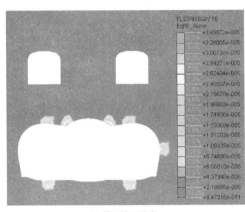
(a) 第17施工阶段

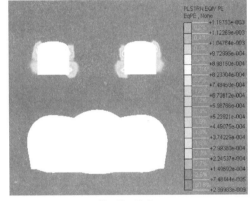
(b) 第27施工阶段

图 3.4.20　先下后上施作法塑性区

的正弯矩，在施工中应加强对这些位置的监测。采用先上后下施作法车站初期支护的最终弯矩如图 3.4.21 所示，最大正弯矩在侧跨拱顶中部，最大负弯矩在侧跨拱底中部。采用先下后上施作法车站初期支护弯矩如图 3.4.22 所示。图 3.4.22（a）为车站结构施作完

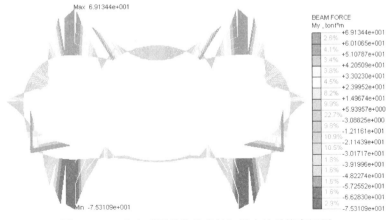

图 3.4.21　先上后下施作法车站初期支护最终弯矩图

毕后车站初期支护的弯矩，图3.4.22（b）为上部通道结构施作完毕后车站的初期支护弯矩，对两图对比可看出，采用先下后上施作法，后期施作通道结构对车站初期支护几乎没有影响。

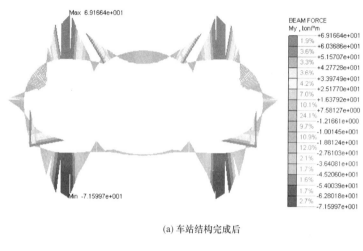

(a) 车站结构完成后

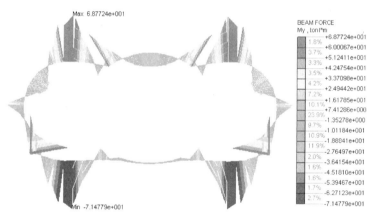

(b) 通道结构完成后

图3.4.22　先下后上施作法车站初期支护弯矩图

2. 车站初期支护轴力

车站初期支护轴力如图3.4.23和图3.4.24所示。从图中可以看出，两种施作方法下

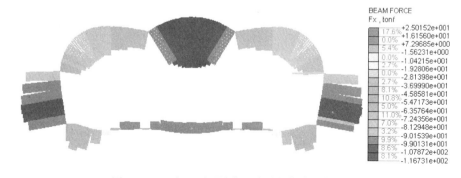

图3.4.23　先上后下施作法车站初期支护轴力图

轴力差距不明显，且最大轴力出现在中跨拱底处，其次是边跨直墙部位；中跨拱底部位则出现拉力。采用先上后下施作法车站初期支护轴力如图 3.4.23 所示，最大轴力为 1167.3kN。采用先下后上施作法时，车站结构完成后，初期支护最大轴力为 1143.3kN；通道结构完成后，最大轴力为 1286.55kN。由此可见，后期通道结构的施作使得车站初支最大轴力有所增大，但变化都比较小。

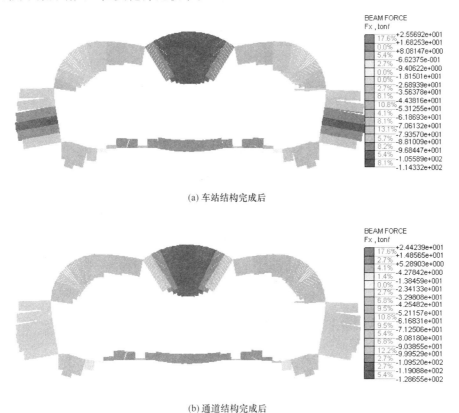

(a) 车站结构完成后

(b) 通道结构完成后

图 3.4.24　先下后上施作法车站初期支护轴力图

3. 通道初期支护弯矩

两种施作方法下通道初期支护弯矩图如图 3.4.25 和图 3.4.26 所示，弯矩主要集中在拱底中部、拱顶中部和内侧拱脚范围。采用先上后下施作法时，通道结构完成后，初期支护最大正弯矩为 277.74kN·m，最大负弯矩为 337.56kN·m；车站结构完成后，最大正弯矩为 2776.51kN·m，最大负弯矩为 338.98kN·m，几乎没有变化。采用先下后上施作法时，通道初期支护最大正弯矩为 254.68kN·m，最大负弯矩为 294.21kN·m。从结果看，采用先下后上施作法，通道初期支护正负弯矩值要比先上后下施作法要小，采用先下后上施作法更为有利。

4. 通道初期支护轴力

两种施作法下通道初期支护轴力分布图如图 3.4.27 和图 3.4.28 所示。采用先上后下施作法时，当通道结构完成后，初期支护轴力最大值为 357.15kN，出现在通道外侧直墙，拱顶受力均匀；当车站结构完成后，外侧直墙出现最大轴力，为 610.95kN，此时拱顶轴力主要集中在内侧部位。采用先下后上施作法时，最大轴力出现在拱顶外侧部位，为

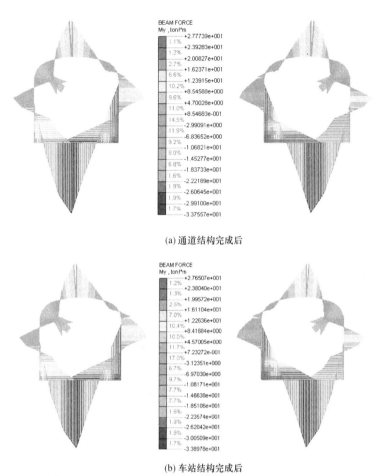

(a) 通道结构完成后

(b) 车站结构完成后

图 3.4.25 先上后下施作法通道初期支护弯矩图

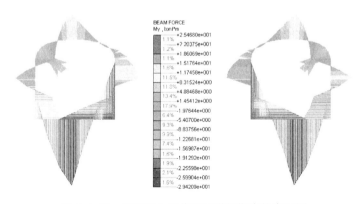

图 3.4.26 先下后上施作法通道初期支护弯矩图

260.37kN。由此可见，采用先上后下施作法时，下部车站的施作将会对上部通道的初期支护受力产生较大影响，车站结构施作后，通道初期支护受力变得更为集中。采用先下后上施作法时，通道初期支护结构受力更为均匀，轴力值也更小。综上所述，先下后上施作法对通道初期支护受力更为有利。

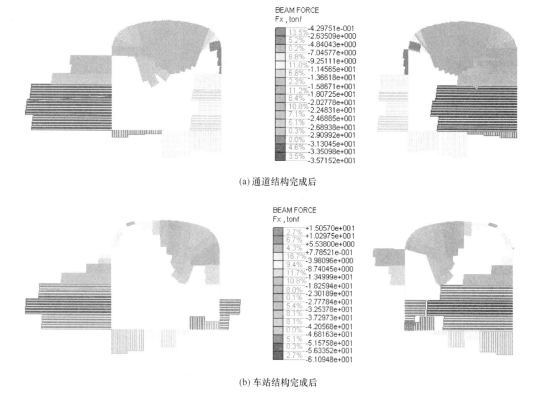

(a) 通道结构完成后

(b) 车站结构完成后

图 3.4.27　先上后下施作法通道初期支护轴力图

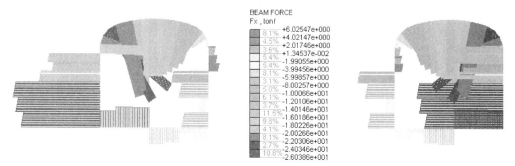

图 3.4.28　先下后上施作法通道初期支护轴力图

3.4.8　二衬内力分析

1. 车站二衬应力分析

采用先上后下施作法，车站二衬最大主应力和最小主应力如图 3.4.29 所示，最大压应力出现在中柱，为 6.80MPa，最大拉应力出现在侧跨拱底外侧部分，为 0.33MPa。采用先下后上施作法时，车站二衬最大主应力和最小主应力如图 3.4.30 和图 3.4.31 所示，最大压应力出现在中柱，车站结构完成时为 6.86MPa，通道结构完成时为 6.75MPa，最大主应力几乎不变。最大压应力同样出现在侧跨拱底外侧部分，车站结构完成时为 0.32MPa，通道结构完成时为 0.26MPa。由此可见，两种施作方法对车站二衬结构受力影响不大，上部通道结构的施作对下部车站结构的影响也很小。

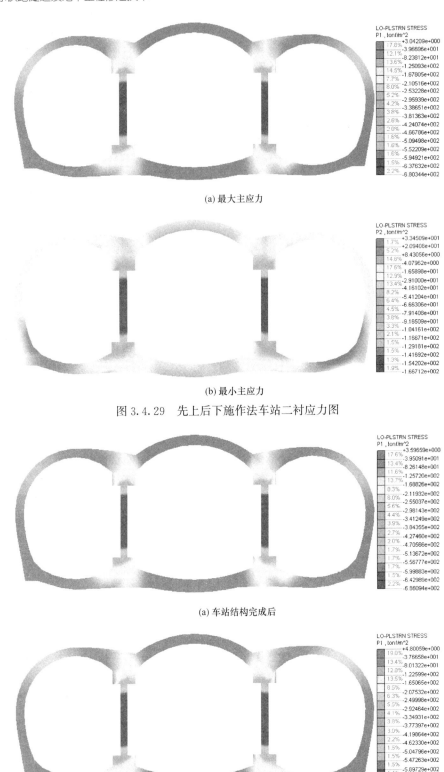

(a) 最大主应力

(b) 最小主应力

图 3.4.29　先上后下施作法车站二衬应力图

(a) 车站结构完成后

(b) 通道结构完成后

图 3.4.30　先下后上施作法车站二衬最大主应力图

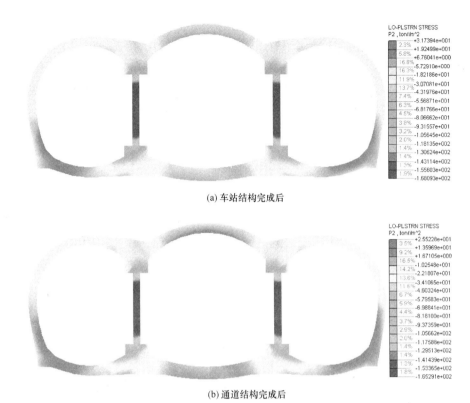

(a) 车站结构完成后

(b) 通道结构完成后

图 3.4.31　先下后上施作法车站二衬最小主应力图

2. 通道二衬应力分析

采用先上后下施作法时，通道二衬最大主应力和最小主应力如图 3.4.32 和图 3.4.33 所示，通道结构完成后，最大压应力出现在内侧直墙与拱底连接处，为 0.32MPa，最大

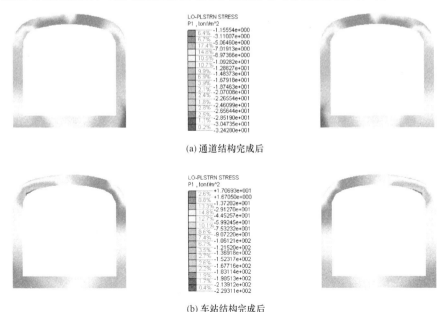

(a) 通道结构完成后

(b) 车站结构完成后

图 3.4.32　先上后下施作法通道二衬最大主应力图

拉应力出现在拱顶中部，为 0.007MPa；车站结构完成后，最大压应力出现在外侧直墙与拱顶交界处，为 2.29MPa，最大拉应力出现在内侧直墙与拱顶连接处，为 0.42MPa。采用先下后上施作法时，最大拉应力出现在内侧直墙与拱底连接处，为 0.55MPa，最大拉应力出现在拱顶中部位置，为 0.00003MPa，几乎为 0（图 3.4.34）。由此可见，采用先上后下施作法时，后期下部车站的施作使得上部通道二衬受力变得更为不利；采用先下后上施作法时，通道二衬受力更为合理。

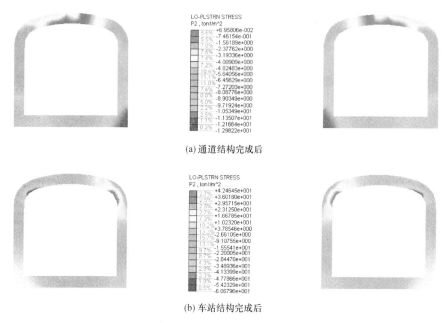

图 3.4.33　先上后下施作法通道二衬最小主应力图

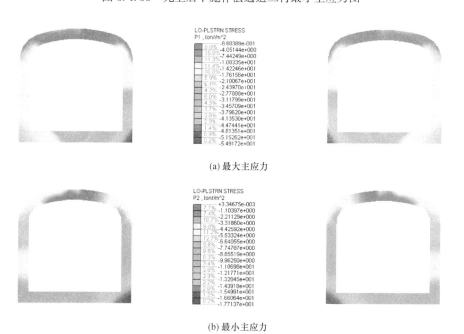

图 3.4.34　先下后上施作法通道二衬应力图

3.4.9 暗挖车站套拱内力分析

1. 套拱弯矩分析

采用先上后下施作法时,套拱弯矩如图 3.4.35 所示。在第 23 施工阶段时,即套拱施作完成后,套拱最大正弯矩为 8.1kN·m,最大负弯矩为 14.2kN·m;在第 24 施工阶段

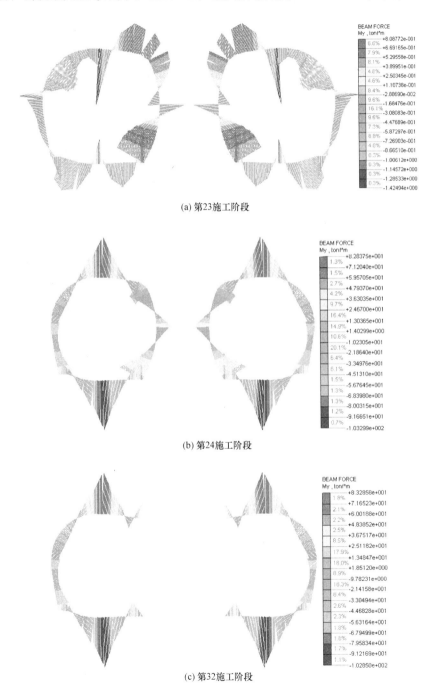

(a) 第23施工阶段

(b) 第24施工阶段

(c) 第32施工阶段

图 3.4.35　先上后下施作法不同施工阶段车站套拱弯矩图

后，套拱轴力基本达到稳定状态，此时最大正弯矩为 828.3kN·m，最大负弯矩为 1033.0kN·m；在第 32 施工阶段时，即施工完成时，此时最大正弯矩为 832.9kN·m，最大负弯矩为 1028.5kN·m，变化很小。

采用先下后上施工法时，套拱弯矩图如图 3.4.36 所示。在第 11 施工阶段时，即套拱施作完成后，套拱最大正弯矩为 8.0kN·m，最大负弯矩为 14.1kN·m；在第 12 施工阶段后，套拱轴力基本达到稳定状态，此时最大正弯矩为 806.8kN·m，最大负弯矩为 972.4kN·m；在第 20 施工阶段后，即车站结构完成后，套拱最大正弯矩为 810.9kN·m，最大负弯矩为 969.4kN·m；在第 32 施工阶段时，即施工完成时，此时最大正弯矩为 804.9kN·m，最大负弯矩为 967.2kN·m，通道结构的施作对套拱受力影响很小。

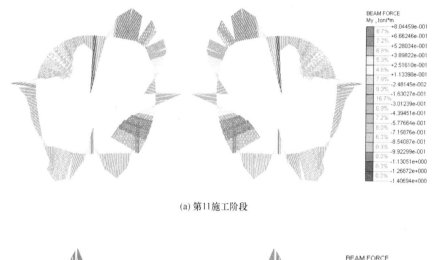

(a) 第11施工阶段

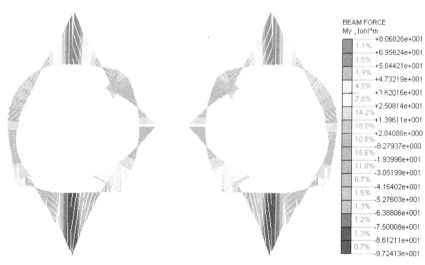

(b) 第12施工阶段

图 3.4.36　先下后上施作法不同施工阶段车站套拱弯矩图（一）

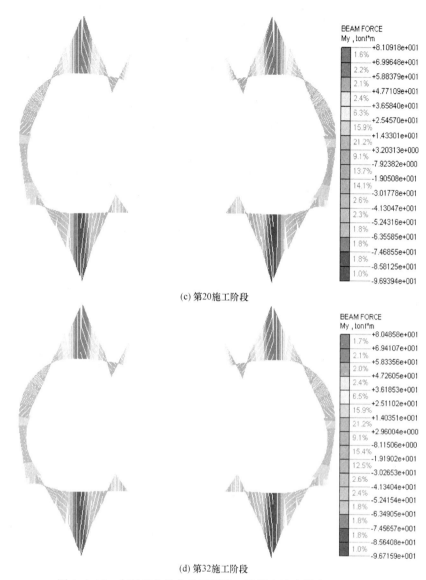

(c) 第20施工阶段

(d) 第32施工阶段

图3.4.36 先下后上施作法不同施工阶段车站套拱弯矩图（二）

2. 套拱轴力分析

先上后下和先下后上两种施作法在不同施工阶段的车站套拱轴力变化分别列于表3.4.8和表3.4.9中。

先上后下施作法不同施工阶段车站套拱轴力图　　　　　表3.4.8

施工阶段	轴力图	说明
23	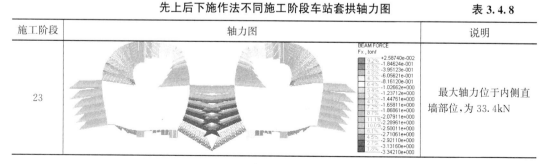	最大轴力位于内侧直墙部位，为33.4kN

续表

施工阶段	轴力图	说明
24		最大轴力位于内侧直墙部位,为592.5kN
25		最大轴力位于内侧直墙部位,为570.6kN
26		最大轴力位于拱顶内侧与直墙交接部位,为1423.7kN
27		最大轴力位于拱顶内侧与直墙交接部位,为1403.6kN
28		最大轴力位于内侧直墙部位,为1143.3kN
29		最大轴力位于外侧直墙下部,为706.2kN

续表

施工阶段	轴力图	说明
30		最大轴力位于外侧直墙下部,为716.6kN
31		最大轴力位于外侧直墙下部和拱顶,为572.5kN
32		最大轴力位于外侧直墙下部和拱顶,为611.3kN

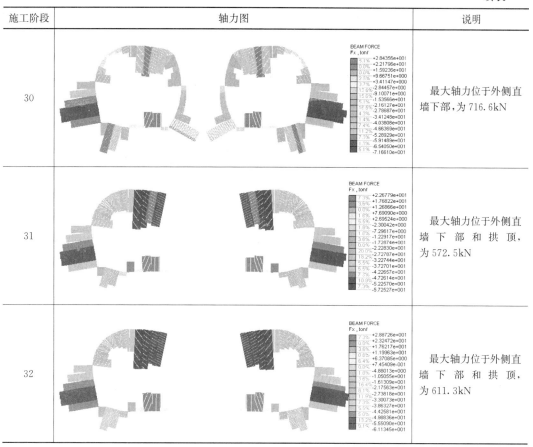

先下后上施作法不同施工阶段车站套拱轴力图   表3.4.9

施工阶段	轴力图	说明
11		最大轴力位于内侧直墙部位,为34.1kN
12		最大轴力位于内侧直墙部位,为567.3kN

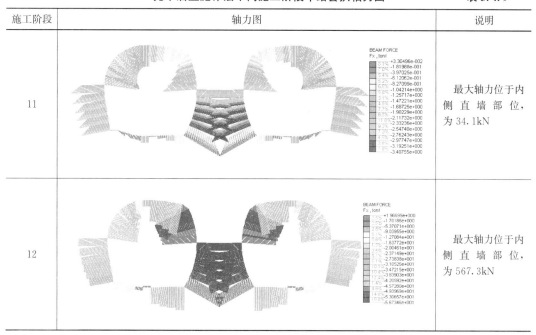

续表

施工阶段	轴力图	说明
13		最大轴力位于内侧直墙部位，为555.4kN
14		最大轴力位于拱顶内侧与直墙交接部位，为1393.8kN
15		最大轴力位于拱顶内侧与直墙交接部位，为1374.5kN
16		最大轴力位于内侧直墙部位，为1139.1kN
17		最大轴力位于外侧直墙下部，为688.6kN

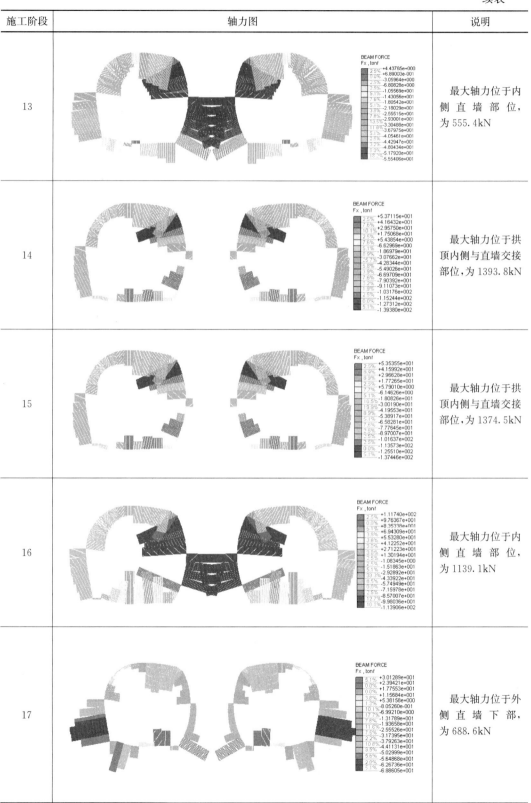

续表

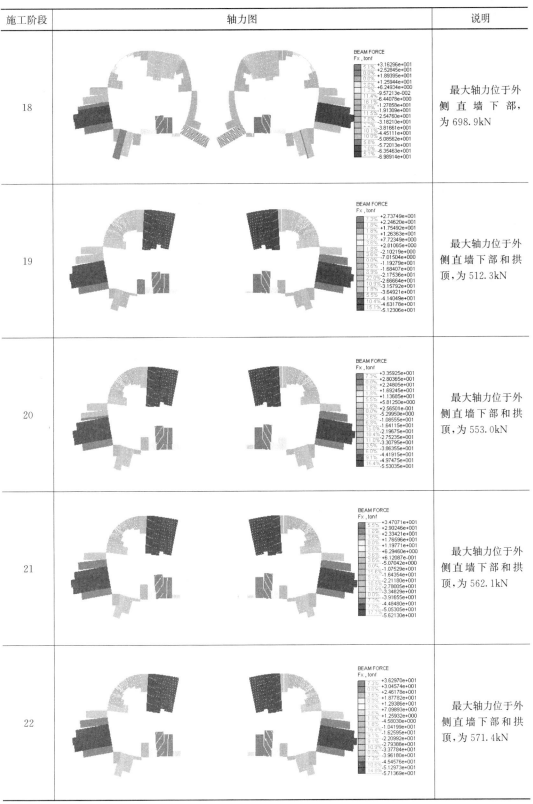

施工阶段	轴力图	说明
18		最大轴力位于外侧直墙下部，为698.9kN
19		最大轴力位于外侧直墙下部和拱顶，为512.3kN
20		最大轴力位于外侧直墙下部和拱顶，为553.0kN
21		最大轴力位于外侧直墙下部和拱顶，为562.1kN
22		最大轴力位于外侧直墙下部和拱顶，为571.4kN

续表

施工阶段	轴力图	说明
23	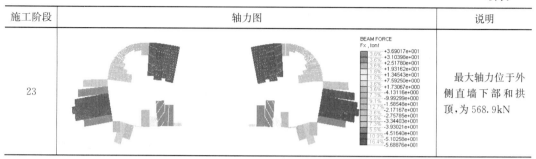	最大轴力位于外侧直墙下部和拱顶,为568.9kN

采用先上后下施作法时,套拱轴力最大值为1423.7kN。采用先下后上施作法时,套拱最大轴力为1393.8kN,且上部通道结构的施作对套拱受力几乎没有影响,套拱结构受力稳定。

3.4.10 小结

本节利用MIDAS/GTS有限元计算软件,建立暗挖数值模型,分别从围岩沉降位移、拉应力分布、初期支护和二衬结构内力等对先上后下和先下后上两种施作方法引起的群洞力学效应进行了分析研究,得出以下主要结论:

(1) 采用先上后下施作法时,后期开挖的下部车站结构会对先期施作的通道结构产生较大的沉降位移,不利于通道结构的稳定。同时,采用先下后上施作法引起的地表沉降较小。

(2) 从围岩拉应力分布来看,先下后上施作法产生的最大拉应力在拱底部位,而先上后下施作法产生的最大拉应力在拱顶部位,显然先下后上施作法对于围岩的稳定更为有利。

(3) 从两种施作法不同施工阶段下围岩最大主应力和最小主应力云图可以看出,压应力主要集中在车站侧跨和中跨的拱顶交界处;拉应力主要出现在通道拱底、车站拱顶和车站拱底位置,在施工中,应加强对这些关键地方的监测和维护。

(4) 两种施作方法下车站初期支护内力基本相同,相差不大。采用先下后上施作法时,后期上部通道结构的施作对前期下部施作完成的车站初期支护影响不大。

(5) 采用先上后下施作法时,下部车站的施作将会对上部通道的初期支护受力产生较大影响,车站结构施作后,通道初期支护受力变得更为集中。采用先下后上施作法时,通道初期支护结构受力更为均匀,轴力值也更小。

(6) 先上后下和先下后上两种施作法对车站二衬的最终受力结果影响很小。

(7) 采用先上后下施作法时,后期下部车站的施作使得上部通道二衬的最大拉应力和最大压应力值变大,受力变得更为不利。采用先下后上施作法时,通道二衬受力更为合理。

综上,采用先下后上施作法对控制围岩沉降、通道初期支护受力以及通道二衬的稳定更为有利,应优先采用先下后上施作法。

第4章
浅基岩地层明挖车站修建技术

莞惠城际铁路隧道所在的广深地区一个较为明显的地质特点是基岩较浅,且岩面起伏较大,部分明挖区间隧道及车站基坑底部位于围岩基岩岩面以下几米甚至十几米的位置,形成嵌岩基坑。嵌岩基坑在基岩较浅地区的明挖区间、车站及各类工作井等深基坑工程中常见。不同于传统的单一地层基坑的支护方式,一般采用土层嵌岩排桩结合岩层锚喷支护结构形式。针对单一围护结构的基坑,支护设计理论、设计规范、计算软件比较成熟,设计与施工安全快速,并能够验算其各种稳定性。而对于此类基坑相关设计计算是一个设计难题,缺乏相应的规范依据,计算软件也无明确的规范可依,大都采用半经验半理论设计方法。本章以莞惠城际铁路松山湖隧道基岩较浅的基坑为工程依托,对该类嵌岩深基坑的设计计算方法进行研究。

4.1 依托工程概况

4.1.1 工程背景及地质情况

1. 工程背景

莞惠城际铁路松山湖隧道总长38.8km,包含明挖法、盾构法、矿山法区间隧道及明挖法地下车站,沿线在东莞市域内城镇穿行,地表建筑密集、地下管线众多,周边区域环境较复杂。该隧道明挖段6.5km,明挖车站7座,分布于盾构法、矿山法区间的明挖风井、施工竖井、盾构始发(接受)井约31座。受线路埋深的影响,明挖区间、明挖车站及明挖各类井的基坑深度从15~50m不等,基坑宽度为10~40m。

2. 工程地质

工程所在区域上覆为第四系全新统人工堆积层(Q_4^{ml})、第四系全新统冲积层(Q_4^{al})、第四系残积层(Q^{el}),下伏基岩燕山晚期($\gamma_{\pi y}$)花岗斑岩、白垩系(K)泥质粉砂岩及震旦系(P_{z1})混合片麻岩。主要地层概述如下:

(1)第四系全新统人工堆积层(Q_4^{ml})

①$_1$素填土:褐黄色为主,松散~稍密,潮湿~饱和,主要成分为黏性土及全风化混合片麻岩。

②$_2$杂填土:杂色,稍湿,稍密,主要由角砾、砂及建筑垃圾等回填而成。

(2)第四系全新统冲积层(Q_4^{al})

③粉质黏土:褐黄色,硬塑,土质不均,韧性一般,含少量砂粒。

③$_1$ 粉质黏土：褐黄色，软塑，土质不均，韧性一般，含少量砂粒。

③$_2$ 淤泥质粉质黏土：黑灰色，流塑，混少量砂砾，具高压缩性。

③$_3$ 粉砂：灰褐色、褐黄色，稍密，潮湿～饱和。

③$_4$ 细砂：灰黄色、灰色，稍密，饱和。

③$_5$ 中砂：褐黄色，中密，饱和。

③$_6$ 粗砂：灰色、褐黄色，中密，饱和，局部夹粉土薄层。

③$_{10}$ 粗砂：灰色、褐黄色，稍密，饱和。

③$_{11}$ 中砂：灰色、褐黄色，稍密，饱和。

③$_{12}$ 中砂：褐黄色，松散，饱和。

(3) 第四系残积层（Q^{el}）

④$_1$ 粉质黏土：以褐黄色、褐红色为主，夹灰白色，硬塑，主要含黏、粉粒，次为砂粒，切面粗糙，具中压缩性。

(4) 下伏基岩燕山晚期（$\gamma_{\pi y}$）花岗斑岩

按风化程度可分为⑬$_1$ 全风化花岗斑岩、⑬$_2$ 强风化花岗斑岩和⑬$_3$ 弱风化花岗斑岩3个亚层，分述如下：

⑥$_1$ 全风化花岗斑岩：灰褐色，结构构造已基本破坏，可见原岩结构特征，岩芯呈砂土状，呈透镜体状分布。

⑥$_2$ 强风化花岗斑岩：灰褐色，斑状结构，块状构造，节理裂隙发育，岩芯呈块状，层顶埋深 0.00～32.50m。

⑥$_3$ 弱风化花岗斑岩：灰褐色，斑状结构，块状构造，节理裂隙较发育，岩芯呈柱状及短柱状，岩质较硬，锤击声脆，层顶埋深 7.80～42.80m。

(5) 白垩系（K）泥质粉砂岩

按风化程度可分为⑦$_1$ 全风化泥质粉砂岩、⑦$_2$ 强风化泥质粉砂岩和⑦$_3$ 弱风化泥质粉砂岩3个亚层，分述如下：

⑦$_1$ 全风化泥质粉砂岩：紫红色为主，局部褐黄色，结构构造已基本破坏，岩芯呈土状、土夹砂状，局部可见原岩结构特征，层顶埋深 2.20～20.80m。

⑦$_2$ 强风化泥质粉砂岩：紫红色，泥质粉砂结构，层状构造，泥质胶结，节理裂隙发育，岩芯呈块状，局部呈短柱状，层顶埋深 5.70～30.00m。

⑦$_3$ 弱风化泥质粉砂岩：紫红色，泥质粉砂结构，泥质胶结，层状构造，节理裂隙较发育，岩芯呈柱状及短柱状，少量呈块状，岩质软，层顶埋深 7.30～46.60m。

(6) 震旦系（Pz_1）混合片麻岩

按风化程度可分为⑨$_1$ 全风化混合片麻岩、⑨$_2$ 强风化混合片麻岩和⑨$_3$ 弱风化混合片麻岩3个亚层，分述如下：

⑨$_1$ 全风化混合片麻岩：褐黄色、褐红色，岩芯呈土状、土夹砂状，各种矿物均已经风化为黏土或砂土，层顶埋深 0.00～25.40m。

⑨$_2$ 强风化混合片麻岩：灰褐色、灰色，变晶结构，片麻状构造，节理裂隙发育，岩芯呈碎块状，局部呈短柱状，层顶埋深 0.00～59.70m。

⑨₃ 弱风化混合片麻岩：灰褐色，变晶结构，片麻状构造，岩芯呈柱状及短柱状，少量块状，层顶埋深 0.00～59.10m。

（7）水文地质

本工程地下水埋深 0.50～4.00m，根据埋藏条件可简单划分为孔隙水、基岩裂隙水。

孔隙水分布于场区内上部覆盖层，主要含水层为：第四系人工堆积层素填土、杂填土；第四系全新统冲积粉质黏土、淤泥质黏土及砂层；第四系残积层及全风化混合片麻岩中。

基岩裂隙水主要分布于下部基岩中，主要赋存于强、弱风花岗斑岩、泥质粉砂岩、混合片麻岩中节理裂隙发育部位及裂隙带，一般略具承压性。局部基岩裂隙较发育，孔隙水与裂隙水具有连通性。

4.1.2 基坑支护方案选型原则

1. 常规地层基坑支护

此类基坑支护方案主要是针对整个开挖深度范围位于土层及全、强风化岩层的情况，在下伏基岩较深的地区或基坑开挖深度较浅的工程中为常规支护方案选型原则。

（1）从总体上考虑。必须从基坑各部位的具体情况出发，根据基坑周边场地条件和地质条件接近或不同的情况，采取一种或多种围护结构类型。

（2）从场地条件考虑。如坑周场地较为开阔，则可以采用上段放坡开挖，下段采用悬臂桩或桩锚（支撑）围护结构；如坑周场地较为狭窄并且临近又有重要建筑物需要保护时，则可采用地下连续墙加锚索或支撑方案。

（3）从基坑开挖深度和范围考虑。开挖深度不大时，可采用悬臂式围护结构、土钉墙或锚喷支护等结构；开挖深度较大时，可视情况采用围护桩（墙）加多层支撑或锚索支护形式。

（4）从土层地质条件考虑。土质较好的情况可采用土钉或锚喷支护结构；土质较差的情况，可采用桩锚结构或锚杆加地下连续墙等形式。

（5）从场区的地下水位考虑。如地下水位较低时，可采用土钉墙或锚喷支护结构及稀疏桩排挡土支护结构；如地下水位较高时，可采用围护桩＋水泥土桩（旋喷桩、深层搅拌桩等）或地下连续墙等，以保证围护结构止水效果，减小基坑开挖对周边地下水环境的影响。

2. 岩质地层基坑支护

此类基坑在广深地区的城市及城际轨道交通建设工程中较为常见。由于下伏基岩较浅、岩面起伏较大，岩面埋深从几米至几十米不等，基坑下部开挖常位于弱风化或微风化岩层内，针对该类地层基坑需单独考虑其支护方案的合理性和经济性。

弱风化或微风化岩层具有紧密坚实、承载能力高、压缩性低及自稳能力强等特点，不会引起开挖面塑性隆起、涌砂、上鼓以及因降水而衍生的周边地面沉降等问题。根据工程经验，对于下伏基岩较浅的地区，采用柔性的"非止水性"的支护方案、局部结合有针性的止水措施是最为经济、合理的选择;如果在地表与基岩之间有一层较厚的土层且地下水位较高,应在基岩以上基坑段采用"止水性"支护结构。

因地层工程特性差异较大,应本着"因地制宜"的原则,针对不同的岩质地层基坑,采用不同的支护结构及不同的施工工艺和施工方法。

4.1.3 松山湖隧道嵌岩基坑支护方案及特点

由于线路埋深的影响,松山湖隧道明挖区间、明挖地下车站以及明挖施工的各类功能井深度均在15~50m不等。受该地区基岩埋深浅、岩面高低起伏的影响,较大部分基坑底深入弱风化岩层,出现嵌岩基坑的情况,基坑底部进入弱风化岩层的深度从5~20m不等。基坑场地基本位于市区及周边区域,市政道路、建筑物及地下管线情况复杂,受场地限制,并且本身属于超深基坑,均无条件进行基坑顶部的放坡开挖。因此综合考虑该类基坑周边环境及所在地层的特点,结合既有的工程经验,支护方式以上部地层排桩+内支撑+止水帷幕、下部采取锚喷支护方式为主,即:基坑弱风化岩面以上地层采用排桩支护及桩间旋喷桩止水,基坑弱风化岩面以下采用直壁开挖、锚喷挂钢筋网支护,在钻孔灌注桩底端考虑入岩并且在进入弱风化岩面处开挖面收缩设置嵌岩岩台,均设置桩脚内支撑或锁脚锚索。同时为保证超深基坑的稳定性、上部地层开挖过程中控制周边地表沉降,均采用内支撑的支护方式。但目前针对该类嵌岩深基坑的设计并未有个统一、完整的设计计算方法,特别是对下部嵌岩部分岩质基坑的支护设计,存在依靠工程经验进行设计的情况。

本次针对松山湖隧道嵌岩深基坑设计方法的研究,选取其中一个典型的深基坑作为依托案例。该基坑深度40m,弱风化岩面以上覆土厚度25m,下部嵌入基岩深15m,基坑长度方向约30m,宽度方向约10m。支护方案为:上部覆土层基坑采用桩撑体系围护结构,桩径1.2m,桩间距1.35m,桩底入弱风化2m,桩脚处预留1.0m宽度岩台,竖向共设置5道0.8m×1.0m混凝土支撑,平面间距6m;下部岩石边坡采用锚喷支护,全长粘结砂浆锚杆,砂浆强度M25,锚杆钻孔直径90mm,水平、竖向间距1.2m。基坑平面周边环境及立面地质情况如图4.1.1和图4.1.2所示。

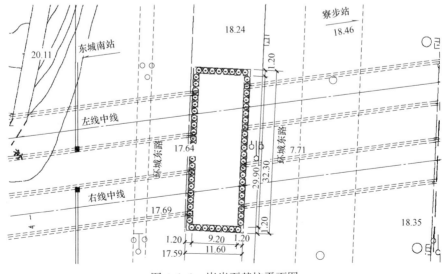

图 4.1.1 嵌岩石基坑平面图

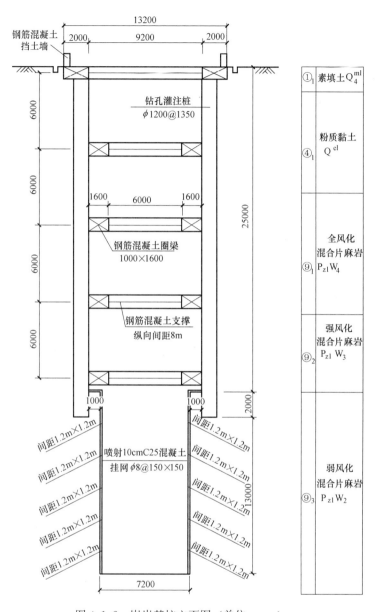

图 4.1.2 嵌岩基坑立面图（单位：mm）

4.2 围护结构嵌岩深度及岩台尺寸影响规律分析研究

嵌岩基坑在上部覆土层段围护结构参数确定的情况下，在覆土层及下部硬岩层开挖过程中，"吊脚"部分围护结构变形及内力与嵌岩深度、预留岩台宽度等因素密切相关，深入分析不同嵌岩深度、岩台尺寸情况下对提高桩身嵌岩段所受嵌固作用的程度，并将各步序过程中桩身位移、内力及受吊脚影响最大的最底层支撑轴力作为评价指标，对其进行对比分析。通过改变对应影响因素的变量建立不同的对比模型。

4.2.1 围护桩嵌固深度及尺寸研究数值分析模型

1. 基本假定

既往研究结果表明,就平面开挖尺寸较大的基坑而言,除基坑转角处因空间效应二维数值分析结果较三维数值计算偏大外,其余部位两种数值模型分析的结果相差不大。为着重研究嵌岩深度及岩台宽度对各项评价指标的影响规律,对有限元模型的建立做如下简化及假定:

(1) 基坑开挖按平面应变模型考虑。

(2) 将围护结构及内撑视为弹性受力状态,围护桩体用实体单元模拟;不考虑土体液化、土体松散颗粒的压实等因素对整个支护结构变形的影响。

(3) 桩体施工及开挖引起的土体应力改变不予考虑。

(4) 桩身嵌岩深度及岩台宽度对各项评价指标影响规律的分析,均基于各工况下覆土层段围护结构参数一致的情况下(除作为研究目标的桩体嵌岩深度外)。

2. 计算模型及工况

本章数值计算运用FLAC3d程序,采用D-P弹塑性模型模拟土体和岩体力学特性,支护结构采用弹性模型进行模拟计算。

围护桩采用实体单元模拟,根据两者刚度相等的原则转化成地下墙的厚度:

$$\frac{1}{12}(D+t)h^3 = \frac{1}{64}\pi D^4 \tag{4.2.1}$$

式中:D——钻孔灌注桩桩径;t——桩净距;h——等价后的地下墙厚度,按钻孔灌注桩参数$\phi 1200@1350$折算,地下墙厚度为0.97m。

内撑采用FLAC3d里结构单元beam单元模拟,同样采用刚度相等的方式折算出梁单元的面积。按混凝土支撑$1m \times 0.8m@10m$的设计参数,折算的梁单元面积为$0.37m^2$。锚杆单元同样采用结构单元beam单元进行模拟,锚杆间距1.2m,在本节的数值计算中锚杆长度基于5m取值对排桩嵌入深度及岩台尺寸的影响规律进行研究。

计算模型水平方向上取120m、竖向取80m、纵向取1m。左右两侧边界约束水平方向上位移,底部约束竖向位移,前后边界面约束纵向位移。计算模型如图4.2.1所示。

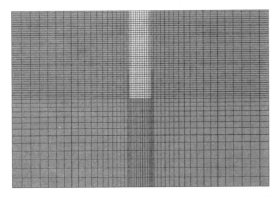
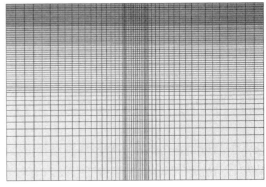

图 4.2.1 计算模型及地层分布

根据本依托工程地质勘察报告,针对某一典型基坑地层进行适当简化。地层从上到下，依次为粉质黏土、全风化混合片麻岩、强风化混合片麻岩、弱风化混合片麻岩。土层及支护结构力学参数见表 4.2.1。

土层及支护结构力学参数表　　　　　表 4.2.1

地层及支护名称	层厚(m)	重度(kN/m³)	黏聚力(kPa)	内摩擦角(°)	泊松比	弹性模量(MPa)
粉质黏土	10	18.6	15	11	0.35	7
全风化混合片麻岩	9	19.0	24	20	0.25	9
强风化混合片麻岩	6	23.0	35	26	0.33	40
弱风化混合片麻岩	55	25.0	1200	40	0.25	1500
围护桩	—	2500	—	—	0.2	25000
锚杆	—	—	—	—	0.2	200000

计算过程模拟：①初始应力场求解平衡→②围护桩施工并求解平衡→③土质地层中，基坑分层开挖加内撑，求解平衡→④岩质地层中，基坑分层开挖加设锚杆，求解平衡。

本章数值计算各研究内容计算工况见表 4.2.2。

土层及支护结构力学参数表　　　　　表 4.2.2

研究内容	工况一	工况二	工况三	工况四	工况五
非岩质部分开挖嵌岩深度研究	嵌固1m	嵌固2m	嵌固3m	嵌固4m	嵌固5m
嵌岩深度对底部支撑影响研究	嵌固1m	嵌固2m	嵌固3m	嵌固4m	嵌固5m
嵌岩深度对基坑整体开挖影响研究	嵌固1m	嵌固2m	嵌固3m	嵌固4m	嵌固5m
岩台宽度影响研究	无岩台	岩台0.5m	岩台1.0m	岩台1.5m	岩台2.0m

4.2.2 非岩质部分基坑开挖桩身嵌岩深度分析研究

基岩开挖前，即基坑开挖到 25m 时，在其他参数不变的情况下，对桩身嵌岩深度 1m、2m、3m、4m、5m 进行数值计算，得到 5 种情形下桩身水平位移、最大位移及桩身弯矩，如图 4.2.2、图 4.2.3、图 4.2.4 所示。

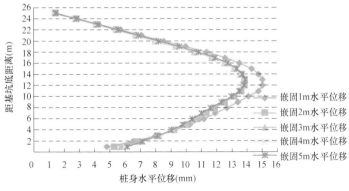

图 4.2.2　嵌岩深度对桩身位移的影响

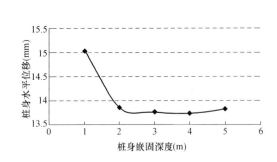 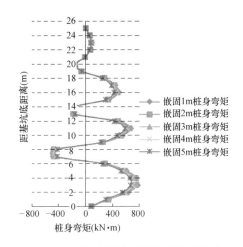

图 4.2.3 嵌岩深度对桩身最大位移的影响　　图 4.2.4 嵌岩深度对桩身弯矩的影响

桩身嵌固深度 1m 时，桩身位移最大，达 15mm 左右。嵌岩深度 2m 比嵌岩深度 1m 桩身水平位移减小 1mm。桩身嵌固深度 2～5m 时，随着嵌固深度的增加，桩身水平位移逐渐减小，但较为相近，位移减小量不明显。

桩体嵌入的是弱风化混合片麻岩，嵌固力较大，嵌入深度 1m 时即可满足桩体稳定及位移的要求。随着桩身嵌岩深度的增加，弯矩的变化也不大。

分析结果表明，对上层土体基坑开挖支护采用传统设计方法是可行的，设计嵌岩深度 2m 能够满足上层土体开挖时基坑稳定和变形的要求。

4.2.3　桩身嵌固深度对最底层支撑受力影响研究

由第 4.2.2 节分析可知，下部弱风化岩石开挖前，桩身嵌岩深度 2m 及以上时，嵌固深度变化对桩体的位移和弯矩影响不大。下层基岩开挖后，桩脚的嵌固力仅由岩台来提供，显然岩台的嵌固力明显小于开挖前，需要由最底下一道支撑来提供一部分支撑力。与上节一致，取嵌岩深度 1m、2m、3m、4m、5m，岩台宽度取 1m，其他参数不变，进行 5 种情形下的数值计算。

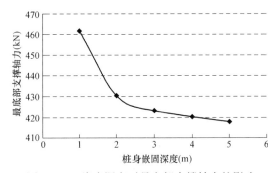

图 4.2.5　嵌岩深度对最底部支撑轴力的影响

图 4.2.5 是不同桩身嵌岩深度时最底部支撑轴力变化曲线。由图 4.2.5 可以看出：随着桩身嵌岩深度的增大，最底部支撑轴力减小，从 460kN 减小到 420kN。

嵌岩深度从 1m 到 2m 时，最底部支撑轴力减小 30kN。嵌岩深度从 2m 到 5m 时，最底部支撑轴力减小 10kN。嵌岩深度达 2m 再增加时，最底部支撑轴力减小不太明显。

即桩身嵌岩深度对最底部支撑轴力有一定的影响，但嵌固深度达到一定值时，支撑轴力变化值不大。

4.2.4 桩身嵌固深度对基坑位移及弯矩影响研究

岩石开挖或爆破过程中有可能对预留岩台造成破坏，从而减小桩体的嵌岩深度，因此，设计时适度增大嵌岩深度以确保嵌岩完好具有一定的工程意义。

本节讨论基坑完全开挖时，嵌岩深度对围护桩位移和弯矩的影响。取嵌岩深度 1m、2m、3m、4m、5m，岩台宽度 1m，其他参数不变进行分析。

图 4.2.6、图 4.2.7 分别为桩身不同嵌固深度时基坑的水平位移和围护桩弯矩在开挖终了时随基坑深度的分布规律。

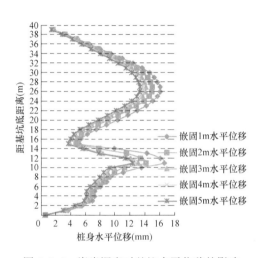

图 4.2.6 嵌岩深度对基坑水平位移的影响

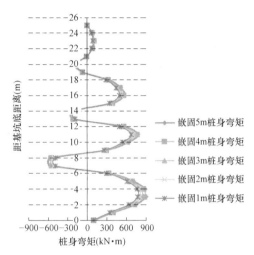

图 4.2.7 嵌岩深度对桩身弯矩的影响

从图中可以明显看出嵌固深度的变化对基坑水平位移有一定影响。随着桩身嵌固深度的增加，围护桩水平位移呈减小趋势，嵌固深度 5m 较之 1m 时，桩身最大水平位移减小 3mm 左右，由 16mm 减小到 13mm。

岩台顶部位置处水平位移，随着桩身嵌固深度的增加，变化显著。嵌固深度 1m 时，岩台最大水平位移 17mm；嵌固深度 5m 时，岩台最大水平位移 12mm。即桩身嵌固深度对上部围护桩水平位移有一定影响，嵌固深度越大，水平位移越小，但达到某一深度时，此一变化情形不显著。嵌固深度对岩台顶部处水平位移影响较大，嵌固深度越大，水平位移越小。

桩身弯矩方面，随着嵌固深度的增加，弯矩亦呈增大趋势，但不明显，正弯矩最大值增加 160kN·m。原因是下部基岩开挖时最底部支撑逐渐发挥作用，嵌岩深度已不再是主要控制因素，岩台的被动土压力可以由最底部支撑的支撑力来提供。嵌岩深度增加会增大桩体的弯矩，其嵌入深度越大，弯矩越大。内撑和嵌岩深度二者共同作用下桩体位移减小，主动土压力变大，从而弯矩增大。

4.2.5 岩台宽度的影响研究

预留的岩台宽度对支护结构的稳定至关重要，取预留岩台的宽度分别为 0.0m、0.5m、1.0m、1.5m、2.0m 进行分析，支护桩嵌岩深度取 2m，其他尺寸和参数不变，

图 4.2.8、图 4.2.9 分别为不同岩台宽度时基坑水平位移和围护桩弯矩在开挖终了时随基坑深度变化情形。

由图 4.2.8 可以看出，随着岩台宽度的增加，桩体的水平位移无明显减小。随着岩台宽度的增加，岩台顶部的水平位移明显减小，从无承台的 15mm 减小到岩台 2m 宽时的 11mm。

图 4.2.9 显示，岩台宽度越大桩体弯矩越大。弯矩增大主要是由于桩体整体位移的减小，从而主动土压力增大，弯矩增大。

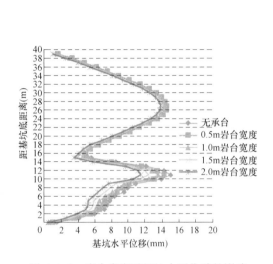

图 4.2.8　岩台宽度对基坑水平位移的影响

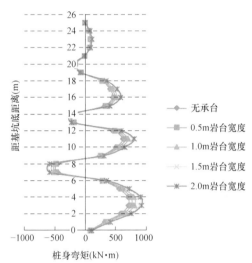

图 4.2.9　岩台宽度对桩身弯矩的影响

4.2.6　小结

本节根据依托工程，建立了有限元计算模型，研究了四部分内容。分别是非岩质部分基坑开挖桩身嵌固深度分析、桩身嵌固深度对底层支撑实力影响分析、桩身嵌固深度对基坑位移及弯矩影响分析、岩台宽度影响分析。数值计算结果分析得出以下结论：

(1) 随着嵌固深度的增加，桩身水平位移逐渐减小，但嵌固深度达到 2m 时，变化趋势开始不显著，桩身弯矩亦是。上层土体基坑开挖支护采用传统设计方法是可行的，设计嵌岩深度 2m 能够满足上层土体开挖时基坑稳定和变形的要求。

(2) 下部基岩开挖时，随着桩身嵌岩深度的增大，最底部支撑轴力减小，但嵌固深度达到一定值时，支撑轴力变化值不大。

(3) 分析基坑整体开挖完成情形，桩身嵌固深度对上部围护桩水平位移有一定影响，嵌固深度越大，水平位移越小，但达到某一深度时，此一变化情形不显著。嵌固深度对岩台顶部处水平位移影响较大，嵌固深度越大，水平位移越小。桩身弯矩方面，随着嵌固深度的增加，弯矩亦呈增大趋势，但不明显。

(4) 随着岩台宽度的增加，桩体的水平位移无明显减小。随着岩台宽度的增加，岩台顶部的水平位移明显减小，岩台宽度越大桩体弯矩越大，受建筑空间和出于经济的考虑，岩台宽度一般预留 1m 为宜。

4.3 嵌岩深基坑设计技术

4.3.1 嵌岩深基坑设计简化模型

1. 嵌岩深基坑施工工况

基坑工程施工工况指基坑在分层开挖过程中在上一层支护结构施工完毕，并发挥其正常功能后，开挖至下一层设计标高时基坑支护结构的工作状况。分层开挖的基坑工程在任何工况情况下，外荷载作用于支护结构，使支护结构的某个截面或位置的应力或变形可能达到极值。这个极值可以用于设计、验算、问题调查等。基坑工程的施工工况关系到支护结构的设计计算，支护结构的设计参数均需保证在每个施工阶段基坑稳定和结构安全。

松山湖隧道嵌岩类基坑采用上部桩撑＋下部锚喷结构组成的组合支护模式，该类基坑的施工工况大致如图4.3.1所示。

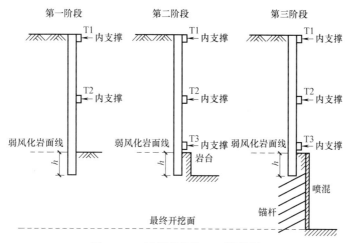

图 4.3.1 嵌岩基坑施工工况简图

（1）基岩面上部基坑的开挖和支护

根据前述章节对嵌岩深度的分析及工程经验，该工况下桩端嵌入弱风化混合片麻岩2.0m。基坑采用分层开挖，根据基坑深度设置内支撑道数，随挖随设置每道支撑，施工每道支撑时的超挖深度不超过0.5m，直至基坑开挖至弱风化混合片麻岩岩面处，此时形成常规基坑的排桩＋内支撑的围护结构模型。

（2）预留岩台深度范围内基坑开挖

预留一定宽度岩台，而后开挖岩面至排桩底标高范围内岩层。该阶段排桩被动区地层彻底挖除，桩脚嵌固段基坑内侧被动土压力消失，仅预留岩台对桩脚提供一定的嵌固作用。为保证该部分基坑稳定，本阶段开挖前需在预留岩台顶部位置设置内支撑，替代原排桩被动区土压力，解决桩脚部位的稳定性。

（3）基坑剩余岩层开挖及支护

基坑按岩石锚喷支护方式，分层施工至基坑底部。该阶段排桩结构从整体上看转变为置于岩质边坡表面的刚性构件，通过排桩及内支撑保证岩面以上段基坑的稳定性和变形控制，与下部岩石锚喷支护形成组合支护模式。

2. 嵌岩深基坑设计简化模型

从嵌岩深基坑施工工况特点分析可以看出，基坑上部排桩底部处于基坑中段，并未进入最终基坑底部。此类基坑的组合支护模式在传统的基坑设计计算模型及目前常用的各类基坑设计软件中并未过多涉及，很难用一种计算模型来解决。致使嵌岩类基坑特别是下部岩层段的支护设计存在较大困惑。因此有必要以传统的基坑设计方法为基础，借鉴边坡工程的设计，适当简化计算模型以适用于松山湖隧道嵌岩基坑的设计过程中。根据上节分析的此类基坑施工工况特点，参考国内外研究现状，把此类基坑的设计过程分两部分进行：

（1）上层非岩质部分排桩支护设计模型

根据施工工况分析第一阶段，首先当基坑开挖至弱风化基岩面处，如图4.3.1所示，此时上部围护结构的设计目标主要是保证该阶段基坑的稳定和变形控制要求，其计算模式可按传统基坑围护结构设计计算方法进行，可采用传统的弹性抗力法，利用现行的规范及各类常规基坑设计软件均可以实现。

根据施工工况分析第二阶段，在桩脚嵌岩深度范围、预留岩台以内基坑开挖过程中（图4.3.1），围护桩桩脚在外侧主动土压力作用下存在向基坑内侧变形趋势。若预留岩台较完整，因基岩强度较高可以对桩脚提供一定的嵌固作用，该嵌固作用是桩体在向基坑内侧变形过程中岩石的抗剪强度对桩产生的反力。当桩脚所需的嵌固力超过预留岩台的抗剪强度时，岩台破坏、嵌固作用消失，桩脚易产生过大变形或桩身破坏失稳。一方面，基于基坑建筑空间、工程经济和周边环境的考虑，桩脚预留的嵌固岩台宽度不会过大，所能提供的岩台嵌固力有限；另一方面岩面以下基岩开挖时一般采用爆破开挖，由于施工技术或岩石强度的不足，岩台未预留完整或无预留岩台。因此通常情况下，该类基坑工程设计过程中不会考虑岩台的完整性及岩台的抗剪强度，需在桩脚嵌岩部位设置内支撑，以保证岩台预留失效或嵌固作用不足时支护结构同样稳定安全。

综上所述，出于安全考虑，在通常设计中不考虑预留岩台完整性的情况下，可将施工工况的第一、二阶段在设计过程中合并简化为一个基坑设计模型，即开挖深度至排桩底部的常规基坑设计模型，如图4.3.2所示。

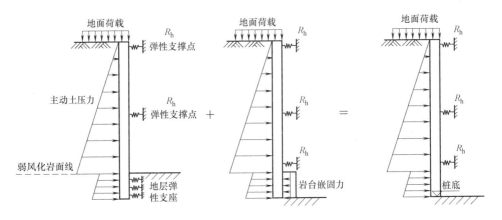

图4.3.2 上层非岩质部分排桩支护设计模型

（2）下层嵌岩部分锚喷支护设计模型

下层嵌岩部分锚喷支护设计对应施工工况第三阶段，上部基坑（地面至排桩底）排桩＋内支撑支护完毕后进行下部剩余弱风化岩层段基坑的开挖（图4.3.3）。考虑基坑深度、地表空间及工程经济等因素，该部分弱风化段岩层采用垂直开挖，岩层分层开挖、锚喷支护。此时基坑的安全性问题转化为下部岩层基坑垂直开挖过程中的边坡稳定性问题，可对该阶段整体基坑模型进行一定的简化和等效：将施工工况第一、二阶段深度范围、基坑外侧地层作为外加均布荷载作用在工况第三阶段边坡顶面，上部排桩围护结构自重也通过桩底面作用在边坡顶，以此计算下部岩层边坡稳定性和锚喷支护参数。建立的计算简化模型如图4.3.3所示。

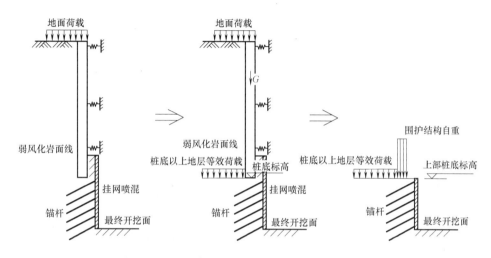

图4.3.3　下层嵌岩部分锚喷支护设计计算简化模型

4.3.2　上层非岩质部分排桩支护设计计算研究

基坑设计计算方法大致可以归为：常规设计计算方法（静力平衡法）；弹性抗力法，其中包括弹性基床系数法与弹性抗力有限元法；有限元模拟计算方法。常规设计计算方法是用经典土压力理论计算主动土压力与被动土压力，然后对支护结构进行整体稳定、抗隆起及抗渗透计算，主要设计计算方法有简支梁法、等值梁法、二分之一分担法、等弯矩法、逐层开挖支撑力不变法等。这些方法大多属于实用的简化的计算方法，但此种计算方法对计算中土压力取值较大，使得计算结果更趋向于安全性。弹性基床系数法是一种针对常规方法中被动土压力取值缺点而提出的接近实际情况的弹性计算方法，以位移来控制土压力大小，将外侧主动土压力作为施加在桩体的水平荷载，用弹性地基梁的方法计算挡墙的变位与内力，墙体开挖侧土地的水平抗力用弹性抗力系数进行计算，支撑或锚杆用弹簧单元进行模拟。

1. 弹性抗力 m 法

弹性基床系数法分析是考虑地基和基础共同工作条件下，来确定基础与地基之间的接触压力的分布，从而较精确地求得基础的内力。对于基坑支护桩而言，承受的是水平向荷载，按照土的水平基床系数沿深度变化的规律不同假设，弹性基床系数法可以分为 K 法、C 法和 m 法等。而其中弹性抗力 m 法比较符合实际，成为目前工程中常用的一种计算方

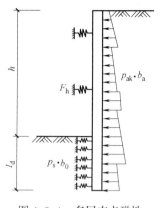

图 4.3.4 多层支点弹性抗力法计算简图

法,不仅可以反映土体反力与位移的关系,还可以模拟基坑的分层开挖,而且参数选取简单,计算易于实现。

图 4.3.4 为《建筑基坑支护技术规程》JGJ 120—2012 分析弹性抗力法所采用的基本计算模型。

2. 土压力理论

挡土结构上土压力计算是个比较复杂的问题,从土力学理论上讲,根据不同的计算理论和假定,得出了多种土压力计算方法,其中具有代表性的经典的土压力理论如库仑土压力、朗肯土压力,都是针对土体的极限状态给出的,分为主动土压力状态、静止土压力状态、被动土压力状态。这两类经典的土压力理论比较列于表 4.3.1 中。

每种土压力计算方法都有各自的适用条件与局限性,因此没有一种统一的且普遍适用的土压力计算方法。

由于朗肯理论的挡墙直立、地面水平的假设符合一般深基坑工程的实际情况,并且朗肯理论假设土体与墙面之间不存在摩擦力的作用,导致主动区土压力增大而被动区土压力减小,这样做对深基坑支护的设计是偏于保守的,因此朗肯土压力得到了比较广泛的应用。同时,由于朗肯土压力方法的假定概念明确,与库仑土压力理论相比具有能直接得出土压力的分布,从而适合结构计算的优点,在工程设计中得到普遍接受。

库仑与朗肯土压力比较　　表 4.3.1

	基本假设	使用范围	与理论解比较
库仑理论	挡土墙为刚性;墙后填土为无黏性砂性土;破坏面是平面,滑动体可视为刚体	砂土;填土表面倾角不大于土的内摩擦角;当黏聚力不为零时应采用等代摩擦角	考虑了墙与土体的摩擦;墙背与土体倾角较大时,误差很大不适用
朗肯理论	背面光滑、直立;填土面水平	砂土、黏土;均质或层状土	忽略了墙与土之间的摩擦力,因此主动土压力偏大,被动土压力偏小

由于朗肯土压力是建立在半无限土体的假定上,实际基坑工程的边界条件有时不符合这一假定。如对排桩顶面低于自然地面的支护结构、桩顶以上采用放坡开挖的情况,将桩顶面以上土的自重转化为均布荷载作用在桩顶平面上,当桩顶位置较低时,按朗肯公式计算所得土压力会小于这部分土重实际产生的土压力。而库仑土压力理论(滑动楔体法)的假定使用范围较广,对该类情况可以计算出土压力的合力。

现行行业标准《建筑基坑支护技术规程》JGJ 120—2012 中,在总结前人计算理论的基础上,充分尊重地区经验,采用了直观、简单、偏于安全的计算和参数取值方法,对支护结构上土压力做出相应规定。

(1) 水平荷载标准值(图 4.3.5)

对地下水位以上或水土合算的地层

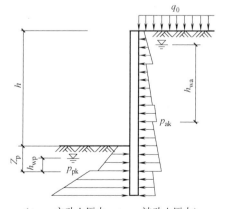

(p_{ak}—主动土压力,p_{pk}—被动土压力)

图 4.3.5 土压力计算简图

$$\begin{cases} p_{ak} = \sigma_{ak} K_{a,i} - 2c_i \sqrt{K_{a,i}} \\ p_{pk} = \sigma_{pk} K_{p,i} + 2c_i \sqrt{K_{p,i}} \end{cases} \quad (4.3.1)$$

对水土分算的地层

$$\begin{cases} p_{ak} = (\sigma_{ak} - u_a) K_{a,i} - 2c_i \sqrt{K_{a,i}} + u_a \\ p_{pk} = (\sigma_{pk} - u_p) K_{p,i} + 2c_i \sqrt{K_{p,i}} + u_p \end{cases}$$
$$(4.3.2)$$

（2）竖向应力标准值（图4.3.6、图4.3.7）

$$\begin{cases} \sigma_{ak} = \sigma_{ac} + \sum \Delta \sigma_{k,j} \\ \sigma_{pk} = \sigma_{pc} \end{cases} \quad (4.3.3)$$

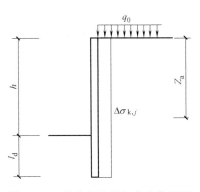

图4.3.6 均布竖向附加荷载作用下土中附加竖向应力计算

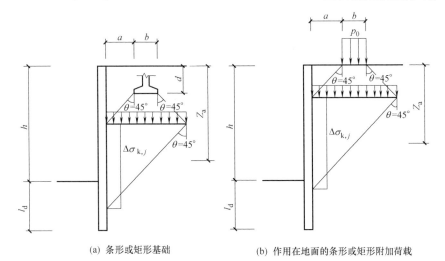

(a) 条形或矩形基础　　　(b) 作用在地面的条形或矩形附加荷载

图4.3.7 局部附加荷载作用下的土中附加竖向应力计算简图

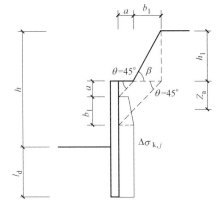

图4.3.8 支护结构顶部以上采用放坡或土钉墙时土重附加竖向应力计算简图

（3）支护结构顶部采用放坡或土钉支护时附加应力

当支护结构的挡土构件顶部低于地面，其上方采用放坡时，挡土构件顶面以上土层对挡土构件的作用宜按库仑土压力理论计算，也可将其视作附加荷载按图4.3.8应力计算模型计算土中附加竖向应力标准值。

3. "m"值的确定

目前m值的确定主要是通过现场试验反算或根据经验公式及相关技术规范取值。不同的方法得到的m值差异很大，当采用现场试验确定时，需要认真考虑取用哪一级荷载和相应的位移，不同的方法取得的值差异可达数倍。设计过程中常利用各类规范提供的经验值来确定m的取值，例如《建筑桩基技术规范》JGJ 94—2008中数据，该数据是根据各地灌注桩水平静荷载试验资料的统计结果,具有一定的可靠性,但是对于同一类土的 m 值,上下限的差异很大,若没有其他土性指标参考是很难得到准确取值的。除此之外,m 值的选取还受地区和行业的影响,各类具体行业和地区在实践的基础上提出了符合自身实际情况的 m 值取值方法(表4.3.2、表4.3.3)。

地基土水平抗力系数的比例系数 m 值(《建筑桩基技术规范》JGJ 94—2008) 表4.3.2

序号	地基土类别	预制桩、钢桩		灌注桩	
		m(MN/m⁴)	相应单桩在地面处水平位移(mm)	m(MN/m⁴)	相应单桩在地面处水平位移(mm)
1	淤泥;淤泥质土;饱和湿陷性黄土	2~4.5	10	2.5~6	6~12
2	流塑(I_L>1)、软塑(0.75<I_L≤1)状黏性土;e>0.9粉土;松散粉细砂;松散、稍密填土	4.5~6.0	10	6~14	4~8
3	可塑(0.25<I_L≤0.75)状黏性土、湿陷性黄土;e=0.75~0.9粉土;中密填土;稍密细砂	6.0~10	10	14~35	3~6
4	硬塑(0<I_L≤0.25)、坚硬(I_L≤0)状黏性土、湿陷性黄土;e<0.75粉土;中密的中粗砂;密实老填土	10~22	10	35~100	2~5
5	中密、密实的砾砂、碎石类土			100~300	1.5~3

地基土侧向基床系数的比例系数(《铁路桥涵设计规范》TB 10002) 表4.3.3

土层分类	m(kN/m⁴),地表位移大于6mm但小于10mm	m(kN/m⁴),地表位移小于6mm
流塑性黏土、淤泥	1000~2000	3000~5000
软塑性土、黏土;粉砂及松软砂土	2000~4000	5000~10000
硬塑性土,黏土;细砂、中砂	4000~6000	10000~20000
坚硬的砂黏土、黏土;粗砂	6000~10000	20000~30000
砾砂、角砾土、碎石土	10000~20000	30000~80000

此外,还有很多学者做了改进工作(表4.3.4),如刘建航、侯学渊根据大量实际工程中总结出的 m 值进行取值。

相关文献建议值 表4.3.4

土层分类	m(kN/m⁴)
I_L≥1.0 的黏性土、淤泥	1000~2000
1.0≥I_L≥0.5 黏性土、粉砂、松散砂	2000~4000
0.5≥I_L≥0 的黏性土、细砂、中砂	4000~6000
坚硬的黏土、粉质黏土、砂质粉土、粗砂	6000~10000

综上所述,土体 m 值的确定方法和原则是多种多样的,不同的规程规定的 m 值差别

很大，对此很多学者也做了专门的研究工作，但是目前为止还难以得到一个广泛认同的方法。鉴于本次研究着重于对嵌岩基坑整体设计计算模型的建立，因此针对 m 值的取值问题不做深入探讨，仍按现行行业标准《建筑基坑支护技术规程》JGJ 120—2012 推荐方法进行，以更实用于具体设计工作。土的水平反力系数的比例系数（m）宜按桩的水平荷载试验及地区经验取值，缺少试验和经验时，可以按照经验公式根据现场土的 m 值来粗略确定土层的 m 值。

4.3.3 下层嵌岩部分锚喷支护设计计算研究

根据上述章节对嵌岩基坑施工工况的分析及设计简化模型的建立，对下部嵌岩部分基坑的支护设计问题实质上已转化为顶部作用外加荷载的岩质基坑边坡稳定性和支护设计问题。

1. 岩质基坑边坡破坏模式

岩质基坑边坡稳定性影响因素较多，主要源于：一是基坑工程本身，如开挖深度、开挖宽度和边坡形式等；二是赋存地质环境，如岩性、岩体结构、结构面、层组类型、地下水等；三是外部荷载，如周围建筑物、地表静荷载与动荷载等。

在岩质基坑工程中，工程开挖形成边坡壁，岩体产生临空面。因卸荷作用破坏了岩体的受力状态，使岩体松弛、强度降低。岩体在自重力、地应力、地下水、外荷载等共同作用下，极可能产生不同形式的破坏。其较为常见的破坏模式归纳为平面滑动、弧面滑动、楔体（块体）破坏。

（1）平面滑动破坏

典型的岩质边坡的平面滑动破坏通常是滑体沿外倾单一滑面滑移，滑面可以是岩体内发育的构造结构面，如岩层层面、层间软弱夹层和长大断层节理裂隙等。在工程实践中有时也会遇到滑面是有两个或两个以上走向近似、倾角不同的结构面组成的复合滑面。也就是说，平面滑动一般分为单面滑体和双面滑体破坏模式，有时也会发生折线形滑面的情况（图 4.3.9）。其稳定性与岩层面或软弱夹层的力学性能及岩体表面作用的外部荷载有关。

（2）弧面滑动破坏

岩质边坡发生弧面滑动的条件是岩体中的单个块体与边坡尺寸相比是极其小的，而且这些块体由于其形状的关系不是互相咬合的，在这种情况下，大型岩质边坡的破坏就会以圆弧的形式出现（图 4.3.10）。在碎裂和散体结构的高度风化或高度蚀变的岩体中发生的滑坡，其滑面就通常表现为圆弧形。

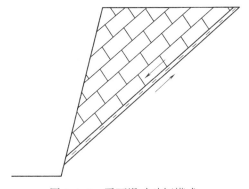

图 4.3.9 平面滑动破坏模式

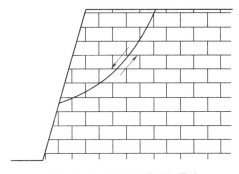

图 4.3.10 弧面滑动破坏模式

(3) 楔体（块体）破坏

楔（块）体破坏主要发生在顺倾向和切向岩质基坑工程中，楔体指空间四面体或五面体，块体指空间六面体。岩体发生楔体滑动和块体滑动时的表现形式不同，相应的稳定性计算方法也不相同。其中，四面楔体与块体滑动时沿两个结构面的交线滑移，可采用相同的计算方法；五面楔体滑动有沿单面滑动和双面滑动的两种情况，计算方法有所不同（图4.3.11）。

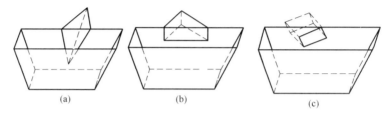

图 4.3.11 楔体（块体）破坏

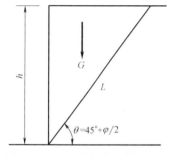

图 4.3.12 无外倾角岩体破裂角（潜在破坏结构面）

根据松山湖隧道前期地勘资料显示，所涉及的嵌岩基坑范围弱风化岩体较完整，且并无明显的外倾结构面。根据现行国家标准《建筑边坡工程技术规范》GB 50330—2013，对无外倾结构面的岩质边坡其破裂角按 $45°+\varphi/2$ 确定，以此假定为松山湖隧道嵌岩基坑下层岩质边坡的潜在破坏结构面，该假定的潜在破坏结构面力学参数与岩体的力学参数一致，用于后续的支护设计和稳定性分析（图4.3.12），其破坏模式按平面滑动面考虑。

2. 边坡稳定性评价

针对平面滑动破坏、圆弧形滑动破坏，一般采用极限平衡法和瑞典条分法进行稳定性分析评价。其中岩质边坡平面滑动分坡顶面有张拉裂缝和无张拉裂缝两种情况。

根据前述对松山湖隧道嵌岩基坑下层岩质边坡破坏模式的分析，采用适用于平面滑动破坏模式的极限平衡法进行稳定性评价（图4.3.13）。

《建筑边坡工程技术规范》GB 50330—2013 附录 A 给出的平面滑动稳定性系数计算公式为：

$$F_s = \frac{R}{T} \quad (4.3.4)$$

$$R = [(G+G_b)\cos\theta - Q\sin\theta - V\sin\theta - U]\tan\varphi + cL \quad (4.3.5)$$

$$T = (G+G_b)\sin\theta + Q\cos\theta + V\cos\theta \quad (4.3.6)$$

$$V = \frac{1}{2}\gamma_w h_w^2 \quad (4.3.7)$$

$$U = \frac{1}{2}\gamma_w h_w L \quad (4.3.8)$$

式中：T——滑体单位宽度重力及其他外力引起的下滑力（kN/m）；

R——滑体单位宽度重力及其他外力引起的抗滑力（kN/m）；

c——滑面的黏聚力（kPa）；

φ——滑面的内摩擦角（°）；

L——滑面的长度（m）；

G——滑体单位宽度自重（kN/m）；

G_b——滑体单位宽度竖向附加荷载（kN/m），方向指向下方时为正，指向上方时取负；

θ——滑面倾角（°）；

U——滑面单位宽度总水压力倾角（kN/m）；

V——后缘陡倾裂隙面上的单位宽度总水压力（kN/m）；

Q——滑体单位宽度水平荷载（kN/m），指向坡外时取正，指向坡内时取负；

h_w——后缘陡倾裂隙充水高度（m）。

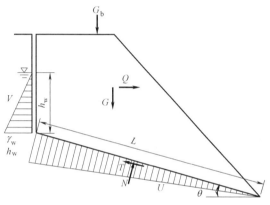

图 4.3.13　平面滑动面边坡计算简图

4.3.4　基于简化设计模型的松山湖隧道嵌岩基坑设计

根据上述对嵌岩基坑设计计算模型及方法的研究，依据《建筑基坑支护技术规程》JGJ 120—2012 及《建筑边坡工程技术规范》GB 50330—2013，借助理正深基坑及岩石边坡设计辅助软件，选取松山湖隧道众多嵌岩深基坑中一个案例设计计算，特别是下部基岩段边坡的支护设计和稳定性验算。

1. 基坑支护参数

基坑深度 40m，弱风化岩面以上覆土厚度 25m，下部嵌入基岩深 15m。上部覆土层基坑采用桩撑体系围护结构，桩径 1.2m，桩间距 1.35m，桩底入弱风化 2.5m，桩脚处预留 1.0m 宽度岩台，竖向共设置 5 道 0.8m×1.0m 混凝土支撑，平面间距 8m；下部岩石边坡采用锚喷支护，全长粘结砂浆锚杆，砂浆强度 M25，锚杆钻孔直径 90mm，水平、竖向间距 1.2m。

2. 上层非岩质部分桩撑体系计算

参照《建筑基坑支护技术规程》JGJ 120—2012，采用弹性支点法计算围护结构，地面超载取 20kPa，基坑等级一级，采用弹性"m"法。计算最不利工况，基坑开挖到桩底（即假定桩脚预留岩台失效情况），围护桩嵌固深度为 0，不考虑预留岩台作用，仅作为安全储备，对围护排桩内力、位移、基坑整体稳定性进行计算，计算模型如图

4.3.14 所示。

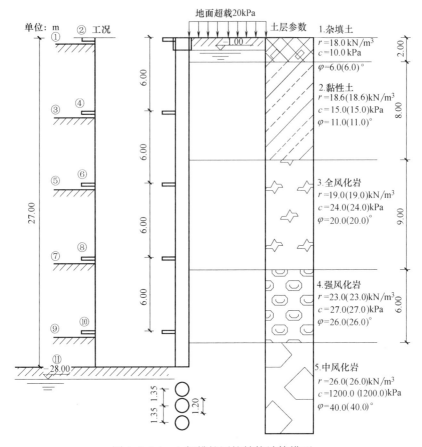

图 4.3.14 上部排桩围护结构计算模型

上部排桩围护计算成果如图 4.3.15、表 4.3.5、表 4.3.6 所示。

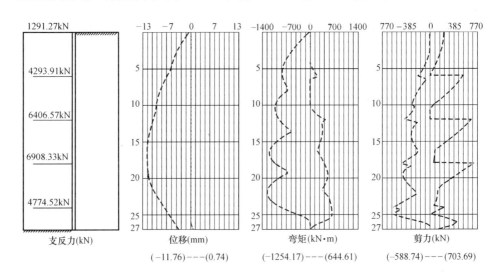

图 4.3.15 上部排桩围护结构计算结果包络图（弹性法标准值）

排桩内力计算成果表 表 4.3.5

内力类型	弹性法计算值	经典法计算值	内力设计值	内力实用值
基坑内侧最大弯矩(kN·m)	1254.17	1411.33	1724.49	1724.49
基坑外侧最大弯矩(kN·m)	644.61	1584.43	886.34	886.34
最大剪力(kN)	703.69	705.01	967.58	967.58

排桩配筋成果表 表 4.3.6

选筋类型	级别	钢筋实配值	实配(计算)面积(mm²)
纵筋	HRB335	16φ25(坑内侧)+16φ22(迎土侧)	12164(12188)
箍筋	HPB235	φ14@150	2052(1725)
加强箍筋	HRB335	φ16@2000	—

注：本基坑于《混凝土结构设计规范》GB 50010—2010 实施前已进入施工阶段，实际采用 HPB235、HRB335 钢筋。

基坑整体稳定验算采用瑞典条分法，应力状态计算采用总应力法，经计算整体稳定安全系数 $K_s=1.4>1.35$，满足规范对一级基坑整体滑动稳定性的要求。

3. 下层嵌岩部分岩石边坡计算

根据前述章节对下部岩质基坑设计计算的研究及松山湖隧道地质情况的分析，该基坑工程下部岩质边坡采用简单平面滑动模型进行稳定分析，并采用理正岩石边坡计算软件与极限平衡法计算岩体稳定性。

（1）岩质边坡破坏结构面

《建筑边坡工程技术规范》GB 50330—2013 对无外倾结构面的岩质边坡，其破裂角按 $45°+\varphi/2$ 确定（φ 为岩体内摩擦角），因此将此破裂角所形成的面层假定为该基坑下层岩质边坡的潜在破坏结构面。根据上一章节地勘参数，弱风化混合片麻岩层内摩擦角为 $40°$，因此下部岩质边坡潜在破坏结构面倾角 $\theta=45°+40°/2=65°$。

（2）岩质边坡顶等效外加荷载

按前述章节对下层嵌岩部分锚喷支护设计模型的简化研究，在进行下部岩质基坑的设计计算时，将上部围护结构桩底以上地层在桩底标高处产生的竖向应力换算为作用在岩质边坡上的外加荷载。

桩底标高平面位置处外荷载包括上部地层自重应力荷载、地表附加应力荷载、围护结构荷载等。附加应力荷载为地面满布附加荷载在桩底标高平面内弱风化岩层产生的附加应力；围护结构荷载（上部基坑围护结构构件自重 G 在桩地面产生的荷载）为 $6421/(8×1.2)=670$kPa。

经计算，作用在桩底标高平面位置处的地层自重应力与地面满布附加荷载之和为 $545+20=565$kPa，均布在围护桩外侧，距离下部岩质边坡开挖侧壁 2.2m；围护结构自重矩形荷载为 670kPa，作用宽度 1.2m，距离下部岩质边坡开挖侧壁 1.0m。

以上部围护桩底标高平面为下部岩质边坡顶面，则边坡高度为 13m，其潜在破坏结构面外倾角为 $65°$，按单一平面滑动且无张裂缝考虑，则潜在滑动面延伸至边坡顶面的位置距离边坡垂直开挖面距离 $L=13/\tan65°=6$m（图 4.3.16）。

因此，作用在潜在三角形滑体纵向单位宽度上的竖向附加荷载合力为 $670×1.2+565×$

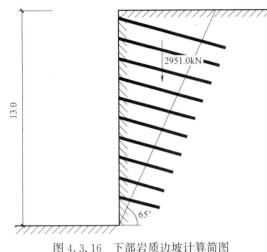

图 4.3.16 下部岩质边坡计算简图

（6－1.0－1.2）＝804＋2147＝2951kN。

（3）锚喷支护设计支护参数

利用理正岩石边坡计算软件，通过极限平衡法计算岩体稳定性，获得的锚喷支护参数成果见表4.3.7。

计算结果显示总下滑力3370kN，总抗滑力4379kN，安全系数为1.3，满足规范要求。锚杆设计长度2.5～7.0m，水平和竖向间距1.2m，采用1Φ32钢筋。

根据相关规范对锚喷支护的要求，确定挂网喷层的设计参数为：钢筋网采用双向Φ8@150mm×150mm 钢筋网，喷射10cm厚C25混凝土，锚杆节点位置设置4根加强固定钢筋。

下层嵌岩部分基坑锚喷支护参数成果表　　　表4.3.7

层号	支护类型	设计抗力（kN）	水平间距（m）	竖向间距（m）	入射角（°）	锚固体直径（mm）	锚杆长度（m）	配筋
1	锚杆	142	1.2	1.2	15	90	7.0	1D32
2	锚杆	142	1.2	1.2	15	90	6.5	1D32
3	锚杆	142	1.2	1.2	15	90	6.0	1D32
4	锚杆	142	1.2	1.2	15	90	5.5	1D32
5	锚杆	142	1.2	1.2	15	90	5.0	1D32
6	锚杆	142	1.2	1.2	15	90	4.5	1D32
7	锚杆	142	1.2	1.2	15	90	4.0	1D32
8	锚杆	142	1.2	1.2	15	90	3.5	1D32
9	锚杆	142	1.2	1.2	15	90	3.0	1D32
10	锚杆	142	1.2	1.2	15	90	2.5	1D32

注：均为全长粘结型砂浆锚杆，砂浆强度M25。

4.3.5 小结

本章主要是对多支点的嵌岩深基坑支护结构的设计计算方法进行分析研究，应用于莞惠城际铁路松山湖隧道嵌岩深基坑的计算。

（1）详细分析了多支点的嵌岩深基坑的施工工况问题，根据嵌岩深基坑工况的特点，大致将其分为三个阶段：基岩面上部基坑的开挖阶段、预留岩台深度范围内基坑开挖阶段、基坑剩余岩层开挖阶段。

（2）嵌岩石深基坑施工工况的每个工况阶段所对应的相应设计阶段，要整合各阶段到一个基坑设计模型中较为困难。通过对各阶段工况的深入分析，提出了以传统的基坑设计方法为基础，借鉴边坡工程的设计，适当简化该类嵌岩基坑的设计计算模型，以适用于日常的设计工作中。将嵌岩深基坑入岩段的支护设计问题转化为岩质边坡的稳定和支护问题，建立了由上层非岩质部分排桩支护设计模型和下层嵌岩部分锚喷支护设计模型组成的嵌岩基坑设计简化模型。

（3）分别就上层非岩质部分排桩支护设计模型和下层嵌岩部分锚喷支护设计模型进行理论分析，并以《建筑基坑支护技术规程》JGJ 120—2012 和《建筑边坡工程技术规范》GB 50330—2013 相关规定为依据，明确了适用于设计工作的各模型的设计计算方法。

（4）结合松山湖隧道众多嵌岩深基坑中一案例，利用理正深基坑、岩石边坡等计算机辅助软件，将嵌岩深基坑简化模型应用到实际设计工程中，对上部桩撑支护体系及下部锚喷支护体系进行设计计算。经计算，明确了嵌岩基坑基岩段锚喷支护的相关参数，并保证了下部嵌岩锚喷支护段的边坡稳定性，经分析安全系数为1.3，满足规范要求。

4.4 嵌岩深基坑施工过程力学分析

4.4.1 地层本构模型

地层的本构模型是影响有限元计算结果的一个重要因素，地层变形规律非常复杂，影响因素很多，目前地层的本构模型众多，而常用于基坑工程有限元计算中的地层本构模型主要有：弹性模型、弹塑性模型。

1. 弹性模型

弹性模型在基坑变形分析中得到了较广泛的应用，它又可以分为线弹性和非线性弹性两大类。线弹性模型假定应力与应变服从广义 Hooke 定律，对均匀各向同性材料只有两个独立的弹性常数。非线性弹性模型假定弹性常数与土的应力（或应变）状态有关，这种模型以 Duncan-Chang 双曲线模型为代表，Duncan-Chang 模型的弹性常数，如加载弹性模量、卸载回弹模量和泊松比，可由常规三轴试验曲线确定，本构关系由下式确定：

$$\begin{cases} \varepsilon_x = \dfrac{1}{E}[\sigma_x - \mu(\sigma_y + \sigma_z)] & \gamma_{yz} = \dfrac{2(1+\mu)}{E}\tau_{yz} \\ \varepsilon_y = \dfrac{1}{E}[\sigma_y - \mu(\sigma_z + \sigma_x)] & \gamma_{xz} = \dfrac{2(1+\mu)}{E}\tau_{xz} \\ \varepsilon_z = \dfrac{1}{E}[\sigma_z - \mu(\sigma_x + \sigma_y)] & \gamma_{xy} = \dfrac{2(1+\mu)}{E}\tau_{xy} \end{cases} \quad (4.4.1)$$

Clough 和 Duncan 曾利用这种模型通过有限元计算挡土墙的土压力；Murphy 和 Clough 也较早地采用非线性弹性模型模拟带状黏土在不排水条件下的开挖性状，计算板桩变形及支撑荷载与实测吻合较好。

$$(\sigma_1 - \sigma_3) = \dfrac{\varepsilon_1}{\dfrac{1}{E_i} + \dfrac{R_f \varepsilon_1}{(\sigma_1 - \sigma_3)_f}} \quad (4.4.2)$$

式中：$(\sigma_1-\sigma_3)$——主应力差；$(\sigma_1-\sigma_3)_f$——土体破坏时的应力；ε_1——轴向应变；R_f——破坏比；E_i——初始弹性模量，按照下式确定：

$$E_i = K p_a \left(\dfrac{\sigma_3}{p_a}\right)^n \quad (4.4.3)$$

式中：p_a——单位压力；K、n——试验常数。

根据 Mohr-Coulomb 理论，

$$(\sigma_1-\sigma_3)_f=\frac{2c\cos\varphi+2\sigma_3\sin\varphi}{1-\sin\varphi} \tag{4.4.4}$$

式中：c、φ 为土体黏聚力和内摩擦角。

Duncan 提出了加荷函数为：

$$f_l=\frac{(\sigma_1-\sigma_3)}{(\sigma_1-\sigma_3)_f}\sqrt[4]{\sigma_3} \tag{4.4.5}$$

当 $f_l>1.0(f_l)_{max}$ 时，判断为加载；

当 $f_l<0.75(f_l)_{max}$ 时，判断为完全卸载；

当 $0.75(f_l)_{max}<f_l<1.0(f_l)_{max}$ 时，计算所用的弹性模量按下式计算：

$$E=E_t+(E_{ur}-E_t)\frac{1-f_l/(f_l)_{max}}{1-0.75} \tag{4.4.6}$$

2. 弹塑性模型

弹塑性模型把总的变形分成弹性和塑性两部分，分别用弹性理论和塑性理论计算，塑性变形的计算要做三个方面的假定：破坏屈服准则、硬化规律和流动法则。目前已经建立了相当数量的土的弹塑性模型，Druker-Prager 模型和 Mohr-Coulomb 模型属于经典理想塑性模型，只用内摩擦角和黏聚力两个参数，应用简单方便；Roscoe 等人提出的 Cam-Clay 模型属于塑性模型，能较好地反映土的变形特征，适用于正常固结黏土，但只能反映剪缩不能反映剪胀；Lade 和 Duncan 对 Cam-Clay 模型进行了修正，使其能较好地反映剪缩和剪胀特性，但新模型所含参数较多，确定较为麻烦，而且计算中形成的弹塑性矩阵不对称，应用实际工程分析有一定难度。

采用 Mohr-Coulomb 模型时，屈服条件为

$$F=\frac{1}{3}I_1\sin\varphi+\sqrt{J_2}\sin\left(\theta+\frac{\pi}{3}\right)+\frac{\sqrt{J_2}}{\sqrt{3}}\cos\left(\theta+\frac{\pi}{3}\right)\sin\varphi-C\cos\varphi=0 \tag{4.4.7}$$

Mohr-Coulomb 的屈服曲线在二维平面上是一个不等角的等边六边形，在主应力空间，Mohr-Coulomb 屈服面是一个圆锥面，其中心线与等倾线重合，由于屈服面上存在棱角，所以数值计算的收敛困难。

本节的计算中，土体采用 Druker-Prager 模型模拟，其 Von Mises 屈服条件为

$$F=\alpha I_1+\sqrt{J_2}-\frac{\sigma}{\sqrt{3}}=0 \tag{4.4.8}$$

其中，I_1 为应力张量第一不变量；J_2 为应力偏张量第二不变量；α 由下式计算：

$$\alpha=\frac{\sin\varphi}{\sqrt{3}\sqrt{3+\sin^2\varphi}} \tag{4.4.9}$$

Druker-Prager 屈服准则为应力空间中的圆锥面，在二维平面内为 Mohr-Coulomb 屈服曲线的内切圆，如图 4.4.1 所示。Drucker-Prager 屈服准则建立在 Drucker 关于稳态材料功不可逆的基础上，即产生塑性变形而消耗的能量再也不能收回来。Drucker 假定，强化材料的单元体原先处于某一应力状态，如果对其再作用一个附加应力，然后移去，那么在加载过程中，附加应力做正功；在加载和卸载的一个完整循环中，如果产生塑性变形，

则附加应力做正功；如果不产生变形（纯弹性变形），则附加应力所做的功为 0。Drucker-Prager 屈服面并不随材料的逐渐屈服而改变，因而没有强化准则，然而其屈服强度随着侧限压力的增加而相应增加，其塑性行为被假定为理想弹塑性，另外符合 Drucker-Prager 屈服准则的土体还可考虑由于屈服而引起的体积膨胀。本次研究中基岩采用 Drucker-Prager 模型。

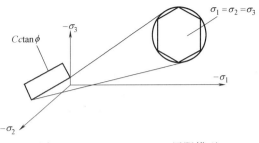

图 4.4.1　Drucker-Prager 屈服模型

4.4.2　嵌岩深基坑数值模拟分析

1. 数值模拟分析模型

本章数值计算针对两种情形，工况一为对下部基岩开挖不采取支护措施，工况二为下部基岩开挖采取锚喷支护措施。

计算模型、边界条件同第 3 章计算模型。其中，工况二中，喷射混凝土采用结构单元 shell 单元模拟计算。喷射混凝土厚度取 0.1m，锚杆长度根据第 4 章简化模型的计算结果 2.5~7m，间距 1.2m。

本章两种工况计算模型如图 4.4.2 所示（截取局部放大模型）。

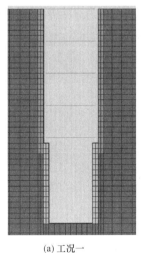　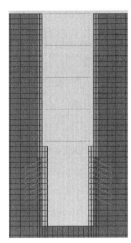

(a) 工况一　　　　　　　　　　　(b) 工况二

图 4.4.2　计算模型

2. 基坑嵌岩层位移分析

两种工况条件下，计算所得基坑水平位移如图 4.4.3、图 4.4.4 所示。

工况一情形下，即岩层部分不加支护时，整个基坑水平位移最大处在岩层部分出现，达到近 19mm。同时，加支护条件下，即工况二条件下，基坑岩层部分水平位移最大值出现在岩台顶处，为 13mm，区域较小，仅在岩台顶部较小区域。

对比分析可以看到，岩层部分基坑采取支护措施对减小水平位移有一定作用。

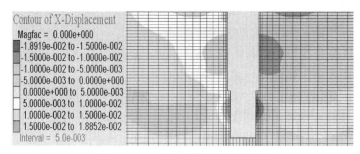

图 4.4.3 工况一情形下水平位移

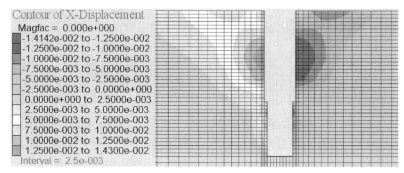

图 4.4.4 工况二情形下水平位移

两种工况下,计算得到基坑竖向位移如图 4.4.5、图 4.4.6 所示。

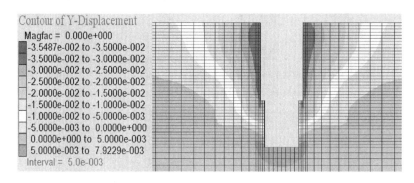

图 4.4.5 工况一情形下竖向位移

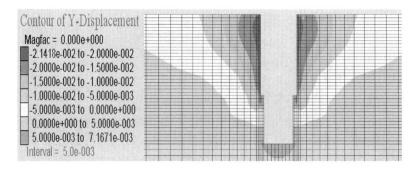

图 4.4.6 工况二情形下竖向位移

工况一情形下，即岩层部分不加支护时，竖向位移较大处主要分布于基坑周边地层，竖向位移最大达到 35.5mm。同时，在加喷锚支护条件下，即工况二条件下，竖向位移最大为 21mm，基坑开挖对竖向沉降影响范围较之不加支护的工况一明显减小。

两种工况下，计算得到基坑位移矢量图如图 4.4.7、图 4.4.8 所示。

工况一情形下，即岩层部分不加支护时，岩质基坑周边地层斜下方方向趋势变形范围，较之工况二明显增大，且位移最大值为 36.1mm。工况二情形下，仅在岩台顶部位置处出现斜下方方向位移，位移最大值为 23.5mm。可见，基岩部分开挖采取支护措施对减小基坑变形破坏范围有利。

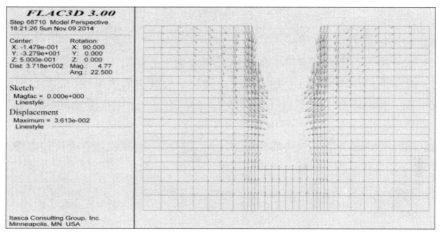

图 4.4.7　工况一位移矢量图

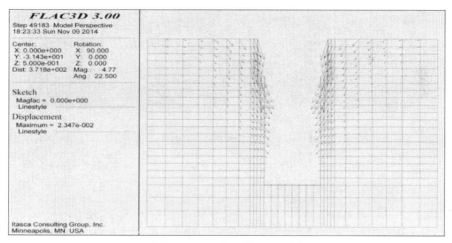

图 4.4.8　工况二位移矢量图

地表沉降对比如图 4.4.9 所示。分析地表沉降可以看到，下部基岩开挖采取支护措施时，相对上部土层基坑开挖完成时地表沉降只有轻微增加。而不采取支护措施时，地表沉降显著增加。可见，下部基岩开挖采取支护措施对地表沉降扰动很小。

对比分析可以看到，岩层部分基坑采取支护措施对减小地层沉降有较大作用，锚喷支护是有效的。

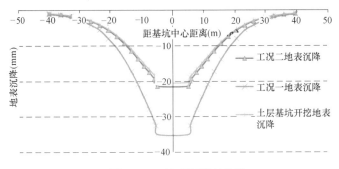

图 4.4.9 地表沉降对比图

3. 基坑嵌岩层应力特征分析

两种工况条件下，计算所得基坑周边地层最大主应力如图 4.4.10、图 4.4.11 所示。

工况一情形下，即岩层部分不加支护时，岩层部分基坑周边出现拉应力区，最大拉应力为 0.15MPa。同时，加支护条件下，即工况二条件下，岩层部分基坑周边拉应力较之不加支护情况下要小一些，为 0.11 MPa。

可以看到，岩层部分基坑周边喷射混凝土对保护基岩表面和防止受拉破碎破坏起到一定作用。

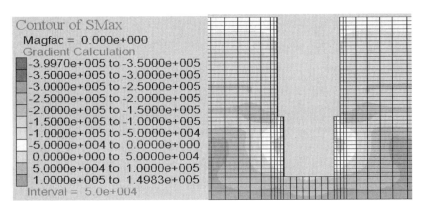

图 4.4.10 工况一情形下地层最大主应力

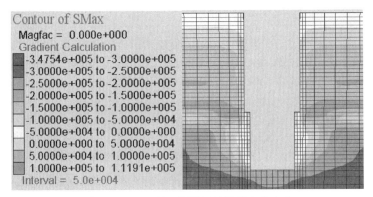

图 4.4.11 工况二情形下地层最大主应力

4. 基坑嵌岩层潜在滑移面

在边坡工程中，对岩土边坡稳定性及潜在滑裂面的分析方面，常采用数值模拟利用强度折减法来进行潜在滑裂面的研究。根据工程岩土体的赋存状态（空间尺度、边界条件）和受力状态建立恰当的分析模型，计算岩土体内的应力、应变，并按照一定的强度准则判断岩土体的屈服破坏情况。从岩土体实际的物理力学性状出发，逐步折减岩土体的强度参数，使得岩土体的物理力学性状不断劣化，直到岩土体发生失稳破坏。

利用岩土破坏时地层剪应变的速率分布形态作为边坡潜在滑动面的确定依据，以此判断潜在滑裂面的位置、形态及发展情况，物理意义更加明确，它表明滑动面各点的剪应变改变速率要快于沿该点滑动面法线方向上的各点。

图 4.4.12 为工况一下，基坑下部岩质边坡剪切应变速率分布形态图。可以看出下部岩质边潜在滑动破裂面以大概与水平成 63°角度从基坑脚步向上延伸。与前述简化模型的理论分析所得破裂面较为相近，前述章节对锚喷支护锚杆长度参数的计算是合理的。

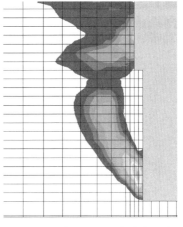

图 4.4.12　剪切应变速率分布形态图

4.4.3　小结

本节依托松山湖隧道嵌岩深基坑工程，对下部基岩基坑开挖，分别就采取支护措施、无支护措施情况下从位移、应力方面进行了数值模拟分析。

数值计算结果分析得出以下结论：

（1）岩层部分基坑采取支护措施可明显减小基坑位移，对减小基坑潜在变形破坏范围有利。根据对入岩段基坑采取锚喷支护措施和不采取锚喷支护措施工况下地表沉降的分析，在采取措施的情况下，入岩段基坑的开挖所引起的地表沉降增量仅 3.5mm，下部基坑的开挖对地表周边环境较小。

（2）岩层部分基坑周边喷射混凝土可保护基岩表面，防止受拉破坏。

（3）在数值模拟分析过程中利用强度折减法，从地层剪切应变速度出发，对岩质基坑段潜在滑裂面进行分析，得出了潜岩基坑下部入岩段潜在滑裂面的位置、形态，与简化模型的理论分析所得破裂面较为相近，前述章节对锚喷支护锚杆长度参数的计算是合理的，能保证下部基坑的稳定和安全。

第 5 章
盾构法区间近接既有建筑物施工影响及控制技术

5.1 莞惠城际铁路盾构法隧道概况及主要施工风险

5.1.1 工程概况

莞惠城际铁路为珠三角城际轨道交通线网的一部分，正线全长 99.841km，全线地下段总长 54.428km，设计时速 200km，局部限速段时速为 160km，其中松山湖隧道长 38.8km，为城市双洞单线铁路隧道，包含明挖法、矿山法、盾构法隧道及明挖、暗挖车站。沿线经过区域工业经济发达、人口密集，受地面空间和环境限制，不可避免地紧邻建（构）筑物群甚至在其下方穿行，且埋深浅、地下水发育、地质条件复杂。目前国内外修建的城际铁路隧道中，就隧道长度、地质情况及周边环境复杂程度而言均不及松山湖隧道。

松山湖隧道作为城际铁路长大隧道，大规模下穿城市建筑物群、桥梁、道路、河流、市政管线以及既有铁路线，目前在已建及在建铁路项目中尚无首例。国内外城市地铁项目中存在隧道下穿建筑物的工程，但大都在道路或零星的建筑物下穿行，且作为城市轨道交通，其设计最高时速一般不超过 100km/h，因此相应的隧道设计断面也较小。而作为设计时速达 200km/h 的城际铁路隧道，其隧道设计断面大（盾构内径 $\phi 8.1$m，开挖跨度约 8.7m），大部分段落隧道浅埋且均位于软弱地层或上软下硬地层（明挖区间基坑表现为嵌岩基坑），长距离、大规模邻近或穿越建（构）筑物群，国内尚无该类城际铁路隧道相关的技术标准及规范，也无已建成的类似工程经验可借鉴，相应关键技术研究在国内较鲜见。

5.1.2 施工的主要难点及原因分析

盾构隧道在软硬不均地层中施工时，由于同一断面岩性不均匀，这给盾构掘进带来很大困难。施工过程中，容易出现地表沉降过大、刀具磨损严重、隧道轴线偏离设计线路等问题。因此，盾构施工前，要预先制定合理的施工技术措施保证盾构掘进顺利进行。

1. 地面沉降

在上软下硬地层中，下部硬岩强度较高，自稳性较好；上部围岩，强度较低，稳定性差。由于上软下硬地层岩性不均匀，盾构施工会对周围地层造成过大扰动，导致掌子面坍塌，致使地表发生不均匀沉降，从而影响路面交通，严重时周围建筑物发生明显的倾斜。

因此，盾构施工时，应适当降低掘进速度，减小刀盘扭矩和千斤顶推力，减小对周围地层的扰动，严格控制地面沉降量。另外，还可以选用半敞开掘进模式，配合压缩空气等方法，确保掌子面稳定，保证施工顺利进行。

2. 刀具磨损

在软硬不均地层中采用盾构法施工时，刀具在软硬不均岩面做周期性碰撞，刀盘受到的冲击力很大，容易造成局部刀具受力超载，刀盘和轴承受偏心荷载作用致使主轴承受损或主轴承密封被破坏。地质条件越不均匀，岩性变化越快，刀具受到的冲击力越大，损坏速度的也就越快。同时，由于刀具与岩石的剧烈摩擦、碰撞，产生了大量的热量，使刀具温度升高，在一定程度上加快了刀具的磨损速度。因此，工作人员要充分了解地质条件，调整适当的盾构掘进参数，减小刀具所受的冲击力。盾构机掘进时，注入足量的泡沫或膨润土，改善渣土的流塑性，减小渣土与刀具的摩擦系数，从而减轻刀具的磨损。

3. 隧道轴线偏离设计轴线

盾构在上软下硬地层中施工时，由于下部为硬岩，上部为软岩，盾构机有向软岩方向偏移的惯性，盾构姿态容易发生偏移。另外，盾构机操作人员的水平、盾构隧道的线路曲线及坡度、盾构机的内部导向设备精确度和盾构自身重量分布情况等因素对盾构掘进方向都有很大的影响。当盾构推进线路与设计线路产生的偏差超过允许值，管片会产生错台现象，管片的受力不均匀，严重时管片破损，从而影响管片的防水效果。因此，盾构施工时，必须严格控制掘进方向，把偏差控制在最小范围之内，确保施工安全、顺利进行。

4. 管片问题

盾构在上软下硬地层中施工时，上部围岩强度较低，下部围岩强度较高，为了保持掌子面上部和下部围岩掘进速度相协调，必须加大下部千斤顶的推力，推力过大容易造成管片错台、破损等问题。另外，管片选型不当、盾构机姿态控制与管片姿态不匹配等因素也是引起上述问题的主要原因。

5. 盾构机穿越不同岩层问题

（1）上软下硬地层中掘进

莞惠城际盾构隧道大部分在残积土层和岩石风化层中穿过：隧道上部多为人工填土或淤泥质土、淤泥质砂；下部为冲积、洪积形成的砂、土层；底部为基岩残积形成的黏性土、泥岩、砂岩。地层上软下硬、软硬不均现象明显，容易引起盾构施工的实际曲线偏离设计方向，盾构掘进控制难度大，工况转换频繁，因此必须合理配置刀盘、刀具，将切刀、平面刮刀和盘型滚刀合理搭配使用，同时采用VMT激光导向系统和PLC控制系统进行掘进方向控制。在坡度起始点，应特别注意盾构机的姿态调整，并要适当放慢掘进速度，防止上仰或下俯等情况出现，保证施工质量。

（2）软弱地层中掘进

莞惠城际盾构隧道部分穿越陆相洪积～冲积砂层及河湖相淤泥质、粉质黏土层。砂性土层内摩擦角大，渣土流动性差，排土困难，地下水压高时，易发生喷涌现象，因此砂层盾构掘进控制困难，易造成地表沉降。而黏性土层过多的细颗粒含量使渣土具有较强的粘附作用被粘附在刀盘和土舱内壁并被压密，从而造成刀盘扭矩增大，掘进和排土难以进行。

（3）穿越硬岩地层

莞惠城际盾构隧道区间地层有相当部分为（7）、（8）、（9）号地层，其中（9）号地层为Ⅳ、Ⅴ类围岩，岩石的天然单轴极限抗压强度高，盾构机穿越该岩层时，适宜采用敞开式掘进，主要的困难是：掘进速度慢；刀具磨损大，更换频繁；轴线控制难度大；推力增大，有可能引起管片产生裂缝等。

(4) 穿过富水断层破碎带

莞惠城际盾构隧道区间部分地段穿越地质情况复杂的富水断层破碎带。破碎带一般岩体破碎、围岩的强度大，天然单轴抗压强度差异很大，强度不均匀，稳定性差，形成了地下储水构造，地下水比较丰富。盾构在这类地段掘进易发生涌水现象，破碎地段的大岩块易堵塞螺旋输送机，因此，要求盾构具有较强的破岩能力，刀具的选择和布置要合理。

(5) 通过含"孤石"地层

莞惠城际盾构隧道区间地层存在俗称"孤石"的花岗岩球状风化体或大砾石，这些孤石的单轴抗压强度可达 35MPa 以上，强度差异较大，易造成刀具损坏，并可能导致刀盘变形、盾构机瘫痪。

5.2 盾构穿越浅基础建筑物施工影响及控制技术

5.2.1 盾构穿越浅基础建筑物数值模拟研究

1. 三维盾构隧道模型的建立

(1) 计算模型的建立

本部分研究以东城南—寮步、道滘—西平西区间及西平西—东城南盾构区间隧道工程为背景，研究区段隧道埋深约 16m，盾构外壳直径 8.7m，管片环外径 8.5m，内径 7.7m，管片厚度 40cm。为节约计算时间，建立以隧道轴线为边界的半边模型。考虑到隧道开挖的影响范围，最大程度地减少"边界效应"，选取大于 5 倍洞径的计算模型。计算模型的宽度取 40m、高度取 45m，隧道上部取至地表，隧道下部土层厚度 21m；隧道轴线方向取 60m，约为隧道直径的 7 倍。为计算方便，模型中隧道掘进方向取为直线。模型下边界施加竖向约束，左、右边界施加水平约束，上边界为自由边界，施加 20kPa 地表超载。管片、地层采用实体单元模拟。计算模型如图 5.2.1 所示。

(2) 材料性态及施工过程的模拟

在整个计算模型中共有四种材料，分别为：土体、盾壳、管片衬砌、同步注浆及地表建筑基础。

(3) 建立计算模型的假设条件

假设六个管片为一个整体。

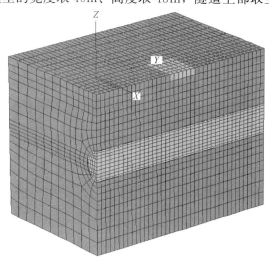

图 5.2.1 盾构隧道计算模型

同步注液和硬化后的浆液，为一个均匀的环形，假设同步注液能够完全填满管片与地层间的环形建筑空隙。

(4) 材料的模拟设定

1) 土体

地下工程模型计算中，经常使用的各向同性模型有两种：一种是弹塑性模型，还有一种为弹性非线性模型。它们都能够反映土体的非线性应力应变关系，本节采用弹塑性模型，遵循摩尔-库仑屈服准则。

2) 管片衬砌

在数值模拟计算过程中，认为管片衬砌为各向同性的弹性体。本标段管片混凝土的强度指标为C50，管片的弹性模量为31.5GPa。一环管片由4个标准块、2个邻接块、1个封顶块，共7块管片组成。为简化计算，模型计算中将7块管片假设为一个整体，这增加了一环管片的整体刚度，所以模拟计算中将其原有的刚度进行30%折减，取为22.1GPa。

3) 盾壳

在实际施工中，盾构机外壳起到防护作用，由于盾构机内部有加强设备，具有很高的强度及刚度，它的变形可忽略不计，近似认为是刚性体，计算中通过赋给盾构外壳足够大的弹性模量来实现。本计算盾构长度设定为9m。

4) 同步注浆

盾构机向前掘进时，为了减小由土体损失所引起的地表沉降，在盾构隧道与周围土体之间的环形缝隙中填充浆液。浆液的强度和硬度会随着时间的增长而逐渐变强。注浆材料属性分为两个过程：第一个过程，同步注浆刚注入环形间隙时，为具有一定压力的液体，计算中的未硬化浆液用施加到土体开挖面的法向力的形式模拟；第二个过程，浆液固化以后，为一个环形的弹性体，其弹性模量取1GPa。

5) 地表建筑

建筑物采用在地表基础上施加竖直应力的方式模拟，本工程下穿范围内多层建筑较多，故计算中楼房荷载按8层考虑，每层取15kPa，建筑物基础平面尺寸为20m×10m，其中短边为隧道轴线方向。

(5) 土体及结构力学参数

拟建盾构隧道范围内上覆为第四系全新统人工堆积层（Q_4^{ml}）、第四系全新统冲积层（Q_4^{al}）、第四系残积层（Q^{el}），下伏基岩燕山晚期（$\gamma_{\pi y}$）花岗斑岩、白垩系（K）泥质粉砂岩及震旦系（P_{z1}）混合片麻岩。

计算中考虑了两种地层条件设定：一种是盾构机完全在软土层掘进，地层分界面位于隧道开挖范围的下方；另一种是盾构机在上软下硬地层掘进，地层分界面位于隧道横断面中部（图5.2.2）。围岩及结构力学参数见表5.2.1。

2. 数值模拟计算过程及结果分析

(1) 建筑物周边初始应力场的形成

所有地下工程在开挖前，都有一个初始的应力场。初始应力场的形成与岩体构造、岩体的物理性质、隧道埋深和构造运动等有密切关系，问题比较复杂。目前主要研究的是由岩体重力引起的应力场，而其他则只认为是改变了由重力造成的初始应力状态。本模型采用的是地层-结构模型，在模型计算之前，要设置一定的边界条件，在$X=0$和$X=-40$

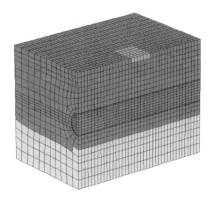 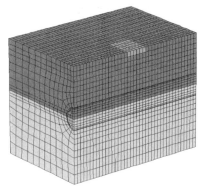

图 5.2.2 计算地层条件设定

围岩参数及支护结构力学参数　　　　　　　　　表 5.2.1

材料	$\gamma(kN/m^3)$	$E(MPa)$	ν	$c(kPa)$	$\varphi(°)$
黏土层	19	5	0.4	15	20
强风化岩层	19	5	0.4	15	20
微风化岩层	24	1000	0.3	200	35
管片	25	22100	0.2	—	—
注浆	22	1000	0.3	—	—
建筑物基础	25	3000	0.3	—	—

上所有节点的 X 方向位移为零；在 $Y=0$ 和 $Y=60$ 上所有节点的 Y 方向位移为零；在 $Z=-27.88$ 上所有节点的 Z 方向位移为零。地表面为自由面，上面施加 20kPa 的法向荷载模拟地表超载。

建筑物采用在地表基础上施加竖直应力的方式模拟，本工程下穿范围内多层建筑较多，故计算中楼房荷载按 8 层考虑，每层取 15kPa。

(2) 盾构推进过程分析

盾构开挖模拟计算过程严格按照正常施工程序进行，在计算之前要把所有节点的初始位移值初始化为零。一次开挖一个管片的长度 1.6m，模型纵长 60m，共需要 40 个开挖步才能完成。

每一个开挖流程为：

1) 采用 NULL 模拟开挖范围内的土体、管片单元、注浆单元。赋给材料相应的材料参数，然后，在掌子面上施加一个法向压力模拟土仓压力。盾构机长 9m，即 6 环管片，在此范围内只有盾壳，赋予盾壳相应的材料参数，本部分计算假定土仓压力稳定，给掌子面施加法向压力来模拟土仓压力，根据初始应力场得出静止土压力，以此设定土仓压力约为 245kPa。

2) 盾构开挖第 n（$6<n<40$）环管片后，第 n 环和第 n-6 环范围内盾壳起到支护作用，第 1 环至 n-5 环范围内支护体系由管片衬砌和同步注浆液组成，赋给它们相应的材料属性，同时，赋给液体浆液一个指向隧道外的径向应力来模拟同步注浆压力。为了模拟浆液的凝固过程，将浆液的材料属性保持 4 环管片的开挖计算时间，例如：开挖到第 11 环时，第 1 环后面的浆液的材料属性变为硬化后的材料属性，此时注浆压力消失，第 2 环到

第 5 环管片浆液为液态属性。重复上述过程直至管片布满模型开挖长度方向，数值模拟计算结束（图 5.2.3）。

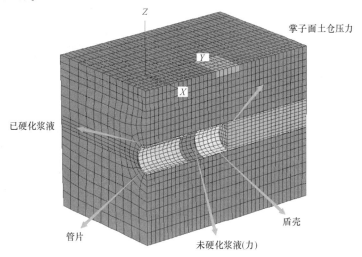

图 5.2.3 盾构机工作流程模拟模型图

3. 盾构施工对建筑物沉降的影响

根据以上模拟手段和计算方法，根据不同的地层条件等因素，本研究进行了 3 种工况下的盾构开挖施工模拟：

（1）上软下硬地层中，无地表建筑条件下盾构施工模拟；
（2）上软下硬地层中，存在地表建筑条件下盾构施工模拟；
（3）软土地层中，存在地表建筑条件下盾构施工模拟。

以下为 3 种工况下随盾构开挖的土体塑性区分布情况，其中开挖 30m 时，开挖面位于建筑（如果有）基础正下方（图 5.2.4～图 5.2.9）。

在复合地层中掘进时，盾构施工造成的围岩产生的塑性区主要分布在拱顶上部软弱地层部分，这部分土体的屈服变形是导致地层及地表建筑物发生位移的主要原因。

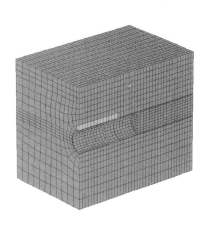

图 5.2.4 工况 1 开挖 30m 塑性区分布

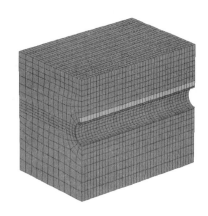

图 5.2.5　工况 1 开挖完毕塑性区分布

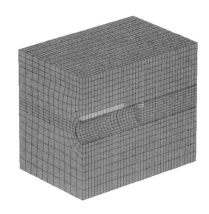

图 5.2.6　工况 2 开挖 30m 塑性区分布

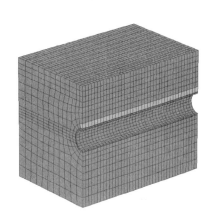

图 5.2.7　工况 2 开挖完毕塑性区分布

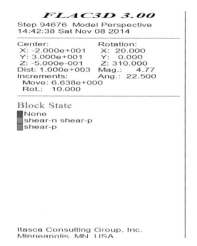

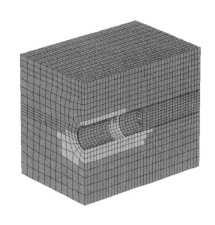

图 5.2.8　工况 3 开挖 30m 塑性区分布

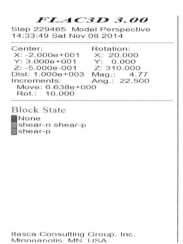

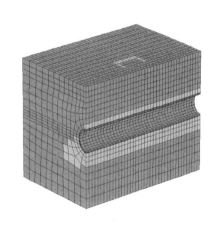

图 5.2.9　工况 3 开挖完毕塑性区分布

对比工况 1 和 2 中开挖面位于建筑物正下方时，由于建筑物竖向荷载作用，开挖面土体静止土压力大于非下穿段土体静止土压力，如盾构机土仓压力保持不变，必定会略低于开挖面静止土压力，造成开挖面支护压力不足，从而产生一定的塑性区，这对地表建筑物的沉降控制是不利的。

通过与工况 3 塑性区分布对比发现，上软下硬地层中盾构掘进无论是开挖面前方还是盾尾后方，形成的土体塑性区是远小于全软土地层中的情况的。

盾构隧道对周围土体的影响区域随着盾构机的不断推进而不断扩大，具有明显的三维特性。隧道土体开挖以后，土体失去了原有的平衡状态，隧道顶部土层发生沉降，隧道底部土层向上隆起，隧道顶部沉降值和底部的隆起值随着隧道的连续开挖而不断增加。

以下为 3 种工况下部分沉降计算结果（图 5.2.10～图 5.2.15）。

在盾构隧道接近建筑物—下穿建筑物—远离建筑物时，建筑物受隧道施工影响产生一定的沉降，3 种工况下建筑物（如果有）的中心沉降与盾构机开挖面位置关系如图 5.2.16 所示，其中建筑物中心位于 30m 处。

图 5.2.10　工况 1 开挖 30m 沉降云图

图 5.2.11　工况 1 开挖完毕沉降云图

图 5.2.12　工况 2 开挖 30m 沉降云图

第5章　盾构法区间近接既有建筑物施工影响及控制技术

图 5.2.13　工况 2 开挖完毕沉降云图

图 5.2.14　工况 3 开挖 30m 沉降云图

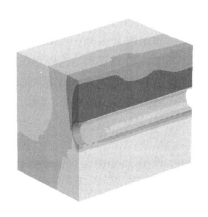

图 5.2.15　工况 3 开挖完毕沉降云图

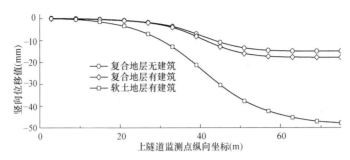

图 5.2.16　建筑物（如果有）的中心沉降与盾构机开挖面位置关系

从图 5.2.16 可以看出，随着开挖面的不断接近，软土地层中建筑物发生沉降要早于复合地层中的情况，最终沉降要显著大于复合地层工况。工况 1 和工况 2 相比，建筑物基础中心最大沉降由 15.0mm 增大到 18.1mm，增大了约 20%，这和前文中对开挖面前塑性区变化情况的分析结论较为一致，实际施工中在下穿段应根据楼房竖向荷载大小情况，适当提高土仓压力，以减小建筑物产生的沉降。

为了保证建筑物安全，除了要确保最大沉降在安全范围以外，对它的倾斜率控制也有着严格的要求，类似工程中倾斜率往往是安全评价的控制因素，工况 2、3 中随着开挖面不断接近建筑物，建筑物的纵向（沿隧道方向）倾斜率变化如图 5.2.17 所示（建筑物中心位于 30m 处）。

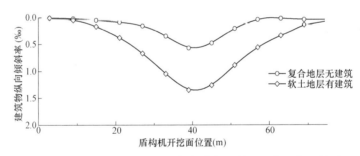

图 5.2.17　建筑物沿隧道方向倾斜率与盾构机开挖面位置关系

通过图 5.2.17 可以看出，随着盾构机开挖面接近建筑物，建筑物基础在沿隧道轴线方向发生不均匀沉降，全软土地层中建筑物发生倾斜较早较快，最大值要大于复合地层的情况，两种工况建筑物最大倾斜率均发生在盾尾经过建筑物时刻，而后随着盾构机的远离，地层沉降趋于一致，不均匀沉降消失倾斜率变小。为了减小盾尾经过时建筑物的最大倾斜率，实际施工中可通过适当增大同步注浆等措施，确保下穿全过程建筑物的安全。

图 5.2.18 为盾构隧道通过后，建筑物（如果有）位置处横向（垂直于隧道轴线方向）地表沉降曲线，可看出复合地层建筑物横向倾斜率略小于软土地层，分别为 0.35‰及 0.66‰。

4. 上部软弱地层超挖对建筑物沉降的影响

盾构在上软下硬地层掘进时，由于掌子面岩层强度差异大在相同的刀盘转速和推进速度下，下部进度慢，上部的土层过度扰动，会造成隧道顶部土层松弛，过度开挖，严重时会引起地表沉陷，对地表建筑物和地层中埋设的管线造成很大影响。

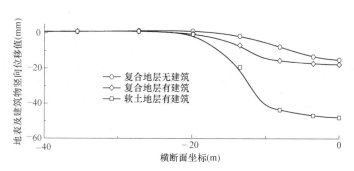

图 5.2.18　建筑物处垂直于隧道方向地表沉降曲线

上部的土层过度扰动，隧道顶部土层松弛，会直接导致该部分盾构土仓压力难以稳定，出现剧烈波动的情况，本节利用降低土仓压力的方法，模拟软土层过度扰动及超挖对地表建筑的影响。根据软土地层部分土仓压力下降幅度的不同，设定 6 种工况，在这 6 种工况中，土仓压力分别为原静止土压力的 0.9、0.8、0.7、0.6、0.5、0.4 倍，在各个工况中，当盾构开挖面到达建筑物正下方时，塑性区分布如图 5.2.19～图 5.2.25 所示。

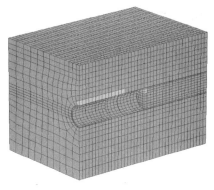

图 5.2.19　土仓为 1 倍静止土压时
岩土体塑性区分布

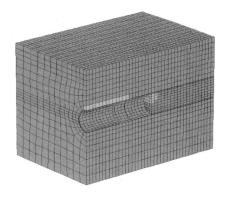

图 5.2.20　土仓为 0.9 倍静止土压时
岩土体塑性区分布

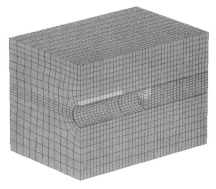

图 5.2.21　土仓为 0.8 倍静止土压时
岩土体塑性区分布

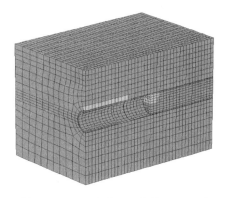

图 5.2.22　土仓为 0.7 倍静止土压时
岩土体塑性区分布

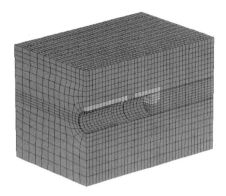
图 5.2.23 土仓为 0.6 倍静止土压时岩土体塑性区分布

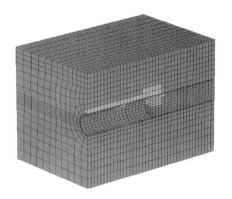
图 5.2.24 土仓为 0.5 倍静止土压时岩土体塑性区分布

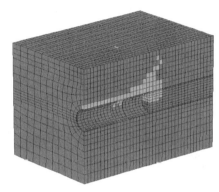
图 5.2.25 土仓为 0.4 倍静止土压时岩土体塑性区分布

通过以上各图可以看出，随着土仓压力的下降，开挖面前软土层塑性区明显增大，说明该部分岩土体进入屈服状态，达到了模拟由于超挖引起大范围土体松动的状态。当土仓压力下降至 0.4 倍静止土压时，塑性区几乎贯通至地表，这种情况是极其危险的。

在盾构机接近建筑物—下穿建筑物—远离建筑物这一过程中，建筑物基础中心的沉降曲线如图 5.2.26 所示（建筑物中心位于 30m 处）。

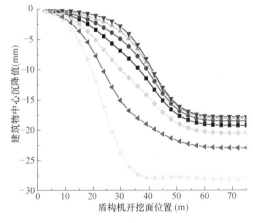
图 5.2.26 不同软土层超挖程度对建筑物沉降影响曲线图

图 5.2.26 中最上方曲线的土仓压力为正常静止土压力，从上到下每条曲线所代表的土仓压力依次递减 0.1 倍，可以看出，随着土仓压力的降低，建筑物沉降逐渐提前，最大沉降值也呈非线性变化，将建筑物最终沉降整理为图 5.2.27。

从图 5.2.27 可以看出，当土仓压力下降至 0.6 倍的静止土压力之后，建筑物最终沉降曲线斜率明显变陡，说明 0.6 倍土仓压力是控制地表建筑物的一个敏感阈值，建议在上软下硬地层施工过程中，当软土层过度扰动而造成土仓压力发生波动时，从地表建筑安全角度出发，应尽量将波动的土压力的下限控制在 0.6 倍静止土压力之上。

5.2.2 盾构下穿大量老龄浅基民居掘进技术研究

1. 工程概况

莞惠城际 GZH-6 标盾构隧道穿越地质多变的复合地层，掘进过程中遇到富水软弱地层、上软下硬、全坚硬岩、孤石、漂石、砂层等不良地层，施工难度大。隧道下穿大朗镇繁华老城区，线路上方建筑物覆盖率达 90% 以上，多为老龄浅基民

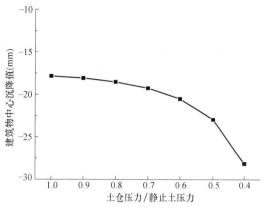

图 5.2.27 建筑物最终沉降值与土仓压力关系曲线

居，安全风险高。掘进过程中通过采取建筑物及地层主动注浆及跟踪注浆、沉降监测、掘进参数优化、渣土改良、同步注浆及二次注浆控制、地质探测等多种技术实现盾构掘进过程中建筑物的安全。

根据设计图统计，本标段盾构区间各类地层累计长度所占比例见表 5.2.2。典型地质纵断面如图 5.2.28 所示。

工程地质概况　　　　　　　　　　　　　　　　表 5.2.2

盾构区间	地　　层	长度	所占比例
左线	洞身位于全、强风化段	1136m	26%
	洞身上部位于全、强风化，下部位于弱风化	1040m	24%
	洞身全部位于弱风化段	2203m	50%
右线	洞身位于全、强风化段	1034m	24%
	洞身上部位于全、强风化，下部位于弱风化	1337m	30%
	洞身全部位于弱风化段	2022m	46%

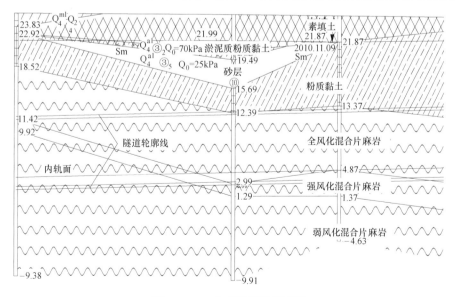

图 5.2.28 典型地质纵断面图

2. 盾构机选型技术研究

(1) 盾构的类型与机型

根据施工环境，隧道掘进机分为软土盾构、硬岩掘进机（TBM）、复合盾构三类，显然盾构的类型分为软土盾构和复合盾构两类。

软土盾构的特点是刀盘仅安装切削软土用的切刀和刮刀，无需滚刀；复合盾构的特点是刀盘既安装切削软土用的切刀和刮刀，又安装破岩用的滚刀，或者用于破碎砂卵石和漂石的撕裂刀。

不论软土还是复合盾构，都包含土压平衡盾构和泥水盾构两种机型。

(2) 选型步骤

在对工程地质、水文地质条件、周围环境、工期要求、经济性等充分研究的基础上选定盾构的类型和机型。

根据详细的地质勘探资料，对盾构各主要功能部件进行选择和设计，如刀盘驱动形式、刀盘结构形式、开口率、刀具种类与配置、螺旋输送机的形式与尺寸等，并根据地质条件等计算确定盾构的主要技术参数。

根据地质条件选择与盾构掘进速度相匹配的盾构后配套施工设备。

(3) 本标段盾构选型情况介绍

根据本标段地质条件和经济条件等，本标段选用北方重工与法国 NFM 公司联合生产制造的土压平衡盾构机。主要部件有：刀盘（由三部分拼装组成）、前盾（分上下两个部分）、中盾（分上下两个部分）、尾盾（由三块组成）、管片拼装机、螺旋输送机、CB1\CB2 两个连接桥、5 个后配套拖车等组成。

盾构刀盘一般分面板式、辐条式和面板+辐条式三种。面板式主要适用于硬岩掘进机，辐条式适用于纯软土地层，而复合地层主要用面板+辐条式刀盘盾构施工。由于该标段属于复合地层，所以采用面板+辐条式刀盘。

刀盘面板有 8 路泡沫注入口，双刃刮刀 188 把，双刃滚刀 5 把，滚刀 44 把，边缘弧形刮刀 24 把，边缘保护刀 12 把，超挖刀 1 把。本刀盘既有破碎硬岩的滚刀，又有切削泥土的刮刀。

(4) 盾体

盾体由三部分构成：前护盾、中护盾及尾护盾，材料采用 Q345B 加工而成。前护盾包括刀盘、刀盘驱动装置以及人闸；中护盾包括推进油缸并支承管片拼装机；尾护盾提供混凝土管片周边的密封性。

护盾结构按承受 6bar 的静水压力进行设计。护盾结构由平钢板或焊接的钢板制成，确保盾壳圆周范围内有一个相同连续的厚度，以确保在较高的压力条件下盾构断面形状的完整一致。

护盾结构所使用的材料和护盾的尺寸以及护盾装备与本工程地质（土的含水量及磨损介质等）和遇到的工作条件是匹配的。前护盾和中护盾的各个部分（环向分块及前护盾与中护盾的连接）均为螺栓连接。尾护盾的结构是采用整体焊接的。为了适应曲线掘进，护盾的设计为倒锥形，即尾护盾的直径要比中护盾和前护盾的直径小一些，前盾、中盾和后盾的尺寸分别为：$\phi 8804mm$、$\phi 8792mm$、$\phi 8780mm$。

前护盾结构上有一个固定在中心部不随刀盘一起转动的隔板，使得前护盾结构的刚度较好,可以减少刀盘的一些额外结构,刀盘仅设计成为一个回转部件,使主轴承能在该空间所提供的最佳条件下工作。

在开挖室的隔板能安装一些固定式的搅拌棒以改善开挖室内的搅拌作用,有利于渣土的流动,防止在黏性土地层中掘进时,中心区域形成泥饼。

在盾构前盾仓室隔板后、中盾位置以及尾盾的前方沿盾壳周圈间隔预留注入孔,当需要进仓作业时预先加固地层。钻机(备选)可以安装在管片拼装机上,可以进行超前钻孔和注浆作业。

尾护盾盾壳设计能确保盾构在 6 bar 设计压力下具有较高的抗弯曲和抗断裂强度。为此,尾护盾盾构是用平钢板制造的,在盾构壳四周钢板都均匀连续、厚度一致,所有用于回填灌浆和盾尾密封注脂的管道都完全安装在尾护盾盾壳内壁上,如图 5.2.29 所示。

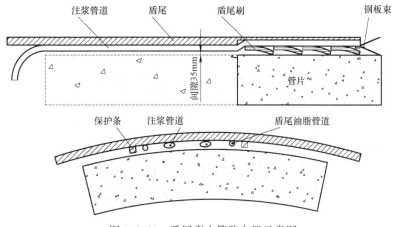

图 5.2.29 盾尾壳内管路布置示意图

相对于其他将注浆管和油脂管内埋于盾尾壳中的设计,SHMG/NFM 的设计在盾壳周圈没有盾壳厚度变小的薄弱区域。这些薄弱区域使得尾护盾形同多个环向铰接的结构,从而降低了盾壳的承载能力。特别在砂性地层中掘进时能对注浆管路提供可靠的保护。此外,这种设计更便于对管路的维护和清理。万一管路被堵,很容易更换被堵的管路(内置多节短管连接)。

(5) 刀盘及驱动系统

刀盘设计的开口率约为 30%,这种刀盘开口率更便于渣土的流动,尤其在黏性土地层中,可防止黏土堵住开口。作为防止黏土粘结和堵塞(泥饼)的第二个措施是刀盘开口部位的特殊结构设计,这部分结构设计成楔形梯级结构以便刀盘后面的开口逐渐变大,利于材料的流动。

由于刀盘旋转时,中间部位线速度小,在黏土地层极易形成泥饼。作为一个防止中间粘结的措施是刀盘设计中一大特点,中心部位的开口率较高,从而使中心部位的渣土极易进入土仓,同时使得刀盘中心部分的泥水压力时刻可以被控制。

此外,在辐板外缘上设置的开口主要是便于渣土更好地流动和能够在靠近刀盘外圈的位置安装额外的一些刮刀。

刀盘的开口限制了进入切削仓的石块粒径在 0.5m 以下。这种设计使特大尺寸的石块

（漂石或砾石）留在刀盘的前面，然后用刀具来破碎。虽然最初撕裂刀将起到这种作用，但所有的刀具都可以破碎大的块石。

搅拌臂装在刀盘和土仓隔板上，主要用于搅拌土仓内的沉渣，这种作用在黏土层中更明显。

1) 刀具设计

刀盘和刀具的设计按能挖掘最高抗压强度为 200MPa 的地层强度来设计的。此外，在盾构机始发阶段，在刀盘上的所有刀具能十分轻松地破碎 C20 的混凝土（如端头加固区）。滚刀由原来的 49 把增加到 54 把，正面滚刀间距减小到 92mm。

① 重型双层刮刀

刮刀用来切割未固结的土壤。并把切削土刮入土仓中，刀具的形状和位置按便于切削地层和便于将土刮入土仓来设计。刮刀的切削宽度为 120mm。所有的切削刀具配有双层刀齿，背部设有双排碳钨合金柱齿以提高刀具的耐磨性，可磨损的高度为 64mm（2×32mm），所有的刮刀均可以从开挖仓内拆卸和更换（图 5.2.30）。

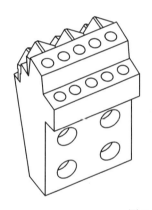 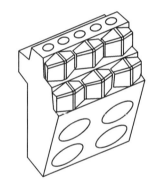

图 5.2.30　双层刮刀

② 盘形滚刀

在硬岩地层中，刀盘上可安装盘形滚刀，以适应在微风化岩层（最大抗压强度 200MPa）中连续掘进，刀间距布置见刀盘结构图，尺寸为 17 英寸，所有盘形滚刀都从刀盘后面进行拆装。盘形滚刀高出刮刀 45mm。

③ 周边刮刀

周边刮刀安装在刀盘的外圈用于清除边缘部分的开挖渣土，防止渣土沉积，确保刀盘的开挖直径以及防止刀盘外缘的间接磨损。该刀的切削面上设有连续的碳钨合金齿和碳钨合金柱齿，用于增强刀具的耐磨。所有的刮刀可从切削仓内进行更换。

④ 超挖刀

1 把超挖刀安装在一个液压油缸上，通过刀盘转动来控制，用于在曲线掘进时或更换边滚刀时挖掘圆形以外的空间。

2) 刀具的布置

刮刀布置在辐条和面板开口的边缘上，每个轨迹之间搭接重叠布置。

滚刀在刀盘辐条上径向布置，正面滚刀的平均间距为 92mm，按硬岩标准配置，在边缘区域逐步间距加密。刀盘上所有的刀具都可以从刀盘的后部方便、可靠、安全地进行更换。

3) 刀盘结构的保护措施

除了以上所述刀具的保护之外,在刀盘结构几个比较易磨损的部位保护措施如下:

① 在刀盘每个进渣口的周圈进行硬化处理并堆焊耐磨材料;

② 在刀盘的中心进行硬化处理并堆焊耐磨材料,边缘上焊接耐磨条;

③ 在刀盘外圈设有保护刀具。

4) 刀盘的结构设计

刀盘结构由 12 块辐条及相应的辐板组成。刀盘结构和驱动装置之间通过 6 个梁来连接,这 6 个梁位于刀盘面板横梁和用螺栓连接于驱动部分的重型环圈之间。横梁将刀盘面板部分连接至辐条。

所有的刀具以及滚刀都能从刀盘后部进行拆卸和更换。有起吊机协助进行换刀操作。刀盘上还安装有仿形刀和泥浆喷嘴等装备以及所有必需的管道和刀具磨损检测装置的管路。

5) 旋转接头

旋转接头固定在开挖仓隔板上。它是泡沫、刀具磨损检测等的通道。

6) 主轴承结构

主轴承安装在前盾承压隔板支撑结构上,前部与刀盘用拉伸预紧螺栓连接,是盾构设备的关键部件之一(图 5.2.31),本工程盾构主轴承进行了以下设计:

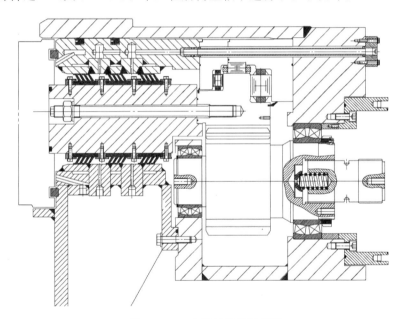

图 5.2.31 主轴承结构示意图

采用适用于高扭矩和大推力的重工况轴承,一种整体式的主轴承,内有三套(轴向/径向)滚柱。主轴承将由在隧道盾构机配套方面富有经验的轴承制造商制造。

为了限制在推力载荷作用下轴承支承框架产生变形而发生扭转(因为这种扭转会导致主轴承的所有滚柱不能用它们的全长进行工作),轴承支承框架做成刚性极好的焊接结构件。因此对轴承支承框架的固定进行过很多研究,以防止由于前护盾变形引起箱体结构的翘曲。

所有的环都是整体式的，滚道上没有任何不连续性。内齿圈与主轴承做成一体。由于具有更优的安装条件，以及它使用与轴承滚道相同的材料，使它比那种独立于主轴承结构、可更换式的齿圈有更长的寿命。

7）主驱动系统

主驱动系统设计成可在正反两个方向以同样的速度和扭矩进行岩土的切割。

驱动系统设计成具有最大的刚性，以便充分利用主轴承的寿命，并在掌子面实现稳定的切削条件。刀盘驱动系统包括减速箱、变频刀盘驱动电机及其控制元件。

在确定刀盘的额定扭矩和脱困扭矩时，已经考虑到了在复合地层条件下掘进而需要的较高扭矩，所以对于防止刀盘被卡阻已具有足够的安全度。刀盘驱动扭矩曲线如图 5.2.32 所示。

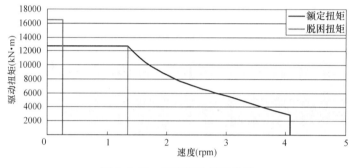

图 5.2.32 刀盘驱动扭矩曲线

8）减速箱

减速箱的传动效率高、可靠性高，可承受扭矩峰值。齿轮减速箱由国际名牌制造商生产。

连接减速箱与驱动小齿轮的轴是经过特殊设计的，配有驱动保护装置，避免部分的关键机械部件（如主轴承大齿圈、驱动小齿轮、齿轮箱等）免受扭矩过载。这种轴的设计就像一个保险装置，在达到一定的扭矩时自动切断。

轴承采用受刀盘驱动装置的运行而控制的自动循环油系统来确保其不断的润滑。

9）变频刀盘驱动电机

刀盘驱动采用变频电机驱动。刀盘驱动电机是变频控制、水冷式的、标准的感应式电动机。无级变速驱动是对连续不断变化的矢量的控制技术。每个电动机包括内置式的用于 PLC 故障预测用的热探测器，在司机室内也有显示。

为了提高性能，在控制系统中还包括了以下技术：

① 每个电动机有它自己的变频器。这样改善了扭矩的稳定性，在主变频器不工作时，也允许盾构机能够工作。

② 各变频器之间的通信联络时间减少了，改善了各个电动机之间的同步性。

③ 对扭矩/转速的控制装置达到最优化，改善了在意外情况下盾构机驱动装置的性能。

④ 电动机由防尘防水的变频驱动控制柜进行控制，该系统符合欧洲 EMC 标准及 EC 的低电压使用导则。

对于大直径盾构机使用变频电驱动，有以下优点：

① 更高的效率，电动机的功率损失最大为5%，而液压马达功率损失最大为20%。这大大节省了盾构机操作的能源费用。

② 对调节作用的反应更优，特别是对工作在阻力矩有微小波动的地层状况时。

③ 维护方便，可以在变频驱动的控制柜完成所有的维护工作。

④ 水冷式电动机得到更好的冷却，带来的主要好处是，在前护盾里的环境温度较低。

⑤ 噪声较低，可以带来较好的工作环境。

（6）推进系统

1）推进油缸

主机的向前推进由推进系统来实现，推进系统主要由推进油缸、液压泵站及控制装置组成。油缸作用在前一环的混凝土管片上，借助铰接的撑靴将力均匀地分散在接触表面，以防止对混凝土管片任何一点的损坏。撑靴被固定在球窝节上并覆盖聚氨酯以确保与混凝土管片均匀平滑地接触。

推进油缸分为5组。每组油缸均能单独控制压力的调整，为使盾构机沿着正确的方向开挖，司机可以调整5组油缸的压力。

为了方便主机的方向操纵，油缸直接顶推在靠近机器重心的前盾上。

为了测量机器的开挖进尺，每组推进油缸装有行程传感器，推进速度通过控制面板可以连续地调整。

管片安装模式时，可通过管片安装机的遥控器或固定操作面板单独控制任何一对油缸，以满足封顶块安装在不同的点位上。

管片安装模式时，正在安装的混凝土管片所对应的油缸缩回，其他油缸的撑靴保持压力以足够的推力与管片接触，以确保安装期间管片的安全、混凝土管片之间密封的压力以及维持开挖室里的限定压力。

管片安装模式时，当每一片管片安装完毕，重新伸出推进油缸与管片接触并施加压力时，推进油缸的撑紧压力将减小（此压力可以很容易地进行预先设定），以避免盾构机向前移动、损坏拼装机的安装臂及已安装好的管片或造成管片开裂。

2）铰接密封及铰接油缸

前和中盾之间设计有两道铰接密封，即一道四唇密封和一道止浆板密封（钢板束），密封之间用油脂进行充填，这种弹性钢板制成的止浆板密封可以防止在掘进过程中泥沙的进入，从而使得铰接动作自如。

铰接是主动型的，用油缸与后部盾体连接（图5.2.33）。

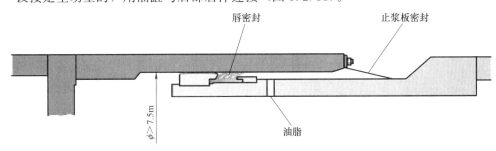

图5.2.33　铰接密封示意图

铰接系统具有主动铰接模式、回收模式两种工作模式，以适应铰接系统不同的工况。当正常掘进时，通常采用主动铰接模式，即通过铰接油缸推进调整前盾与中盾、盾尾之间的夹角，以适应线路情况；当铰接油缸行程过大时，采用回收模式将铰接油缸行程/盾尾收回至正常位置。

(7) 泡沫、膨润土和其他添加剂注入系统

为了获得渣土具有土压平衡盾构正常工作所要求的止水性、流动性与塑性，本盾构机配备了完备的渣土改良系统。通过单独注入或混合注入泡沫、膨润土浆液/聚合物或水，达到的效果有：①降低渣土的渗透性，减少水的侵入，并帮助保持限定压力；②使开挖室里的混合物搅拌均匀，填补开挖后渣土膨胀产生的缝隙；③减小渣土与金属之间的摩擦，有时可大大减小刀盘扭矩，并可以减少盾构部件的磨损；④避免开挖渣土粘住钢结构；⑤使螺旋输送机里的混合物保持较好的均匀性，便于形成"土塞效应"，减小失去限定压力的风险。

1) 泡沫注入系统

泡沫注入方法现已广泛应用于 EPB 技术当中。使用发泡溶液（泡沫剂或泡沫剂和聚合物的混合物）和压缩空气混合产生的泡沫，可改进开挖室中渣土的流动性和渗透性。有很多明显的优点：①泡沫的特性使得可以更好地控制掌子面的稳定，由许多微小气泡组成的泡沫缓冲效应可限制掌子面压力的波动；②由于泡沫填补了被开挖物料的缝隙，使其可渗透性降低，因而使高水压开挖成为可能；③泡沫的润滑作用能增加被开挖物料的流动性，减小渣土室中堵塞的风险，并减小工作扭矩，因而减少电力消耗；④所有添加剂都是生物可降解的，这就意味着注射泡沫后无需任何针对渣土的特别处理措施；⑤泡沫可以减小地层的研磨性，从而增加和地层接触部件的寿命；⑥泡沫喷嘴的单向阀设计能够有效地防止管路的堵塞，意外堵塞后易于疏通、清洗。

2) 主要过程特点

泡沫发生器利用水、乳化剂和压缩空气产生高度膨胀泡沫，一定时期内这些泡沫非常稳定。系统采用压缩空气加压的方式，这样可以吸纳更多的气体。为了使水和空气混合产生的泡沫气泡大小均匀，系统使用了专门设计的静力混合器，防止泡沫由于大气泡而破裂。

3) 工作原理

泡沫发生器安装于移动机架上，由三套系统组成：

供水单元。泡沫发生器的设计主压力为 6bar，随后主压力可降至 4bar，此级别压力是一个或两个比例进料泵吸取乳化剂时的工作压力。进料泵可设置为 1%～5% 之间或 2%～10% 之间的混合比。

供气调节单元。该装置设计为供压 7～8bar，流量为 50～60m^3/h。气体在进入发泡系统之前，供压已预降至 6bar 以下。

发泡单元。发泡系统主要由带有发泡溶液的高效混合管和压缩空气接管组成。

4) 控制单元

发泡溶液可按不同比例混合聚合物、发泡剂和水。每条线路都有一个混合发泡溶液和空气的泡沫发生器。注射压力由土压传感器给出的数值决定，PLC 计算要考虑压力值、发泡剂的浓度与膨胀率、每条线路的流量，从而确定如何调节各个泵。以上操作均可以在

主控室内进行控制。

5）膨润土泥浆注入系统

膨润土通过旋转接头的泡沫管线向刀盘前部注入，操作阀都是手动控制并可以在系统中变更。

模式一：所有点膨润土注入；

模式二：所有点泡沫注入；

模式三：同时注入泡沫和膨润土。中心部分的泡沫可以使渣土蓬松，周边的膨润土的注入可以润滑刀具和稳定地层。

（8）管片安装器系统

管片安装系统是盾构机的重要组成部分。

管片拼装机是用来抓取、吊运和安放管片，拼装机由两个主要部件组成：用以支撑管片抓取装置的固定框架；用以支撑旋转和提升装置的转动体。

转动体由液压齿轮马达和小齿轮驱动，在固定于拼装机定子上的环形齿圈上转动。

拼装机是为纵向插入式管片衬砌封闭块而设计的，配备有真空抓取装置（图 5.2.34）。拼装机的纵向行程使拼装机能够拆卸上一个管片环的衬砌块而不需借助任何其他工具，以便在需要更换盾尾密封刷等操作时使用。

所有运动均为液压驱动。所有运动或者由 1 个无线控制站或者由 1 个固定控制站进行控制。司机通常使用远程控制面板，因此在拼装机工作时不需要司机站在其工作区域内。

提升和平移运动具有两种速度，最低速度仅用作管片的精确定位。其他运动只有低速。

拼装机和抓取系统受到保护，可防止由于推进油缸的靠近和加压而产生的运动和受力。

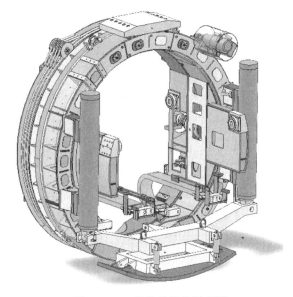

图 5.2.34　拼装机机构示意图

拼装机的轴向移动行程，可以满足对最后一环管片的拆卸、拼装的需要，同时可以用来替换前面 3 排尾密封钢丝刷。

（9）管片安装机工作平台

在管片安装机轨道梁上安装了随管片安装机前后移动的方便管片连接螺栓安装的工作平台和走道（图 5.2.35），这个工作平台也可以用于更换盾尾刷时使用。

在盾构机上，最危险的工作区域就是管片安装区域，因此整个系统及其控制都经过专门的设计以把风险降到最低。

为了便于遥控器的操作和携带，系统里具有以下互锁功能：

当盾构机完成一环的掘进后，操作员选择管片安装模式。这样推进油缸及管片安装机的控制权交给了前面提到的固定控制面板或遥控器面板。操作员就不能推进或者控制推进

图 5.2.35 管片安装机工作平台示意图

油缸。液压系统也转换为低压大流量模式。控制权只能由管片拼装司机在管片安装区域返还到控制室。

真空度的互锁功能可以防止真空度低于 80% 时抓取管片。真空度连续的显示，在真空度低于 75% 时发出警报。

所有的安装器控制均装有支撑互锁或弹回中间档位控制。真空释放只能在同时按住两个按钮时才能进行（必须用双手操作）以防止误操作而放松管片。

（10）人闸

人闸是用来进入开挖室和隧道掌子面以便在压缩空气下进行维修操作。人闸安装在护盾的上部并与承压隔板用螺栓连接。

1）人闸组成及配套设备

为满足作业人员在带压情况下快速地进行检查、更换刀具以及检查、维修刀盘内其他部件的要求，采用并列双舱人闸。人闸由主人闸室和应急人闸室构成，主人闸室可容纳 4 个人，应急人闸室可容纳 2 个人。紧急舱的功能是在需要时，在降压状态下，医务人员可以进入到主舱室，同时也可向主舱室内运送工具和材料等以提高工作效率。人闸配套设备按照欧洲气压工作条件下的技术和工作标准进行配置，包含：进入人闸的压缩空气阀（加压管阀）；带阻尼器的排气阀（减压管阀）；通信设备（对讲机、蜂窝电话）；工业水闸阀；加热器；灭火器；照明系统（含应急照明）；压力表；时钟；温度计；折叠椅；记录器；气体分析仪；人闸负责人的控制面板（刀盘驱动现场控制面板）。

2）人闸介绍

人闸室用于一般的工作。主人闸室拥有自己单独使用的压缩空气供给和通风网络系统，使主人闸能完全安全地独立使用。应急人闸室加压不能高于主人闸室。

更换刀具时，可以直接从人闸里进行刀盘慢转操作。

3）压缩空气调节器

压缩空气调节器是一种全气动的压力调节装置，安装在盾体内，用于调节土仓内的支撑压力以及人闸的空气压力，以便保持恒定压力。

安装在开挖室内的压力传感器随时检测土舱内的实际压力值，压力调节器比较测得值与设定值，然后控制进气阀调节土仓的压力使之保持恒定压力（如果开挖室压力突然超过设定值，则通过排气口卸压，如果开挖室压力突然低于设定值，则通过进气口增压）（图 5.2.36）。

为适应双气路的要求，盾体内安装了两套压缩空气调节器，一套是在正常工作期间使用，另一套作为备用，一旦工作系统出现故障，备用调节器马上可以工作。

（11）螺旋机及皮带输送系统

1）螺旋输送机

螺旋输送机倾斜安装于开挖室下部，其作用是有效地输送渣土和控制压力。

在螺旋输送机的入口前部承压隔板上安装有安全闸门（液压油缸驱动），当螺旋输送

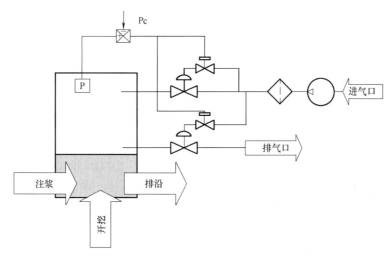

图 5.2.36　开挖室内的压力调节

机缩回进行维修时（套筒式伸缩方式，液压油缸驱动），可以关闭隔板上的安全闸门，及时封闭土仓，确保在此期间一旦前方有涌水或意外塌陷时的工作安全。在螺旋输送机的后部安装有排渣闸门，即后闸门（油缸驱动），通过控制后闸门的开口大小可以控制排渣量，后闸门具有断电后自动关闭的联锁功能。在螺旋输送机内壳和螺旋叶片表面进行了硬化焊接处理，提高了耐磨性。螺旋输送机的驱动为液压驱动，可以实现无级调速。

螺旋输送机上安装有更换窗口，可方便地对螺旋输送机外护筒、螺杆、螺旋叶片进行维修。螺杆、螺旋叶片和外护筒内表面的耐磨面均可拆除更换。

掘进过程中，通过调整螺旋输送机的转速和螺旋输送机的后闸门的开度可以控制土仓的限定压力。这样就可以使开挖下来的渣土在加压模式开挖中不断地被排出。通过栓接在承压隔板上和螺旋输送机外壳上的土压传感器，可以在控制室内监控沿螺旋输送机的压力降，并及时调整掘进参数，以防止喷涌现象的发生。

2）安全闸门

承压隔板下部安装有一道安全闸门，用来隔离开挖室和螺旋输送机。该闸门由两个铡刀式门组成，当开挖室进行维修时或有大量涌水时，螺旋输送机往后回缩，该闸门立即关闭螺旋口。此闸门可以通过液压油缸远程操作。

3）皮带输送机

皮带输送机可以确保渣土传送到渣车里。输送机上安装的辊轴可防止皮带跑偏，有入口以进行维修。

皮带输送机结构适应最小曲线半径，其上装土的区域经过加固处理，借助防振辊轴和阻尼杆来保护皮带。皮带输送机末端安装料斗以给渣车装土。

在皮带输送机上设置橡胶刮板，并设计皮带张紧装置以及急停拉线装置。皮带机出渣口设计橡胶防护板以防止渣土外溅。

(12) 管片输送器

1）管片吊机

盾构掘进过程中，管片由出渣列车运到隧道内，再由安装在后配套拖车上的管片吊机从出渣列车中的管片车上吊下管片并存放在管片输送器上。

管片吊机的起吊高度（真空吸盘至出渣列车轨道的距离）满足承载了三块重叠管片的管片车自由进入管片吊机下方的要求。

2）管片输送器

管片输送器位于连接桥和管片安装机行走梁的下部，将管片一片一片地输送至管片安装机的抓取区域，管片输送器的存储能力为一环管片（6+1 片），所有动作可以通过有线/无线控制器来控制。

（13）同步注浆系统

1）注浆的目的

开挖土体和管片之间的间隙在盾构掘进过程中需要持续不断地通过安装在盾尾的几根管路将砂浆或其他液体注入间隙中。后背注浆的主要功能是：避免地面下沉（在盾尾的压力最小为盾构前方的水土压力）；维持管片衬砌环脱离盾尾后的形状，维持衬砌环之间的密封压力。

2）注浆系统的组成

壁后注浆系统安装在后配套拖车上，这个系统包括两个砂浆存储搅拌罐和两个双柱塞泵以及控制单元组成。

存储搅拌罐带有搅拌器，充料过程是通过服务列车中的砂浆运输车及转运泵来实现的。搅拌器的作用是用来防止砂浆在管片拼装以及停机期间发生凝固。

3）注浆泵

注浆泵通过异形连接管和砂浆罐相连，连接段还有清洗接口。泵直接装在砂浆罐的下方用于提高泵的效率。

砂浆泵为双柱塞类型，通过液压活塞驱动，每个柱塞将砂浆注入一条注浆管路中。因此，每一条管路都是独立的；每个柱塞的速度是连续可调的，因此注浆管路的流量可以单独调整；注浆的压力、流量和每条线的注入量通过控制系统监测；水箱可以实现对砂浆泵柱塞密封系统的持续自动清洗（图 5.2.37）。

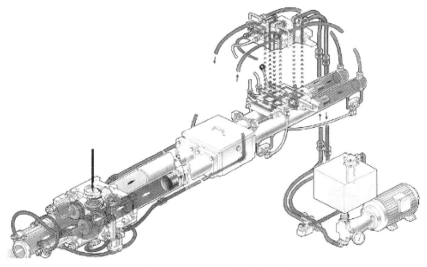

图 5.2.37　砂浆泵原理示意图

4）注浆管路

注浆是通过内置于盾尾内壁的注浆管道来实现的，如图5.2.38所示。

注浆管路完全内置于盾尾壳的内侧，万一有管路被堵住时，被堵塞的管路能够很容易地被更换。

在每条管线靠近盾尾注入点处都安装一个压力传感器。在砂浆注完后，这些管路可以被关住，以防止长时间停机期间外面水的流入。

5）控制系统

这套系统通过测量压力来控制，每条注浆线路既可以调节压力又可以调节排量。

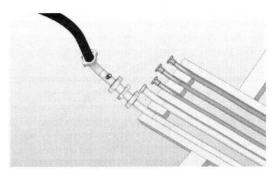

图5.2.38 内置式注浆管布置示意图

操作手可以选择两种工作模式：手动和自动。

自动模式下，水泥砂浆注入所有选定的灌浆点，并通过每条线路的两个压力极限来控制。

最小压力启动注浆过程，最大压力停止注浆。注浆操作在自动模式下受到保护。主要参数传输显示在监视屏上，尤其是每条线路的最大和最小压力、每条线路的注浆量（升）以及每环总的注浆量（m^3）。

手动模式下，水泥砂浆连续注入选定的灌浆点，直到达到现场表盘上设定的最大压力极限，然后停止注浆。

6）清洗程序

为了防止管路堵塞，在每次注浆完成后，可将注浆管路填满膨润土浆液。

在每次长时间停机前，管路通常采用一个特殊的装置清洗，如采用一个橡胶球并将压力水打入，这样就可以清洗整个管路。

如果管路被堵，采用带有快速接头的高压清洗机（200bar）可以接到被堵塞的管路上来疏通被堵塞的管路。

7）管片双液辅助注浆系统

双液同步注浆模式时，可以向管片背部注入双液浆，并可以对浆液的配比进行设置。双液同步注浆包括A液泵（共用单液注浆泵）、A液储浆罐（采用单液注浆罐）、B液泵、B液储液罐以及控制单元组成，分别安装在后配套拖车上，A液和B液的混合管路安装在盾壳内。

8）B液泵

B液注浆泵的选择，通常选择连续流量泵，如蠕动泵或螺杆泵等。泵的压力为：10/12bar，A液和B液配比的控制通过泵的转速来实现。

9）双液盾尾注浆管（预留）

在盾尾顶部预留了两根双液注浆管路，针对双液混合后迅速凝固施工特点，配置了双液盾尾注浆管的结构（图5.2.39），双同心管的设计，使得A、B液在泵送过程中彼此分开，同时A、B液在盾尾的混合，降低了施工过程中的堵管现象。

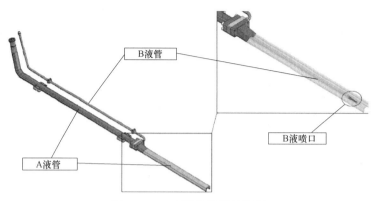

图 5.2.39　双液注浆管结构图

双液的混合在双同心管的外部进行，混合后的浆液不能进入管内。

这种管路不能用于泵送常规的单液浆，因为管径太小不利于单液浆的泵送，同时会造成很高的压力损失，甚至是堵管现象。所以这种管路只能用于双液同步注浆系统。

（14）盾尾密封系统

盾尾密封包括四排金属钢丝刷、两道钢板束（一道朝内，一道朝外）。这 5 排密封之间形成几圈环形空间，持续不断地用密封油脂填充。油脂通过安装在后配套拖车上的流量可调的注脂泵注入。每圈环形间隙由固定在尾裙内侧的导管供应油脂（图 5.2.40）。

图 5.2.40　盾尾油脂管路分布示意图

油脂注射是连续进行并由每个注入点的压力检测器监测。注脂设备由控制室进行监控。

操作是自动循环性的（对各个注入点的注浆是挨个进行的）。从一个阀到另一个阀的转换过程由控制室里（流量调节器）所设定的若干泵的运行参数来进行控制，或者通过对控制室里可调压力界限的测量来进行控制。注脂控制与刀盘旋转是互锁的，当刀盘停止旋转时司机可以手动强行注脂。气动式注脂泵直接安装在后配套第一节拖车上的油脂桶上，通过电动气动阀为各个注脂点（或扇区）供应油脂。盾尾密封油脂系统在油脂缺少时具有报警功能，同时具有油脂压力过载安全保护装置。

（15）集中润滑系统主轴承密封注脂

主轴承通过安装在其前部的主轴承密封系统来保护。

主轴承密封系统由内、外两道密封组成，每道密封由 3 排四唇密封（指形密封）组成，密封之间的腔室通过轴承外圈的油道充入油脂，前腔压力为 P_1，后腔压力为 P_2，则

$P_2 > P_1 > P_0$（如果泥水仓压力 $P_0 = 4\text{bar}$）。脂循环是通过油脂泵及流量阀、压力阀来控制注入的油脂量及压力（图 5.2.41）。当 P_2 达到 6bar 时会自动停止注脂。在掘进过程中，主轴承脂循环通过监控系统自动达到平衡状态，即 $P_2 = P_1 + 1\text{bar} = P_0 + 2\text{bar}$，这种压力控制的功能确保了主轴承密封的效果。当压力降低至 5bar 时，油脂泵会自动开始注脂。这个功能是通过系统中安装的 2 个压力传感器和 1 个闸阀来实现的。

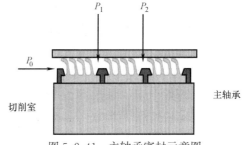

图 5.2.41　主轴承密封示意图

在每个循环结束前，系统检查每一点的注脂是否在给定的时间内完成，否则主驱动将停止转动。流量的控制取决于密封的材质及强度，经验证明这种密封可以达到衡流量。该设计的油脂消耗如果超出正常范围，说明密封可能已经磨损，在这种情况下，应及时检查 P_1、P_2 的压力及流量，增加相应管路的注脂压力，以防止进一步的磨损；或者更换针入度较大的油脂。

（16）电气系统

1）高压电缆卷筒

高压电缆卷筒安装在拖车的尾部。主要作用是给盾构机提供 10kV（±5%）/50Hz 的动力以及随着盾构的向前掘进延伸高压电缆。高压电缆由固定电缆部分和隧道内高压电缆组成。

2）高压开关柜

高压开关柜安装在后配套拖车上，具有接地（漏电）保护、缺相、过载和电压保护功能。两路低压总开关输出侧母线间设置带负载能力低压开关。

3）变压器

变压器放置在后配套拖车上，为全浸入式（硅油），带电容器以调节输入电压的变化。

变压器的高压保护借助于断路器或保险丝。

变压器的低压保护借助于标准断路器（非插入式、非马达驱动）或保险丝。

4）配电柜

配电柜位于后配套拖车上，按照欧洲标准进行设计，其防护等级为 IP55。配电柜按系统分成由总线相连的若干独立部分。配电柜配有水冷式散热器，配电柜下部的进线口处设置密封盖板，侧面的进线口装有防水盖。

为防止人员的直接接触，所有带电连接线、屏蔽母线和端子都用有机玻璃封住。

设备主要部分的中性状态为"IT"型（不接地中性点线）。

一个绝缘测试器连续不断地显示着绝缘值，并在出现第一个故障时给出报警信号，当绝缘值超出允许值时给出第二个故障报警，同时由各引出线的开关装置切断电路。

5）各系统电动机

除主驱动电动机防护等级为 IP67 外，其他所有电动机防护等级为 IP55，55kW 以上的电动机均采用星三角启动。

6）主控制室

带空调的司机（操作人员）主控制室安装在后方配套设施上，操作人员通过控制盘上许多按钮和选择开关（如手动和自动选择等）以及通过可视系统来选择并驱动盾构机各部件，彩色监视器上可以显示各种运行参数和故障。主控制室采用隔声材料加工而成，工作环境噪声＜75dB。

7）现场控制盘

管片定位模式中，推进千斤顶由在护盾内的现场表盘来控制，由操作人员从中央控制盘（控制盘之间使用按键互锁）激活，操作面板之间是互锁的。

进入开挖室的人闸也可现场控制，用于刀盘慢转的控制。管片拼装机和管片吊机都有各自的控制器，以使管片安装作业更舒适。

8）电缆

所有电缆均采用橡胶包裹（HAR），电缆安装在电缆槽内以确保电缆定位牢固和防止外部损坏，并能在需要的时候可以方便地接线或维护。主动力电缆与控制电缆分开布置以防止电磁干扰。

9）照明及应急照明

设备的所有辅助部件（照明、插座）和变压器绝缘，中性状态为"TT"型（接地中线型），所有引出线由不同的回路断路器保护，以保证第一个故障发生（如接地等）时断路（群体保护）。

提供正常照明网路（防水荧光灯）和应急照明网路（可用2小时24V的备用电池）。

10）插座及应急动力源

后配套拖车上都安装了插座盒和插头瞬时RCD保护，在前护盾压力隔板上也预留有带保护罩的应急动力源。

11）检测器/传感器

除了标准的通-断检测器如压力开关、温度开关、液位检测器、流量计和限制型开关，机械设备上还安装了大量的模拟检测器（角度传感器、位移传感器等，一般为IP-65，特殊情况为IP-67），以获得比例信号，用以显示（操作人员反馈）或控制某些功能。

(17) PLC控制系统

工业可编程逻辑控制器（PLC）管理着所有的控制系统，包括控制回路系统、报警及故障处理系统（提醒进行预防性的或纠正性的维修）。

此可编程控制器还管理着指令和安全装置，包括联锁装置，尤其是在以下条件下不允许掘进操作：如果土仓压力或推力超出限定值；如果刀盘不旋转；如果刀盘转速太低；主驱动系统过载（液压系统油压、电机电流、主轴承油温、变速箱油温等超出限定值）；如果出渣系统（螺旋输送机无转速及皮带机无速度）没有运行；推进油缸或铰接油缸行程及压力超出限定值；如果管片拼装机未处于收缩位置；盾构主机滚动值超过限定值；如果主轴承润滑或油循环装置不工作，应禁止刀盘旋转等。

该控制器还可分步启动各电机（使瞬时起峰电流最小），自动开启油过滤装置和刀盘轴承润滑。

自动控制器的设计依据对机器各功能的广泛研究、分析后设定各系统的初始值（服务及状态），"锁定"输入、输出表，从而确定控制器基本框架和扩展的配置。盾构控制盘装有完善的故障自诊断监测系统，通过屏幕给出关于不同故障及其状况的各种信息。故障处理的发生：使盾构立即停机的一般故障；引起相应设备立即停机的特殊故障。报警：若干传感器可以闪烁给出信号以向操作人员报警,其中有一些则可在报警一段时间后切断故障(取决于功能)(例如:滤清器堵塞时先报警,5分钟后会切断故障)。

盾构控制盘显示状态有3类:

灯亮:向操作人员显示正常运行的信息;

灯闪烁:发信号报警或故障(称作故障显示状态);

灯灭:一个故障正在发生,导致信息丢失。

(18) 数据采集管理系统

数据采集、显示与传输系统在开挖期间可提供有效的帮助,原理如图5.2.42所示。

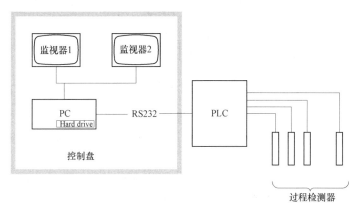

图5.2.42　数据采集、记录与传输系统示意图

基本组成:安装在控制室里的一台PC,它通过一台RS232链接器与机器的PLC程序相连接,包括在控制室中的监控器、专门软件。

这些数值显示在计算机屏幕上,且显示界面能进行中文和英文切换。第一个屏幕显示盾构的总体状况,主要数据由两种方式显示:相对于最大值的数字式和模拟柱状图表。在屏幕下方,有一行显示最近发生的故障。第二个监视器则专门显示盾构的有关功能:土舱压力、推力、注射(泡沫、水泥砂浆、盾尾油脂)、刀盘驱动、管片参数及故障等。这种方式下,盾构操作人员可以监控设备运行的每一个细节。

盾构操纵人员可随时看到这些数据,并能够分析每一行程、每天或每周的过程变化,这对于开挖过程中的故障排除非常有效。计算机文档可被绝大多数公共软件读取,如EX-CEL或LOTUS,所以数据处理可以非常容易地在不同配置下进行。

方向控制系统(导向)已纳入在该装置中,掘进方向信息可记录在前述的同一文档里,所以此一体化提高了控制盘的功效并使数据处理更容易。

(19) 测量及导向系统

这个系统基于和通常的几何方法一样的原理。因此,现场几何方法应用者同样能使用这个系统。这个确实和他们在自己工作中应用的一样。用来学习这个系统的时间很短并且重新定位该系统非常容易。

该系统由标准硬件组成:激光全站仪和标准棱镜。因此出于维修成本考虑时,备品备件的供应简单并且价钱比单独购买特殊部件便宜,同时该系统的可靠性也非常的高。

PPS成熟的软件能为盾构机提供所有导向和管片安装需要的信息。所有的历史信息可被用来分析将来的工作。PPS提供给客户的培训和服务的质量是最好的。

(20) 压缩空气系统

工业空气装置向盾构上所有气动部件如气动工具、盾尾密封注脂泵和主轴承润滑脂泵供气，护盾里和拖车上装有供气管线。该装置由一个储气罐和两台空压机组成，储气罐配备一个安全阀、一个止回阀和一个压力表。配气回路用两级过滤器进行过滤，用一带有自动水分离器的干燥机进行干燥。

(21) 水循环系统

设备配置了工业用水装置，包括内循环和外循环。工业用水管道通过安装在后配套上的软管与隧道供水管线相连，向缓冲水箱供水。安装的泵装置向所有必需的回路供水，包括液压油冷却器、齿轮减速箱的冷却以及各个用水处。

(22) 污水排放系统

排水回路的作用是将进入盾构机和后配套的积水排走。因此在护盾里装有潜水排污泵，它将积水转送到后配套尾部。

(23) 通风系统

盾构机需配置一个通风系统。从盾构机前方靠近护盾的地方将空气抽出并在后配套尾部排出。初次通风的风管储存器及其更换起吊设备安装在后配套拖车的尾部。

(24) 液压冷却、过滤循环系统

油箱配备油位指示器、温度指示器、冷却和过滤回路（滤清器过滤细度为 $5\mu m$）及带有滤清器（$5\mu m$）的可呼吸气体气阀，最大油压应为 350bar。

装在泵上方的油箱配备过滤回路、过滤阀、油位指示器、温度指示器、冷却回路和空气滤清器。过滤回路是一个持续运行的回路。

滤清器装有当地可视堵塞指示器，如果达到警报起始限度，相应回路会停止，控制台上会有故障显示。回路通过热交换器和一个水回路进行冷却。压力和流量可从操作室里显示。

(25) 电话通信和电视监视系统

在主机及后配套系统上安装 8 部电话。

在管片安装等关键区域安装了 3 台摄像机，主控室内安装 1 台防尘、防潮彩色显示器，用以监视以上两区域的工作情况。

此外，机器上还提供了一套声音系统装置，包括控制室里的 1 个扩音器、1 个麦克风，以及隧道开挖设备上的 2 个扬声器。

(26) 有害气体和氧气的自动监测系统

气体检测系统包括：

一个安装在控制室内的中心控制面板。针对 CO、CO_2、CH_4、H_2S 气体每种设置两个传感器，总共 8 个传感器。中心面板检测每种气体的含量并当气体含量达到第一阶段的报警值时开始报警。当达到第二阶段的报警值时，中心控制面板请求人员疏散。这两个阶段的值分别为极限值的 20% 和 50%。

传感器放置在作业区：如管片拼装区等。

(27) 安全设施

设计上尽可能选择阻燃材料，以减少引发火灾的可能性；在施工过程中所选择使用的材料尽可能为阻燃材料，以减少引发火灾的可能性。

安装符合欧洲标准的灯光报警器、声音报警器、火灾报警器以及灭火装置。

在人闸内配备水管和高压灭火器。

在管片安装机上安装灯光报警器和声音报警器。当管片安装机旋转时，报警器会自动发出声音报警和灯光（闪烁）报警。

在盾构机各危险区域还安装有手动火灾报警器，按下按钮后会发出双声火灾报警。

在盾构机各危险区域安装有不同类型的灭火器。CO_2灭火器安装在电气控制面板、电机及相似部件附近；干粉灭火器安装在控制室旁和后配套系统上液压设备附近。

在主控室、人闸、管片安装机等重要部位都要设置紧急停机按钮。

在盾构机上设有紧急情况下使用的紧急安全通道。

(28) 设计联络与监造

盾构机设计联络和监造的目的是协助和促进盾构机厂商达到设计的最优化，以及设备生产质量的最优化。协助厂商消除盾构机的常见性、重复性的质量问题以及性能缺陷，将盾构机的各种问题消灭在出厂之前，同时也起到督促制造进度、确保按期完工的目的。另外对于不熟悉盾构机构造的人员，也增加了了解盾构设备结构、工作原理的一个重要环节，为将来的盾构施工奠定扎实的技术基础。

3. 房屋主动注浆及跟踪注浆加固研究

(1) 房屋主动注浆加固

在软土及上软下硬地层中，由于地层多为全强风化混合片麻岩，岩层遇水易软化，因此掘进过程中易产生地层失水沉降，引发房屋沉降的安全风险。为此在盾构通过前，对软土及上软下硬地层线路中线外侧25m内的房屋采取预加固措施，对建筑物天然基础下的松散土体及管桩周边地层进行主动注浆加固，以改善天然基础地层并加强管桩与土体摩阻力，从而增加盾构通过时房屋的安全稳定性。

由于沿线房屋密集，房屋之间空间有限，建议采用机动灵活轻便的钻注一体机进行注浆加固。对于一般软土及上软下硬地层注浆深度从原地面至房屋基础以下2m，沿房屋周边交错布置两排斜向下注浆孔，同排注浆孔间距1m。对于地层变化段，如从软土进入上软下硬地层，或从上软下硬进入软土段，由于围岩变化较大，掘进控制难度加大，因此对变化段上方的房屋，室内外采取满堂地层加固，从而避免由于参数控制不当引发的地层沉降，也方便在变化前及时进行开仓换刀，确保快速通过下一地层。满堂地层加固，周边注浆孔布设两排，同排间距1m，深度从原地面至基础以下2m，室内注浆孔间距1m，交错布置，沿隧道边线外3m范围进行布置，深度从隧道拱顶至拱顶以上5m，竖向下布置。浆液类型及注浆参数见表5.2.3。

浆液类型及注浆参考参数 表 5.2.3

浆液类型	水泥浆
浆液扩散半径	$R=0.8m$
注浆孔间距	1.0m，梅花形布置
注浆压力	设计终压值一般按0.5~0.8MPa控制，3次，每次持续10~20min，注浆施工过程中需对地表及建筑物抬升情况进行监测，及时调整注浆压力，防止注浆压力过大而对建筑物造成的损害
注浆顺序	按跳孔间隔注浆方式进行，宜采用先外围后内部的注浆施工方法，当地下水流速度大时，从高水头的一端开始注浆
浆液材料	42.5级普通硅酸盐水泥，水灰比1:0.8~1:1，浆液浓度根据地层情况进行调整

1) 工艺流程

房屋预注浆加固根据建筑物基础、地质水文及隧道埋深条件,对建筑物天然基础下的松散土体及管桩周边地层进行主动注浆加固,以改善天然基础地层并加强管桩与土体摩阻力。预注浆平面布置示意图如图 5.2.43 所示。工艺流程如图 5.2.44 所示。

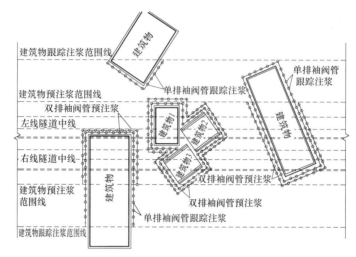

图 5.2.43 预注浆平面布置示意图

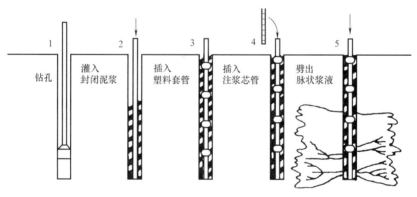

图 5.2.44 袖阀管施工工艺流程图

2) 施工顺序

袖阀管注浆施工工艺如图 5.2.45 所示。

① 钻孔

根据设计钻孔至要求深度,开孔孔径为 $\phi110$。基础形式为天然基础的土砖房屋和框架房屋,注浆加固深度为 4.5m 的钻孔采用人工洛阳铲施工。混凝土路面开孔采用多功能混凝土钻孔取芯机。洛阳铲钻孔施工占地面积小,不产生粉尘、污水、噪声和废气,避免了不利的环境影响,适合密集居民区房屋加固区钻孔施工。

基础形式为桩基础的框架结构物,注浆加固深度超过 15m 的采用地质钻机施工。在钻孔过程中要做好记录,以供注浆作业参考。在房屋基础外布置两排斜向袖阀管(图 5.2.46),钻孔同排间距 1.0m,两排袖阀管距基础边的间距根据基础深度确定(注浆深度为地面至建筑物基础底以下 2m),两排注浆孔之间采用梅花形布置,尽量打设斜孔到

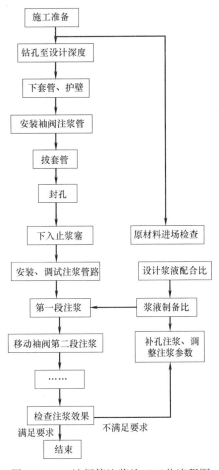

图 5.2.45 袖阀管注浆施工工艺流程图

房屋投影下方,尽量减小无法加固区域;钻孔布置可根据现场实际情况适当调整钻孔位置及间距。房屋加固如图 5.2.47～图 5.2.49 所示。

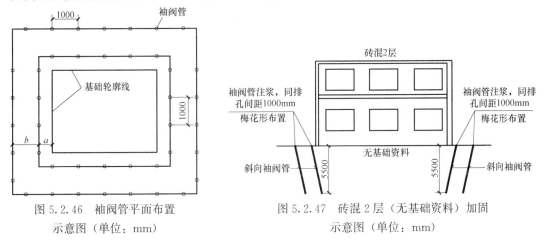

图 5.2.46 袖阀管平面布置
示意图(单位:mm)

图 5.2.47 砖混 2 层(无基础资料)加固
示意图(单位:mm)

② 灌入封闭泥浆(即套壳料)

套壳料一般由膨润土为主、水泥为辅组成,主要用于封闭袖阀管与钻孔孔壁之间的环

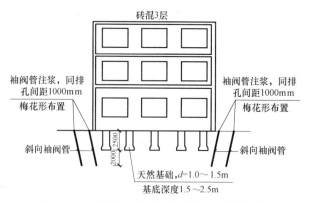

图 5.2.48　砖混 3 层（天然基础）加固示意图

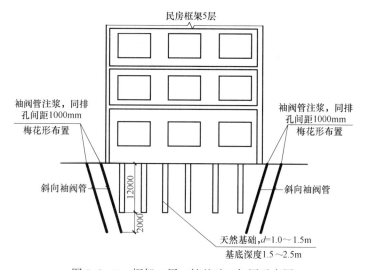

图 5.2.49　框架 5 层（桩基础）加固示意图

状空间，防止灌浆时浆液到处流窜，在橡胶套和止浆塞的作用下，迫使灌浆液只在一个灌浆段范围内挤破套壳料（即开环）而进入地层。

套壳料浇注的好坏是保证注浆成功与否的关键，它要求既能在一定的压力下，压开填料进行横向注浆，又能在高压注浆时，阻止浆液沿孔壁或管壁流出地表。

套壳料要求其脆性较高，收缩性要小，力学强度适宜，即要防止串浆又要兼顾开环。

套壳料配合比为（重量比）：水泥∶黏土∶水＝1∶0.5∶1.2。

套壳料用量（m^3）＝$1.3×π×$（钻孔半径 2－袖阀管半径 2）×注浆段高度。

套壳料浇注方法：成孔后，将钻杆下到孔底，用注浆泵将拌好的套壳料经钻杆注入孔内注浆段。

③ 插入袖阀管

插入袖阀管时，底部要封闭，至设计深度后，从管口注入少量清水，以防袖阀管被顶升并减少弯曲。袖阀管应保持在钻孔中心。按要求，控制注浆段下管，充填注浆段下实管，地面预留高度 0.20～0.30m。花管为注浆管，实管为隔离输浆管，并在管内充满清水，检查密封性。

④ 插入注浆芯管

待套壳料凝固后（一般需 1~2d 时间），在袖阀管内插入灌浆芯管至预定灌浆段。

⑤ 开环并开始灌浆

按跳孔间隔注浆方式进行，并采用先外围后内部的注浆施工方法，待套壳料具有一定强度后将 6 分带双活塞的注浆钢管，从袖管中下到注浆位置，自下而上分段注浆，分段长为 0.5m。整个注浆结束后采取水泥砂浆对钻孔进行封堵处理。

3) 注浆浆液类型及注浆参考参数

① 浆液类型

水泥浆。

② 浆液扩散半径

$R=0.8$m。

③ 注浆孔间距

1.0m，梅花形布置。

④ 注浆压力

设计终压值一般按 0.5~0.8MPa 控制，3 次，每次持续 10~20min，注浆施工过程中需对地表及建筑物抬升情况进行监测，及时调整注浆压力，防止注浆压力过大对建筑物造成损害。

⑤ 注浆顺序

按跳孔间隔注浆方式进行，并宜采用先外围后内部的注浆施工方法，当地下水流速度大时，应从高水头的一端开始注浆。

⑥ 浆液材料

42.5 级普通硅酸盐水泥，水灰比为 1∶0.8~1∶1，浆液浓度应根据地层情况调整。

4) 注浆结束标准

预注浆加固结束标准按照定压、定量结合的双重标准，当压力逐渐升高达到设计注浆压力并持续 5min，或注浆量达到设计注浆量时即可结束单孔注浆。

5) 施工质量控制措施

采用强度等级为 42.5 级普通硅酸盐水泥，受潮结块水泥不得使用。水泥等材料的各项技术指标应符合现行国家标准，并应附有出厂检验单。

浆体应按照试验确定的配合比，经计量后用搅拌机充分搅拌均匀，并在注浆过程中不停缓慢搅拌。

对注浆过程中的各种记录资料进行综合分析，看注浆压力和注浆量变化是否合理，是否达到设计要求，加固后的土体承载力强度值不小于 0.5MPa。

基础每边设一检查孔。检查孔应取岩芯，分析地质情况。观察浆液充填情况，并检测量孔内涌水量，其涌水量应满足：应小于 0.4L/min。检查孔应进行压水试验，测试有关地质资料。检查孔应按规定回填。

为了保证注浆液分层效果，必须注入封闭泥浆。

塑料单相阀管每一节均应作检查，要求管口平整无收缩，内壁光滑。

注浆芯管的聚氨酯密封圈使用前应进行检查，应无残缺和大量气泡现象，上部密封圈裙边向下，下部密封圈裙边向上，而且要抹上黄油。

所有注浆管接头螺纹均应保持有充足的油脂，这样既可保证丝牙寿命，又可避免浆液凝固在丝牙上，造成拆装困难。

多排孔注浆时，在排序上应遵循先边排后中排、先外围孔后内部孔的原则；同一排上的注浆孔，应采用跳孔间隔注浆顺序。

（2）房屋跟踪注浆加固

1）施工方法

房屋跟踪注浆加固根据建筑物基础、地质水文及隧道埋深条件，对隧道开挖中因失水、应力释放等形成的间隙或松散土层根据监控量测结果进行注浆，当建筑物沉降变形监控量测值大于设计警戒值（控制值的80%）时应立即停止隧道开挖，及时对建筑物基础进行单排袖阀管跟踪注浆。

跟踪注浆加固施工方法同预注浆加固方法。

建筑物基础跟踪注浆加固采用单排袖阀管注浆，注浆孔沿建筑物外轮廓均匀布置，与基础边的距离根据建筑物基础深度确定，同排注浆孔间距1.0m，钻孔布置可根据现场实际情况适当调整（图5.2.50）。整个注浆结束后采取水泥砂浆对钻孔进行封堵处理。

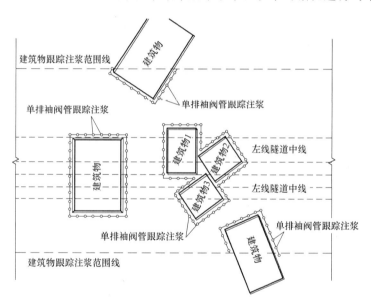

图5.2.50　跟踪注浆平面布置示意图

2）注浆浆液类型及注浆参考参数

① 浆液类型

水泥浆。

② 浆液扩散半径

$R=0.8$m。

③ 注浆孔间距

1.0m，梅花形布置。

④ 注浆压力

设计终压值一般按0.5～0.8MPa控制，注浆施工过程中需对地表及建筑物抬升情况进行监测,及时调整注浆压力,防止注浆压力过大对建筑物造成损害。

⑤ 注浆顺序

在跟踪注浆范围内按"自然沉降最大处开始,至较小处结束;沉降量大的地方多注浆,沉降量少的地方少注浆;多次反复进行,控制流量、压力和抬升速度;采用"多台设备对称施工"的原则进行。

⑥ 浆液材料

42.5 级普通硅酸盐水泥,水灰比:1:0.8~1:1,浆液浓度应根据地层情况调整。

3) 注浆结束标准

跟踪注浆加固结束标准以建筑物监测值为主要控制标准,建筑物基础沉降后沉降控制在警戒值范围内即可结束整体注浆。

(3) 管线加固方案

盾构区间沿线有电力、通信等塑胶管道,也有雨水、污水等混凝土刚性管道,给水、燃气等压力管道,为防止在隧道施工时被破坏,须进行加固保护,加固方法采用袖阀管注浆,注浆时须控制底面隆起在 5mm 范围内,盾构区间施工过程中,监测地表沉降变化,随时进行跟踪补偿注浆,确保管线的沉降控制在允许范围内。

向两侧打设花管,花管间距 0.8m,注浆采用水泥浆,42.5 级普通硅酸盐水泥,水灰比:1:075~1:1;注浆压力为 0.1~0.3MPa,现场最终试验确定,但不宜过大,同时注浆过程中严密监测管线,以防注浆压力过大造成地面隆起过大,影响管线(图 5.2.51)。

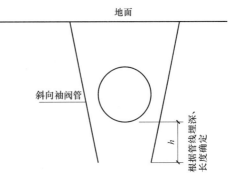

图 5.2.51 管线保护示意图

燃气管线根据检测情况确定其加固措施,若管线沉降达到报警值需立即分析沉降原因,对下陷路段燃气管道挖开清除周边覆土、对燃气管两侧设置砖砌挡土墙,管道周边采用填砂处理,恢复管道到初始标高;同时调整盾构机参数并加强径向注浆等措施,确保燃气管线的安全(图 5.2.52)。

其他管线根据监测结果对其管线周边进行跟踪注浆,确保管线的沉降控制在允许范围内(图 5.2.53)。

(4) 大井头跨线桥桩基加固方案

大井头跨线桥全长 440m(不含引线),除去跨部分位于直线段外,其余部分均处于 $L_S=392$m、$R=500$m 的平曲线上。全桥为 $6×25$m$+2×30$m$+9×25$mPC 小箱梁简支梁桥,25m 小箱梁高为 1.4m,30m 小箱梁高为 1.6m,桥面连续。下部构造采用门架形式,基础采用 2 根 1.5m 直径的钻孔灌注桩(图 5.2.54)。盾构隧道主体结构分别从该桥的 30m 小箱梁高两跨间桥桩桩基之间穿过。

为保证在施工期间大井头跨线桥的安全,在桥桩基础外布置两排斜向袖阀管,钻孔同排间距 0.8m,两排袖阀管距基础边的距离根据基础深度确定,采用梅花形布置,尽量减小无法加固区域;钻孔布置可根据现场实际情况适当调整钻孔位置及间距(图 5.2.55)。整个注浆结束后采取水泥砂浆进行封堵处理。注浆深度为基底以下 2m,进入微风化岩层

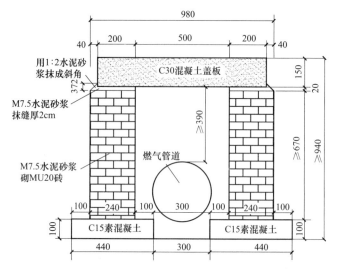

图 5.2.52 道路段燃气管线保护横断面图

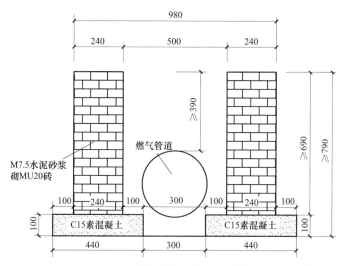

图 5.2.53 绿化带内燃气管线保护横断面图

则注浆深度入微风化层 0.5m。

注浆浆液类型及注浆参考参数：

1) 浆液类型：水泥浆；
2) 浆液扩散半径：$R=0.5$m；
3) 注浆孔间距：0.8m，梅花形布置；
4) 注浆压力：0.5～0.8MPa，3 次，每次持续 10～20min；
5) 注浆顺序：先两边后中间，隔孔交替注浆；
6) 浆液材料：42.5 级普通硅酸盐水泥，水灰比：1:0.75～1:1。

4. 盾构掘进参数控制

（1）掘进参数的设置及调整

软土地层中（洞身位于全强风化混合片麻岩中）采用土压平衡模式掘进。土仓渣土至

第5章 盾构法区间近接既有建筑物施工影响及控制技术

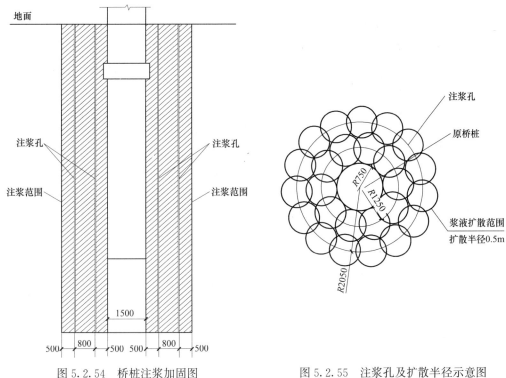

图 5.2.54 桥桩注浆加固图　　图 5.2.55 注浆孔及扩散半径示意图

少保持在 2/3 以上，加气保压。根据埋深和水头压力计算确定平衡压力值，压力控制在比平衡值大 0.1~0.2bar，推力控制在 35000kN 以下，刀盘转速控制在 1.8~2.0rpm，刀盘扭矩控制在 4500kN·m 以下。在重要建筑物下方时，采用满仓推进。满仓推进，安全可控性高，然而由于渣土满仓，土体流动性减弱，刀盘内容易结泥饼，刀具发生偏磨，为此不建议长时间满仓掘进。参数控制与渣土加气压推进模式基本相同。当出现刀盘扭矩长时间超过控制值、渣土温度超过 45℃、推进速度小于 5mm/min 时，及时进仓进行刀具的检查更换及泥饼的清理。

上软下硬地层中（洞身上部位于全强风化混合片麻岩，下部位于弱风化地层）掘进施工的要点是控制洞身上部松软土体的超挖。所以应降低刀盘转速，控制好左下、右下分区推进油缸的推力。同时，因为 W3 地层透水性强，易造成喷涌，建议最好采用满仓推进，减少地下水的渗入，掘进模式根据地层情况适时调整，当结泥饼频繁时，可采用土压加气压的模式。主要施工参数为推力：左下、右下分区油缸压力控制在 150bar 左右，左、右分区油缸压力控制在 70bar，顶区油缸压力控制在 50bar 左右，总推力不超过 35000kN；刀盘转速小于 1.8rpm；刀盘扭矩小于等于 4000kN·m；土仓顶区压力约为水土压 +(0.1~0.2)bar。当出现刀盘扭矩长时间超过控制值，渣土温度超过 45℃、推进速度小于 5mm/min 时，及时进仓进行刀具的检查更换及泥饼的清理。

硬岩掘进施工中（洞身位于弱风化地层），由于土体比较稳定、安全系数高，可采用欠压掘进或空仓掘进。控制的重点是及时进行同步及二次注浆。主要施工参数为：推力不大于 20000kN；刀盘转速 2.0~2.4rpm；刀盘扭矩小于等于 3000kN·m。当出现推进速度小于 5mm/min、刀盘扭矩大于 4500kN·m 时，立即常压开仓检查刀具或泥饼固结情况,并进行相应处理。

(2) 出土量控制与管理

地表出现沉降或塌陷基本上都是因为出土量超标,即实际出土量超出设计理论值,所以严格控制出土量非常重要,控制好盾构机姿态、匀速推进,尽可能确保刀盘切削土体和螺旋输送出土量平衡。

本项目根据刀盘尺寸大小和管片尺寸确定每环理论出土量为:$G=[(\pi \times D^2)/4] \times L=[(\pi \times 8.83 \times 8.83)/4] \times 1.6=97.93 m^3/$环。实际单环出渣量 G 应乘以松散系数,根据试验数据该类软土地层中渣土松散系数约 $1.3\sim1.4$、硬岩地层中渣土松散系数为 $1.5\sim1.6$,即软土地层中出渣量在 $127.31\sim137.1 m^3/$环、硬岩 $146.9\sim156.69 m^3/$环。另外出土量的控制,还应结合泡沫加入量和推力油缸行程进行精确计算。

出土量控制取决于盾构机司机操作水平,在该岗位上安排责任心强、专业知识水平高、操作经验丰富的操作手,并全程安排多人把关进行出土量记录与控制。对于风险较大的地层,细致考核每一渣斗的出土量,发现不符,立即通知司机和施工调度,提醒注意。当偏差较大时,停止掘进,查找原因,同时调整施工参数,做好地面处理的施工准备,及时进行地表注浆,消除多出土风险。

(3) 渣土改良

渣土改良,它对于改善土质条件、减少刀盘结泥饼及刀具偏磨、预防喷涌、增加掘进速度、降低刀盘扭矩等方面发挥着不可估计的作用。因此如何确保渣土改良效果是一项重点研究的事项。

渣土改良通过加注泡沫或膨润土来实现。泡沫剂质量标准一般控制如下:1) 泡沫稳定性:所生成的泡沫在 3min 内不消散或消泡率不超过 10%,同时半衰期≥6min;2) 膨胀率:泡沫膨胀率≥10 倍。施工中,为取得良好的渣土改良效果,应结合地质条件调节泡沫注入率、发泡率、泡沫剂浓度。软土地层中一般取:泡沫剂浓度:1.4%,发泡率:5%,泡沫注入率:50%,其他地层根据该指标实际调整。

(4) 同步注浆以及二次注浆的控制

同步、二次注浆是盾构施工一项非常重要的施工环节,施工目的主要有三点:一是因掘进时管片和地层之间存在空隙,防止隧道周围土体压缩引起地面下沉;二是提高隧道的止水性能;三是使管片与周围地基一体化,使作用外力均匀,让盾构隧道在结构上获得早期稳定性。

盾构隧道管片拼装后同步注浆及时进行,注浆压力控制在 3bar 左右,确保及时填充壁后空隙,减少地面沉降,注浆量根据注浆压力进行调整,注浆压力较小时加大注浆量,注浆压力一直保持较大时,适当减少注浆量。注浆过程中应控制压力不要过大以免击穿盾尾钢刷。注浆量还应结合隧道的出土量进行控制。

管片脱出盾尾后及时进行二次注浆,补充同步注浆的空洞,注浆压力控制在 $0.3\sim0.5MPa$。注浆过程中时刻关注管片变化情况,避免出现因为注浆导致的管片错台。这里特别强调二次注浆的及时性,建议管片脱出盾尾 3 环后(盾尾内含 2.5 环管片)便进行二次注浆(也不建议离盾尾过近,以免注浆包裹盾尾刷),以确保及时充填壁后空洞。

(5) 地质探测

由于项目地质复杂,掘进过程中可能产生超挖、隧道同步注浆及二次注浆不饱满、上方地层产生一定的沉降导致部分空洞的现象,包括在换刀部位长时间停机产生地层软化、顶部形成空洞。为此及时掌握地层情况并进行快速处理显得极其重要。通常采取的手段有地质钻孔及雷达探测,地质钻孔判断直观,然而探测部位局限性大,费用较高,且受地表空间环境限制,操作不便。雷达探测灵活方便,费用较低,但探测深度有限,一般最多只能探测到5m以内。

管片二次注浆后,及时对拱顶进行雷达扫描,发现有松散、空洞情况时,及时通过管片注浆孔进行进一步补强注浆,直至背后密实为止。另外对于掘进过程中产生异常的段落,包括换刀点、多出土点、长时间停机点,进行地表雷达探测或地质钻孔的方式,当发现有地层空洞时,及时采取地层深孔注浆的方式,补充地层空洞,确保地层密实。

5. 盾构机通过特殊地质段关键技术

根据本标段地质及环境条件,要求盾构机必须具备各种地层的破岩掘进能力、控制地层变形能力、防喷涌及灵活的姿态调整能力、刀盘防泥饼能力等。TBM和传统盾构均不能同时具备这些功能,因此,依据将硬岩掘进机破岩掘进原理与软土盾构切削推进及稳定工作面原理有机结合起来的复合盾构设计思想,进行复合盾构的功能设计:

① 针对软硬不均、长距离硬岩掘进等多种不同地层的破岩掘进问题:盾构机必须配置复合刀盘,使滚压破岩、切削破岩可单独或混合使用。

② 针对稳定工作面及控制地层变形问题:盾构机必须配置一机三模式功能,即土压平衡式、开敞式、半开敞式,各模式可互换,可根据需要提供稳定工作面压力;必须具有同步注浆功能,尽早填充环形间隙并控制地下水流失。

③ 针对防"泥饼"问题:盾构机必须配置泡沫注入系统,向刀盘前面、土仓和螺旋输送机注入泡沫,改善渣土流塑性,利于渣土进入土仓。

④ 针对防"喷涌"问题:盾构机必须配置渣土改良系统,具有可调螺旋转速、闸门开启度,提高渣土止水性,防止地下水流入,建立"土塞"效应。

⑤ 针对掘进方向控制问题:盾构机必须配置自动导向系统、主动铰接装置,分区控制推进油缸。实时指示并控制行进姿态,可灵活转弯并实施纠偏。

⑥ 针对刀盘、刀具和出土机构的磨损问题:盾构机必须配置渣土改良系统、背装式刀具,提高渣土流动性,并配置压力舱功能,可根据地层情况实现带压换刀。

(1) 本标段盾构机技术参数

1) 盾尾间隙

盾尾间隙包括:理论最小间隙、管片允许拼装误差、盾尾制造误差、盾尾结构变形以及盾尾密封刷的结构要求等。

2) 推力

盾构外部荷载按照最大埋深处的松动土压和两倍盾构直径的全土柱高产生的土压计算,并取两者中最大值计算。盾构的推力应包括:在土压平衡模式下,有总推力计算得:EPB模式为22478kN;TBM模式为18422kN。根据经验,在盾构上坡和转弯时盾构的推力按直线水平段的1.5倍考虑,本区间的盾构机实际配备推力为70000kN,能够满足盾构的需要。

3) 扭矩

在软土中推进时扭矩包含:切削扭矩、刀盘自重产生的主轴承旋转力矩、刀盘推力产生的旋转阻力矩、刀盘所受推力产生的反力矩、密闭装置所产生的摩擦力矩、刀盘的前端面的摩擦力矩、刀盘后面的摩擦力矩、刀盘开口的剪切力矩、土压腔内的扰动力矩。计算得总力矩为 4245kN·m。

在硬岩中推进时扭矩包含：刀盘滚动阻力矩、石碴搅拌所需要的扭矩、克服刀盘自重产生的其他力矩。计算得总力矩为 3347kN·m。

本标段沈阳重工盾构机实际配备的刀盘驱动扭矩为最大实际额定扭矩 12680kN·m（1.35rpm 时），大于前面的计算值，满足需要。

4）盾构掘进速度计算

在硬岩地段，盾构机每单转的掘进速度为 $v_0=0\sim10$mm/转，转速为 $0\sim4.07$rpm，掘进速度最大为 40mm/min；在软土地段，盾构机的最大掘进速度为推进油缸的最大设计推进速度，即 60mm/min。

5）刀具布置的技术参数

刀盘形式为 6+6 辐条+6 面板式，新装滚刀时最大开挖直径为 8860mm，开口率约为 30%，盘形滚刀数量 54 把，背装式，最大破岩能力 200MPa；双层刮刀 188 把，周边刮刀 24 把，软土刀具，装于排渣口一侧，同时可用作硬岩掘进中的刮渣；刀盘外缘保护刀 12 把，超挖刀 1 把。如图 5.2.56 所示。

（2）掘进模式转换及姿态控制技术

1）掘进模式的基本原理

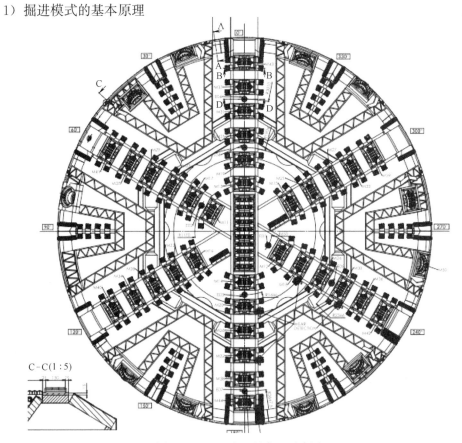

图 5.2.56 刀盘刀具布置示意图

复合式土压平衡盾构具有敞开式、半敞开式、土压平衡式三种掘进模式。

① 敞开式

土仓内不需要保持任何压力的一种盾构掘进模式。当盾构通过的地层自稳性好，且掘进对周边环境影响小或地下水较少时，可以采用敞开模式进行掘进。

② 半敞开式

掌子面虽然有一定的自稳性，但是不能完全自稳，或是虽然稳定但由于存在一定量的地下水，需要在掌子面建立一定的压力来防止地下水进入土仓，减少水土流失。为了减少刀盘转动的扭矩，只需要在土仓内保持少量的渣土（通常为 1/2～2/3），然后向土舱内注入压缩空气或泡沫来辅助进行开挖，这就是半敞开模式。

③ 土压平衡式

在盾构开挖时，利用掘进渣土对土舱内的土加压或加注辅助材料产生的压力来平衡开挖面的土压及地下水压力，保持工作面的稳定，以避免掌子面坍塌或地层失水过多而引起地表下沉的一种盾构掘进模式。

2）掘进模式转换技术

① 敞开式向半敞开式转换

主要要确保渣仓内能够保住气压，渣仓内的渣土高度应高出螺旋输送机进料口的上部 2～3m。转换时应先将螺旋输送机的转速适当调低，使出渣速度小于掘进速度所切削下来的渣土，以使渣仓内的渣土高度升高到气压平衡所需的高度，然后向渣仓内注入压缩空气建立所需气压。

② 半敞开式向敞开式转换

关键是要尽快地降低渣仓内压力，同时降低渣仓内渣土高度，因此要加大螺旋输送机转速，并加大输送机出料口开启度，以利于渣土的排出。

③ 敞开式向土压平衡式转换

关键是要尽快建立所需的土压，转换时一般是首先停止螺旋输送机出渣，使掘进切削下来的渣土尽快填充渣仓内的空间，以保持工作面及地层的稳定；当渣仓内的土压达到掘进设计土压值后，再开启螺旋输送机进行排土出渣，并使出渣速度与土压平衡模式的掘进速度所切削下来的渣土量相平衡。

④ 土压平衡式向敞开式转换

关键是尽快降低渣仓内的土压力，加大螺旋输送机的转速，以加大出渣速度而降低渣仓内的压力，降低刀盘转动所需的扭矩以便加大刀盘的转速，降低总推力而有效地加大掘进推力，提高掘进效率。

⑤ 半敞开式向土压平衡式转换

主要目的是防止地下水渗入渣仓及在地层不稳定时要提供足够的平衡压力。因此必须将渣仓内压缩空气所占的空间用渣土替换，转换过程应减小螺旋输送机的出渣速度，以加大渣仓内的压力使渣仓内的空气以逃逸的方式进入地层，从而建立土压平衡掘进模式。

⑥ 土压平衡式向半敞开式转换

主要是将压缩空气置换出渣仓上部的渣土，因此在空气与渣土的置换过程中，出渣速度要与掘进速度所切削下来的渣土量和注入压缩空气的量之和相匹配。

3）掘进方向偏差的原因及解决办法

① 盾构机自身的因素

盾构主机的重量分布形象地描述为"头重脚轻",只依赖掘进推力与工作面的摩擦力不足以维持盾构的姿态,因此,往往盾构自身具有"低头"的倾向。通过调整加大盾构下部推进力,维持盾构的平稳前行。

② 地质因素的影响

在施工过程中由于断面内岩层软硬不均,推力和扭矩变化较大,盾构主机有着向地层较软一侧偏移的惯性。应事先掌握掘进面的地层分布状况以及其地层分界面的变化情况,制定初步的掘进参数计划。

③ 人员的操作水平

由于操作人员的技术水平和工作责任心的不同,往往会导致掘进方向发生较大的偏差。因此应制定严格的操作规程。

④ 盾构前体与盾尾通过铰接油缸连接的中折转角影响

通常要求盾尾与未脱离盾尾的管片环之间的空隙沿周边均匀,有利于掘进方向的控制,也有利于掘进方向的调整。

⑤ 导向系统的误差

对于控制点的误差,主要是通过多级测量复核消除误差,根据上述偏差控制方法进行施工,得到越三区间盾构施工偏差的统计资料,后期的盾构掘进方向偏差得到了有效的控制,基本上都能控制在±50mm 的范围内。

(3) 渣土改良技术

1) 渣土改良的作用

根据国内外经验,在盾构施工中尤其在软硬不均地层的盾构施工中,渣土改良是保证盾构施工安全、顺利、快速的一项不可或缺的重要技术手段。具体作用如下:使渣土具有较好的土压平衡效果,利于稳定开挖面,控制地表沉降;使渣土具有较好的止水性,以控制地下水流失;使切削下来的渣土顺利快速进入土仓,并利于螺旋输送机顺利排土;可有效防止土渣粘结刀盘而产生泥饼;可防止或减轻螺旋输送机排土时的喷涌现象;可有效降低刀盘扭矩,降低对刀盘、刀具和螺旋输送机的磨损。

2) 不同地质的渣土改良技术

在砂质黏性土和全、强、弱风化花岗片麻岩的掘进中,主要是要稳定开挖面,防止刀盘产生泥饼,并降低刀盘扭矩。一般采取分别向刀盘面和土仓内注入泡沫的方法进行渣土改良,必要时可向螺旋输送机内注入泡沫。

在硬岩地段的掘进主要是要降低对刀具磨损、螺旋输送机的磨损,防止涌水,一般采取向刀盘前和土仓内及螺旋输送机内注入含水量较大的泡沫为主。

在富水地段和其他含水地层采用土压平衡模式掘进时,主要是要防止涌水、防止喷涌、降低刀盘扭矩,一般向刀盘面、土仓内和螺旋输送机内注入膨润土泥浆,并增加对螺旋输送机内注入的膨润土,以利于螺旋输送机形成土塞效应。

在砂土地层中掘进时,主要是保持土仓内的压力平衡,以稳定开挖面,控制地层沉降,拟采取向刀盘面和土仓内注入泡沫来改良渣土。泡沫注入量根据具体情况确定。

3) 泡沫剂的渣土改良技术

泡沫剂通常按 1%～6% 进行配制,溶于水中。也可根据开挖土体的颗粒级配、不均匀系数、掘进速度、掘进的推力和扭矩的具体情况进行调整。

4）泡沫剂的注入

注入方式：泡沫剂的注入可选择采用半自动操作方式和自动操作方式。

注入率：在一般情况下泡沫的注入率的最小值为20%，当渣土较黏时，为防止产生泥饼或堵仓，泡沫的注入率最小不小于30%。在实际施工过程中，泡沫的注入率要根据掘进期间对渣土的观察来做相应的调整，而影响注入率的最关键因素为土体的液限、塑限以及土体的含水量。根据经验，土体的黏稠指数$I_c=0.5$时，土体比较容易改良。

5）渣土改良效果分析

盾构在残积土层或全风化岩层的掘进时，通过加入泡沫进行渣土改良。掘进过程的典型特征：渣土流动性好，呈塑性状态，渣土上有明显的水的光泽，用手抓渣土时，能比较轻松地抓取；螺旋输送机出渣连续且在皮带机上铺展良好，没有产生泥饼及球状渣土；在渣土中，能明显地闻到渣土中有泡沫剂味。

（4）盾构通过旋喷加固区控制技术

盾构穿越旋喷加固区，可以理解为盾构始发阶段的控制技术，盾构在始发出站后，穿过洞门，尚未建立完全的土压平衡，在掘进的过程中模式由敞开式→半敞开式→土压平衡模式转换，迅速建立土压平衡，是本阶段关键技术。

本标段端头加固长度设计提供的加固长度为10m，但由于盾构机盾体长度为13.5m，加固体范围不能完全包括盾体，即在刀盘出加固体后，盾尾还暴露在洞门外，无法实施同步注浆，地表坍塌风险较大，后与设计沟通，将加固体长度增加到15m。

本标段加固采用咬合旋喷桩，桩型为直径600mm，间距为500mm，具体情况如图5.2.57所示，加固平面示意图如图5.2.58所示。

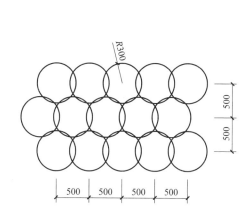

图5.2.57　旋喷桩咬合示意图（单位：mm）

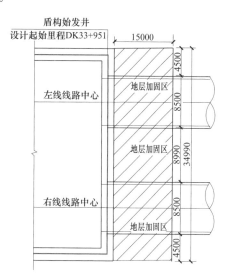

图5.2.58　加固平面示意图（单位：mm）

1）穿越旋喷加固区掘进技术要点

盾构土压平衡尚未完全建立，此时应放缓掘进速度至小于等于20mm/min（盾构机最大速度为60mm/min），使其并不出渣或少出渣，尽早实现土仓内土压平衡，防止出现坍塌和水土流失过多。

始发阶段反力架提供的支撑力有限，存在掘进较慢的情况，本阶段要求盾构机总推力≤15000kN（最大推力为70000kN），同时刀具贯入地层所产生的反转扭矩小于始发台设计扭矩。

设备处于磨合期，要注意推力、扭矩的控制，同时要注意观察报警情况，密切关注各部位润滑油脂和密封油脂的有效使用。

盾构始发阶段盾体还在始发架上，在向前推进时，各推进油缸的行程和速度尽量保持一致、均匀，避免反力架受力不均发生变形。

始发阶段对后期隧道施工影响较大，而在始发阶段纠偏、调向都比较困难，因此盾构机的操作必须选择熟练、有经验的人进行，负环管片一定要可靠固定。

盾构机各项运行参数必须严格监控，发现异常及时处理。

由于始发阶段的特殊性，地表沉降、变形较大，因此要快速建立盾构机的适合工况，并密切关注土仓压力和出渣情况，同时地面监控要加密频率，控制好地表沉降。

尾盾进入洞门后及时实施同步注浆，尽早封闭洞门成环。

始发基座上在初始始发之前要焊接防止盾构扭转的支座，在掘进过程中根据实际情况要及时割除。

2）复合地层盾构掘进技术

复合地层是指隧道开挖断面内和开挖延伸方向上，由2种或2种以上不同地层组成，这些地层在岩石力学、工程地质、工程水文等特征方面相差较大，复合地层通俗来讲就是软硬不均地层，比较典型的复合地层为上软下硬地层。本标段1号始发井地质情况如图5.2.59所示。

在隧道断面范围内分部为W4⑨$_1$全风化混合片麻岩，颜色呈褐黄色、黄褐色，单轴饱和抗压强度≤10MPa；W3⑨$_2$强风化混合片麻岩，颜色呈褐黄色、岩芯呈碎石状、短柱状，节理裂隙发育，单轴饱和抗压强度为5～30MPa；W2⑨$_3$弱风化混合片麻岩，颜色呈青灰色，节理裂隙较发育，岩芯呈短柱状、柱状，单轴饱和抗压强度≥60MPa。

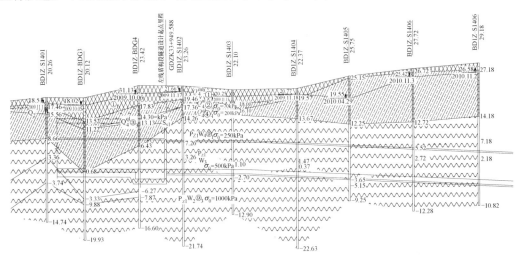

图5.2.59 盾构井地质纵断面示意图

(5) 复合地层盾构施工技术

1) 刀盘刀具

在软硬不均地段掘进,刀盘形式必须满足同时能掘进硬岩又要掘进软岩甚至砂土、黏土等的需要。也就是说,在掘进时,能在需要的位置安装切削硬岩的刀具,又能在需要的位置安装切削软岩的刀具,同时,刀盘的开口率满足切削下来的岩块顺利进入土仓,又要使得软岩顺利进入土仓,结果在刀盘前方形成泥饼,刀具不能抵推掌子面而只打滑,增大刀盘扭矩,不能掘进。关于刀盘刀具配置,本段不做详述,在盾构选型阶段已经考虑。

2) 掘进参数的选择

① 推力

从滚刀的破岩机理看,推力是主要的参数,推力越大扭矩则越大,而扭矩占破碎功的绝大部分。同时,推力越大,滚刀等入岩越深,同等条件下切削下来的渣土也越多。但是,在软硬不均地段掘进时,刀盘和刀具的受力是不均匀的。硬岩部位受的力大,软岩部位则相对要小得多,而且正是掘进范围内的硬岩阻止了掘进速度。如果推力过大,势必造成部分刀具提前破坏甚至刀座变形、刀盘变形。

从软硬不均地段的掘进情况和刀具等破坏情况总结出,最大推力可由公式 $P=mT$ 计算,m 为硬岩范围内的滚刀数量,T 为每把滚刀能承受的最大力(注:因滚刀的超前量比其他刀具等大,所以只计算滚刀)。

推力过大时,容易造成刀盘卡死,同时,对推进系统的能力要求也相应增高。

② 刀盘转速

在软硬不均地段掘进,硬岩就像一个强度很大、根基非常深的巨大的桩,阻碍刀盘的正常旋转,刀具承受冲击荷载。根据能量公式 $E=mv^2$,则在刀盘质量 m 一定的情况下,转速越快,则和硬岩撞击后的冲击能越大。

③ 渣土管理

3) 土仓压力与出土量

在软硬不均地层中,土仓压力应根据隧道埋深和相关物理参数等决定施工中应保持的土仓压力。在软硬不均地段中掘进时,掘进速度较慢、扭矩较大,保持真正的压力平衡比较困难,可以采取气压平衡模式掘进。由于推进速度慢,刀盘切削下来的渣土较少,而螺旋输送机等排土器每工作一次的出土量又很大,往往会造成因软土部位的超挖和过量出土造成地面沉降异常,甚至坍塌。

4) 渣土状态

为更好地控制土仓压力,增大土仓内渣土的止水性等,应采取措施保持泡沫系统工作状况良好,并及时地添加泡沫剂,使渣土具有很好的软流塑状。同时,应时刻关注渣土的稀稠、土的含量、石块的含量和石块的大小、棱角、颜色等,判断掌子面的地层情况。

当掌子面地层的渗透性很好时,需要向土仓内添加膨润土等改良渣土,否则,很可能发生渣土喷涌,直接导致地层超挖而地面沉降。实践证明,这是非常必要的。

5) 渣土温度

渣土温度过高的几种可能性:一是,刀盘中心部位或滚刀等形成了泥饼,刀具不能抵推掌子面切削岩土,泥饼在高温下固结;二是,刀具严重损坏,刀盘面板直接摩擦掌子面;三是,泡沫剂添加系统等出现问题,不能正常改良渣土,渣土在土仓内干结或摩擦生热。

6）同步注浆

软硬不均地段掘进速度一般非常慢，给同步注浆带来了困难，而不及时地同步注浆会造成地表沉降不易控制。最好注凝结速度快、结石率高的浆液。在坚持同步注浆的同时，根据需要及时地对脱出盾尾的管片进行补强注浆。

（6）复合地层盾构施工措施

在软硬不均地段施工时，及时根据测量系统的测量成果，确定盾构机姿态的变化量，并根据姿态的变化情况调节油缸的推力，保证盾构机尽量拟合设计线路掘进。同时减少衬砌拼装偏差。

在此种地层中掘进时由于正面硬度不同，对不同部位刀具的受力和磨损也有很大不同，因此应根据掘进时具体情况加强对刀具磨损程度的预测工作，防止出现刀具偏磨情况，从而影响施工的正常进行。

根据地质资料并结合施工时对刀具磨损量的预测，合理地选定换刀位置，保证施工顺利、安全、经济地进行。

根据地层情况合理制定施工参数，如刀盘转速、土仓压力、注浆压力以及掘进速度等。确保开挖面的土压力平衡，减少开挖面土体的坍塌、变形以及土层损失。

加强渣土改良，增大渣土的流动性和保水性，并在正面形成止水带，减少地下水的损失和保护刀具。

由于正面软硬不均，在相同受力情况下，岩层被切削的程度有着较大的差别。实际施工时，可能发生上部较软岩层由于盾构过分扰动而塌陷入土仓，如果情况严重，则必要时可向土仓内加气以保证断面上部土层的自立稳定，确保地面沉降的稳定。

加强对管片的监测工作，以期指导调整盾构机姿态，如果出现管片上浮和下沉量突变，则应加大监测频次，并采取二次注浆的方法对管片进行稳定，防止情况进一步恶化。

在施工中做好对地表及上覆建筑物的监测工作，并及时反馈测量成果到掘进作业班组，调整掘进参数到合理值，做到合理化施工。

6. 盾构下穿密集建筑群施工技术

（1）区间下穿建筑物

本区间隧道下穿多栋房屋，上覆建筑物90％以上，数量在500栋以上，且多为老龄浅基民房，房屋沉降控制要求高，为－3～1cm，DK34+050－DK34+210、DK36+260－DK37+900两段里程范围，隧道主体结构主要位于粉质黏土、全风化、弱风化混合片麻岩，设计提供措施为袖阀管注浆加固；GDK34+210－GDK36+260范围隧道主体结构埋深较深，主要穿行于微风化片麻岩层中，此范围的房屋按监控考虑，施工时根据现场监控情况考虑加固措施。

（2）区间下穿大井头跨线桥

本段隧道在GDK38+300处下穿省道S357银朗南路，右线线路中心与银朗南路线路中心以64°的交角与银朗南路斜交，并下穿银朗南路大井头跨线桥，从桥跨桩基间穿过，呈西南至东北走向。隧道埋深约15～24.7m，左、右线线路间距为13.5～24.5m。由于隧道埋深较大，通过注浆加固对桥桩进行保护，加固方案参见第2.4.4节。

（3）盾构下穿密集建筑群施工措施

1）准备工作

① 盾构穿越前所有设备尤其是刀具、注浆设备等的检修更换

为了尽可能减少盾构机在建筑物下的停顿时间，保证各项设备的完好性，在盾构穿越前对盾构机主机和后配套设备进行全面检查、保养和维修，并对易损件配备足量的备品备件。

② 监测点布设

在建筑物周边设置地面监测横断面和建筑物监测点，每个监测断面为9个监测点（其中两排布设深层沉降点），以便获得更多的监测数据，不仅可用来分析单点地面沉降值还可以用来分析同断面的不均匀沉降因素，为以后盾构穿越建筑物施工时做好铺垫。同时，建立完善的变位监测系统，对建筑物和地面进行系统、全面的跟踪测量，实行信息化反馈施工。

③ 建筑物基础预加固措施

对于部分重要的建筑物，在条件允许和有必要的前提下，可以考虑预注浆措施，通过预注浆进一步加固建筑物基础，使盾构掘进对建筑物的影响降到最低。预注浆可以通过建筑物基础所在的地面，采用旋喷或袖阀管注浆方法实施。

④ 制定合理的报警值

根据房屋的结构形式及与隧道的关系，制定房屋最大沉降和沉降差的警界值，本标段房屋的沉降警戒值为24mm。

2）施工技术措施

① 合理选择掘进模式

盾构在穿越建筑物的空间里基本处于9号地层，因此盾构基本采用欠土压掘进模式。采取该模式掘进时必须注意，应防止发生岩层裂隙水涌入土仓的现象，必须提高施工安全。

② 掘进参数的控制

在盾构掘进时，降低推力和掘进速度，做好渣土改良，严格控制出渣量，减少掘进过程中周围土体的扰动，从而减少对地表建筑物等的影响。严格控制好管片背衬注浆，以减少后期沉降。在局部涌水量的地段，采用分段注入双液浆施作止水环，同时调整同步注浆的浆液配合比，使用凝胶时间较短的浆液，严格控制注浆程序，确保注浆效果。

③ 严格控制盾构纠偏量

在确保盾构正面沉降控制良好的情况下，使盾构均衡匀速施工，盾构姿态变化不可过大、过频。隧道轴线和折角变化不能超过0.4‰。推进时不急纠、不猛纠，多注意观察管片与盾壳的间隙，相对区域油压的变化量随出土量和千斤顶行程逐渐变化。采用稳坡法、缓坡法推进，以减少盾构施工对地面的影响。

④ 严格控制同步注浆量和浆液质量

严格控制同步注浆量和浆液质量，务必做到三点：保证每环注浆总量要达到要求；保证盾构推进每箱土的过程中均匀合理地压注；浆液的配比须符合质量标准。通过同步注浆及时充填建筑空隙，减少施工过程中的土体变形。

每环的压浆量一般为建筑空隙的150%～200%（可根据检测反馈信息需要调整），泵送出口处的压力应控制在2～5bar。

具体压浆量和压浆点视压浆时的压力值和地层变形监测数据选定。压浆是一道重要的工序，工程中专门成立注浆班对压入位置、压入量、压力值作详细记录，并根据地层变形监测信息及时调整，在确保压浆工序施工质量的前提下，方可进行下一环的推进施工。

在盾构推进过程中，根据地面布置的沉降观测点的具体数据，调整同步注浆的参数。

⑤ 管片背后二次注浆

在同步注浆未达到预期效果，可以根据实际情况进行管片背衬二次注浆，来进一步控制地面的后期沉降量。同时，可根据地面沉降的变化，调整双液浆配比来控制浆的初凝时间，以确保地面沉降的稳定。

⑥ 差异沉降的控制

对于建筑物而言，特别是盾构单侧穿越或是左右双线两次穿越的建筑物，这样极易造成建筑物产生差异沉降，而差异沉降将严重影响建筑物的安全，因此差异沉降的控制是重中之重。

施工中，对重要的建筑物可考虑采用电子水平尺或其他监测设备对其立柱等进行监测，通过监测数据了解建筑物的差异沉降情况，并可通过监测数据进行针对性的管片背衬二次注浆，差异沉降较大时会同相关部门有针对性地对建筑物基础进行必要的注浆加固。

⑦ 在盾构穿越的过程中，会同相关部门做好预防措施

采取增加监测频率、跟踪注浆措施，根据监测反馈数据进行跟踪注浆。根据监测资料，对于临近警界值的部分进行跟踪注浆，或可用水泥水玻璃双液进行注浆加固地层。

⑧ 突发事件控制及对策

在建筑物施工段，由于地质、施工条件不是很好，存在着一定的施工风险，对于有可能发生的一些突发性事件，如产生建筑物沉降超限等，可采取以下几点对策措施：

提前对施工人员进行交底，做到精心施工；

配备足够的机动设备，一旦发生意外情况，在第一时间投入工作；

组织专门人员进行 24 小时现场监控；

配备足够的值班维修人员，及时处理盾构设备的故障，确保盾构推进顺利进行。

7. 盾构长距离硬岩掘进施工

(1) 概述

本标段 1 号盾构井～风井区间隧道最大埋深 40.5m，盾构机在全断面 $W2\text{⑨}_3$ 弱风化花岗混合片麻岩中掘进的长度为 964m，岩石的单轴饱和抗压强度 ≥60MPa，其中最硬位置处岩石抗压强度达到 153MPa。长距离掘进岩层对刀具的管理、刀具的组合方式、掘进参数的设定、施工组织安排等提出较高的要求，在施工中要采取相应的措施来保证盾构施工的安全、顺利、快速、经济的进行。

(2) 施工技术措施

1) 制定合理详细的补勘方案

在岩层段掘进之前制定详细的补勘方案，与详勘结合，通过补充地质钻孔，进一步查清地质条件，准确探明本段地层地质状况，为盾构机掘进参数的选取及制定相应的辅助措施提供准确资料。认真研究其地质特点及岩层参数，合理进行盾构机参数（特别是刀盘和刀具）的设计与选型，确保盾构机对地层的适应性。

2) 加强刀具管理、进行合理的刀具配置和选择适当的换刀位置

岩层段主要包括强、中和微风化碎屑，盾构掘进过程中对刀具的磨损大，根据地质条件，盾构掘进以滚刀破岩为主，正面及中心刀具均使用滚刀。刀具配置采用齿刀与滚刀相结合的组合方式。根据掘进时情况有计划地检查刀具，根据经验基本每天都要开仓检查，准确掌握盾构刀具在同类地层中磨损规律。根据刀具磨损规律，计算出合理的掘进长度，并预先确定地质条件相对较好的换刀位置，开仓换刀。

3) 选择合适的掘进模式和掘进参数

因为岩层自稳性较好，欠土压掘进模式有利于提高盾构机的掘进速度，以期达到安全、快速通过的目的，在岩层段可采取欠土压模式进行掘进。

4) 盾构姿态的控制

在盾构掘进过程中，由于不同部位掘进千斤顶参数设定的偏差引起掘进方向的偏差。同时由于盾构表面与隧道间的摩擦阻力不均匀，开挖正面上的土压力以及切口环切削欠挖地层引起的阻力不均匀，也会引起一定的偏差。

通过减缓盾构机掘进速度，使盾构机在掘进的瞬间刀盘上下部位受力尽量相同，减少对刀具的偏磨和盾构机下俯现象。

适当控制盾构机纠偏力度，防止由于纠偏造成刀盘受力不均，影响盾构机的掘进姿态。

在岩层段施工时，启用盾构机的防扭装置，以达到保持盾构机掘进姿态，防止管片变形的目的。

根据洞内管片监测结果，在必要时通过向管片背后注浆的方法对管片进行加固，提高管片的整体刚度，防止因盾构机的扭转而引起管片变形。

5) 加强渣土改良与管理

通过岩层段时主要以向正面、土仓添加泡沫的方式进行渣土改良。在盾构机进入岩层段掘进前彻底检修泡沫系统，包括空压机等，确保泡沫系统工作正常，泡沫管路畅通。

根据地层和现场情况的特点，每环泡沫剂加入拟定为30～50L。

渣土管理主要是通过有效控制出渣量，保持掘进速度与出渣量的相对平衡，维护开挖面的稳定。

6) 采取有效措施，确保铰接密封和盾尾密封的防水效果

盾构进行岩层段掘进前，对铰接密封和盾尾密封装置进行认真的检查、维护，确保密封效果。

进入岩层段掘进时对铰接密封进行调整，确保密封压板固定可靠，调节密封螺栓，保证螺栓在同一高度，加强对铰接密封的润滑。

在掘进过程中要严格控制盾构掘进方向和铰接油缸的行程差，以确保铰接密封效果。

加强对尾刷密封油脂的注入检查，确保盾尾油脂传感器的正常工作，加强对油脂控制阀组的检测，保证盾尾油脂密封压力正常，确保尾刷密封的防渗漏效果。

7) 管片背后注浆

过岩层段注浆以同步注浆和二次注浆相结合的方式进行，均采用双液浆，其配比根据试验和现场情况确定。

加强施工过程控制，严格按照"注浆与掘进同时进行、确保注浆饱满"的原则进行控制。

根据地下水情况、管片监测结果等情况，在必要时及时进行二次补充注浆，防止隧道上浮，严格控制注浆压力，确保不损坏管片。

8. 复合地层换刀技术

（1）概述

复合地层中盾构施工对刀具的损伤较大，更容易发生弦磨、刀圈崩断等非正常的刀具磨损情况，表现在掘进施工中，刀盘旋转到某一角度突然或连续出现扭矩增大、速度骤减等现象，此种现象持续出现则很大程度上是刀具出现问题，有必要进仓检查、更换刀具。

复合地层中开仓换刀常用的方式有地面加固常压进仓换刀、带压进仓换刀。带压进仓俗称压气作业。如果地面具备加固条件，采取常压换刀是不错的选择，危险性小，人员安全有保障，但由于地面加固周期长，采用旋喷桩等加固方式费用也比较大。如地面房屋密集等客观条件不具备，采用带压进仓换刀。

带压进仓对相关人员的要求比较高，需要专业培训、体检，具备良好的专业技能、较好的身体素质、高度的责任心和团队意识，相对常压进仓，带压进仓费用较低，施工周期短。由于常压开仓施工工艺相对简单，本节重点介绍莞惠城际 GZH-6 标 2 号盾构机带压开仓技术，对于常压开仓技术，不做赘述。

（2）复合地层带压开仓技术

1）施工准备

① 工具准备

木板若干、棉被若干、方木若干、24V 防爆灯泡 10 个、拉链葫芦（1t 单链）4 个、吊带 20m、长短撬棒（ϕ30mm 螺纹钢 $L=1.5m$，1m）各 1 根、气管 1 条（4 分管，8m）、M20 螺纹式吊耳 6 个、冲洗用水管 1 条（1 寸管，8m）、铁皮工具箱 1 个、气动扳手 1 把（3/4″方头）、气动扳手用气管 1 条（4 分管，10m）、风镐 1 把、风镐用气管 1 条（ϕ16mm，10m）、滚刀拆装工具 46、50 扳手各 2 个、刮刀拆装工具 36 套筒扳手 2 个、铁锤 2 把等。

② 人员准备及职责

A. 压气作业主管

由具有压气作业经验的施工管理人员担任，职责为压气作业隧道内总负责人。

根据程序中的安全规则，确保所有安全防范措施的实施。

确保进入压气环境的作业人员体检合格，并接受培训及安全技术交底。

在作业过程中，必须全面控制随时发生的紧急情况，包括指挥、抢救减压病人和其他受伤患者。

确保所有准备工作（包括作业前清查工作）的完成。

在人闸和工作仓外，监视压气作业。

负责隧道内调度工作。

B. 人闸值班员

在压气作业时，人闸值班员必须控制好人闸压力。其职责如下：

作业过程中，不得离开工作岗位。

按照加压和减压的标准程序控制人闸压力。

一旦出现紧急情况（如开挖面塌方、涌水涌砂、压力失稳等），必须通知仓内人员停止作业、减压出仓，并向压气作业主管汇报。

每次压气作业时，都必须记录并保存作业的加压时间、工作时间和减压时间。

作业人员在进入压气环境前，必须确保 24 小时内无作业记录。

C. 压气作业人员

所有压气人员必须进行压气作业培训，并且通过符合压气规定的体格检查。职责如下：

每次作业期间，直接与人闸值班员联系，并听从人闸值班员的指示。

作业期间出现不适应状况，及时通知人闸值班员。

按照人闸值班员指定进行作业，其主要作业内容为：a. 观察开挖面的稳定性；b. 清理刀盘和刀具；c. 测量和记录刀具的磨损量；d. 按作业指令更换刀具；e. 按要求检查其他设备。

在酒精和药品的影响下，不得参加作业，作业期间，严禁抽烟。

候补压气作业人员。符合压气作业要求的候补员工不得离开项目部，并随时做好工作准备。

D. 压气人员身体检查

压气人员初次作业前，必须进行体检，且体检结果必须符合压气作业相关规定。

③ 压气作业设备检查

A. 空压机检查

为保证压气作业的安全性，应对空压机进行全方位的检查维护，并增加一台柴油空压机作为突然停电或原盾构机自带的空压机出现故障时的后备空压机，确保压气作业间供气正常。压气前更换为无毒机油。

具体检查内容如下：

更换所有空气过滤器，滤油器等；

检查螺杆油、柴油的油位是否足够；

检查冷却器是否能正常使用；

检查电气元件是否处于正常工作状态；

检查机械元件是否处于正常工作状态，如三角带等；

检查柴油空压机（备用）蓄电池的电量是否足够。

B. 人闸检查

紧急照明正常；

紧急电话正常；

各个压力表显示正常；

各管路球阀开关正常；

各个密封门开关必须正常。

在压气作业开始前，进行气体检测，气体质量符合压气作业要求后方可进行。

④ 技术准备

作业前，对所有相关人员进行安全及技术交底。

2）人闸加、减压试验

试验时不要求人员进入，只进行无人压力试验，以检查主仓与前仓的各功能部件在试验压力下的工作情况。

① 主仓加压

检查显示仪表、供暖装置、钟表、温度计、电话、紧急电话及阀门、仓门密封件是否干净；

关闭主仓仓门，确保关闭正确；

关闭仓壁密封门（通常在进行"土压平衡"工作时关闭），并关闭主仓与前仓之间的密封门；

人闸值班员缓慢地打开进气阀；

缓慢地升高主仓的压力，直到达到工作压力。

② 主仓减压

降低主仓的压力，观察主仓压力表和进气流量计；

与此同时，人闸值班员同时打开排气阀，开始排气，无论如何此时压力不可以再次大幅度升高（浮动值控制在+0.1bar 内）；

调节进气阀和排气阀，直到达到排气过程所规定的缓慢而恒定的压力降低速度，进气流量计的流量值每人至少为 $0.5m^3/min$；

观察主仓压力表，当主仓内部的气压降到第一级压力值时，人闸值班员通过调节排气阀和进气阀，在规定的时间内保持压力恒定。人闸值班员应通过主仓进气流量计经常检查人闸的排气情况；

在保压过程中重复上述步骤，直到仓内压力与外界的常压相同；

人闸值班员关闭带式记录器并将减压过程（日期、时间、压力、人数等）记录在人闸记录本上。在整个试验过程中，必须保证所有的过程都正常。

③ 前仓加压

检查显示仪表、供暖装置、钟表、温度计、电话、紧急电话和阀门、仓门密封件是否干净；

关闭前仓仓门，确保关闭正确；

关闭前仓与主仓之间的仓门，确保关闭正确；

人闸值班员缓慢地打开进气阀；

缓慢地升高前仓的压力，直到达到工作压力；由于主仓与前仓之间有单向阀导通，压缩空气能从前仓进入主仓，因此，加压过程较为缓慢。

④ 前仓减压

降低前仓的压力，观察前仓压力表和前仓进气流量计。

与此同时，人闸值班员同时打开排气阀，开始排气，无论如何此时压力不可以再次升高（浮动值控制在+0.1bar 内）。

调节进气阀和排气阀，直到达到排气过程所规定的缓慢而恒定的压力降低速度，前仓进气流量计的流量值每人至少为 $0.5m^3/min$。

观察前仓压力表，当前仓内部的气压降到第一级压力值时，人闸值班员通过调节进气阀和排气阀，在规定的时间内保持压力恒定。人闸值班员应通过前仓进气流量计经常检查人闸的排气情况。

在保压过程中重复上述步骤，直到仓内压力与外界的常压相同。

人闸值班员关闭带式记录器并将减压过程（日期、时间、压力、人数等）记录在人闸记录本上。在整个试验过程中，必须保证所有的过程都正常。

3）压气作业

① 土仓加压

在确定所需气压后，往前掘进1~2环，把土仓的土快速出空，然后加膨润土和加气，直到气压升到所需气压为止（在加膨润土的过程中需要不停地转动刀盘）。

② 作业过程

工作人员进入前仓；

检查显示仪表、供暖装置、钟表、温度计、电话、紧急电话及阀门、仓门密封件是否干净；

关闭前仓仓门，确保关闭正确；

关闭前仓与主仓之间密封门；

使用电话，使人闸值班员与人闸里面的人员保持联系；

人闸值班员缓慢地打开进气阀。

③ 加压

缓慢地升高前仓和主仓的压力，直至达到工作压力，在加压过程中，在第一分钟内不应超过0.25bar的压力，其后，加压速度不得超过0.15bar/min。

一旦有人感觉不适（如头痛、耳膜不通、鼻塞等症状），应停止加压，直到不适症状消失再继续加压。如果再次感觉不适，就必须停止加压，将不适人员减压出仓，由候补压气作业人员代替。

前仓里面的人员可根据需要调节供暖装置。

④ 保压

当加压至预定气压后，人闸值班员应当调节进、出气流量，待气压稳定后通知人闸内压气作业人员打开前仓与主仓之间的平衡阀，打开平衡阀后，如出现压力波动，人闸值班员应及时进行调节，保持压力稳定，并保持足够的新鲜空气进入。

当前仓内压力与主仓压力一致时，前仓内的人就可以打开主仓与前仓之间的气密门，进入主仓。

主仓的气压与土仓的气压相等时，都是工作压力，工作人员可打开主仓与土仓之间的密封门进入土仓作业。

⑤ 开仓

拧松仓门锁紧装置，先开一条缝，再缓慢开启，防止泥浆或渣土突然溢出。

仓门打开后，作业人员先在土仓门口位置对开挖面稳定性进行观察，如开挖面稳定方可进入仓内作业。

作业人员进入土仓作业。

完成作业，作业人员退回人闸。

⑥ 关仓

前仓减压；依照附表中的减压时间执行减压。

每个表都覆盖了从0.75~2.1bar的工作压力范围，减压时必须按照相应表格规定的工作时间来执行。

工作压力超过推荐压力的标准时,就应该合理使用下一个减压时间表。例如,当选择的压力为 1.08bar 时,使用 1.05～1.15bar 的时间表,如果实际工作压力超过 1.15bar,就须采用下一个减压时间表。

工作人员在达到限定的工作时间(或出现不适)需进行减压,具体步骤如图 5.2.60 所示。

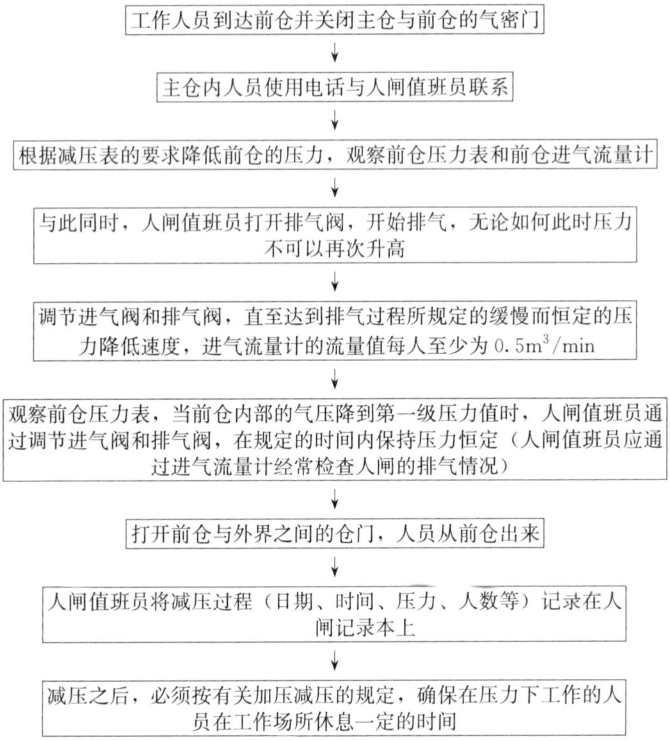

```
┌─────────────────────────────────────────────┐
│ 工作人员到达前仓并关闭主仓与前仓的气密门 │
└─────────────────────────────────────────────┘
                     ↓
┌─────────────────────────────────────────────┐
│ 主仓内人员使用电话与人闸值班员联系 │
└─────────────────────────────────────────────┘
                     ↓
┌─────────────────────────────────────────────┐
│ 根据减压表的要求降低前仓的压力,观察前仓压力表和前仓进气流量计 │
└─────────────────────────────────────────────┘
                     ↓
┌─────────────────────────────────────────────┐
│ 与此同时,人闸值班员打开排气阀,开始排气,无论如何此时压力不可以再次升高 │
└─────────────────────────────────────────────┘
                     ↓
┌─────────────────────────────────────────────┐
│ 调节进气阀和排气阀,直至达到排气过程所规定的缓慢而恒定的压力降低速度,进气流量计的流量值每人至少为 $0.5m^3/min$ │
└─────────────────────────────────────────────┘
                     ↓
┌─────────────────────────────────────────────┐
│ 观察前仓压力表,当前仓内部的气压降到第一级压力值时,人闸值班员通过调节进气阀和排气阀,在规定的时间内保持压力恒定(人闸值班员应通过进气流量计经常检查人闸的排气情况) │
└─────────────────────────────────────────────┘
                     ↓
┌─────────────────────────────────────────────┐
│ 打开前仓与外界之间的仓门,人员从前仓出来 │
└─────────────────────────────────────────────┘
                     ↓
┌─────────────────────────────────────────────┐
│ 人闸值班员将减压过程(日期、时间、压力、人数等)记录在人闸记录本上 │
└─────────────────────────────────────────────┘
                     ↓
┌─────────────────────────────────────────────┐
│ 减压之后,必须按有关加压减压的规定,确保在压力下工作的人员在工作场所休息一定的时间 │
└─────────────────────────────────────────────┘
```

图 5.2.60 减压步骤

4)注意事项

作业开始时,在第一个人进入上面土仓空间前,人闸值班员应持续充气 10 分钟,以确保上面土仓空间内空气新鲜。

应采用约为 2.1bar 的压力为最大工作压力。

应严格遵守压气作业工作时间以 24 小时为一个周期,工作时间不得超过 6 小时/班。

工作人员必须是经过培训,且通过工作前身体检查的健康工作人员。

进行压气作业的人员在作业前不许饮酒,作业过程中不许饮用含有酒精的饮料。

在压气作业过程中严禁吸烟,严禁明火!

工作仓内应备有足够的饮用水(按每人 3L 准备)。

当工作仓温度超过 27℃时,必须采取特殊的充气方法。

如果温度不能维持在 27℃以下,压气作业必须停止。高温下,必须向员工提供特殊的供水装置。根据温度情况,领班决定工作的安全与否,一旦他认为温度过高而不利于安全有效地工作,就必须中断作业。减压时,人闸内的温度不允许在 5 分钟内降至 10℃以下或升至 27℃以上。

在压力超过 14.7psi 或 1bar 的环境下作业的人员,减压后应留在人闸附近一段时间。

当总减压时间小于 30 分钟时，停留 1 小时；当总减压时间大于 30 分钟时，停留 2 小时。

作业后的 6 小时内，作业人员不应承担较大强度的体力运动。

交接班开始时，对于即将结束压气作业的工人，可以返回到比较轻松的岗位上。作业结束后，使用电瓶车将作业工人运出来。作业后的 24 小时内，不许飞行和潜水，必须留在（现场）附近。

工作仓内气体杂质最大允许含量见表 5.2.4。

压气作业空气质量要求　　　　　　　　　　　　　表 5.2.4

CO_2	0.05%	CH_4	0.1%
CO	0.001%	O_2	20%～23%
H_2	0.001%	油微粒	$1mg/m^3$
N_2	0.0001%		

气体无任何味道，没有灰尘、尘土和金属微粒的污染，也无任何其他有毒成分的污染。当气体杂质含量超过此范围时，所有压气作业人员必须由工作仓返回人闸。同时仓内充入清洁气体，直到气体符合要求。

① 资料整理

压气作业结束后，应对压气作业过程进行专项总结，并对压气作业的施工日志等资料进行存档。同时应检查设备情况，保障设备能在压气作业后正常运转。

每班人员关闭土仓门前，必须对所装刀具、刀具螺栓的紧固到位情况和土仓及刀盘前方进行全面的检查，保证刀具的正常安装，避免工具、杂物遗留在土仓内。

所有压气作业完成后，当班机电主管检查确认关闭所有预留送气口、排气口、阀及仓门，符合要求后盾构机恢复掘进。

为了安全有效地进行压气作业和防止出现减压病，必须完整准确地进行压气作业记录。每次作业过程中，人闸值班员要详细地记录加压开始时间、加压结束时间、压气作业情况、开始减压时间、减压结束时间等资料，并仔细记录压气作业的施工过程。

为确保土仓气压在压气作业期间保持稳定，在确定气压准备进行压气前，一定要确保盾尾的油脂注入量和砂浆注入量足够。

② 医疗救护准备

联系定点救护医院。由医院派一辆救护车到工地现场，24 小时全天待命。租用医疗仓放置于盾构机内，以供现场医生紧急救护时使用。

5）掌子面失稳应急措施

仓内工作人员应密切注意掌子面的稳定情况，当发现掌子面有不稳定的征兆时，应立即与仓外主管人员联系。现场主管人员接到报告后应立即向项目部报告，并如实向驻地业主代表和驻地监理工程师汇报。接到报告后，项目经理（或主管生产的项目副经理）应立即到达现场，会同现场负责人组织相关人员采取应急措施，同时通知测量组加强地面频率监测。

采取的应急措施为：采用背板将刀盘口封闭，再用方木将背板撑在刀盘内侧。

如图 5.2.61 所示，具体步骤如下：

通知仓内工作人员准备出仓，抢险物资迅速到位。

第二次压气进仓，同时将应急物资带入仓内。

在仓内，用背板将土体失稳处的刀盘开口封闭，边封闭边用方木支撑，背板的边缘用棉布条将缝隙塞紧。

将刀盘的开口封闭后，抓紧时间继续换刀。

如果发现土体坍塌严重，已来不及封堵时，应关仓继续推进，待生成一段新的掌子面后再继续进行压气作业。

6）特殊段施工归纳分析及措施

① 防止结泥饼措施

黏性土附着的主要原因有：岩土颗粒的黏性大、部分刀盘面板进土口较小、刀盘面中心区转动线速度小，土体流动较慢、施工过程中掘进参数设定不当、盾构掘进过程中由于摩擦作用产生的高温现象、盾构施工不顺利，掘进速度缓慢。

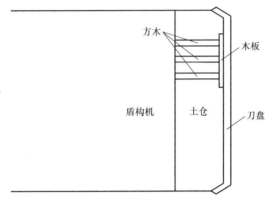

图 5.2.61 土仓内临时支撑示意图

② 盾构机设计、选型的防附着措施

刀盘内侧（土仓侧）设计有搅拌棒，随刀盘一起转动，可加速土体流动及对螺旋机喂料，可减缓积泥饼的形成。

盾构掘进施工的防附着措施

A. 黏性土地层掘削土的改良。

在黏性土地层土压平衡盾构施工区段，为了降低土体间的黏聚力，减少土仓中土体压实结密的可能性，减少掘削土体与盾构机刀盘及结构间的黏着力，改善土体的和易性，保证土仓内土压力的稳定性和出土的顺畅，可以向切削面压注发泡剂。

盾构掘进参数的设定：在黏性土地层土压平衡盾构施工区段，土压力的设定以理论的土压力为基础，适当降低 0.1~0.2bar，并在实际操作时做调整。

严格控制土砂密封温度，保持冷却水（必要时使用冰水）循环的全过程正常运行。

保持均衡施工，每天定期停机对设备进行维修保养，同时也对全面降低刀盘、隔仓板等温度起到积极的作用。

B. 其他辅助施工措施。

定期对土仓进行加气、注水和清仓处理。

③ 防止管片上浮措施

在隧道掘进施工中，拼装后的成型隧道或多或少会产生不稳定的现象，根据施工经验，隧道产生的上浮现象比较常见，而隧道的上浮会对隧道质量产生严重的影响，因此分析其成因并制定相应的措施在工程施工中是必不可少的。总结以往施工经验，该现象产生的成因有：对于盾构掘进后的建筑空隙浆液没有及时填充、建筑空隙的存在致使岩石中裂隙水的涌入造成隧道上浮、浆液凝固时间长、盾构掘进速度过快、盾构在＜9＞号岩层中掘进时容易上浮，本标段盾构掘进＜9＞号岩层较多。

为了减少隧道的上浮量，使隧道尽快稳定，控制隧道可能会发生上浮的现象，确保隧道的稳定，因此采取下列措施：

A. 施工期间严格控制隧道轴线，使盾构尽量沿着设计轴线推进，每环均匀纠偏，减少对土体的扰动。

B. 均衡施工，必要时减慢隧道掘进速度，让填充的浆液有充足的时间凝固，确保拼装好的管片稳定性。

C. 根据推进监测的结果对注浆方案进行针对性的调整，如调整注浆部位、注浆量、配制快凝及能提高早期强度的浆液等。

D. 为了正确观测隧道纵向变形，正确地判断隧道是否稳定，采取沉降评估进行纵向变形监测。

E. 加强对管片的监测工作，以期指导调整盾构机姿态，如果出现管片上浮和下沉量突变，则应加大监测频次，并采取二次压注双液浆的方法对管片进行稳定，防止情况进一步恶化。

F. 在盾构刚出洞掘进时，由于盾构处于试推进阶段，所以盾构掘进进度较慢，有利于隧道的稳定。另外，由于试推进本身的目的意义就在于摸索盾构对本标段地层的适应性，所以在掘进此段时，可以通过加强监测，制定相应的对策如壁后二次注浆、调整浆液配比、调整注浆位置等措施来解决此问题，从而形成一套适用今后盾构在本标段掘进碰到类似问题的解决办法。

④ 防止喷涌措施

A. 管片做到居中拼装，以防盾构与管片之间的建筑空隙过分增大，降低盾尾密封效果，引发盾尾漏泥、漏水。

B. 在每环管片拼装时，在盾尾与管片之间垫放海绵用以止水，封堵管片与盾构间的间隙。

C. 当盾构处于易发生喷涌现象段掘进时，确保盾构正面加注膨润土和泡沫，同时也可向螺旋机加注膨润土等；另外，在喷涌状态下对加注系统的要求加高，因此加注泡沫系统需安装单向阀避免压注过程中土体中泥水堵塞管路影响压注效果。

D. 定时定量均匀压注盾尾油脂。

E. 严格控制注浆压力，以免注浆压力过高而顶破覆土。

F. 通过管片二次压注双液浆来减少成型隧道的上浮。

G. 严格控制出土量，原则上按理论出土量出土，可适当欠挖，保持土体的密实，以免江水渗透入土体并进入盾构。

H. 若出现机械故障或其他原因造成盾构停推，应及时采取措施防止盾构后退。

I. 采取有效措施，确保铰接密封和盾尾密封的防水效果。

9. 结论

盾构在复合地层下，通过对建筑物的主动注浆及跟踪注浆、监控量测、掘进参数的控制优化、渣土改良、同步注浆及二次注浆的及时与充足、地质探测后的补充注浆等多种手段的综合应用，上方老龄浅基民居的沉降能够控制在范围之内，安全风险基本可控。

盾构施工更加讲求施工管理，只有精细化的管理、通过对各种信息的及时收集、分析与整理、发现问题后的快速机动处理，才能确保盾构施工的安全及质量。

注浆施工在盾构施工中尤为重要，建筑物安全问题的发生，百分之九十以上都是由注浆管理不善所引起，注浆效果及注浆的及时性不容忽视。

5.3 盾构穿越桩基础建筑物施工影响及控制技术

隧道施工范围内桩基础建筑较多，桩长 15～30m 不等。从盾构隧道选线角度出发，下穿桩基建筑对线路埋深的限制要远远大于浅基础建筑，为了保证上部建筑的安全，避免破桩，盾构隧道的埋深不得不随之增大，这样就导致了很多隧道区段都是在软硬围岩分界面上掘进的情况。

本节利用数值模拟的方法，假定当受选线条件等限制，盾构隧道在软硬围岩交界面上掘进时，分析了软硬围岩交界面与桩基不同净距对桩基础建筑物的影响程度。

5.3.1 三维盾构隧道模型建立

本研究针对莞惠项目中常见的隧道下穿桩基基础，进行模拟分析，基础范围往往为十几至几十米，本计算中采用 20m，本工程中下穿段范围内桩基础深度为 15～30m 不等，本分析采用 20m。岩土体、既有建筑物及隧道支护结构采用实体单元模拟，建筑物桩基采用梁单元模拟，桩径 500mm，实际桩间距为 1.2m×1.2m 或 1.5m×1.5m，模型中采用 1.0m×2.0m。地层分界面位于隧道横断面中部。围岩及结构力学参数见表 5.3.1。

围岩参数及支护结构力学参数   表 5.3.1

材料	$\gamma(kN/m^3)$	$E(MPa)$	ν	$c(kPa)$	$\varphi(°)$
黏土层	19	5	0.4	15	20
强风化岩层	19	5	0.4	15	20
微风化岩层	24	1000	0.3	200	35
管片	25	22100	0.2	—	—
注浆	22	1000	0.3	—	—
建筑物基础	25	3000	0.3	—	—
桩基础	25	30000	0.2	—	—

根据隧道外轮廓与桩底净距不同，分为以下几个工况：

工况 1 净距 1m，盾构隧道埋深 25.25m；
工况 2 净距 3m，盾构隧道埋深 27.25m；
工况 3 净距 6m，盾构隧道埋深 30.25m；
工况 4 净距 10m，盾构隧道埋深 34.25m；
工况 5 净距 15m，盾构隧道埋深 39.25m。

各工况模型示意图如图 5.3.1～图 5.3.5 所示，计算程序说明及盾构模型的模拟参见第 5.2.1 节，各工况中开挖面施加相应的静止土压力。

5.3.2 建筑物沉降分析

图 5.3.6～图 5.3.11 为隧道贯通后各工况的计算结果。

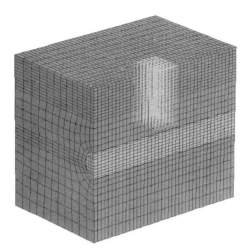
图 5.3.1　工况 1 计算模型

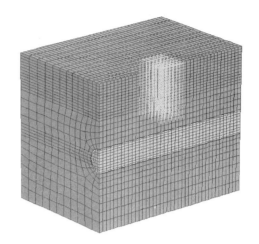
图 5.3.2　工况 2 计算模型

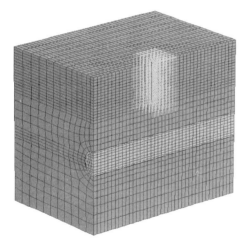
图 5.3.3　工况 3 计算模型

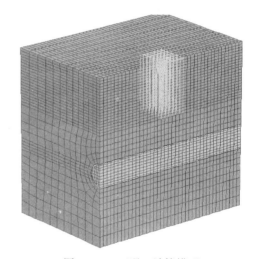
图 5.3.4　工况 4 计算模型

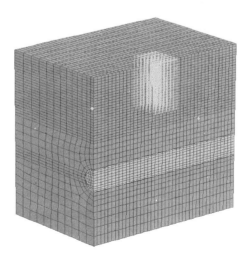
图 5.3.5　工况 5 计算模型

当盾构隧道与桩底相距 1m 时，建筑物最终沉降 30.5mm。

图 5.3.6　工况 1 围岩及建筑物沉降云图

当盾构隧道与桩底相距 3m 时，建筑物最终沉降 72.0mm。

图 5.3.7　工况 2 围岩及建筑物沉降云图

当盾构隧道与桩底相距 6m 时，建筑物最终沉降 95.9mm。

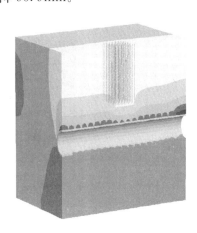

图 5.3.8　工况 3 围岩及建筑物沉降云图

当盾构隧道与桩底相距 10m 时，建筑物最终沉降 112.6mm。

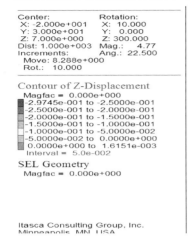
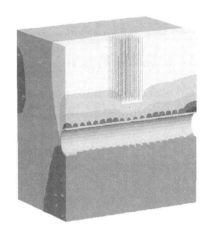

图 5.3.9　工况 4 围岩及建筑物沉降云图

当盾构隧道与桩底相距 15m 时，建筑物最终沉降 134.6mm。

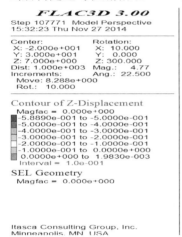
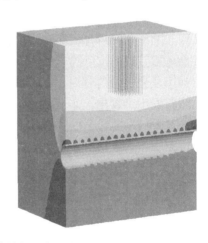

图 5.3.10　工况 5 围岩及建筑物沉降云图

在盾构机接近建筑物—下穿建筑物—远离建筑物这一过程中，建筑物基础中心的沉降曲线如图 5.3.1 所示（建筑物中心位于 30m 处）。

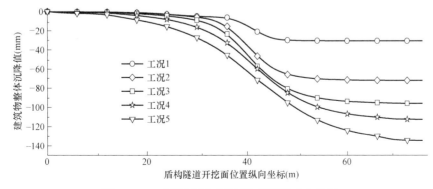

图 5.3.11　不同净距对建筑物沉降影响曲线图

由图5.3.11可知，建筑物桩底越接近岩层分界面，盾构隧道的开挖对其影响越小。反之，当建筑物桩底与岩层分界面有很大的距离时，盾构隧道沿分界面的施工掘进，会对建筑物造成很大的变形扰动。

5.3.3 建筑物倾斜分析

在盾构机接近建筑物—下穿建筑物—远离建筑物这一过程中，建筑物纵向（隧道方向）倾斜率的变化曲线如图5.3.12所示（建筑物中心位于30m处）。

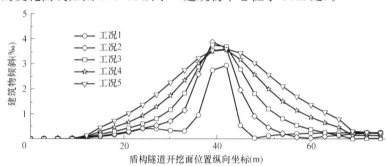

图5.3.12 不同净距对建筑物倾斜影响曲线图

从图5.3.12可以得出，随着盾构机接近建筑物，建筑物逐渐发生倾斜现象，盾构机经过并远离后，地层沉降趋于均一，纵向倾斜几乎消失。几个工况中最大倾斜率均发生在盾构机到达及经过后的时刻，数值比较接近，但当基础桩底部以下有很大厚度的软土时，建筑物倾斜发生得较早，如工况5，当开挖面掘进到10m左右的位置，处于30m位置处的建筑物就开始发生显著的倾斜；当基础桩底部软土层较浅时，如工况1，建筑物倾斜时刻发生得较晚，当盾构机到达建筑物位置才开始发生。

5.4 盾构穿越东江施工影响及控制技术

5.4.1 工程概况

东江隧道西湖东—云山区间为双洞单线盾构隧道，GDK99+150～GDK99+650段穿越东江，两线隧道净距7.5m，盾构管片内径7.7m，隧道顶部与河底最小距离为17m，采用德国进口的两台直径8.8m的海瑞克土压平衡盾构机进行施工。

西湖东—云山区间下穿东江，东江是珠江的主要支流之一，河道宽523m，流域面积25325km^2，流量700m^3/s，江水深5～15m，东江河道河床下有约5m厚的砂层，其下为含砾砂岩地层，盾构隧道所穿越地层以强风化和弱风化含砾砂岩地层为主，地层的渗透系数大，地下水与东江水有水力联系（图5.4.1）。

5.4.2 工程重难点

下穿段东江段是西湖东—云山区间的关键，直接影响到盾构施工的成败。根据工程水文地质情况，盾构掘进通过东江有以下几个关键点：

（1）盾构掘进下穿东江水体，关键控制地层变形，防止东江河床结构开裂，造成涌

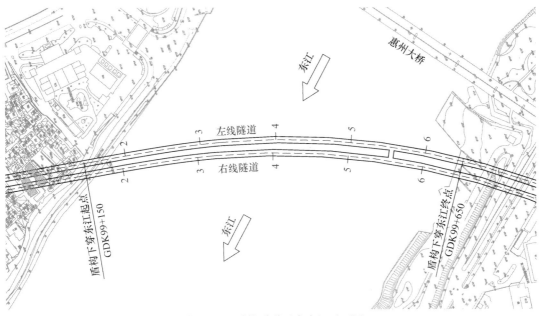

图 5.4.1　盾构隧道下穿东江平面图

水、涌砂风险事件。

(2) 盾构隧道穿越东江段，处于线路缓和曲线及圆曲线范围，盾构纠偏控制难度大，对盾构姿态控制要求高，掘进参数需精确。

(3) 左线盾构近 100m 段落通过上软下硬地层，盾构在该类地层中掘进极易造成地表较大沉降，甚至坍塌。

(4) 江底换刀位置选择及换刀作业。

(5) 东江隧道盾构过江段地质条件错综复杂，围岩裂隙发育；隧道埋深大，东江水系直接补充地下水，容易产生喷涌、盾尾渗漏等风险，设计及施工难度大。

5.4.3　主要技术措施

为了保证盾构机顺利穿越东江，在盾构机过东江之前，选择一开挖面自稳性较好的地段进行全面检修，包括刀具更换、盾尾密封的检修等，确保盾构机以良好的状态进入东江，减小下穿掘进过程中停机检修的风险。在整个施工过程中必须运用信息化施工、控制隧道变形和河床沉降，并对盾构掘进中的各类施工参数进行动态管理。

1. 土仓土压控制

土仓土压力设定是土压平衡掘进的最重要的参数，盾构掘进时土仓压力控制不好，就会导致东江水与掘进开挖面连通，易引起喷涌、大面积塌方等，造成重大工程事故。受江水潮汐及隧道埋深的影响，土仓土压力值的设定需充分考虑水头压力、水土压力。根据潮水潮差的监测情况，合理设定和适时、动态地调整土仓压力，所要建立的土压需要克服上部土体坍塌状况下的压力和周围水压，即盾构掌子面主动土压力、水压力和渣土仓土压力应始终满足 $P_z + P_w \leqslant P_i$，土体在开挖过程中才能保持稳定。掘进前，按照地质及水文情况、隧道的埋深测算出理论土压值，以理论土压值控制土仓内的压力，随着推进时产生的地层沉降、排土状况、刀盘扭矩等情况及时修正土压值，做到信息化施工。

2. 曲线段掘进施工要求

盾构在曲线上掘进时，盾构轴线控制角困难，需放慢掘进速度、小幅度纠偏、减小超挖、加大注浆量及加强纠偏测量工作，保证隧道中心线与设计轴线偏差在合理范围内。

（1）盾构掘进时，应尽量将盾构机的位置控制在施工设计曲线的内侧，这样有利于盾构机姿态的控制和纠偏。

（2）在曲线段施工时，为保持设计曲线线形，要合理分区地使用千斤顶，在掘进时要尽量维持施工参数的平稳，要尽量利用盾构机本身能力进行纠偏。

（3）曲线段推进时，管片结构单侧偏压受力，因而容易造成管片结构变形，此时壁后充填注浆质量显得尤其重要。

3. 同步注浆控制

同步注浆的作用是在盾构推进过程中，管片与地层之间的间隙将随着盾构推进不断地被浆液填充，以保证管片脱离盾尾时有一定的约束，同时也避免在地层不稳定时地层坍塌及地层变形过大。采用普通水泥砂浆作为同步注浆材料，注浆量取环形间隙理论体积的1.3～1.5倍作为控制，注浆量还应根据江底隆陷监测情况随时进行调整和动态管理。注浆压力主要受地层水土压力的影响，注浆压力的设定以能填满管片与开挖土层的间隙为原则，控制在 0.2～0.4MPa。考虑到水土压力的差别和防止管片大幅度下沉和浮起的需要，各点的注浆压力将不同，并保持合适的压差。

4. 二次注浆要求

在盾构同步注浆结束后，因江底地层丰富、水压大，注浆材料流失造成注浆不充分或无法实施同步注浆时，将导致管片与地层之间仍留了空隙，并且盾构推力也会造成管片和地层间会相互分离，从而加剧地层后期沉降。因此施工中适当采用1∶1配比的水泥-水玻璃双液浆进行二次注浆加以补强堵水，充实管片背后空隙和提高止水能力，进一步控制地层后期沉降。

5. 渣土改良要求

在复杂地层盾构施工中，进行渣土改良是保证盾构施工安全、顺利、快速的一项不可缺少的重要技术手段，有利于稳定工作面、控制地表沉降。根据东江地质条件，在全、强、中风化含砂砾岩地层的掘进，采用分别向刀盘面和土仓内注入泡沫的方法进行渣土改良，必要时可向螺旋输送机内注入泡沫。

6. 刀具配置要求

盾构下穿东江段范围内地层以不同风化程度的为主，地层对刀具有较强的磨损。含砾砂岩强度不大，岩石的砾质和主体岩质之间存在较大的强度差异，在掘进过程中，刀具容易出现磕碰现象。根据该类地层的特点，刀具配置为全断面滚刀，刀具配置为：中心双刃滚刀＋周边单刃滚刀＋贝壳刀。同时合理使用外加剂，提高渣土的和易性和流动性，减少渣土与刀具刀盘的摩擦，降低刀具的磨损。

第 6 章

矿山法区间近接既有建筑物施工影响及控制技术

6.1 莞惠城际铁路矿山法隧道概况及主要施工风险

6.1.1 工程概况

莞惠城际铁路松山湖隧道矿山法段，采用双洞单线隧道结构形式，单洞隧道开挖跨度最大约为 9.5m，高度约 10.5m，双洞间净距约 5.0~9.0m。在 GZH-4 标 GDK23+700~GDK25+080（东城南—寮步区间）段、GZH-7 标 GDK38+952~GDK52+000（大朗—常平南区间）段矿山法隧道部分段落大量下穿工厂、民房等建筑物群，且大部分民房为年代较为久远的浅基础建筑物，隧道开挖沉降及爆破振动对地表建（构）筑物的安全造成影响。

隧道结构形式为双洞单线断面，线路平面最大曲线半径为 3000m，最小曲线半径为 1400m，区间左右线线间距 14.19~18.56m。隧道最大线路纵坡为 15.5‰，最小纵坡为 3.0‰，竖曲线半径为 10000m，隧道拱顶埋深为 7.0~95m。

本段区间隧道位于东莞市东城南区，属冲积平原、剥蚀丘陵、低山丘陵及丘间谷地，地形平缓起伏，地势总体上由西向东缓慢抬升，地面标高在 3.21~53.04m 之间。沿线建筑物密集，隧道下穿居民区、厂房、市政道路等永久性建筑物，交通较为便利。根据隧道断面形式、埋深及所处地质条件，本段隧道采用喷锚构筑法设计和施工。

6.1.2 施工的主要难点及原因分析

1. 特殊土及不良地质

本场地广泛分布有素填土及杂填土，松散~稍密，属较不稳定土体，易造成隧道及基坑坍塌；局部分布有冲积淤泥质粉质黏土，具有孔隙比大，压缩性高，抗剪强度低等特点，具触变性、流变性，属不稳定土体；本场地存在冲积的饱和砂层，其富水性大，结构松散~中密，属较不稳定土体，透水性中等~强。施工中易发生坍塌、涌水、涌砂等现象；饱和状态下混合片麻岩残积土及全风化混合片麻岩，土质不均，属较不稳定土体，受施工扰动，强度骤降，极易造成隧道坍塌、侧壁失稳。

GDK24+790~GDK25+080 段的侵入岩以岩枝形态存在，侵入接触面产状复杂，接触面附近岩性因蚀变作用发生变化，使接触带局部地层力学性质变差。GDK24+790~GDK25+080 段隧道右线泥质粉砂岩存在顺层问题。

2. 不同因素对既有建筑物的影响

考虑诸多影响因素，如地层条件、隧道尺寸大小、建（构）筑物类型、尺寸、隧道与建（构）筑物群空间关系、开挖及爆破方式等对既有建筑物的影响程度、设计对策、施工质量、队伍技术及管理水平等的变化，以及下穿既有建（构）筑物的结构、修建年代、破坏程度等，如何建立安全风险预测标准，如何确定诸多影响因素之间的关系，以实现对城际铁路隧道近接建（构）筑物群施工安全的有效分析和控制是一个难题。

6.2 矿山法区间隧道下穿浅基础建筑物施工影响及控制技术

6.2.1 模型建立及工况设置

岩土体、既有建筑物及隧道支护结构采用实体单元模拟，隧道支护结构中的锚杆采用 cable 单元进行模拟，并采用实体单元转换为空单元（null）的方法实现隧道施工掘进的模拟，空单元中的应力会自动设定为零。

本数值模拟中，因重点研究新建隧道施工过程对地表既有建筑的影响，新建隧道只用初期衬砌进行支护。因浅埋隧道围岩多为软土层或全、中风化岩层，故计算力学参数参照 V、VI 级围岩参数。围岩及结构力学参数见表 6.2.1。

围岩参数及支护结构力学参数　　　　表 6.2.1

材料	$\gamma(kN/m^3)$	$E(GPa)$	ν	$c(MPa)$	$\varphi(°)$
围岩	22.0	0.5	0.40	0.06	20
既有建筑物	25.0	3.0	0.2	—	—
隧道衬砌	22.0	15.0	0.2	—	—
小导管注浆预支护	22.0	1.0	0.3	0.06~0.09	25

1. 工况设置

根据铁路隧道设计规范中对 V、VI 级围岩单线浅埋隧道的定义（覆盖厚度 18～25m），本研究中隧道埋深设置取 10～25m，即取 10m、15m、20m、25m 四种埋深来建立模型。不同埋深的计算模型如图 6.2.1 所示。

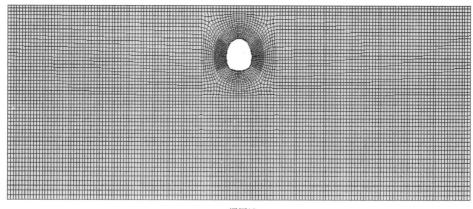

(a) 埋深10m

图 6.2.1　隧道埋深设置

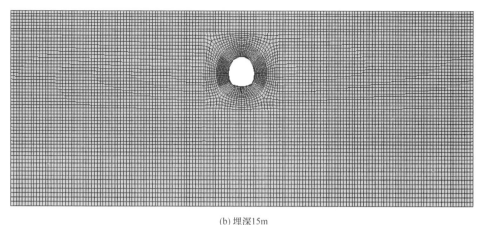

(b) 埋深15m

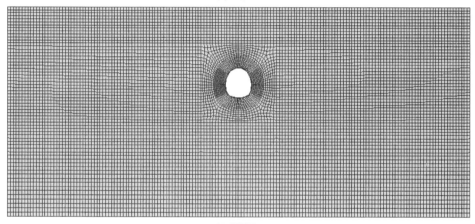

(c) 埋深20m

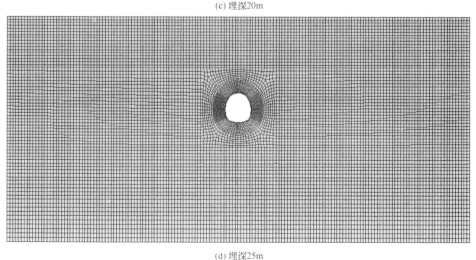

(d) 埋深25m

图 6.2.1 隧道埋深设置（续）

2. 隧道与建筑物立面位置关系

本研究针对莞惠项目中常见的隧道下穿及侧穿的浅基础进行模拟分析,建筑物宽度往往为十几至几十米,本计算中参考工程实际情况采用 20m。因隧道与基础的平面位置不同,隧道轴线与基础中线距离分为以下 8 种:0m、5m、10m、15m、20m、30m、40m、50m(图 6.2.2)。

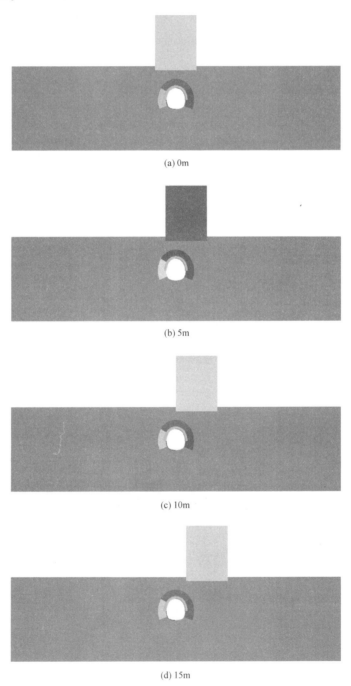

图 6.2.2 隧道与基础间平面位置关系

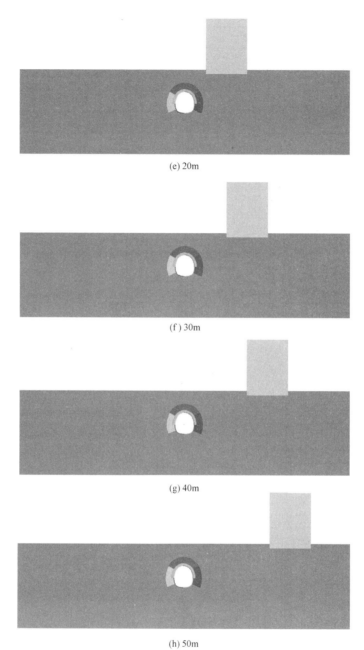

(e) 20m

(f) 30m

(g) 40m

(h) 50m

图 6.2.2　隧道与基础间平面位置关系（续）

根据不同埋深及不同的平面位置关系，共设置 29 个计算工况，见表 6.2.2。

工况设置一览表　　　　　　　　　　表 6.2.2

工况编号	埋深(m)	距离(m)	工况编号	埋深(m)	距离(m)
1	10	0	4	10	15
2	10	5	5	10	20
3	10	10	6	10	30

续表

工况编号	埋深(m)	距离(m)	工况编号	埋深(m)	距离(m)
7	10	40	19	20	20
8	15	0	20	20	30
9	15	5	21	20	40
10	15	10	22	25	0
11	15	15	23	25	5
12	15	20	24	25	10
13	15	30	25	25	15
14	15	40	26	25	20
15	20	0	27	25	30
16	20	5	28	25	40
17	20	10	29	25	50(补充)
18	20	15			

3. 施工顺序模拟

每个工况中按照以下施工顺序进行施工（图6.2.3～图6.2.6）。

（1）初始地应力平衡

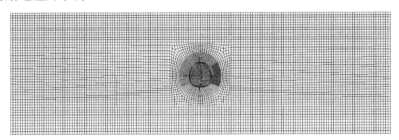

图6.2.3　数值模拟步骤示意图1

（2）建筑物施作，基础埋深取2.0m。建筑物按8层高度考虑，每层荷载15kPa。

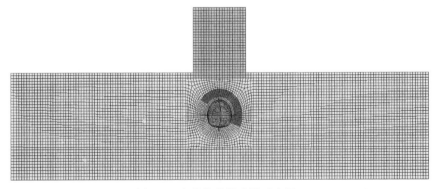

图6.2.4　数值模拟步骤示意图2

（3）在小导管注浆超前支护下，下穿建筑物段采用台阶法开挖模拟，并施作相应开挖部分的系统锚杆、锁脚锚杆及初支。

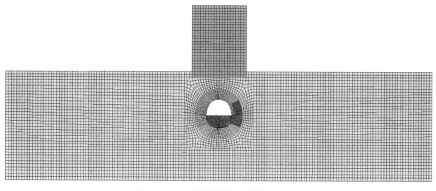

图 6.2.5 数值模拟步骤示意图 3

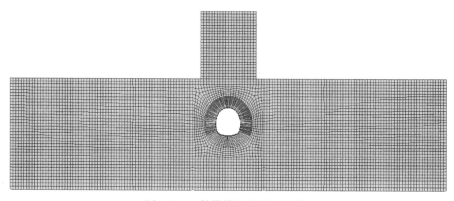

图 6.2.6 数值模拟步骤示意图 4

图 6.2.7 为隧道横断面全环系统锚杆及锁脚锚杆结构单元布置图。

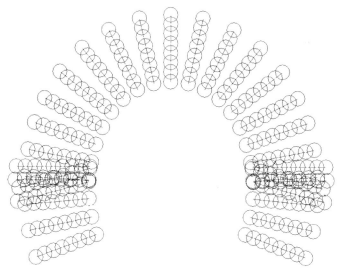

图 6.2.7 系统锚杆及锁脚锚杆结构单元布置图

6.2.2 模型计算说明及结果分析

楼房荷载按每层 15kPa 考虑，模拟 8 层建筑。

在实际施工作业中,在未进入下穿段前,施工方本着施工信息化原则,对地表沉降进行密切监测,并根据监测数据调整支护参数及施工方法,进而将地表沉降数值控制在安全范围内,以此作为下穿段的安全保障。故本计算假定当没有建筑物的工况时,即在常规段施工时,通过调整预支护参数,使得地表沉降值逼近30mm。

1. 隧道埋深 10m 工况计算结果

当隧道位于常规段掘进即上方没有建筑物时,隧道拱顶最大沉降34.1mm,地表最大沉降30.5mm,即在未进入建筑物下穿段时,隧道掘进过程中地表沉降处于正常状态,最大沉降值接近允许值;塑性区贯通至地表。地层沉降云图及隧道周边塑性区分布如图6.2.8、图6.2.9所示。

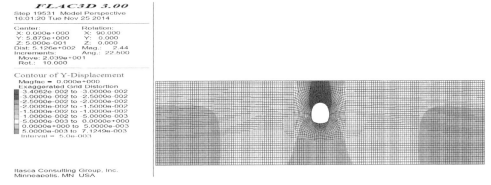

图 6.2.8　常规段隧道围岩沉降云图

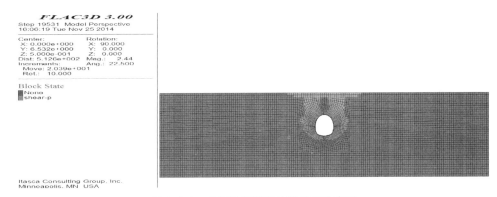

图 6.2.9　常规段隧道围岩塑性区分布图

当建筑物位于隧道正上方时(隧道轴线与建筑物中线相距0m),地层沉降云图及隧道周边塑性区分布如图6.2.10、图6.2.11所示。此工况隧道结构拱顶最大沉降43.6mm,建筑物最大沉降33.4mm,建筑物最大倾斜0.0‰。最大沉降值需引起足够的重视。

当建筑物位于隧道斜上方时(隧道轴线与建筑物中线相距5m),地层沉降云图及隧道周边塑性区分布如图6.2.12、图6.2.13所示。隧道处于偏压状态,计算不再收敛,从围岩位移云图可以看出,隧道上方基础角点处土体位移持续增大,表明已经发生坍塌,建筑物近邻隧道端发生显著下沉,远离端发生轻微隆起,倾斜也在持续增加。在此工况下,隧道周边围岩位移处于不可控状态,需要增加施工辅助措施或者重新选线绕开该区域布置隧道线路平面。破坏变形模式如图6.2.14所示。

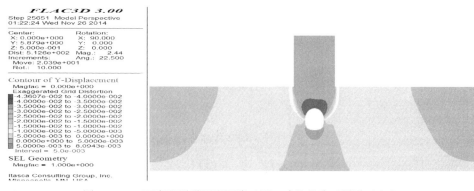

图 6.2.10　下穿段隧道围岩沉降云图（建筑物位于隧道正上方）

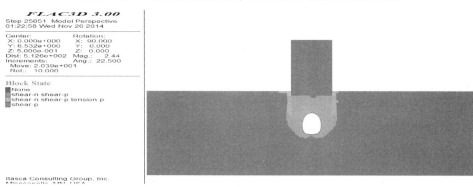

图 6.2.11　下穿段隧道围岩塑性区分布图（建筑物位于隧道正上方）

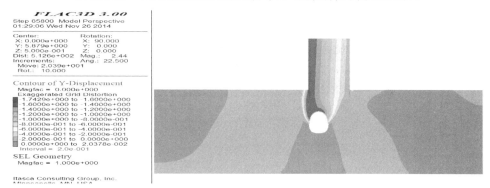

图 6.2.12　下穿段隧道围岩沉降云图（隧道轴线与建筑物中线相距 5m）

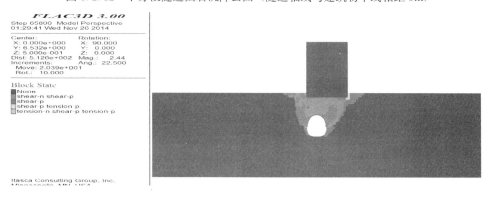

图 6.2.13　下穿段隧道围岩塑性区分布图（隧道轴线与建筑物中线相距 5m）

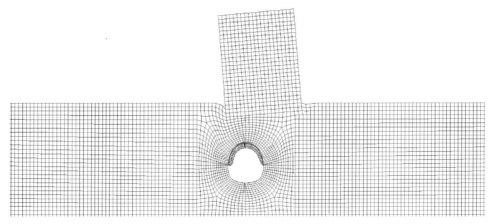

图 6.2.14　下穿段隧道围岩及上部建筑破坏变形示意图

当隧道轴线与建筑物中线相距 10m 时，地层沉降云图及隧道周边塑性区分布如图 6.2.15、图 6.2.16 所示。和上一工况相比，此工况建筑物和隧道的位置关系有一定的远离，计算开始收敛。此工况隧道结构拱顶最大沉降 68.1mm，建筑物最大沉降 58.7mm，最大倾斜 3.27‰，需在施工前对此段建筑物进行加固处理。

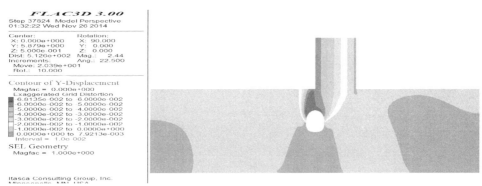

图 6.2.15　下穿段隧道围岩沉降云图（隧道轴线与建筑物中线相距 10m）

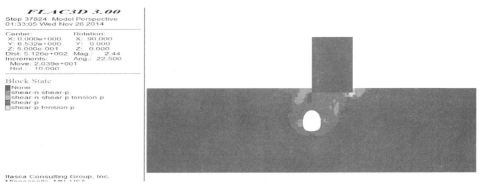

图 6.2.16　下穿段隧道围岩塑性区分布图（隧道轴线与建筑物中线相距 10m）

当隧道轴线与建筑物中线相距 15m 时，地层沉降云图及隧道周边塑性区分布如图 6.2.17、图 6.2.18 所示。此工况隧道结构拱顶最大沉降 22.2mm，建筑物最大沉降 13.0mm，最大倾斜 0.68‰，建筑物基本处于安全状态。

第6章　矿山法区间近接既有建筑物施工影响及控制技术

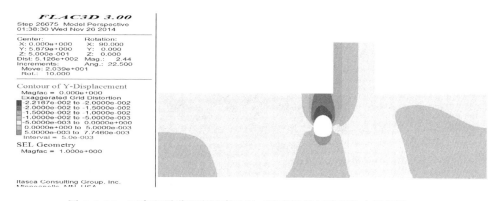

图 6.2.17　下穿段隧道围岩沉降云图（隧道轴线与建筑物中线相距 15m）

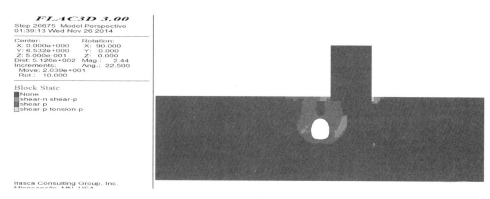

图 6.2.18　下穿段隧道围岩塑性区分布图（隧道轴线与建筑物中线相距 15m）

当隧道轴线与建筑物中线相距 20m 时，地层沉降云图及隧道周边塑性区分布如图 6.2.19、图 6.2.20 所示。此工况隧道结构拱顶最大沉降 26.4mm，建筑物最大沉降 6.0mm，最大倾斜 0.3‰，建筑物基本处于安全状态。

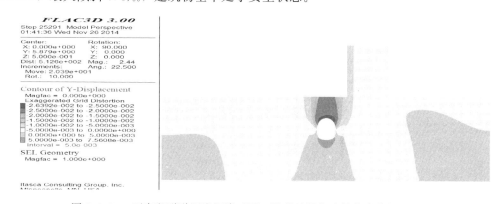

图 6.2.19　下穿段隧道围岩沉降云图（隧道轴线与建筑物中线相距 20m）

当隧道轴线与建筑物中线相距 30m 时，地层沉降云图及隧道周边塑性区分布如图 6.2.21、图 6.2.22 所示。此工况隧道结构拱顶最大沉降 30.9mm，建筑物最大沉降 1.7mm，最大倾斜 0.1‰，综合判断隧道掘进对既有建筑物没有任何影响，建筑物处于安全状态。

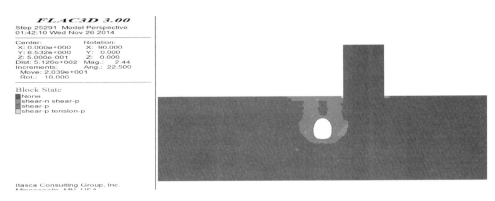

图 6.2.20　下穿段隧道围岩塑性区分布图（隧道轴线与建筑物中线相距 20m）

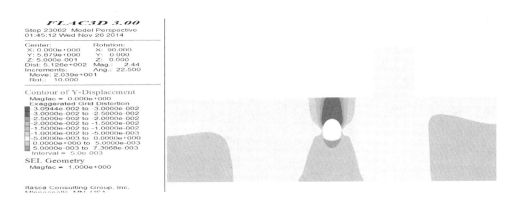

图 6.2.21　下穿段隧道围岩沉降云图（隧道轴线与建筑物中线相距 30m）

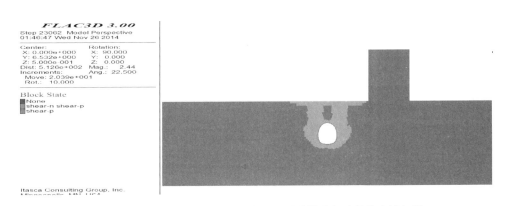

图 6.2.22　下穿段隧道围岩塑性区分布图（隧道轴线与建筑物中线相距 30m）

当隧道轴线与建筑物中线相距 40m 时，地层沉降云图及隧道周边塑性区分布如图 6.2.23、图 6.2.24 所示。此工况隧道结构拱顶最大沉降 31.38mm，建筑物最大沉降 0.8mm，最大倾斜 0.0‰，综合判断隧道掘进对既有建筑物没有任何影响，建筑物处于安全状态。

2. 隧道埋深 15m 工况计算结果

当隧道位于常规段掘进即上方没有建筑物时，隧道拱顶最大沉降 37.1mm，地表最大沉降 30.3mm，即在未进入建筑物下穿段时，隧道掘进过程中地表沉降处于正常状态，最

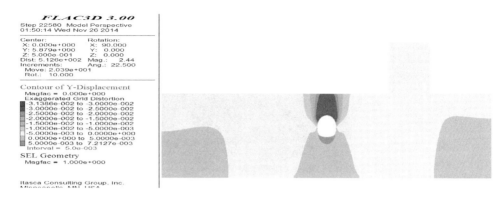

图 6.2.23　下穿段隧道围岩沉降云图（隧道轴线与建筑物中线相距 40m）

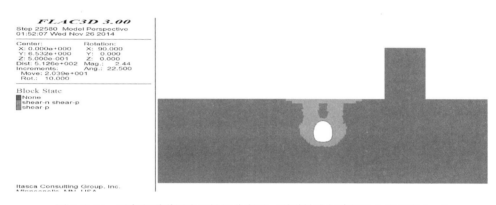

图 6.2.24　下穿段隧道围岩塑性区分布图（隧道轴线与建筑物中线相距 40m）

大沉降值接近允许值；塑性区贯通至地表。地层沉降云图及隧道周边塑性区分布如图 6.2.25、图 6.2.26 所示。

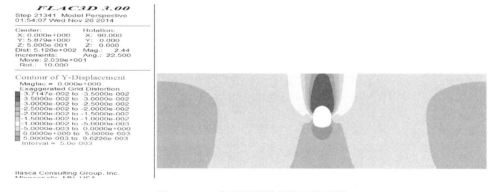

图 6.2.25　常规段隧道围岩沉降云图

当建筑物位于隧道正上方时，计算不再收敛，从围岩位移云图可以看出，隧道上方基础角点处土体位移持续增大，表明已经发生坍塌，建筑物近邻隧道端发生显著下沉，远离端发生轻微隆起，倾斜也在持续增加。在此工况下，隧道周边围岩位移处于不可控状态，需要增加施工辅助措施或者重新选线绕开该区域布置隧道线路平面。破坏变形模式如图 6.2.27 所示。

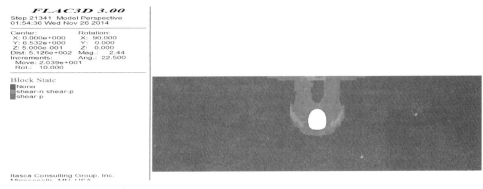

图 6.2.26 常规段隧道围岩塑性区分布图

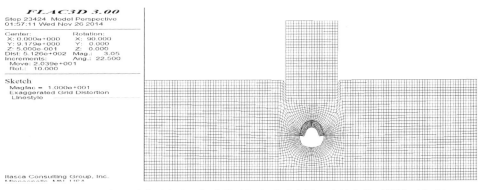

图 6.2.27 下穿段隧道围岩及上部建筑破坏变形示意图（建筑物位于隧道正上方）

当建筑物位于隧道斜上方时（隧道轴线与建筑物中线相距 5m），计算不再收敛，从围岩位移云图可以看出，隧道上方基础角点处土体位移持续增大，表明已经发生坍塌，建筑物近邻隧道端发生显著下沉，远离端发生轻微隆起，倾斜也在持续增加。在此工况下，隧道周边围岩位移处于不可控状态，需要增加施工辅助措施或者重新选线绕开该区域布置隧道线路平面。破坏变形模式如图 6.2.28 所示。

当隧道轴线与建筑物中线相距 10m 时，计算不再收敛，从围岩位移云图可以看出，隧

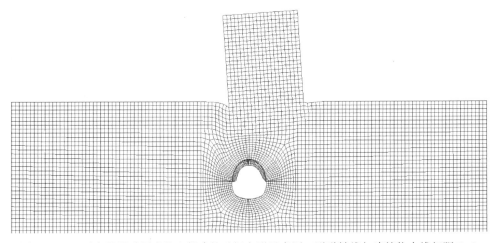

图 6.2.28 下穿段隧道围岩及上部建筑破坏变形示意图（隧道轴线与建筑物中线相距 5m）

道上方基础角点处土体位移持续增大,表明已经发生坍塌,建筑物近邻隧道端发生显著下沉,远离端发生轻微隆起,倾斜也在持续增加。在此工况下,隧道周边围岩位移处于不可控状态,需要增加施工辅助措施或者重新选线绕开该区域布置隧道线路平面。破坏变形模式如图 6.2.29 所示。

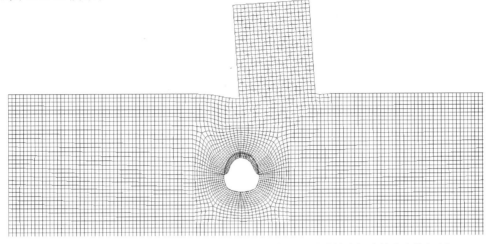

图 6.2.29 下穿段隧道围岩及上部建筑破坏变形示意图(隧道轴线与建筑物中线相距 10m)

当隧道轴线与建筑物中线相距 15m 时,地层沉降云图及隧道周边塑性区分布如图 6.2.30、图 6.2.31 所示。此工况隧道结构拱顶最大沉降 33.6mm,建筑物最大沉降 20.5mm,最大倾斜 0.98‰,需引起足够重视。

图 6.2.30 下穿段隧道围岩沉降云图(隧道轴线与建筑物中线相距 15m)

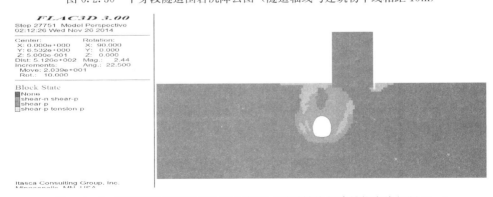

图 6.2.31 下穿段隧道围岩塑性区分布图(隧道轴线与建筑物中线相距 15m)

当隧道轴线与建筑物中线相距 20m 时，地层沉降云图及隧道周边塑性区分布如图 6.2.32、图 6.2.33 所示。此工况隧道结构拱顶最大沉降 28.9mm，建筑物最大沉降 10.4mm，最大倾斜 0.48‰，建筑物基本处于安全状态。

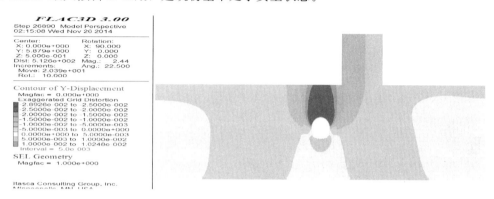

图 6.2.32　下穿段隧道围岩沉降云图（隧道轴线与建筑物中线相距 20m）

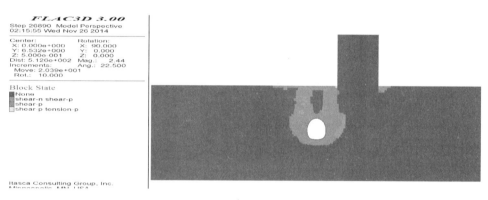

图 6.2.33　下穿段隧道围岩塑性区分布图（隧道轴线与建筑物中线相距 20m）

当隧道轴线与建筑物中线相距 30m 时，地层沉降云图及隧道周边塑性区分布如图 6.2.34、图 6.2.35 所示。此工况隧道结构拱顶最大沉降 30.2mm，建筑物最大沉降 3.7mm，最大倾斜 0.16‰，围岩地表塑性区少量触及建筑物边缘，综合判断隧道掘进对既有建筑物没有任何影响，建筑物处于安全状态。

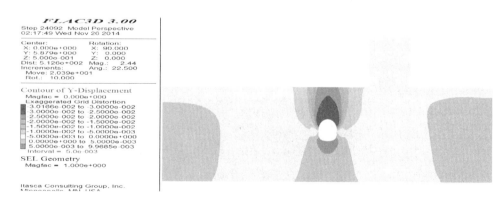

图 6.2.34　下穿段隧道围岩沉降云图（隧道轴线与建筑物中线相距 30m）

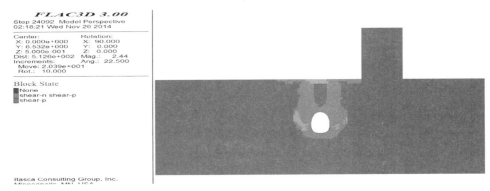

图 6.2.35　下穿段隧道围岩塑性区分布图（隧道轴线与建筑物中线相距 30m）

3. 隧道埋深 20m 工况计算结果

当隧道位于常规段掘进即上方没有建筑物时，隧道拱顶最大沉降 41.9mm，地表最大沉降 30.2mm，即在未进入建筑物下穿段时，隧道掘进过程中地表沉降处于正常状态，最大沉降值接近允许值；塑性区贯通至地表。地层沉降云图及隧道周边塑性区分布如图 6.2.36、图 6.2.37 所示。

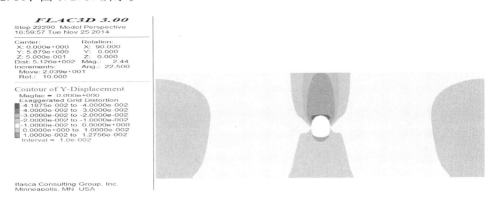

图 6.2.36　常规段隧道围岩沉降云图

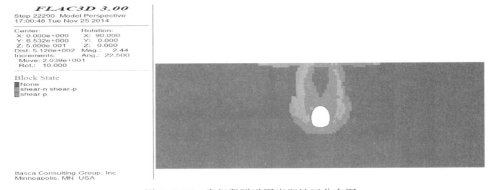

图 6.2.37　常规段隧道围岩塑性区分布图

当建筑物位于隧道正上方时（隧道轴线与建筑物中线相距 0m），地层发生较大变形，计算无法收敛。建筑物沉陷无限增大，隧道周边围岩位移处于不可控状态，需要增加施工辅助措施或者重新选线绕开该区域布置隧道线路平面。破坏变形模式如图 6.2.38 所示。

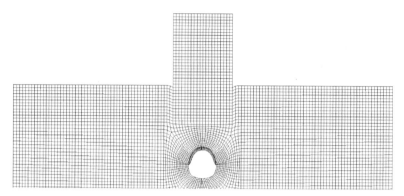

图 6.2.38　下穿段隧道围岩及上部建筑破坏变形示意图（建筑物位于隧道正上方）

当建筑物位于隧道斜上方时（隧道轴线与建筑物中线相距 5m），计算无法收敛，地层失稳破坏。在此工况下，隧道周边围岩位移处于不可控状态，需要增加施工辅助措施或者重新选线绕开该区域布置隧道线路平面。破坏变形模式如图 6.2.39 所示。

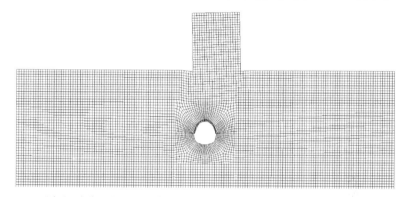

图 6.2.39　下穿段隧道围岩及上部建筑破坏变形示意图（隧道轴线与建筑物中线相距 5m）

当隧道轴线与建筑物中线相距 10m 时，计算无法收敛，地层失稳破坏。在此工况下，隧道周边围岩位移处于不可控状态，需要增加施工辅助措施或者重新选线绕开该区域布置隧道线路平面。破坏变形模式如图 6.2.40 所示。

当隧道轴线与建筑物中线相距 15m 时，地层沉降云图及隧道周边塑性区分布如图

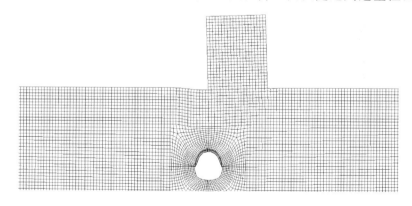

图 6.2.40　下穿段隧道围岩及上部建筑破坏变形示意图（隧道轴线与建筑物中线相距 10m）

6.2.41、图 6.2.42 所示。此工况隧道结构拱顶最大沉降 49.0mm，建筑物最大沉降 29.5mm，最大倾斜 1.31‰，需引起足够重视。

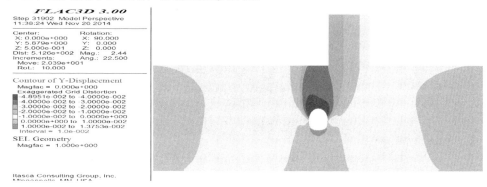

图 6.2.41　下穿段隧道围岩沉降云图（隧道轴线与建筑物中线相距 15m）

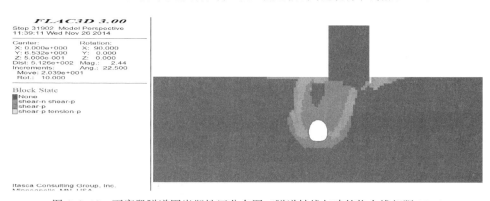

图 6.2.42　下穿段隧道围岩塑性区分布图（隧道轴线与建筑物中线相距 15m）

当隧道轴线与建筑物中线相距 20m 时，地层沉降云图及隧道周边塑性区分布如图 6.2.43、图 6.2.44 所示。此工况隧道结构拱顶最大沉降 38.2mm，建筑物最大沉降 7.3mm，最大倾斜 0.4‰。建筑物基本处于安全状态。

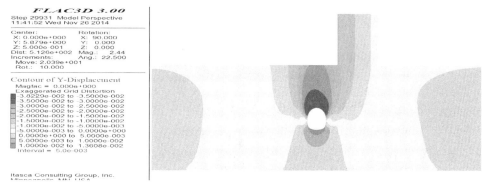

图 6.2.43　下穿段隧道围岩沉降云图（隧道轴线与建筑物中线相距 20m）

当隧道轴线与建筑物中线相距 30m 时，地层沉降云图及隧道周边塑性区分布如图 6.2.45、图 6.2.46 所示。此工况隧道结构拱顶最大沉降 36.7mm，建筑物最大沉降 6.4mm，最大倾斜 0.27‰，综合判断隧道掘进对既有建筑物没有影响，建筑物基本处于安全状态。

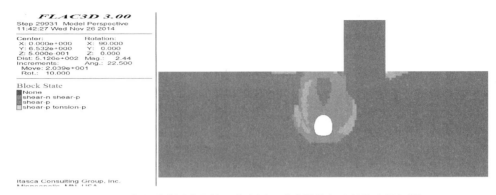

图 6.2.44　下穿段隧道围岩塑性区分布图（隧道轴线与建筑物中线相距 20m）

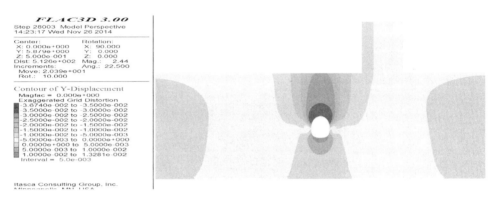

图 6.2.45　下穿段隧道围岩沉降云图（隧道轴线与建筑物中线相距 30m）

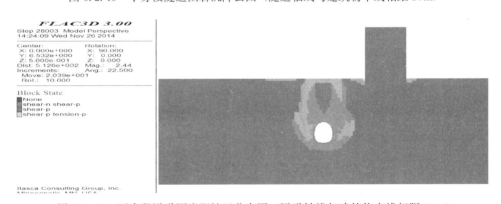

图 6.2.46　下穿段隧道围岩塑性区分布图（隧道轴线与建筑物中线相距 30m）

当隧道轴线与建筑物中线相距 40m 时，地层沉降云图及隧道周边塑性区分布如图 6.2.47、图 6.2.48 所示。此工况隧道结构拱顶最大沉降 38.6mm，建筑物最大沉降 2.9mm，最大倾斜 0.13‰，综合判断隧道掘进对既有建筑物没有影响，建筑物处于安全状态。

4. 隧道埋深 25m 工况计算结果

当隧道位于常规段掘进即上方没有建筑物时，隧道拱顶最大沉降 48.1mm，地表最大沉降 30.5mm，即在未进入建筑物下穿段时，隧道掘进过程中地表沉降处于正常状态，最大沉降值接近允许值；塑性区贯通至地表。地层沉降云图及隧道周边塑性区分布如图 6.2.49、图 6.2.50 所示。

图 6.2.47　下穿段隧道围岩沉降云图（隧道轴线与建筑物中线相距 40m）

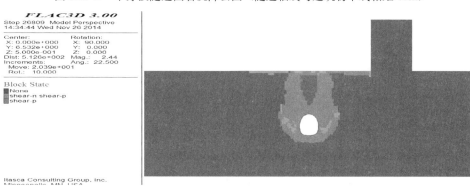

图 6.2.48　下穿段隧道围岩塑性区分布图（隧道轴线与建筑物中线相距 40m）

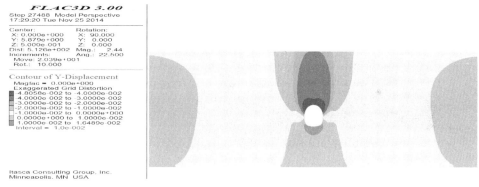

图 6.2.49　常规段隧道围岩沉降云图

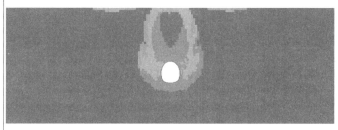

图 6.2.50　常规段隧道围岩塑性区分布图

当建筑物位于隧道正上方时（隧道轴线与建筑物中线相距0m），地层发生较大变形，计算无法收敛。建筑物沉陷无限增大，隧道周边围岩位移处于不可控状态，需要增加施工辅助措施或者重新选线绕开该区域布置隧道线路平面。破坏变形模式如图6.2.51所示。

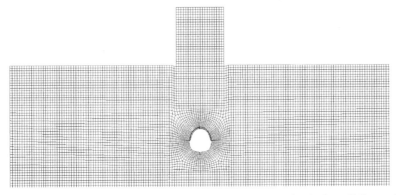

图6.2.51　下穿段隧道围岩及上部建筑破坏变形示意图（建筑物位于隧道正上方）

当隧道轴线与建筑物中线相距5m时，地层发生较大变形，计算无法收敛。建筑物沉陷无限增大，隧道周边围岩位移处于不可控状态，需要增加施工辅助措施或者重新选线绕开该区域布置隧道线路平面。破坏变形模式如图6.2.52所示。

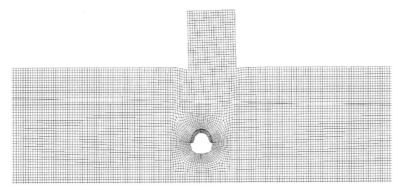

图6.2.52　下穿段隧道围岩及上部建筑破坏变形示意图（隧道轴线与建筑物中线相距5m）

当隧道轴线与建筑物中线相距10m时，地层沉降云图及隧道周边塑性区分布如图6.2.53、图6.2.54所示。此工况隧道结构拱顶最大沉降150.1mm，建筑物最大沉降

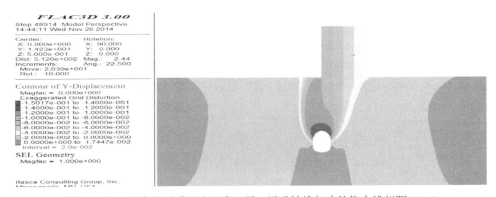

图6.2.53　下穿段隧道围岩沉降云图（隧道轴线与建筑物中线相距10m）

100.5mm，最大倾斜 3.88‰。建筑物沉陷及倾斜率均超过安全限值，应当在隧道施工中采用辅助措施或者隧道施工前对既有建筑物进行预加固处理。

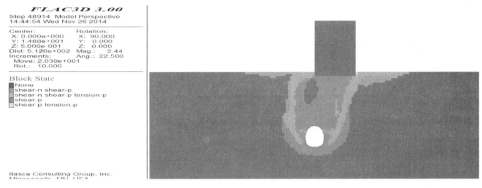

图 6.2.54　下穿段隧道围岩塑性区分布图（隧道轴线与建筑物中线相距 10m）

当隧道轴线与建筑物中线相距 15m 时，地层沉降云图及隧道周边塑性区分布如图 6.2.55、图 6.2.56 所示。此工况隧道结构拱顶最大沉降 61.0mm，建筑物最大沉降 34.5mm，最大倾斜 1.38‰。应当在隧道施工中采用辅助措施或者隧道施工前对既有建筑物施行预加固处理。

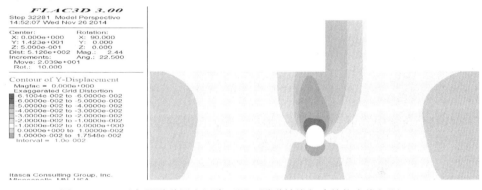

图 6.2.55　下穿段隧道围岩沉降云图（隧道轴线与建筑物中线相距 15m）

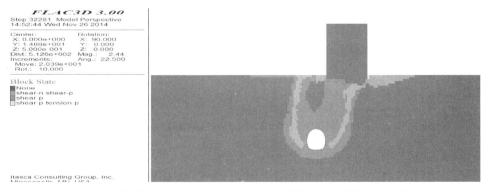

图 6.2.56　下穿段隧道围岩塑性区分布图（隧道轴线与建筑物中线相距 15m）

当隧道轴线与建筑物中线相距 20m 时，地层沉降云图及隧道周边塑性区分布如图 6.2.57、图 6.2.58 所示。此工况隧道结构拱顶最大沉降 47.14mm，建筑物最大沉降 20.8mm，最大倾斜 0.8‰，需引起足够重视。

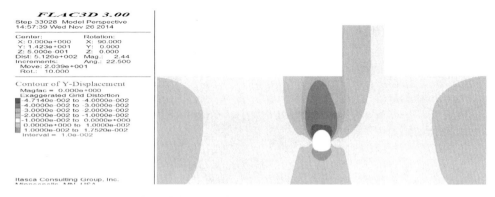

图 6.2.57　下穿段隧道围岩沉降云图（隧道轴线与建筑物中线相距 20m）

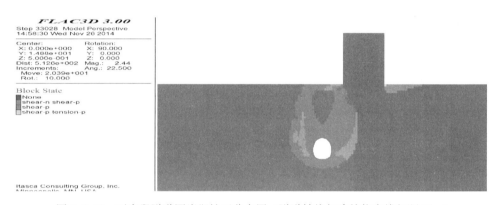

图 6.2.58　下穿段隧道围岩塑性区分布图（隧道轴线与建筑物中线相距 20m）

当隧道轴线与建筑物中线相距 30m 时，地层沉降云图及隧道周边塑性区分布如图 6.2.59、图 6.2.60 所示。此工况隧道结构拱顶最大沉降 41.2mm，建筑物最大沉降 9.7mm，最大倾斜 0.38‰，综合判断隧道掘进对既有建筑物没有任何影响，建筑物基本处于安全状态。

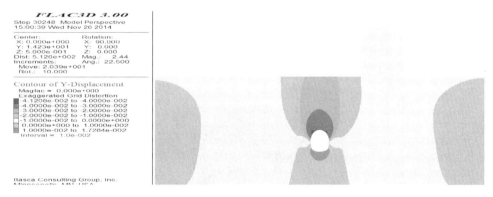

图 6.2.59　下穿段隧道围岩沉降云图（隧道轴线与建筑物中线相距 30m）

当隧道轴线与建筑物中线相距 40m 时，地层沉降云图及隧道周边塑性区分布如图 6.2.61、图 6.2.62 所示。此工况隧道结构拱顶最大沉降 43.2mm，建筑物最大沉降 4.9mm，最大倾斜 0.21‰，综合判断隧道掘进对既有建筑物没有任何影响，建筑物基本处于安全状态。

第6章 矿山法区间近接既有建筑物施工影响及控制技术

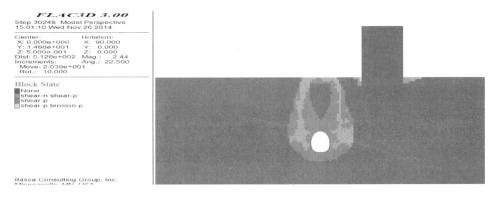

图 6.2.60 下穿段隧道围岩塑性区分布图（隧道轴线与建筑物中线相距 30m）

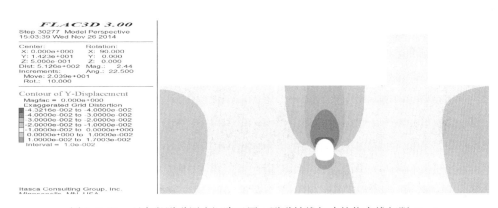

图 6.2.61 下穿段隧道围岩沉降云图（隧道轴线与建筑物中线相距 40m）

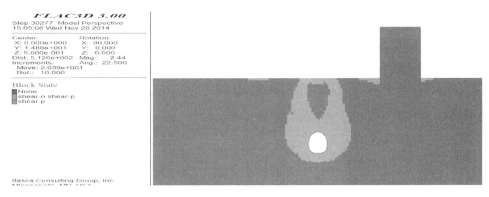

图 6.2.62 下穿段隧道围岩塑性区分布图（隧道轴线与建筑物中线相距 40m）

当隧道轴线与建筑物中线距离拉大到 40m 后，建筑物仍然有 4.9mm 的沉降及 0.21‰ 的倾斜，说明隧道施工对建筑物的影响仍未显著消失，故增加 50m 距离的工况。

当隧道轴线与建筑物中线相距 50m 时，地层沉降云图及隧道周边塑性区分布如图 6.2.63、图 6.2.64 所示。此工况隧道结构拱顶最大沉降 44.6mm，建筑物最大沉降 2.4mm，最大倾斜 0.10‰，综合判断隧道掘进对既有建筑物没有任何影响，建筑物处于安全状态。

· 299 ·

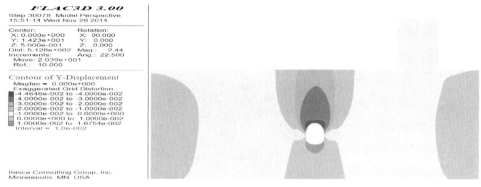

图 6.2.63　下穿段隧道围岩沉降云图（隧道轴线与建筑物中线相距 50m）

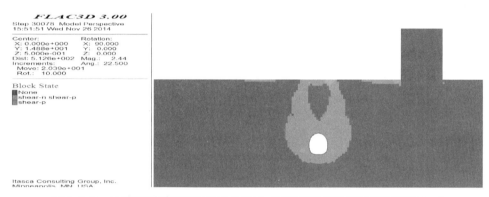

图 6.2.64　下穿段隧道围岩塑性区分布图（隧道轴线与建筑物中线相距 50m）

6.2.3　隧道施工对既有建筑物影响范围研究

1. 建筑物结构变位破坏评价指标

任何地面及地下结构均有一定的强度，有一定的安全系数，即有一定抵抗地面位移和变形的能力，房屋的容许变形是指建（构）筑物并不影响正常使用，为房屋所容许的数值。当房屋遭到的变形不超过该房屋所能抵抗的最大变形时，房屋不表现出可以观察到的损害。

房屋的容许沉降是制定施工方法的前提，也是对房屋进行安全评价的基础，非常重要，直接影响工程造价；但是各种不同类型的房屋，其基础形式和上部结构形式不同，它们抵抗变形的能力也各异，目前仍然没有统一的、成熟的容许沉降计算方法。规范涵盖的范围过于广泛，无法针对一些具体情况给出有针对性的评价量，需要具体问题具体对待。因此结合课题组的前期研究以及类似工程经验，推荐采用以下评价指标及其限值对本隧道穿越工程中高层建筑物的安全性进行评价。

（1）建筑物整体沉降

目前较普遍的一种看法是，整体沉降不会造成建筑物的破坏，对其稳定性和使用条件也不会产生太大影响，但实际上在很多复杂工程中，整体沉降通常会大大加强隧道二衬结构的荷载，对隧道结构安全性不利，所以依据本工程穿越段建筑物属于新房，参照《建筑地基基础设计规范》GB 50007—2011 确定 200mm 为其允许变形，因此，为了建筑物与隧道安全，结合以往类似场地穿越工程的控制经验，并考虑一定的安全余量，建议本穿越工程中高层建筑物的整体沉降不得超过 20mm。

(2) 建筑物倾斜

与均匀沉降相比，建筑物对不均匀沉降的敏感程度更大，常常发生倾斜或开裂破坏。建筑物倾斜是通过沿纵墙方向基础两端的差异沉降体现出来的，且建筑物整体刚度越大，则结构开裂程度相对越轻，可利用下列公式进行安全性验算。

$$\delta = \Delta/H = \xi \cdot \Delta S/L \tag{6.2.1}$$

式中，δ 为建筑物倾斜度（根据《建筑地基基础设计规范》GB 50007—2011，其限值为 2‰，但参照工程实践经验、本工程建筑物特点及施工中多种不可预见因素影响，建议本穿越工程的控制限值为 1‰）；Δ 为建筑物檐口偏移量（mm），也就是 ΔS 基础两端沉降差（mm）；L 为建筑物基础两端的水平距离（mm）；H 为建筑物高度（mm）；ξ 依据建筑物刚度而定，通常高层建筑物取 0.9~1，在本工程中建议取 1。

2. 建筑物最大沉降

根据以上计算结果，29 种工况下建筑物沉降受隧道施工影响的计算结果见表 6.2.3，其中"collapse"表示计算结果不收敛，围岩发生失稳现象。

建筑物最大沉降（单位：mm） 表 6.2.3

距离(m) \ 埋深(m)	0	5	10	15	20	30	40	50
10	33.4	collapse	58.7	13.0	6.0	1.7	0.8	—
15	collapse	collapse	collapse	20.5	10.4	3.7	—	—
20	collapse	collapse	collapse	29.5	15.7	6.4	2.9	—
25	collapse	collapse	100.5	34.5	20.8	9.7	4.9	2.4

根据上一节确定的最大容许沉降 20mm，在表中超出该标准范围的数据（包括围岩失稳情况）用黑体标出，表示建筑物位于隧道施工的强影响区内，建筑物必须加固处理或者隧道施工必须采用相应辅助措施，且施工时必须加密对该建筑物的监控量测；本研究约定采用最大允许沉降的 1/4 即 5mm 作为有无影响的判定依据，当最大沉降处在 5~20mm 之间时，认为建筑物位于隧道施工的一般影响区，施工时须加密对该建筑物的监控量测，并可根据实际工程中建筑物重要等级、基础状况及监控数据确定是否进行加固或者施加辅助措施。当最大沉降小于 5mm 时，认为隧道施工对该建筑物没有影响，施工时对该建筑物进行常规监控量测。

可明显看出，则建筑物中心与隧道轴线的安全距离，按埋深不同，强影响区分别为 10~20m，一般影响区为 15~30m，无影响区为 30~40m。

3. 建筑物最大倾斜率

根据以上计算结果，29 种工况下受隧道施工影响的建筑物最大倾斜率计算结果见表 6.2.4。

根据上一节确定的最大容许倾斜 1‰，在表中超出该标准范围的数据（包括围岩失稳情况）用黑体标出，表示建筑物位于隧道施工的强影响区内，建筑物必须加固处理或者隧道施工必须采用相应辅助措施，且施工时必须加密对该建筑物的监控量测；本研究约定采

建筑物最大倾斜率（单位：‰） 表 6.2.4

距离(m) \ 埋深(m)	0	5	10	15	20	30	40	50
10	0.02	collapse	3.27	0.68	0.30	0.08	0.03	—
15	collapse	collapse	collapse	0.98	0.48	0.16	—	
20	collapse	collapse	collapse	1.31	0.67	0.27	0.13	
25	collapse	collapse	3.88	1.38	0.80	0.38	0.21	0.10

用最大容许斜率的 1/5 即 0.2‰ 作为有无影响的判定依据，当斜率处在 0.2‰～1‰ 之间时，认为建筑物位于隧道施工的一般影响区，施工时须加密对该建筑物的监控量测，并可根据实际工程中建筑物重要等级、基础状况及监控数据确定是否加固或者施加辅助措施。当斜率小于 0.5‰ 时，认为隧道施工对该建筑物没有影响，施工时对该建筑物进行常规监控量测。

可明显看出，根据建筑物中心与隧道轴线的安全距离，按埋深不同，强影响区分别为 5～15m，一般影响区为 15～40m，无影响区为 30～50m。

4. 隧道施工对既有建筑物影响范围判定

将沉降和倾斜两个判断影响的标准作为综合判别依据，对安全距离做出判断，用内插法得出容许值的建筑中心与隧道中线的平面距离，取其中较远的作为最终的安全距离，见表 6.2.5 和表 6.2.6。

无影响区/一般影响区距离判定 表 6.2.5

埋深(m)	沉降控制(m)	倾斜控制(m)	埋深(m)	沉降控制(m)	倾斜控制(m)
10	22.3	24.5	20	34.0	35.0
15	28.1	28.8	25	39.8	40.9

强影响区/一般影响区距离判定 表 6.2.6

埋深(m)	沉降控制(m)	倾斜控制(m)	埋深(m)	沉降控制(m)	倾斜控制(m)
10	14.2	14.4	20	18.4	17.4
15	15.2	15.0	25	20.7	18.3

通过上文中对沉降安全距离和倾斜安全距离的对比发现，无影响区/一般影响区距离判定起控制作用的主要为建筑最大倾斜率，强影响区/一般影响区距离判定起控制作用的主要为建筑最大沉降。

为了方便实际工程测量，取基础外沿与隧道中线的平面距离作为控制选线或作为判定对既有建筑物有无影响的安全距离，整理见表 6.2.7、表 6.2.8。

无影响区/一般影响区距离 表 6.2.7

隧道埋深(m)	安全距离(m)	隧道埋深(m)	安全距离(m)
10	14.5	20	25.0
15	18.8	25	30.9

第6章 矿山法区间近接既有建筑物施工影响及控制技术

一般影响区/强影响区距离　　　　　　　　　　　　　表 6.2.8

隧道埋深（m）	安全距离（m）	隧道埋深（m）	安全距离（m）
10	5.0	20	8.4
15	5.2	25	10.7

对表 6.2.7 数据进行回归分析，可得经验公式：

$$D = 1.108 \times h + 2.91 \quad (6.2.2)$$

式中，D 为对建筑物有无影响的临界距离（基础外沿与隧道中线的平面距离），单位为 m；h 为隧道埋深，单位为 m。

该回归公式决定系数 $R^2 = 0.9943$，拟合曲线与样本点相关情况如图 6.2.65 所示。

对表 6.2.8 数据进行回归分析，可得强影响区安全距离判定经验公式：

$$D' = 0.021h^2 - 0.329h + 5.995 \quad (6.2.3)$$

式中，D' 为对建筑物强/一般影响的临界距离（基础外沿与隧道中线的平面距离），单位为 m；h 为隧道埋深，单位为 m。

该回归公式决定系数 $R^2 = 0.9662$，拟合曲线与样本点相关情况如图 6.2.66 所示。

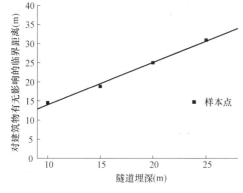

图 6.2.65　隧道与地表建筑物的有无影响的安全距离分析

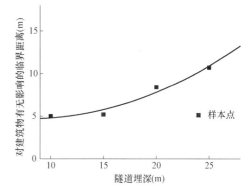

图 6.2.66　隧道与地表建筑物的强/一般影响安全距离分析

6.3 矿山法区间隧道下穿桩基础建筑物施工影响及控制技术

为了预测隧道施工对环境的影响及总结规律，本章运用数值模拟的研究方法，针对不同埋深隧道施工对既有深（桩）建筑物的影响程度和范围进行了计算和分析。

6.3.1 模型建立及工况设置

岩土体、既有建筑物及隧道支护结构采用实体单元模拟，建筑物桩基采用梁单元模拟，桩径 500mm，实际桩间距为 1.2m×1.2m 或 1.5m×1.5m，模型中采用 1.0m×2.0m。隧道支护结构中的锚杆采用 cable 单元进行模拟，并采用实体单元转换为空单元（null）的方法实现隧道施工掘进的模拟，空单元中的应力会自动设定为零。

本数值模拟中，因重点研究新建隧道施工过程对地表既有建筑的影响，新建隧道只用初期衬砌进行支护。因浅埋隧道围岩多为软土层或全、中风化岩层，故计算力学参数参照

Ⅴ、Ⅵ级围岩参数。围岩及结构力学参数见表6.3.1。

围岩参数及支护结构力学参数 表6.3.1

材料	$\gamma(kN/m^3)$	$E(GPa)$	ν	$c(MPa)$	$\varphi(°)$
围岩	22.0	0.5	0.40	0.06	20
既有建筑物	25.0	3.0	0.2	—	—
隧道衬砌	22.0	15.0	0.2	—	—
小导管注浆预支护	22.0	1.0	0.3	0.06~0.09	25
桩基础	25.0	30.0	0.2	—	—

1. 工况设置

根据铁路隧道设计规范中对Ⅴ、Ⅵ级围岩单线浅埋隧道的定义（覆盖厚度18~25m），本研究中隧道埋深设置取10~25m，即取10m、15m、20m、25m四种埋深来建立模型。不同埋深的计算模型如图6.3.1所示。

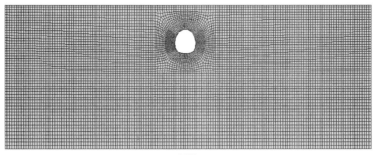

(a) 埋深10m

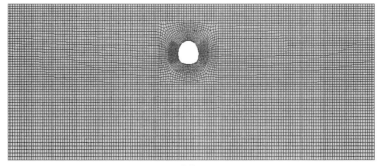

(b) 埋深15m

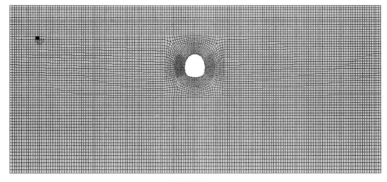

(c) 埋深20m

图6.3.1 隧道埋深设置

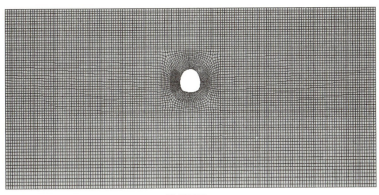

(d) 埋深25m

图 6.3.1　隧道埋深设置（续）

2. 隧道与建筑物立面位置关系

本研究针对莞惠项目中常见的隧道下穿及侧穿的桩基基础，进行模拟分析，基础范围往往为十几至几十米，本计算中采用 20m，本工程中下穿段范围内桩基础深度为 15～30m 不等，本分析采用 20m。因隧道与基础的平面位置不同，按隧道轴线与基础中线距离分为以下 7 种：0m、5m、10m、15m、20m、30m、40m（图 6.3.2）。布置立面关系时隧道从群桩范围旁边或者下方经过，避免破桩。

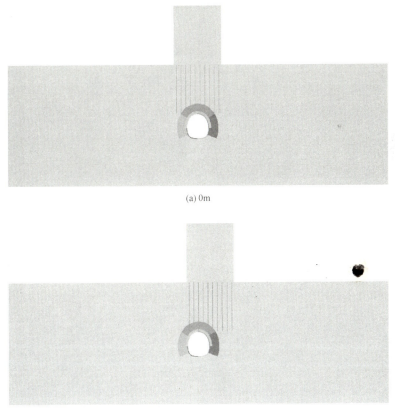

(a) 0m

(b) 5m

图 6.3.2　隧道与基础间平面位置关系

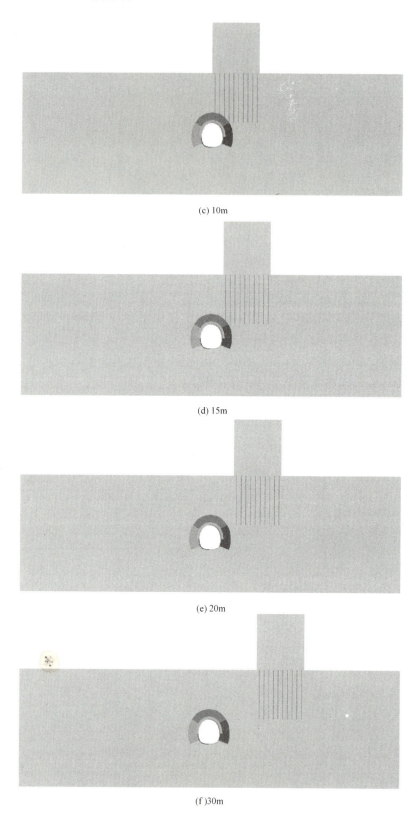

(c) 10m

(d) 15m

(e) 20m

(f) 30m

图 6.3.2　隧道与基础间平面位置关系（续）

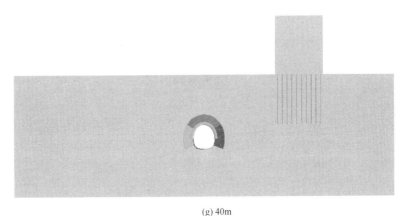

(g) 40m

图 6.3.2　隧道与基础间平面位置关系（续）

根据不同埋深及不同的平面位置关系，共设置 22 个计算工况，见表 6.3.2。

工况设置一览表　　　　　　　　表 6.3.2

工况编号	埋深(m)	距离(m)	工况编号	埋深(m)	距离(m)
1	10	15	12	20	15
2	10	20	13	20	20
3	10	30	14	20	30
4	10	40	15	20	40
5	15	15	16	30	0
6	15	20	17	30	5
7	15	30	18	30	10
8	15	40	19	30	15
9	20	0	20	30	20
10	20	5	21	30	30
11	20	10	22	30	40

3. 施工顺序模拟

每个工况中按照以下施工顺序进行施工（图 6.3.3～图 6.3.6）。

（1）初始地应力平衡。

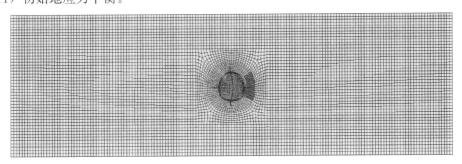

图 6.3.3　数值模拟步骤示意图 1

（2）建筑物及桩基础施作，建筑物按 8 层高度考虑，每层荷载 15kPa。

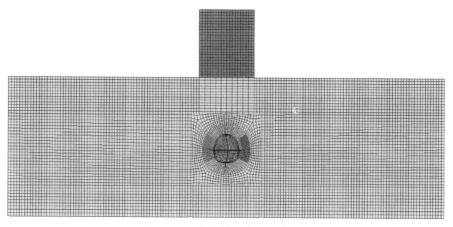

图 6.3.4　数值模拟步骤示意图 2

（3）在小导管注浆超前支护下，为减少隧道施工对地表沉陷的影响，下穿建筑物段采用台阶法开挖模拟，并施作相应开挖部分的系统锚杆、锁脚锚杆及初支。

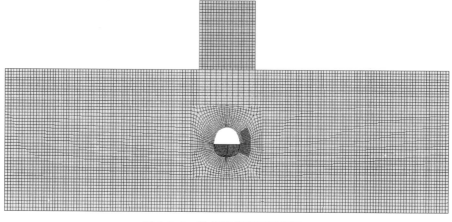

图 6.3.5　数值模拟步骤示意图 3

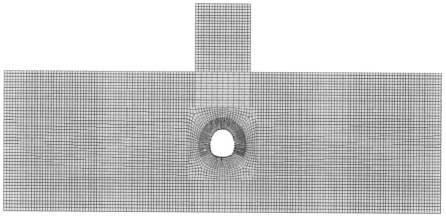

图 6.3.6　数值模拟步骤示意图 4

图 6.3.7 为隧道横断面全环系统锚杆及锁脚锚杆结构单元布置图。

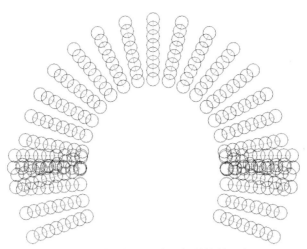

图 6.3.7　系统锚杆及锁脚锚杆结构单元布置图

6.3.2　模型计算说明及结果分析

楼房荷载按每层 15kPa 考虑，模拟 8 层建筑。在实际施工作业中，在未进入下穿段前，施工方本着施工信息化原则，对地表沉降进行密切监测，并根据监测数据调整支护参数及施工方法，进而将地表沉降数值控制在安全范围内，以此作为下穿段的安全保障。故本计算假定当没有建筑物的工况时，即在常规段施工时，通过调整预支护参数，使得地表沉降值逼近 30mm。

1. 隧道埋深 10m 工况计算结果

当隧道位于常规段掘进即上方没有建筑物时，隧道拱顶最大沉降 34.1mm，地表最大沉降 30.5mm，即在未进入建筑物下穿段时，隧道掘进过程中地表沉降处于正常状态，最大沉降值接近允许值；塑性区贯通至地表。地层沉降云图及隧道周边塑性区分布如图 6.3.8、图 6.3.9 所示。

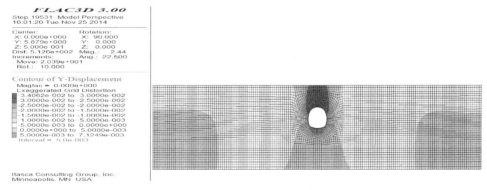

图 6.3.8　常规段隧道围岩沉降云图

因隧道埋深较浅（10m），只有当隧道轴线与建筑物中线相距 15m 时，隧道开挖方能避开群桩基础，此时地层沉降云图及隧道周边塑性区分布如图 6.3.10、图 6.3.11 所示。此工况隧道结构拱顶最大沉降 10.2mm，建筑物最大沉降 3.8mm，最大倾斜 0.2‰，建筑物基本处于安全状态。

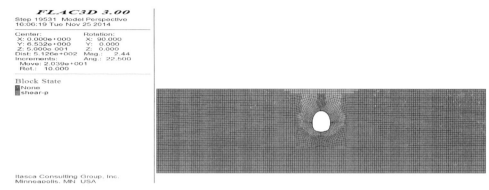

图 6.3.9　常规段隧道围岩塑性区分布图

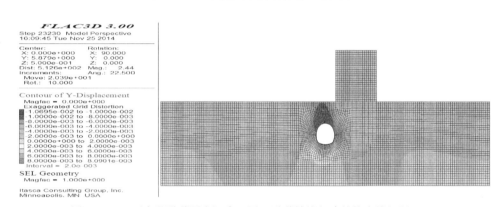

图 6.3.10　下穿段隧道围岩沉降云图（隧道轴线与建筑物中线相距 15m）

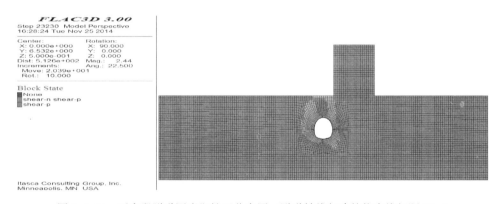

图 6.3.11　下穿段隧道围岩塑性区分布图（隧道轴线与建筑物中线相距 15m）

当隧道轴线与建筑物中线相距 20m 时，地层沉降云图及隧道周边塑性区分布如图 6.3.12、图 6.3.13 所示。此工况隧道结构拱顶最大沉降 33.9mm，建筑物最大沉降 3.4mm，最大倾斜 0.2‰，建筑物基本处于安全状态。

当隧道轴线与建筑物中线相距 30m 时，地层沉降云图及隧道周边塑性区分布如图 6.3.14、图 6.3.15 所示。此工况隧道结构拱顶最大沉降 30.4mm，建筑物最大沉降 1.5mm，最大倾斜 0.1‰，综合判断隧道掘进对既有建筑物没有任何影响，建筑物处于安全状态。

第6章　矿山法区间近接既有建筑物施工影响及控制技术

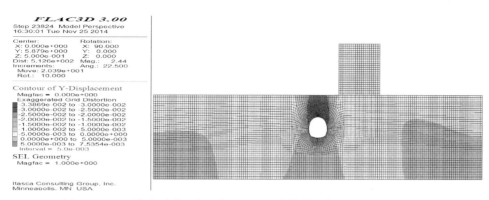

图 6.3.12　下穿段隧道围岩沉降云图（隧道轴线与建筑物中线相距 20m）

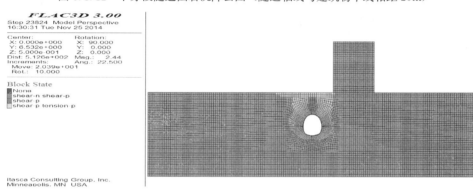

图 6.3.13　下穿段隧道围岩塑性区分布图（隧道轴线与建筑物中线相距 20m）

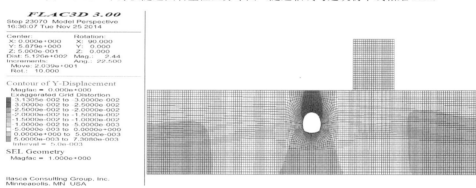

图 6.3.14　下穿段隧道围岩沉降云图（隧道轴线与建筑物中线相距 30m）

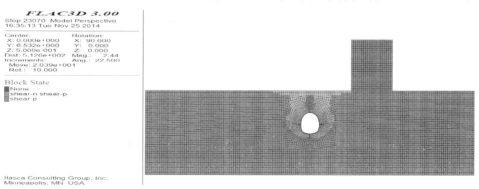

图 6.3.15　下穿段隧道围岩塑性区分布图（隧道轴线与建筑物中线相距 30m）

当隧道轴线与建筑物中线相距 40m 时，地层沉降云图及隧道周边塑性区分布如图 6.3.16、图 6.3.17 所示。此工况隧道结构拱顶最大沉降 33.1mm，建筑物最大沉降 0.6mm，最大倾斜 0.0‰，综合判断隧道掘进对既有建筑物没有任何影响，建筑物处于安全状态。

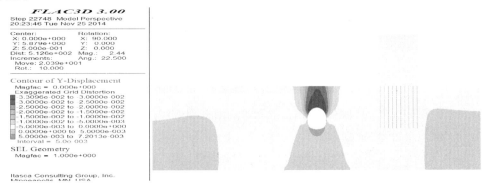

图 6.3.16　下穿段隧道围岩沉降云图（隧道轴线与建筑物中线相距 40m）

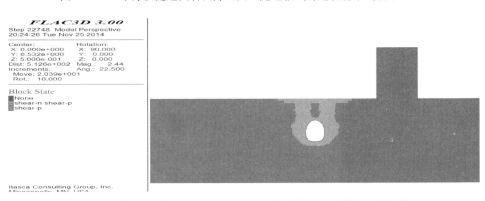

图 6.3.17　下穿段隧道围岩塑性区分布图（隧道轴线与建筑物中线相距 40m）

2. 隧道埋深 15m 工况计算结果

当隧道位于常规段掘进即上方没有建筑物时，隧道拱顶最大沉降 37.1mm，地表最大沉降 30.3mm，即在未进入建筑物下穿段时，隧道掘进过程中地表沉降处于正常状态，最大沉降值接近允许值；塑性区贯通至地表。地层沉降云图及隧道周边塑性区分布如图 6.3.18、图 6.3.19 所示。

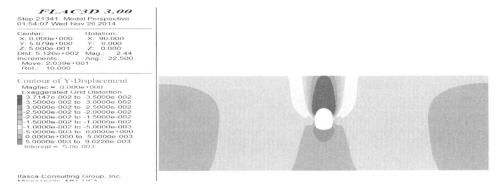

图 6.3.18　常规段隧道围岩沉降云图

第6章 矿山法区间近接既有建筑物施工影响及控制技术

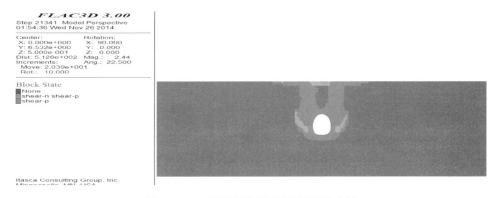

图 6.3.19 常规段隧道围岩塑性区分布图

因隧道埋深较浅（15m），只有当隧道轴线与建筑物中线相距 15m 时，隧道开挖方能避开群桩基础，此时地层沉降云图及隧道周边塑性区分布如图 6.3.20、图 6.3.21 所示。此工况隧道结构拱顶最大沉降 19.9mm，建筑物最大沉降 11.9mm，最大倾斜 0.6‰，应引起足够的重视。

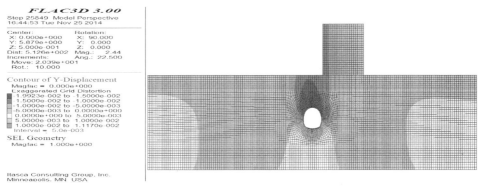

图 6.3.20 下穿段隧道围岩沉降云图（隧道轴线与建筑物中线相距 15m）

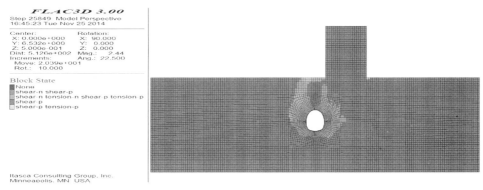

图 6.3.21 下穿段隧道围岩塑性区分布图（隧道轴线与建筑物中线相距 15m）

当隧道轴线与建筑物中线相距 20m 时，地层沉降云图及隧道周边塑性区分布如图 6.3.22、图 6.3.23 所示。此工况隧道结构拱顶最大沉降 36.8mm，建筑物最大沉降 7.5mm，最大倾斜 0.4‰，建筑物基本处于安全状态。

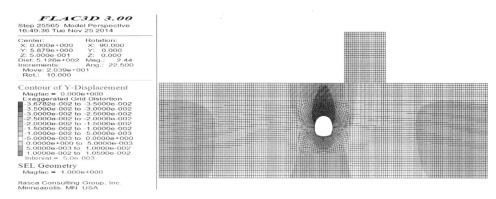

图 6.3.22　下穿段隧道围岩沉降云图（隧道轴线与建筑物中线相距 20m）

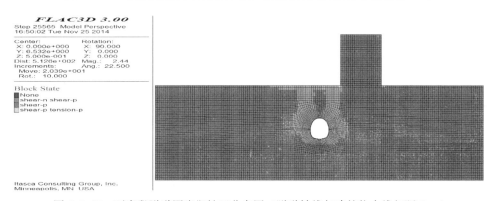

图 6.3.23　下穿段隧道围岩塑性区分布图（隧道轴线与建筑物中线相距 20m）

当隧道轴线与建筑物中线相距 30m 时，地层沉降云图及隧道周边塑性区分布如图 6.3.24、图 6.3.25 所示。此工况隧道结构拱顶最大沉降 33.6mm，建筑物最大沉降 3.3mm，最大倾斜 0.2‰，综合判断隧道掘进对既有建筑物没有任何影响，建筑物处于安全状态。

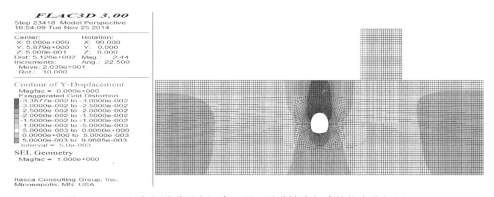

图 6.3.24　下穿段隧道围岩沉降云图（隧道轴线与建筑物中线相距 30m）

当隧道轴线与建筑物中线相距 40m 时，地层沉降云图及隧道周边塑性区分布如图 6.3.26、图 6.3.27 所示。此工况隧道结构拱顶最大沉降 34.9mm，建筑物最大沉降 1.3mm，最大倾斜 0.1‰，综合判断隧道掘进对既有建筑物没有影响，建筑物处于安全状态。

第6章 矿山法区间近接既有建筑物施工影响及控制技术

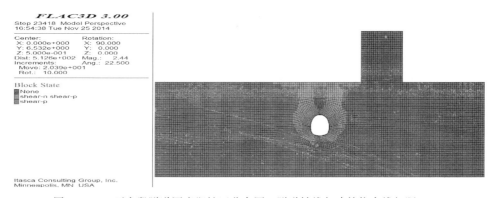

图 6.3.25 下穿段隧道围岩塑性区分布图（隧道轴线与建筑物中线相距 30m）

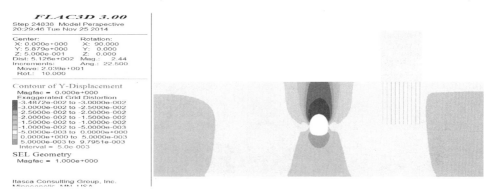

图 6.3.26 下穿段隧道围岩沉降云图（隧道轴线与建筑物中线相距 40m）

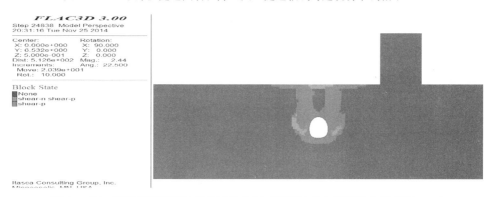

图 6.3.27 下穿段隧道围岩塑性区分布图（隧道轴线与建筑物中线相距 40m）

3. 隧道埋深 20m 工况计算结果

当隧道位于常规段掘进即上方没有建筑物时，隧道拱顶最大沉降 41.9mm，地表最大沉降 30.2mm，即在未进入建筑物下穿段时，隧道掘进过程中地表沉降处于正常状态，最大沉降值接近允许值；塑性区贯通至地表。地层沉降云图及隧道周边塑性区分布如图 6.3.28、图 6.3.29 所示。

当建筑物位于隧道正上方时（隧道轴线与建筑物中线相距 0m），隧道开挖范围紧贴桩底，地层发生较大变形，此时地层沉降云图及隧道周边塑性区分布如图 6.3.30、图 6.3.31 所示。此工况隧道结构拱顶最大沉降 65.2mm，建筑物最大沉降 58.9mm，最大倾斜 0.0‰，应引起足够的重视。

· 315 ·

图 6.3.28 常规段隧道围岩沉降云图

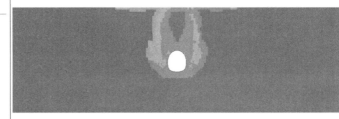

图 6.3.29 常规段隧道围岩塑性区分布图

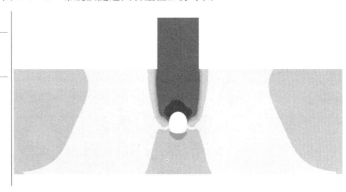

图 6.3.30 下穿段隧道围岩沉降云图（建筑物位于隧道正上方）

图 6.3.31 下穿段隧道围岩塑性区分布图（建筑物位于隧道正上方）

当建筑物位于隧道斜上方时（隧道轴线与建筑物中线相距 5m），隧道开挖范围紧贴桩底，地层发生较大变形，此时地层沉降云图及隧道周边塑性区分布如图 6.3.32、图 6.3.33 所示。此工况隧道结构拱顶最大沉降 41.4mm，建筑物最大沉降 39.0mm，最大倾斜 1.35‰，应引起足够的重视。

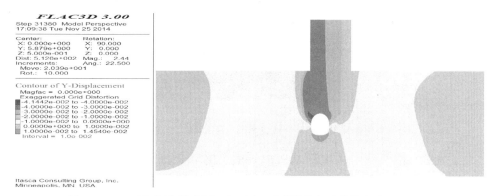

图 6.3.32　下穿段隧道围岩沉降云图（隧道轴线与建筑物中线相距 5m）

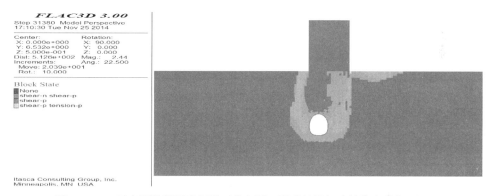

图 6.3.33　下穿段隧道围岩塑性区分布图（隧道轴线与建筑物中线相距 5m）

当隧道轴线与建筑物中线相距 10m 时，地层沉降云图及隧道周边塑性区分布如图 6.3.34、图 6.3.35 所示。此工况隧道结构拱顶最大沉降 39.4.0mm，建筑物最大沉降 31.6mm，最大倾斜 1.3‰。建筑物沉陷超过安全限值，应当在隧道施工中采用辅助措施或者隧道施工前对既有建筑物进行预加固处理。

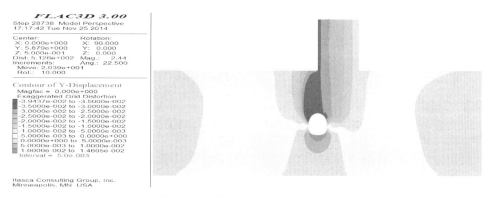

图 6.3.34　下穿段隧道围岩沉降云图（隧道轴线与建筑物中线相距 10m）

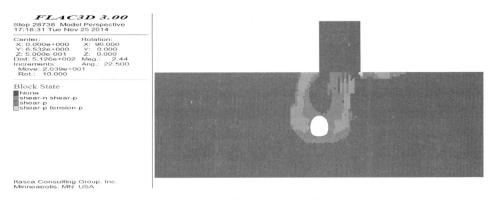

图 6.3.35 下穿段隧道围岩塑性区分布图（隧道轴线与建筑物中线相距 10m）

当隧道轴线与建筑物中线相距 15m 时，地层沉降云图及隧道周边塑性区分布如图 6.3.36、图 6.3.37 所示。此工况隧道结构拱顶最大沉降 36.4mm，建筑物最大沉降 22.8mm，最大倾斜 1.0‰，应引起足够重视。

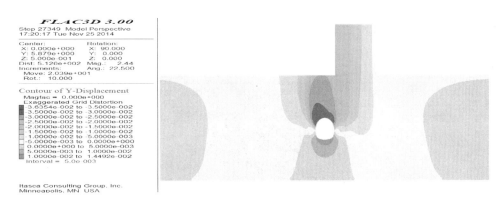

图 6.3.36 下穿段隧道围岩沉降云图（隧道轴线与建筑物中线相距 15m）

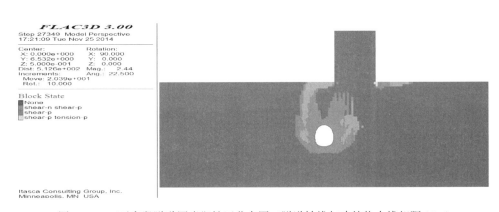

图 6.3.37 下穿段隧道围岩塑性区分布图（隧道轴线与建筑物中线相距 15m）

当隧道轴线与建筑物中线相距 20m 时，地层沉降云图及隧道周边塑性区分布如图 6.3.38、图 6.3.39 所示。此工况隧道结构拱顶最大沉降 42.2mm，建筑物最大沉降 13.5mm，最大倾斜 0.6‰，应引起足够重视。

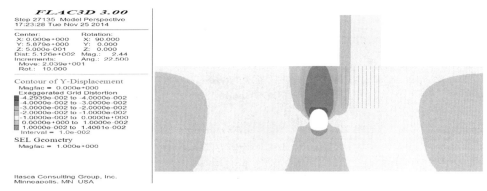

图 6.3.38　下穿段隧道围岩沉降云图（隧道轴线与建筑物中线相距 20m）

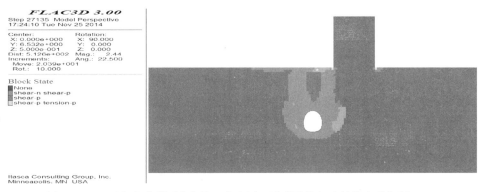

图 6.3.39　下穿段隧道围岩塑性区分布图（隧道轴线与建筑物中线相距 20m）

当隧道轴线与建筑物中线相距 30m 时，地层沉降云图及隧道周边塑性区分布如图 6.3.40、图 6.3.41 所示。此工况隧道结构拱顶最大沉降 39.8mm，建筑物最大沉降 5.8mm，最大倾斜 0.3‰，综合判断隧道掘进对既有建筑物没有影响，建筑物处于安全状态。

当隧道轴线与建筑物中线相距 40m 时，地层沉降云图及隧道周边塑性区分布如图 6.3.42、图 6.3.43 所示。此工况隧道结构拱顶最大沉降 39.8mm，建筑物最大沉降 5.8mm，最大倾斜 0.1‰，综合判断隧道掘进对既有建筑物没有影响，建筑物处于安全状态。

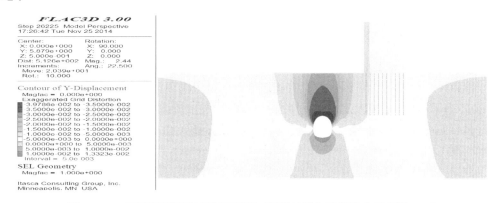

图 6.3.40　下穿段隧道围岩沉降云图（隧道轴线与建筑物中线相距 30m）

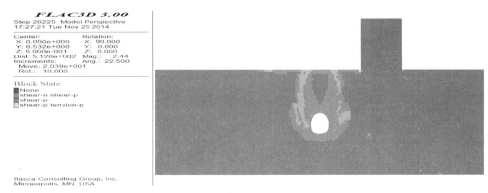

图 6.3.41　下穿段隧道围岩塑性区分布图（隧道轴线与建筑物中线相距 30m）

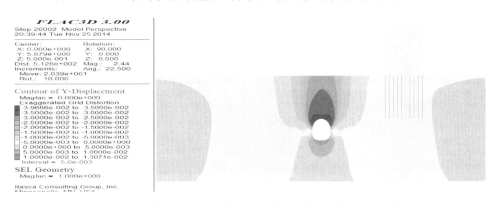

图 6.3.42　下穿段隧道围岩沉降云图（隧道轴线与建筑物中线相距 40m）

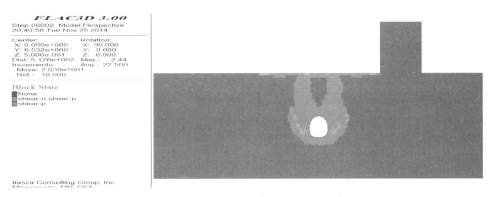

图 6.3.43　下穿段隧道围岩塑性区分布图（隧道轴线与建筑物中线相距 40m）

4. 隧道埋深 25m 工况计算结果

当隧道位于常规段掘进即上方没有建筑物时，隧道拱顶最大沉降 48.1mm，地表最大沉降 30.5mm，即在未进入建筑物下穿段时，隧道掘进过程中地表沉降处于正常状态，最大沉降值接近允许值；塑性区贯通至地表。地层沉降云图及隧道周边塑性区分布如图 6.3.44、图 6.3.45 所示。

当建筑物位于隧道正上方时（隧道轴线与建筑物中线相距 0m），地层发生较大变形，计算无法收敛。建筑物沉陷无限增大，隧道周边围岩位移处于不可控状态，需要增加施工辅助措施或者重新选线绕开该区域布置隧道线路平面。破坏变形模式如图 6.3.46 所示。

第6章 矿山法区间近接既有建筑物施工影响及控制技术

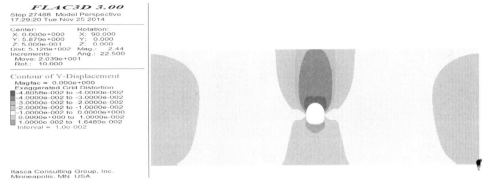

图 6.3.44 常规段隧道围岩沉降云图

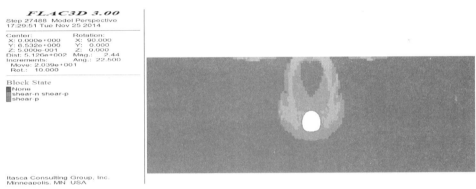

图 6.3.45 常规段隧道围岩塑性区分布图

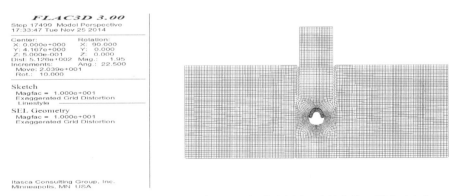

图 6.3.46 下穿段隧道围岩及上部建筑破坏变形示意图（建筑物位于隧道正上方）

当隧道轴线与建筑物中线相距 5m 时，地层沉降云图及隧道周边塑性区分布如图 6.3.47、图 6.3.48 所示。此工况隧道结构拱顶最大沉降 72.6mm，建筑物最大沉降 84.2mm，最大倾斜 1.46‰。建筑物沉陷及倾斜率均超过安全限值，应当在隧道施工中采用辅助措施或者隧道施工前对既有建筑物进行预加固处理。

当隧道轴线与建筑物中线相距 10m 时，地层沉降云图及隧道周边塑性区分布如图 6.3.49、图 6.3.50 所示。此工况隧道结构拱顶最大沉降 67.2mm，建筑物最大沉降 49.6mm，最大倾斜 1.96‰。建筑物沉陷及倾斜率均超过安全限值，应当在隧道施工中采用辅助措施或者隧道施工前对既有建筑物进行预加固处理。

· 321 ·

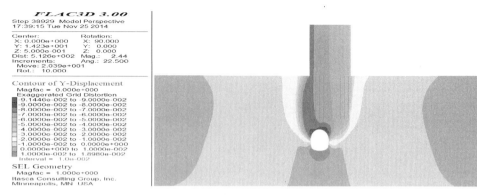

图 6.3.47　下穿段隧道围岩沉降云图（隧道轴线与建筑物中线相距 5m）

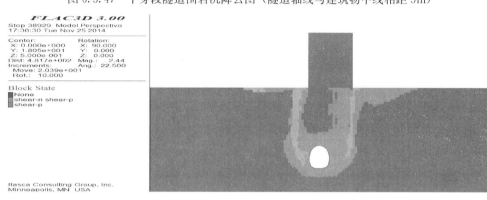

图 6.3.48　下穿段隧道围岩塑性区分布图（隧道轴线与建筑物中线相距 5m）

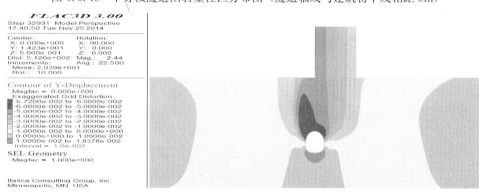

图 6.3.49　下穿段隧道围岩沉降云图（隧道轴线与建筑物中线相距 10m）

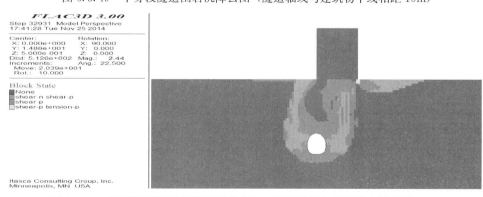

图 6.3.50　下穿段隧道围岩塑性区分布图（隧道轴线与建筑物中线相距 10m）

当隧道轴线与建筑物中线相距 15m 时，地层沉降云图及隧道周边塑性区分布如图 6.3.51、图 6.3.52 所示。此工况隧道结构拱顶最大沉降 51.2mm，建筑物最大沉降 67.2mm，最大倾斜 4.9‰。建筑物沉陷及倾斜率均超过安全限值，应当在隧道施工中采用辅助措施或者隧道施工前对既有建筑物进行预加固处理。

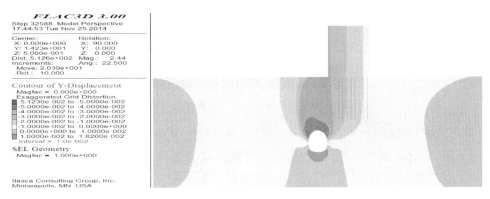

图 6.3.51 下穿段隧道围岩沉降云图（隧道轴线与建筑物中线相距 15m）

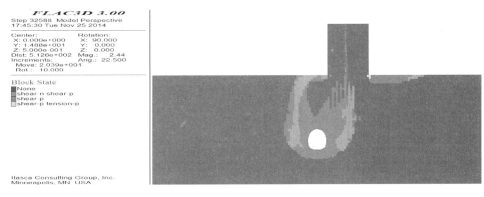

图 6.3.52 下穿段隧道围岩塑性区分布图（隧道轴线与建筑物中线相距 15m）

当隧道轴线与建筑物中线相距 20m 时，地层沉降云图及隧道周边塑性区分布如图 6.3.53、图 6.3.54 所示。此工况隧道结构拱顶最大沉降 49.8mm，建筑物最大沉降 20.1mm，最大倾斜 0.9‰，应引起足够重视。

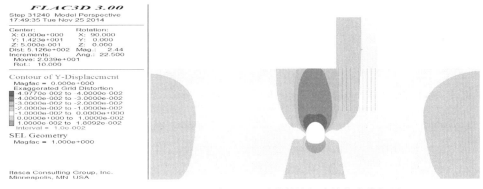

图 6.3.53 下穿段隧道围岩沉降云图（隧道轴线与建筑物中线相距 20m）

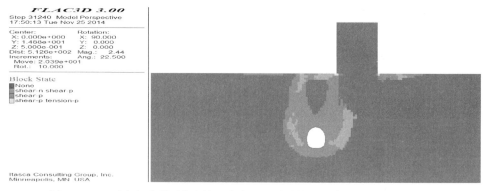

图 6.3.54　下穿段隧道围岩塑性区分布图（隧道轴线与建筑物中线相距 20m）

当隧道轴线与建筑物中线相距 30m 时，地层沉降云图及隧道周边塑性区分布如图 6.3.55、图 6.3.56 所示。此工况隧道结构拱顶最大沉降 45.1mm，建筑物最大沉降 9.0mm，最大倾斜 0.4‰，综合判断隧道掘进对既有建筑物没有任何影响，建筑物处于安全状态。

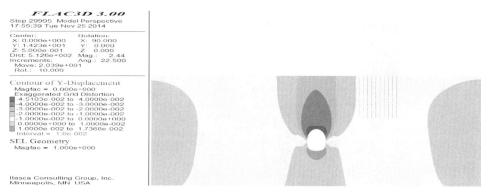

图 6.3.55　下穿段隧道围岩沉降云图（隧道轴线与建筑物中线相距 30m）

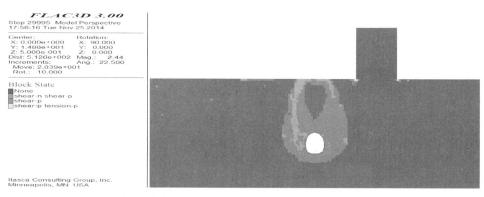

图 6.3.56　下穿段隧道围岩塑性区分布图（隧道轴线与建筑物中线相距 30m）

当隧道轴线与建筑物中线相距 40m 时，地层沉降云图及隧道周边塑性区分布如图 6.3.57、图 6.3.58 所示。此工况隧道结构拱顶最大沉降 44.7mm，建筑物最大沉降 4.4mm，最大倾斜 0.2‰，综合判断隧道掘进对既有建筑物没有任何影响，建筑物处于安全状态。

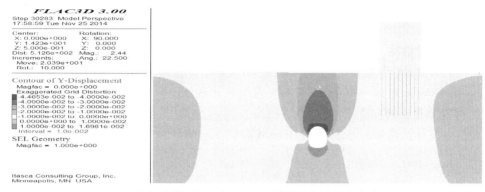

图 6.3.57　下穿段隧道围岩沉降云图（隧道轴线与建筑物中线相距 40m）

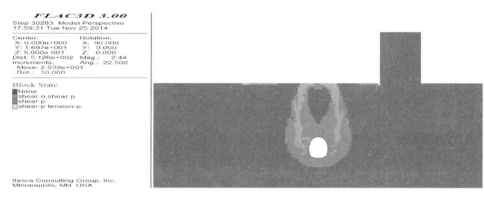

图 6.3.58　下穿段隧道围岩塑性区分布图（隧道轴线与建筑物中线相距 40m）

6.3.3　隧道施工对既有建筑物影响范围研究

1. 建筑物最大沉降

根据以上计算结果，22 种工况下建筑物沉降受隧道施工影响的计算结果见表 6.3.3，其中"collapse"表示计算结果不收敛，围岩发生失稳现象。

建筑物最大沉降　　　　　　　　　表 6.3.3

距离(m) \ 埋深(m)	0	5	10	15	20	30	40
10	—	—	—	3.8	3.4	1.5	0.6
15	—	—	—	11.9	7.5	3.3	1.3
20	58.9	39.0	31.6	22.8	13.5	5.8	2.6
25	collapse	72.6	49.6	67.2	20.1	9.0	4.4

根据上一节确定的最大容许沉降 20mm，在表中超出该标准范围的数据（包括围岩失稳情况）用黑体标出，表示建筑物位于隧道施工的强影响区内，建筑物必须加固处理或者隧道施工必须采用相应辅助措施，且施工时必须加密对该建筑物的监控量测；本研究约定采用最大允许沉降的 1/4 即 5mm 作为有无影响的判定依据，当最大沉降处在 5~20mm 之间时，认为建筑物位于隧道施工的一般影响区，施工时须加密对该建筑物的监控量测，

并可根据实际工程中建筑物重要等级、基础状况及监控数据确定是否进行加固或者施加辅助措施。当最大沉降小于5mm时，认为隧道施工对该建筑物没有影响，施工时对该建筑物进行常规监控量测。

可明显看出，建筑物中心与隧道轴线的安全距离，按埋深不同，强影响区分别为0～15m，一般影响区为15～30m，无影响区为15～40m。

2. 建筑物最大倾斜率

根据以上计算结果，22种工况下受隧道施工影响的建筑物最大倾斜率计算结果见表6.3.4。

建筑物最大倾斜率（‰）　　　　　　　　　　　表6.3.4

埋深(m)/距离(m)	0	5	10	15	20	30	40
10	—	—	—	0.22	0.18	0.07	0.03
15	—	—	—	0.59	0.37	0.16	0.06
20	0.00	1.35	1.27	1.04	0.63	0.26	0.12
25	collapse	1.46	1.96	4.89	0.86	0.38	0.19

根据上一节确定的最大容许倾斜1‰，在表中超出该标准范围的数据（包括围岩失稳情况）用黑体标出，表示建筑物位于隧道施工的强影响区内，建筑物必须加固处理或者隧道施工必须采用相应辅助措施，且施工时必须加密对该建筑物的监控量测；本研究约定采用最大容许斜率的1/5即0.2‰作为有无影响的判定依据，当斜率处在0.2‰～1‰之间时，认为建筑物位于隧道施工的一般影响区，施工时须加密对该建筑物的监控量测，并可根据实际工程中建筑物重要等级、基础状况及监控数据确定是否加固或者施加辅助措施。当斜率小于0.5‰时，认为隧道施工对该建筑物没有影响，施工时对该建筑物进行常规监控量测。

可明显看出，建筑物中心与隧道轴线的安全距离，按埋深不同，强影响区分别为0～15m，一般影响区为15～30m，无影响区为20～40m。

3. 隧道施工对既有建筑物影响范围判定

将沉降和倾斜两个判断影响的标准作为综合判别依据，对安全距离做出判断，用内插法得出容许值的建筑中心与隧道中线的平面距离，取其中较远的作为最终的安全距离，见表6.3.5表6.3.6。

无影响区/一般影响区距离判定　　　　　　　　　　　表6.3.5

埋深(m)	沉降控制(m)	倾斜控制(m)	埋深(m)	沉降控制(m)	倾斜控制(m)
10	—	17.5	20	32.5	34.3
15	26.0	28.1	25	38.7	39.5

强影响区/一般影响区距离判定　　　　　　　　　　　表6.3.6

埋深(m)	沉降控制(m)	倾斜控制(m)	埋深(m)	沉降控制(m)	倾斜控制(m)
10	—	—	20	16.6	15.5
15	—	—	25	20.0	19.8

通过上文中对沉降安全距离和倾斜安全距离的对比发现,无影响区/一般影响区距离判定起控制作用的主要为建筑最大倾斜率,强影响区/一般影响区距离判定起控制作用的主要为建筑最大沉降。

为了方便实际工程测量,取基础外沿与隧道中线的平面距离作为控制选线或作为判定对既有建筑物有无影响的安全距离,整理见表6.3.7、表6.3.8。

无影响区/一般影响区距离　　　　　　　　　　表6.3.7

隧道埋深(m)	安全距离(m)	隧道埋深(m)	安全距离(m)
10	7.5	20	24.3
15	18.1	25	29.5

一般影响区/强影响区距离　　　　　　　　　　表6.3.8

隧道埋深(m)	安全距离(m)
20	21.6
25	25.0

对表6.3.7数据进行回归分析,可得经验公式:

$$D = 1.444 \times h - 5.42 \quad (6.3.1)$$

式中,D 为对建筑物有无影响的临界距离(基础外沿与隧道中线的平面距离),单位为m;h 为隧道埋深,单位为m。

该回归公式决定系数 $R^2 = 0.971$,拟合曲线与样本点相关情况如图6.3.59所示。

对表6.3.8数据进行回归分析,可得强影响区安全距离判定经验公式:

$$D' = 0.68 \times h + 8 \quad (6.3.2)$$

式中,D' 为对建筑物强/一般影响的临界

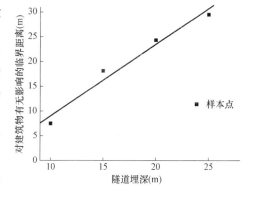

图6.3.59　隧道与地表建筑物的安全距离分析

距离(基础外沿与隧道中线的平面距离),单位为m;h 为隧道埋深,单位为m,$h>15$。

6.4　矿山法区间隧道下穿地表水体施工影响及控制技术

6.4.1　工程概况

莞惠城际铁路作为珠三角城际轨道交通线网的一部分,由穗莞深城际铁路麻涌站接轨,终点至惠州市惠州大道客运北站。正线全长99.841km,设计时速200km,局部限速段时速为160km/h,沿线经过区域工业经济发达、人口密集。受地面空间和环境限制因素的影响,线路走行方案超过50%位于地下,地下段总长达54.428km。其中松山湖隧道长38.8km、东江隧道长13.1km,为城市双洞单线铁路隧道,包含明挖法、矿山法、盾构法等区间隧道及地下明挖车站,如此大规模的城际铁路隧道,在国内尚属首例。受地下

车站站位及规模的影响，区间隧道埋深较浅，一般段落埋深10～40m。隧道沿线地质情况复杂、地下水发育，下穿黄沙河、西南河、东江等地表水体。

6.4.2 矿山法隧道下穿黄沙河

莞惠城际铁路松山湖隧道东城南—寮步站区间GDK24+185～GDK24+905矿山法段，以66°斜角下穿黄沙河，河床宽60m，水量随季节变化明显，雨季较大。隧道顶部距离黄沙河河床底最小距离约13.5m（图6.4.1）。

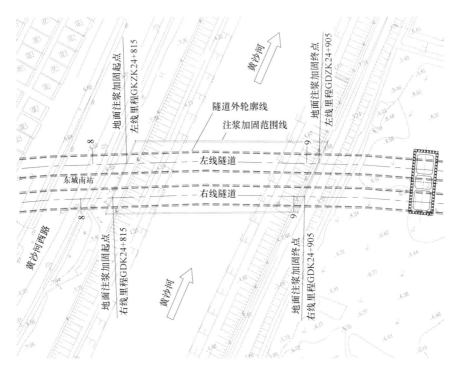

图6.4.1 隧道下穿黄沙河平面图

河床地层由上而下分布有：砂层、全风化～弱风化泥质砂岩、弱风化花岗斑岩，其中花岗斑岩为侵入岩脉。隧道洞身位于弱风化花岗斑岩，局部位于弱风化泥质砂岩层（图6.4.2）。地下水主要为孔隙水，局部为基岩裂隙水，渗透性弱～中等，水量较大，雨季河水对地下水进行补给显著。隧道下穿黄沙河段拱顶覆土较薄，且局部分布有较厚砂层，地下水与河水有水力联系，施工过程中易发生涌水、涌砂现象，进而造成河床底下沉、开裂，河水涌入隧道等灾难性后果。

6.4.3 隧道结构设计

隧道为马蹄形结构，内轮廓净宽7.87m，净高9.0m。采用Ⅵ级浅埋复合式衬砌结构，初支挂网喷混厚度30cm，二衬厚度50cm，初支型钢钢架间距0.5m，边墙部位设置φ22砂浆锚杆（$L=3.5$m，0.8m×1m 环×纵），设计开挖工法为CD法（图6.4.3）。

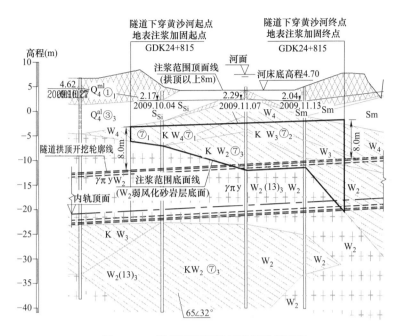

图 6.4.2 隧道下穿黄沙河地质纵断面图

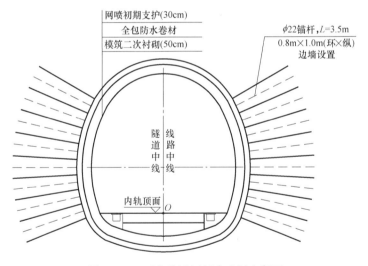

图 6.4.3 下穿黄沙河复合式衬砌断面

6.4.4 下穿处理措施

1. 洞外措施

根据隧道埋深、地表环境及地质情况，采用于河面搭设临时注浆加固平台，对该段下穿隧道进行洞外注浆止水加固措施（图 6.4.4）。该段隧道线间距较小，约 15.2m，最小开挖净距约 5.5m，因此采用左、右线隧道联合加固方案：加固横断面范围，水平方向为左线隧道开挖轮廓外 3.0m 至右线隧道开挖轮廓外 3.0m，竖向范围为拱顶以上 8.0m 至 W_2 弱风化砂岩层底面。

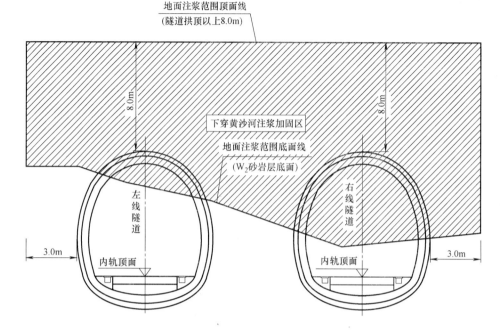

图 6.4.4　下穿黄沙河地面注浆横断面示意图

加固地层与地表水存在水力联系,为保证地表注浆加固止水效果,采用水泥-水玻璃双液浆,注浆方式采用后退式分段注浆,注浆孔按 0.8m 间距,梅花形布置,按"先隧道两边后中间"的顺序隔孔交替注浆。

2. 洞内措施

(1) 超前小导管

隧道拱部 180°范围打设一排 $\phi 42$ 超前小导管进行预支护,纵向间距 1.0m,环向间距 0.33m。小导管长度 3.0m,外插角度 15°,并采用水灰比 1∶1 的普通水泥浆对掌子面前方拱部以上地层进行注浆加固。

(2) 径向注浆止水

隧道内径向注浆作为预设计后期措施,根据隧道开挖后洞内的地下水发育情况,在初期支护封闭后,采用单液浆对隧道周边围岩进行注浆堵水,注浆范围为隧道开挖轮廓外 3.0m,注浆管按 1.5m×1.5m 梅花形布置。

6.4.5　结语

(1) 对下穿水体隧道方案的选取,应根据水体规模、工程水文地质、安全风险、工期及造价等因素综合考虑。特别针对长距离穿越经济发达、人口密集区域的城际铁路隧道,通过综合考虑确定区间工法。

(2) 下穿地表水体段落较一般段落相比必须加强前期地勘工作,有针对性地选取方案、采取措施,减小后期因地质不明而引起的施工风险。

(3) 莞惠城际铁路下穿黄沙河、西南河、东江等地表水体作为全线隧道高风险点,方案合理、措施到位,目前均已顺利通过并完成衬砌浇筑。

第 7 章
超长硬岩地层段盾构掘进技术

7.1 依托工程概况

7.1.1 工程概况

本段盾构区间隧道起始于东莞市蔡屋基村西南侧约 100m 处,与莞惠城际 GZH-2 标明挖段相接,下穿蔡屋基村、周溪村 2~3 层房屋(GDK11+600~GDK12+100),莞太立交桥(左右线平面上避开立交桥的桥桩分别从立交桥的两跨下穿过),经过 GDK12+250.050 区间风井后,沿莞太大道敷设约 750m 后,向东行驶,下穿新基工业区(3~6 层房屋)、万科金域华府(建筑桩基群),转至规划二路至 GDK14+199 盾构接收井。本段设计起点里程 GDK11+501.100(GDZK11+499.496),设计终点里程 GDK14+199(GDZK14+199),长链 578.868m,右线全长 3257.291m,左线全长 3286.313m,结构形式为双线单洞结构。本区间隧道最大线路纵坡为 30‰,最小纵坡为 10.5‰,竖曲线半径均为 10000m,隧道顶部最大埋深为 45m,最小埋深为 8.6m,隧道穿越的地层以弱风化花岗片麻岩为主。隧道断面内径为 7.7m,采用单层通用装配式混凝土管片衬砌,管片宽度 1.6m、厚度 400mm,采用"4+2+1"即四块标准块、两个邻接块、一个封顶块组成衬砌环模式,错缝拼装,双面楔形量 46mm。

7.1.2 地质条件

本段地层隧道顶部埋深 25~31.9m。隧道上覆素填土 3.8~9m,淤泥质粉质黏土 1.8~2.4m,粉砂 1~2.1m,粉质黏土 8~10m。隧道洞身位于全断面硬岩弱风化混合片麻岩。地下水主要为赋存于第四系地层中的孔隙水,在基岩中赋存有裂隙水,地下水埋深 2m,其补给方式主要由大气降水,排泄以大气蒸发为主。

7.2 盾构机选型

7.2.1 盾构选型

1. 盾构的类型

盾构的类型是指与特定的盾构施工环境,特别是与特定的基础地质、工程地质和水文地质特征相匹配的盾构的种类。

根据施工环境，隧道掘进机的类型分为软土盾构、硬岩掘进机（TBM）、复合盾构三类。因此，盾构的类型分为软土盾构和复合盾构两类。

软土盾构的主要特点是刀盘仅安装切刀和刮刀，无需滚刀。

复合盾构是指既适用于软土又适用于硬岩的一类盾构，主要用于既有软土又有硬岩的复杂地层施工。复合盾构的主要特点是刀盘既安装有切刀和刮刀，又安装有滚刀。

2. 盾构的机型

盾构的机型是指根据工程地质和水文地质条件，盾构所采用的最有效的开挖面支护形式。盾构按支护地层的形式主要分为自然支护式、机械支护式、压缩空气支护式、泥水支护式、土压平衡支护式五种机型。

目前，应用最广的是土压平衡盾构（土压平衡支护式）和泥水盾构（泥水支护式）两种机型。

3. 盾构的模式

盾构的模式是指在一定"型"的基础上，根据特定的盾构施工环境，盾构所采用的最有效的出渣进料方式。

土压平衡盾构的模式可分为敞开式、半敞开式、闭胸式三种。

泥水盾构的模式可分为泥水平衡模式（也称直接控制模式）和气压复合模式（也称间接控制模式或 D 模式）两种。

4. 盾构的型式

盾构的型式涉及盾构的型和模式。不论是适用于单一软土地层的软土盾构，还是适用于复杂地层的复合盾构，都有土压平衡盾构和泥水盾构两种机型。

土压平衡盾构一般具有敞开式、半敞开式、闭胸式三种模式；泥水盾构一般具有泥水平衡模式和气压复合模式两种模式。

盾构的型是在施工前决定的，而模式则是在施工过程中根据具体的施工环境由操作人员实时决策的。

5. 盾构选型的依据

盾构选型是盾构法施工的关键环节，直接影响盾构隧道的施工安全、施工质量、施工工艺及施工成本，为保证工程的顺利完成，对盾构的选型工作应非常慎重。

盾构选型主要依据工程招标文件、工程勘察报告、隧道设计、施工规范及相关标准，对盾构类型、驱动方式、功能要求、主要技术参数，辅助设备的配置等进行研究。

盾构选型从安全性、可靠性、适用性、先进性、经济性等方面综合考虑，所选择的机型应能尽量减少辅助施工并能保持开挖面稳定和适应围岩条件。盾构选型时，主要根据盾构隧道的外径、长度、埋深、地质条件、围土岩性、土体的颗粒级配、地层硬稠度系数、土层渗透率及弃土重度等特征以及线路的曲率半径、沿线地形、地面及地下构筑物等环境条件，以及周围环境对地面变形的控制要求，并结合掘进和衬砌等诸因素。盾构选型时，参考国内外已有盾构工程实例及相关的盾构技术规范，按照可靠性、安全性、适用性第一，技术先进性第二，经济性第三的原则进行，保证盾构施工的安全、可靠，选择最佳的盾构施工方法和选择最适宜的盾构。

6. 盾构选型

(1) 根据地层的渗透系数进行选型

地层的渗透系数小于 10^{-7}m/s 时，可以选用土压平衡盾构；当地层的渗透系数在 10^{-7}m/s 和 10^{-4}m/s 之间时，既可以选用土压平衡盾构也可以选用泥水式盾构；当地层的透水系数大于 10^{-4}m/s 时，宜选用泥水盾构。

根据地层渗透系数与盾构机型的关系，若地层以各种级配富水的砂层、砂砾层为主时，宜选用泥水盾构；其他地层宜选用土压平衡盾构。

(2) 根据地层的颗粒级配进行选型

细颗粒含量多，渣土易形成不透水的流塑体，容易充满土仓的每个部位，在土仓中可以建立压力，平衡开挖面的土体。当岩土中的粉粒和黏粒的总量达到 40% 以上时，通常会选用土压平衡盾构，相反的情况选择泥水盾构比较合适。粉粒的绝对大小通常以 0.075mm 为界。

7. 盾构选型时必须考虑的特殊因素

盾构选型时，在实际实施时，还需解决理论的合理性与实际的可能性之间的矛盾。必须考虑环保、地质和安全因素。

(1) 环保因素

对泥水盾构而言，虽然经过过筛、旋流、沉淀等程序，可以将弃土浆液中的一些粗颗粒分离出来，并通过汽车、船等工具运输弃渣，但泥浆中的悬浮或半悬浮状态的细土颗粒仍不能完全分离出来，而这些物质又不能随意处理，就形成了使用泥水盾构的一大困难。降低污染、保护环境是选择泥水盾构面临的十分重要的课题，需要解决的是如何防止将这些泥浆弃置于江河湖海等水体中而造成范围更大、更严重的污染。

将弃土泥浆彻底处理成可以作为固体物料运输的程度也是可以做到的，国内外都有许多成功的事例，但做到这点并不容易，因为：

1) 处理设备贵，增加了工程投资；
2) 用来安装这些处理设备需要的场地较大；
3) 处理时间较长。

(2) 工程地质因素

盾构施工段工程地质的复杂性主要反映在基础地质（主要是围岩岩性）和工程地质特性的多变方面。在一个盾构施工段或一个盾构合同标段中，某些部分的施工环境适合选用土压平衡盾构，但某些部分又很适合选用泥水盾构。盾构选型时应综合考虑并对不同选择进行风险分析后择其优者。

(3) 安全因素

从保持工作面的稳定、控制地面沉降的角度来看，使用泥水盾构要比使用土压平衡盾构的效果好一些，特别是在河湖等水体下、在密集的建筑物或构筑物下及上软下硬的地层中施工时。在这些特殊的施工环境中，施工过程的安全性将是盾构选型时的一项极其重要的选择，如北京铁路地下直径线最终选择了泥水盾构。

本隧道具有以下工程特点：隧道洞身主要穿越弱风化含砾砂岩、弱风化混合片麻岩、强风化花岗片麻岩、弱风化花岗片麻岩地质。经过考察，我们选择了德国海瑞克公司生产的刀盘直径Φ8830mm 型土压平衡复合盾构机。该机主要由开挖和渣土改良系统、刀盘驱动及推进系统、盾体及盾尾密封、出渣系统、管片安装及同步注浆设备、激光导向系统、控制及数据采集处理系统、供电系统、通风系统、后配套拖车及运输系统、超前钻机及注浆系统组成。

7.2.2 盾构机参数

1. 盾构机主要技术参数

盾构机主要设备和技术参数见表7.2.1。

盾构机主要设备和技术参数表（型号：EPB-Shieldϕ8800mm）　　表7.2.1

名　称	技术参数	备　注
管片外径	8500mm	
管片内径	7700mm	
管片长度	1600mm	
分布	6+1	
前盾体数量	1个	
中盾体数量	无	
直径	8800mm	前尾盾直径有微量递减
长度(前体和中体)	5800mm	
盾构类型	土压平衡	
机器最小水平转弯半径	500m	
最大工作压力	6bar	
土压计	7个	
排水泵	1个	50m^3/h,气动型或者液压驱动型,在管片拼装区域
气闸人行门	1个	
气闸连接法兰	个	
螺旋输送机连接法兰	1个	
盾尾	1个	
型式	铰接	
长度	4100mm	
密封	4排钢丝刷	
油脂管数量	33个(3×11)	
注浆口	6个	单管
推进油缸		
数量	38个	19组双缸
分组数量	6组	
最大推进力	70000kN	在350 bar时
行程	2500mm	
伸出速度	60mm/min	所有油缸

续表

名　称	技术参数	备　注
缩回速度	1800mm/min	一组油缸
铰接油缸		
数量	15个	
类型	被动式	
油缸尺寸	长度600mm	
行程	150mm	
刀盘		
数量	1个	
型式	复合式	
直径	8830mm	
旋转方向	左/右	
开口率	最小	
刀具	4把中心滚刀,45把正面和边缘滚刀,齿刀58把,铲刀16把,仿型刀1把	
喷嘴数量	8个	
中心回转体	1个	8根泡沫输送管,5根液压油管管路
刀盘驱动装置		
数量	1个	
型式	电驱动	
电马达数量	14个	
额定转矩	8121kN·m	
最大脱困扭矩	11369kN·m	
转速	0 to 4.21rpm	
功率	2240kW	14×160kW
主轴承型式	固定式	
主轴承外径	4000mm	
主轴承寿命	10000h	根据ISO281L10
人闸		
数量	1个	
型式	平行式	
直径	1670mm	
工作压力	6bar	
人数(容纳)	前舱2个,主舱4个	
管片安装器		
数量	1个	
型式	中心回转式	
抓紧系统	真空吸气式	
自由度	6	
旋转角度	+/−200°	比例控制
举升油缸行程	1400mm	比例控制

续表

名　　称	技术参数	备　　注
纵向移动行程	2200mm	比例控制
控制装置	无线控制	
螺旋输送机		
数量	1个	
型式	有轴螺旋式	
直径	1000mm	
功率	400kW	
最大扭矩	235kN·m	转速为11.7r时,断裂
转速	0到22.1rpm	无级调速
最大出土量(理论上)	450m^3/h	100%充满时
螺距	630mm	
出料口门	2个	
进料口门	1个	不防水,不能承受压力
皮带输送机数量	1个	
驱动	电动	
带宽	1000mm	
最大输送量	450m^3/h	
后配套设施		
台车数量	4+连接桥	在轨道上行进,上下层结构
管片吊车	1个	带真空吸气抓紧装置
液压单元	1个	包括过滤器和油箱
冷却系统(泵/油冷器/阀)	1个	新鲜水28°由工地提供
注浆系统	1个	
A元素注浆泵	1台	离心式螺杆泵,58m^3/h
压力测量装置	1台	
A元素砂浆罐	1个	容量3m^3,带搅拌器
B元素注浆泵	1台	离心式螺杆泵,10m^3/h
压力测量装置	1台	
B元素砂浆罐	1个	容量1m^3,带操作设备
膨润土储存罐/泵	1个	
注浆泵	6个	
储存罐	1个	
泡沫发生装置	1个	
泡沫发生器	8个	
污水泵	1台	30kW
泡沫泵	1台	7.5kW

续表

名　　称	技 术 参 数	备　　注
聚合物泵	1个	
压缩空气供应	1台	
空压机	2台	55kW,8bar,9.45m³/min(每台)
高压空气储存罐	1个	1000ltr
压力气体调节装置	2个	DN100,在盾体内
主驱动装置润滑泵	1个	
盾尾油脂泵	1个	
控制台	1个	带空调
主副配电柜	3个	
水管卷筒,双线型	1个	工业水(新鲜水和用过的水) 软管 DN100
二次通风设备	1个	0.8m风管,消音器 SDS6
通风管储存装置,不带风管	个	1m直径的风管存储能力为100m
风管盒小型起吊装置	1个	
导向系统	1个	型号:SLS-T_APD
管片排序系统	1个	包括在导向系统中
数据采集系统	1个	海瑞克公司标准配置,中英文界面
电力系统		
初级电压	10kV	
次级电压	400/690V	
变压器	2×2000kVA	硅树脂型,IP 55
控制电压	24V/230V	
照明电压	230V	
功率配置(摘录)		
刀盘驱动系统	2240kW	
盾构推进系统	90kW	
管片安装器	90kW	紧急情况 11kW
辅助设备	55kW	
油过滤系统	11kW	
润滑系统	19kW	
螺旋输送机	400kW	
泡沫发生装置	15kW	
砂浆设备	9.2kW	
皮带输送机	45kW	
二次通风	37kW	
空压机	110kW	2台
电源插座及工地用电	75kW	电源插座及工地用电
合计	4000kW	

开挖主要由刀盘、切口环完成，开挖的泥土进入刀盘和密封隔板组成的泥土室内形成土压来平衡前方的泥水压力，然后边掘进边通过螺旋输送机将渣土输出。

2. 刀盘

用来切削土体，也有支撑子面的功能，刀盘背面的搅拌棒可用来搅拌土体。刀盘采用典型面板结构，由中间正方块和 4 个周边扇形块组成，装有中心滚刀 4 把、正面滚刀 44 把、边缘刮刀 16 把、齿刀 54 把。大多数刀具采用螺栓连接在刀盘面肋板上，可在土仓内检查或更换刀具，进入泥土仓的渣土粒径不大于 235mm，保证螺旋输送机的顺利出渣。维修刀盘时，可关闭螺旋输送机在密封隔板上的闸门，保持泥土仓内的压力和开挖面的稳定。在刀盘面板和周边最易磨损处，附以耐磨钢板或交叉堆焊耐磨材料，以增加刀盘的耐磨性。刀盘中心装有回转接头，以便将超挖刀的液压管路和泡沫管路接到旋转的刀盘上。刀盘由 14 台电马达驱动，支撑在刀盘大轴承的内圈上。

3. 渣土改良系统

为了保证泥土仓内的土压稳定控制，机上装有渣土改良设备，主要将泡沫、膨润土注入设备，如图 7.2.1 所示。当盾构机在流动性大、透水性强的粉砂层中掘进时，应向泥土仓内注入膨润土泥浆，使开挖后的砂土转变为塑性好且不透水的泥土，能较好地充满泥土仓和螺旋输送机内的全部空间，以维持泥土仓内土压和掌子面的泥、水压力相平衡。

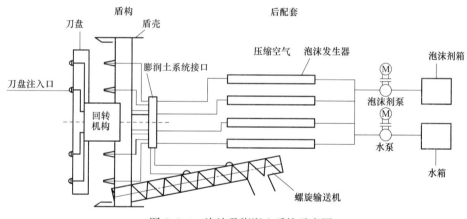

图 7.2.1 泡沫及膨润土系统示意图

泡沫、膨润土注入量可实现自动和手动控制，按比例调控泡沫、膨润土注入压力和流量。

4. 刀盘驱动和推进系统

（1）刀盘驱动系统

刀盘驱动系统由电驱马达、行星减速箱、小齿轮、大轴承内齿圈、三轴式大轴承组成，刀盘转速可无级调节，刀盘可以正反旋转。大轴承是盾构机关键部件之一，其外密封主要由三道唇形密封组成，隔离外面渣土，密封最大承载能力为 0.5MPa。内密封由二道骨架油封组成，隔离大轴承与盾构机内部空间，油封之间注入油脂润滑。

刀盘驱动系统如图 7.2.2 所示。

（2）推进系统

它主要由推进液压油缸组成，均布在中盾四周，掘进时，19 组双油缸顶住已拼装好

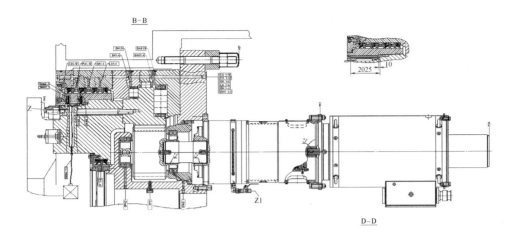

图 7.2.2　刀盘驱动系统图

的管片推动盾构机前进。为便于水平和垂直调向,将全部油缸分成四组进行控制,也可以单个控制。推进油缸行程 2500mm,可满足管片通缝或错缝拼装的要求。

5. 盾体及盾尾密封

(1) 盾体

盾(构)体是用厚钢板焊接而成的圆柱形筒体,密封面和大轴承座要进行机加工。盾构机运行所需的连接件及连接副均集中布置在盾体内。

盾体由二部分筒体组成:前盾、尾盾。其作用是用以承受地下水土压力、盾构机液压油缸推力和各种施工载荷,支承和安装各类机电设备,同时也是保护操作人员安全的掩护体。前盾与尾盾铰接相连,便于曲线掘进时转向,减轻盾尾密封的损坏,延长密封寿命。

(2) 盾尾密封

为防止地层中的泥水或管片外围的浆液通过盾尾与管片间的缝隙漏入盾构机内,盾构机尾部设有四道钢丝刷密封。在四道钢丝刷密封间,由油脂管路伸向盾尾密封注入专用密封油脂,以提高密封效果及可靠性,并可减少钢丝刷密封件与管片混凝土表面的摩擦,如图 7.2.3 所示。

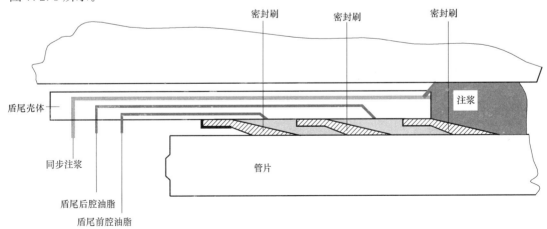

图 7.2.3　同步注浆及盾尾密封示意图

6. 出渣系统

出渣系统由螺旋输送机和皮带输送机组成。

（1）螺旋输送机

为中心轴式螺旋输送机，由一台液压马达驱动，前端安装在盾构机土仓的底部，通过支承（密封）隔板向中心倾斜安装。隔板前端装有维修闸。输送机壳体前端内部堆焊硬质耐磨材料，所有螺旋叶片边缘也都堆焊硬质耐磨材料。输送机出土口设有液压油缸控制的闸门和弃土导槽。输送机转速可调，控制排土量保证土仓压力。输送机壳体上装有泡沫管路以及土压传感器。

（2）皮带输送机

皮带输送机装在后配套拖车上，将渣土从螺旋输送机出口运往后配套车尾部装车，随后通过出渣列车、工作井提升设备将渣土运到地面处理。

7. 管片拼装及同步注浆设备

（1）管片拼装机

管片拼装机为环形结构，由盾构机盾体加强圈上二根横梁支承。拼装机可在横梁上移动，拼装机回转由两台齿轮液压马达驱动，拼装机平移、伸缩以及拼装机上的抓紧机构翻滚和倾斜运动都由液压缸操纵。

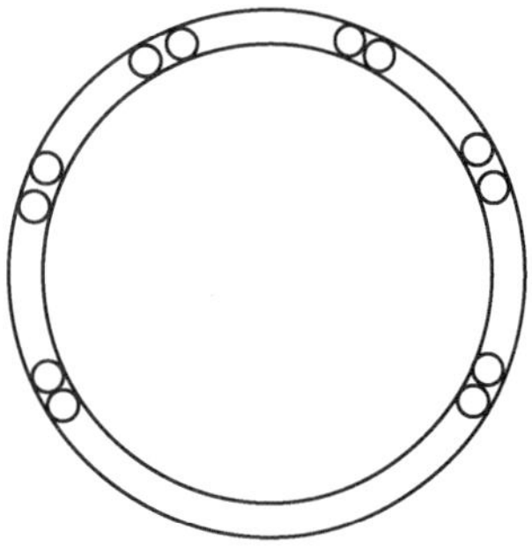

（2）同步注浆系统

在盾尾壳体内置 6 根同步注浆管和 6 个备用管，当盾构机掘进时，可对管片外表面的环形空隙进行同步注浆，可实现手控和自控，注浆压力和流量均可调控。作业过程中要严格控制注浆压力，防止地表沉陷或隆起。

盾尾注浆管布置如图 7.2.4 所示。

图 7.2.4 盾尾注浆管布置图

8. 激光导向系统

导向系统采用 SLS-T 自动定位隧道激光导向系统。由 PC 机、隧道掘进软件、激光经纬仪、ELS 靶、控制盒、调制解调器、激光发射器、TBM-PLC、电缆等组成。可显示盾构机姿态、位置、水平和垂直偏差，可以提供最优纠偏曲线、管片三维位置，快速显示掘进方向及管片安装的准确位置，保证掘进方向的控制精度。

SLS-T 激光导向系统示意图如图 7.2.5 所示。

9. 控制及数据采集处理系统

土压控制系统由传感器、PLC 及程序软件、操作台等组成。盾构机工作可分为三个独立阶段，即盾构机掘进、管片拼装、停机。盾构机掘进控制模式是根据刀盘转速、土仓压力，改变螺旋输送机转速及排土门开度来改变排土量，维持土仓的土压与地层压力平衡的模式。其控制原理示意图如图 7.2.6 所示。

数据采集处理系统设在盾构机操作室内（在 1 号后配套拖车上），室内带空调，是盾构机控制的中心，能自动记录保存各种掘进参数。采用计算机进行数据采集、处理、图表显示和打印机打印，并能同时把各种数据传输到地面办公室，进行分析和处理。

PDV 数据采集系统可采集、处理、储存、显示、评估与盾构机有关的数据。所有测量数据都通过由时钟脉冲控制的测量传感器连续地采集和显示。所有必须记录的测量值都

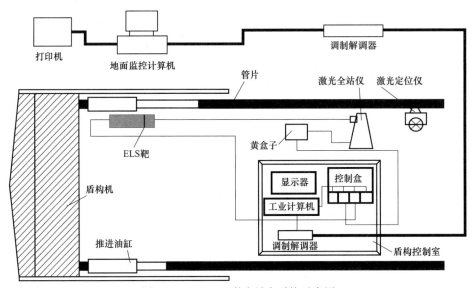

图 7.2.5 SLS-T 激光导向系统示意图

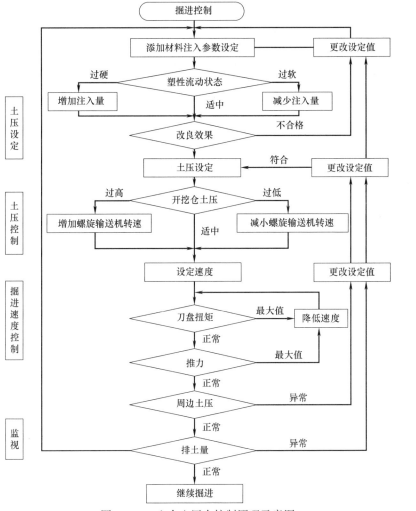

图 7.2.6 土仓土压力控制原理示意图

以图形的形式显示在 PDV 的监测器上，屏幕上的每个内容均按功能分组如下：掘进、螺旋输送机、泥水管线、泡沫、油脂、注浆、温度、系统的其他错误信息，操作员可在这些屏幕之间切换并从中获取需要的数据。

通过 PDV 收集到的信息，可以实现对盾构机状态的实时信息化管理。如必要，可通过互联网、电话拨号网以及 PDV 的计算机将当前的盾构机掘进状态数据传送至工程施工技术部门，为整个工程的信息化管理提供重要信息来源。

10. 供电、通风系统

从工地变电所接出的高压电缆，经始发井输往地下洞壁悬挂，再经高压电缆接头，输送到盾构机后配套拖车上的电缆卷筒上。其出线与拖车上的高压开头柜相接。经变压器降压至 380V 与低压配电柜相连，随后分配输往机上各用电设备。

通风设备由风管贮存筒、轴流通风机（排风机）和风管组成。随着机器的推进，贮存筒内的软风管自动拉出延伸，通过排风机把新鲜空气送至盾构机主机部位，将污浊空气排之盾构机尾部，调节隧道温度，改善工作环境。

11. 后配套拖车

后配套拖车为门架式结构，其轨轮行走在预先铺设好的轨道上，中间为通道。盾构机附属设备均安装在后配套车上，见表 7.2.2。

后配套主要设备配置　　　　　　　　表 7.2.2

车号	主要设备配置
桥架	注浆系统、膨润土箱、双轨梁
1 号车	主配电柜、操作室
2 号车	变压器、润滑油脂泵、主轴承密封油脂泵、盾尾油脂泵、液压泵、液压油箱、二次注浆系统、泡沫筒、水玻璃筒
3 号车	螺旋机电机、二次通风系统、2 台空压机、储气罐、水箱、泡沫发生器
4 号车	高压电缆卷筒、冷却水系统、水管卷筒、污水箱、皮带机电机、风筒

为了减弱爆破作用对围岩的扰动、尽可能降低爆破振动效应，通过爆破形成平顺、光滑开挖洞壁的同时，降低洞身段的爆破振动强度以及减小爆破对围岩的损伤，开挖爆破设计和爆破作业过程中采取以下总体技术方案：

（1）为了有效地降低爆破振动效应，需严格控制每一循环开挖爆破炸药量和一次开挖方量，为此，须合理确定上台阶掘进爆破的单循环进尺，以达到有效控制单次爆破规模的目的。单循环进尺的确定应以掘进爆破振动强度（振动速度）监测结果为依据，通过综合分析后确定。原则上，Ⅲ级围岩大断面隧道掘进爆破的单循环进尺应控制在 3.5m 以内。

（2）确定合理的掏槽方式及其相应的爆破技术参数。为了充分利用掌子面的自由空间条件，削弱掏槽孔爆破的夹制作用，以降低其爆破振动效应，应尽可能减小掏槽孔的轴线与掌子面的夹角（掏槽角）。对于开挖宽度达到近 16～20m 的上台阶掘进爆破而言，设计采用垂直楔形掏槽方式，单循环进尺在 3.0～3.5m 时掏槽角选取为 50°～70°，而且掏槽角越小，掏槽爆破产生的振动会明显减弱。

（3）考虑到一次掘进爆破的炮孔数较多，须采用毫秒延迟的起爆技术来达到进一步降低爆破对围岩扰动的目的。一般将各类炮孔之间或同类炮孔中不同圈层炮孔之间的起爆时差控制在50ms以上。

（4）开挖边界上的周边孔采用光面爆破技术，以减弱爆破作用对隧道围岩的扰动，同时使开挖轮廓线平整，减少超挖和欠挖。考虑到围岩溶沟发育等实际情况，应设计选取较小的炮孔间距和较小的线装药密度，光面爆破的炮孔间距在40～50cm范围内选取，线装药密度不大于0.2kg/m。

（5）施工中周边光面爆破炮孔采用径向不耦合和轴向不耦合的装药结构，且使用小直径药卷和低猛度、低爆速的炸药，以削弱爆轰气体对炮孔壁围岩的强冲击作用，避免爆破在炮孔周围产生粉碎压缩圈，进一步缩小爆破对围岩的扰动范围。

7.3 盾构掘进技术

7.3.1 土压平衡盾构机原理

土压平衡盾构机对于砂质粉土、粉质黏土等不良的土层土质，可以通过盾构机配备的加膨润土泥浆、泡沫及水装置，对渣土进行改良，扩大对地层的适应性，可取得良好效果。

土压平衡盾构机的土仓由刀盘、前体隔板组成。刀盘切削下来的渣土填满土仓，借助盾构机掘进油缸的推力通过隔板进行加压，产生泥土压，这一压力通过渣土及刀盘作用于整个作业面，使作业面稳定，同时使用螺旋输送机排土，螺旋输送机排土量与盾构机掘进量相平衡（图7.3.1）。土仓的土压力通过土压传感器进行量测。

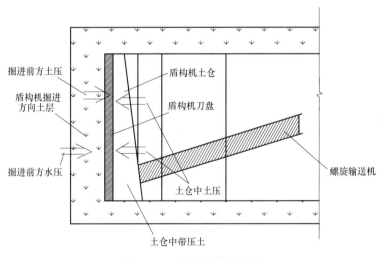

图7.3.1 土压平衡原理图

当土仓内的土压力大于地层土压力和水压力时，地表将会隆起；当土仓内的土压力小于地层土压力和水压力时，地表将会下沉。因此土仓内的土压力应与地层土压力和水压力保持动态平衡。

根据土压平衡盾构机的特点，确定保持合理的土仓压力是关键因素。

7.3.2 盾构掘进施工流程

盾构掘进施工流程如图 7.3.2 所示。

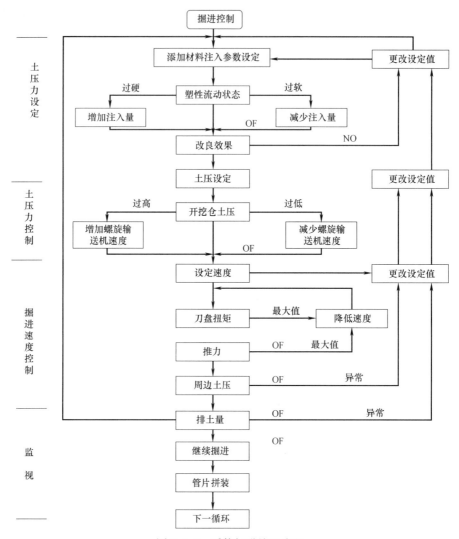

图 7.3.2 盾构掘进施工流程

7.3.3 掘进中关键点

1. 土仓压力值 P 的选定

P 值应能与地层土压力和静水压力相平衡，设刀盘中心地层静水压力、土压力之和为 P_0，$P_0=\gamma \times H$（γ 为土体的平均重度，H 为刀盘中心至地表的垂直距离），则 $P=K \times P_0$，K 一般为 0.5~0.8。

盾构机在掘进过程中据此取得平衡压力的设定值，具体施工时，必须根据盾构机所在位置、土层状况及地表监测结果进行调整。

地表隆陷与工作面稳定的关系以及相应技术对策见表 7.3.1。

地表隆陷与工作面稳定的关系以及相应对策　　　　　表 7.3.1

地表沉降信息	工作面状态	P 与 P_0 关系	措施与对策	备注
下沉超过基准值	工作面坍陷与失水	$P_{max}<P_0$	增大 P 值	P_{max}、P_{min} 分别表示 P 的最大峰值和最小峰值
隆起超过基准值	支撑土压力过大,土仓内的水进入地层	$P_{min}>P_0$	减小 P 值	

硬岩段掘进模式为空仓无压掘进模式,不考虑 P 值。

2. 出渣量的控制

每环理论渣量(实方)为:

$$(\pi \times D_2/4) \times L = \pi \times 8.832/4 \times 1.6 = 97.9 \text{m}^3/环$$

盾构掘进出渣量控制在 98%～100% 之间,即 95.9～97.9 m³/环(虚方 143.85～146.85 m³/环)。

目前,使用的土斗容量是 20 m³,但用时间长了会有部分渣土固结在土斗内壁上,造成实际容量不足 20 m³。所以特别制定了一个渣土统计表(图 7.3.3),将渣土统计精确到每一斗约多少方,从表格可轻易看出是否有超挖情况发生。

左线渣土统计表

2016 年 8 月

日期	环号	描述	编号	厚度	温度℃	渣土情况	分类
7	1635	剩 1/3	1	16cm	32°	90%以上为碎石子	全断面硬岩
		剩 1/4	2	18cm	34°	90%以上为碎石子	全断面硬岩
		剩 1/2	3	11cm	33°	90%以上为碎石子	全断面硬岩
		空斗	4	22cm	31°	90%以上为碎石子	全断面硬岩
		剩 1/2	5	11cm	33°	90%以上为碎石子	全断面硬岩
		剩 1/4	6	18cm	32°	90%以上为碎石子	全断面硬岩
		剩 1/4	7	18cm	32°	90%以上为碎石子	全断面硬岩
		剩 1/3	8	16cm	33°	90%以上为碎石子	全断面硬岩
		剩 1/5	9	20cm	32°	90%以上为碎石子	全断面硬岩
		剩 1/3	10	16cm	31°	90%以上为碎石子	全断面硬岩
7	1636	剩 1/4	1	18cm	30°	90%以上为碎石子	全断面硬岩
		剩 1/2	2	12cm	31°	90%以上为碎石子	全断面硬岩
		剩 1/2	3	10cm	31°	90%以上为碎石子	全断面硬岩
		空斗	4	22cm	33°	90%以上为碎石子	全断面硬岩
		剩 1/4	5	17cm	31°	90%以上为碎石子	全断面硬岩
		剩 1/4	6	19cm	30°	90%以上为碎石子	全断面硬岩
		剩 1/3	7	16cm	32°	90%以上为碎石子	全断面硬岩
		剩 1/5	8	20cm	31°	90%以上为碎石子	全断面硬岩
		剩 1/3	9	15cm	33°	90%以上为碎石子	全断面硬岩
		剩 1/4	10	19cm	32°	90%以上为碎石子	全断面硬岩

图 7.3.3　渣土统计表

3. 管片质量控制

（1）从源头上控制，加强管片制造的质量，严格按标准接收；
（2）拼装过程中错台不得超标、密封条损坏、破损过大等；
（3）管理人员严格监管并记录螺杆松动、破损、错台等台账，及时整改；
（4）推进过程中严格控制千斤顶推力，避免受力不均产生的破损、错台。

4. 姿态控制

（1）姿态监控系统

盾构姿态监控可通过 VMT 导向系统和人工测量复核进行盾构姿态监测。设备导向系统在主控室内为用户提供了盾构相对于隧道设计轴线的详细偏差信息，便于主司机及时纠正盾构的姿态。为保证推进方向的准确可靠，拟每 30～50m 进行一次人工测量，以校核自动导向系统的测量数据并复核盾构机的位置、姿态，确保盾构掘进方向的正确。

（2）调整与控制

拟用于本合同施工的盾构共 19 组推进油缸，分 6 区，每区油缸可独立控制推进油压。盾构姿态调整与控制便可通过分区调整推进油缸压力实现盾构掘进方向调整与控制。

（3）纠偏措施

1）滚动纠偏

刀盘切削土体的扭矩主要是由盾构壳体与洞壁之间形成的摩擦力矩来平衡，当摩擦力矩无法平衡刀盘切削土体产生的扭矩时将引起盾构本体的滚动。盾构滚动偏差可通过转换刀盘旋转方向来实现。

2）竖直方向纠偏

控制盾构机方向的主要因素是千斤顶的单侧推力，它与盾构机姿态变化量间的关系非常离散，需要靠人的经验来掌握。当盾构机出现下俯时，可加大下侧千斤顶的推力，当盾构机出现上仰时，可加大上侧千斤顶的推力来进行纠偏。同时还必须考虑到刀盘前面地质因素的影响综合来调节，从而到达一个比较理想的控制效果。

3）水平方向纠偏

与竖直方向纠偏的原理一样，左偏时应加大左侧千斤顶的推进压力，右偏时则应加大右侧千斤顶的推进压力，并兼顾地质因素。

（4）方向控制及纠偏注意事项

1）在切换刀盘转动方向时，应保留适当的时间间隔，切换速度不宜过快，切换速度过快可能造成管片受力状态突变，而使管片损坏。

2）根据掌子面地层情况应及时调整掘进参数，调整掘进方向时应设置警戒值与限制值。当盾构姿态接近警戒值时就应该实行纠偏程序。

3）蛇行修正及纠偏时应缓慢进行，如修正过程过急，蛇行反而更加明显。在直线推进的情况下，应选取盾构当前所在位置点与设计线上远方的一点作一直线，然后再以这条线为新的基准进行线形管理。在曲线推进的情况下，应使盾构当前所在位置点与远方点的连线同设计曲线相切。

4）推进油缸油压的调整不宜过快、过大，否则可能造成管片局部破损甚至开裂。

5）正确进行管片选型，确保拼装质量与精度，以使管片端面尽可能与计划的掘进方向垂直。

6) 盾构始发到达时方向控制极其重要，应按照始发、到达掘进的有关技术要求，做好测量定位工作。

5. 地面沉降控制

本盾构机在此段通过多层建筑，对工程施工要严格要求，特别需要严格控制地层沉降。地面隆陷控制在+10mm～-20mm，以满足建筑物和管线的安全为标准进行控制。具体措施如下：

（1）合理确定土仓压力

根据地质条件和地下水状况，确定土仓压力值，以保证工作面的稳定，并在掘进中根据反馈信息进行及时调整优化。

（2）保证同步注浆质量

环形间隙是盾构施工中引起地层变形的主要因素，盾构施工中严格执行"掘进与注浆同步，不注浆不掘进"的原则，同时要根据信息反馈及时调整注浆压力、浆液配比、注浆量。

（3）施工过程中对地表沉降进行全程监控量测

及时对监测数据进行分析，分析引起沉降或隆起的主要原因，并根据分析结果及时将信息反馈到施工，及时调整施工参数，如土仓压力、注浆量、注浆压力、掘进速度、推力、刀盘扭矩等。在盾构施工进程中施工监控量测对控制地表沉降具有重要的指导作用，必须制定严格的监控量测的管理措施。

7.3.4 掘进参数研究

1. 研究的目的和意义

在第一区间主要遇到上软下硬、软土层，全断面硬岩比较少，因此这段超长硬岩是一次比较好的学习过程，锤炼好队伍的技术水平是未来为广大人民建立不朽之功及同行业竞争的基础。通过对掘进参数的试验研究，可以有效地提高效益、降低成本。

2. 研究方法

通过对同一地层制定三种不同掘进参数的试验，以刀具消耗量、进度、部分关键常用材料的使用量为考核标准，研究哪一种参数更适合全断面硬岩。

岩石强度下部120～130MPa、中部100～110MPa、上部85～100MPa。强度沿大里程方向略有增加。

（1）第一组参数：刀盘转数控制在1.6转/分，总推力15000～15500kN（表7.3.2）。

第一组掘进参数表　　　　表7.3.2

环号	刀盘转数（rpm）	掘进速度（mm/min）	贯入度（mm/rev）	刀盘扭矩（MN·m）	总推力（kN）
1601	1.6	9	5.6	2.1	15032
1602	1.6	10	6.2	2.2	15177
1603	1.6	11	6.8	2.2	15467
1604	1.6	10	6.2	2.3	15184
1605	1.6	11	6.8	2.5	15204

续表

环号	刀盘转数（rpm）	掘进速度（mm/min）	贯入度（mm/rev）	刀盘扭矩（MN·m）	总推力（kN）
1606	1.6	10	6.2	2.4	15342
1607	1.6	9	5.6	2.6	15725
1608	1.6	9	5.6	2.5	15390
1609	1.6	10	6.2	2.4	15657
1610	1.6	8	5	2.3	15438

（2）第二组参数：刀盘转数 1.7 转/分，推力 17000～18000kN（表 7.3.3）。

第二组掘进参数表　　　　　　表 7.3.3

环号	刀盘转数（rpm）	掘进速度（mm/min）	贯入度（mm/rev）	刀盘扭矩（MN·m）	总推力（kN）
1611	1.7	12	7	2.3	16890
1612	1.7	10	5.9	2.2	16808
1613	1.7	11	6.5	2.2	16949
1614	1.7	11	6.5	2.2	17774
1615	1.7	12	7	2.3	17210
1616	1.7	12	7	2.4	17215
1617	1.7	11	6.5	2.3	16798
1618	1.7	12	6.5	2.2	17432
1619	1.7	12	7	2.3	17156
1620	1.7	11	6.5	2.4	17576

（3）第三组参数：刀盘转数 1.8 转/分，推力 17500～19000kN（表 7.3.4）。

第三组掘进参数表　　　　　　表 7.3.4

环号	刀盘转数（rpm）	掘进速度（mm/min）	贯入度（mm/rev）	刀盘扭矩（MN·m）	总推力（kN）
1621	1.8	12	6.7	2.4	17427
1622	1.8	11	6.1	2.3	17680
1623	1.8	13	7.2	2.4	17910
1624	1.8	12	6.7	2.4	17984
1625	1.8	14	7.8	2.6	18943
1626	1.8	13	7.2	2.4	18874
1627	1.8	12	6.7	2.3	18465
1628	1.8	9	5	2.5	18230
1629	1.8	12	6.7	2.4	17980
1630	1.8	13	7.2	2.6	18704

(4) 耗材明细见表 7.3.5。

耗材对比表　　　　表 7.3.5

名称	润滑油	主驱动油脂	盾尾油脂	泡沫	膨润土	刀具
第一组	1.3 桶	1.5 桶	2 桶	1604L	40m³	8 把
第二组	1.1 桶	1.4 桶	1.8 桶	1460L	35m³	4 把
第三组	1 桶	1.3 桶	1.7 桶	1300L	34m³	7 把

3. 试验结论

（1）第一组和第三组速度和刀盘扭矩波动幅度大于第二组，第二组相对较稳定；

（2）第二组贯入度比第一组和第三组稳定；

（3）除了刀具外，其他耗材量相差不大，主要和推进时间相关；

（4）第一组和第三组对刀具的损坏量大于第二组，第二组推力和转数比较适合此地层。

7.3.5　数据分析

通过上面三组试验数据结合现场分析如下：

第一组推力偏小了点，掘进几环后部分刀具产生轻微偏磨或弦磨后，扭矩从开始的 2.1MN·m 增大至 2.5MN·m。

第二组掘进速度和刀盘扭矩都比较稳定，损坏刀具数量也是最小的，表明了这组推力比较适合掘进这段地层，刀盘转数也较另外二组适合。

第三组掘进速度和刀盘扭矩波动都比第一、二组波动大，主要因为多数刀具掘进环数较多了，地层逐渐变硬后，推力控制不太适合该地层，导致部分刀具过载损坏。

每组掘进的十环中，第一组总耗时为 1565min，第二组总耗时为 1408.7min，第三组总耗时为 1369.8min。通过主要材料的消耗数据来看，润滑油、主驱动油脂、盾尾油脂主要与总掘进时间相关；泡沫和膨润土主要与掘进速度和地下水有关系；因为是常压掘进，所以刀具数据主要与推力和刀盘转数相关，其次还与操作人员技术水平有一定关系。

从泡沫与膨润土的使用量分析：泡沫对全断面硬岩段的渣土改良效果不明显，主要是通过泡沫枪喷射到掌子面达到一定的润滑和保护刀具磨损的作用；膨润土主要改良渣土级配比例，保护刀盘和螺旋机的磨损。二者在土仓混合后作用效果会比单独用其中一种效果都好，所以选择了二者配合使用。

7.3.6　小结

盾构掘进技术是多种学科知识有机联合统一的总称，不仅需要设备运用技能、设备维修技术，更需要掌握地层结构知识、力学知识等，须将多种学科知识结合运用。对于盾构施工来说，提升盾构施工技术水平，不仅降低了刀具、常用材料的成本，还提升了施工的进度效益、施工安全系数。在面对每一个事件时我们都需多研究、多试验，寻找一个最适合的方案。

7.4 刀具使用与管理技术

7.4.1 刀具工作原理

1. 滚刀

刀盘工作时，滚刀先与开挖面接触，在推力作用下紧压在岩面上，随着刀盘的旋转，盘形滚刀绕刀盘中心轴公转，同时绕自身轴线自转。盘形滚刀在刀盘的推力和转矩共同作用下，在掌子面上切出一系列同心圆沟槽。刀盘旋转并压入岩石的过程中，盘形滚刀对岩石将产生挤压、剪切、拉裂等综合作用，首先在刀刃下会产生小块破碎体，破碎体在刀刃下被碾压成粉碎体，继而被压密形成密实核，随后密实核将滚刀压力传递给周围岩石，并产生径向裂纹，其中有一条或多条裂纹向刀刃两侧延伸，到达自由面或与相邻裂纹交汇，形成岩石碎片，整个过程如图 7.4.1 所示。

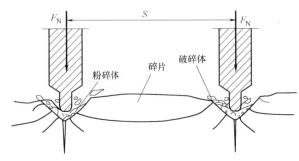

图 7.4.1 滚刀破岩示意图

由此形成的岩渣由破碎体、粉碎体及岩石碎片组成，各部分的组成比例取决于岩石性质、刀圈几何尺寸、推压力及刀间距。

2. 刮刀、齿刀

刮刀、齿刀主要作用是把滚刀碾碎未掉下的岩层碎块从掌子面刮落掉；使掌子面凹凸度减小，保护刀盘不受凸起的岩石磨损；其次还避免了很多小石头卡在滚刀与刀箱间对刀具和刀箱起到一定保护作用（图 7.4.2、图 7.4.3）。刮刀、齿刀的作用在软土地层更能得到表现，能直接切削掌子面泥土，起到开挖作用，所以很多软土层都不用装配滚刀。

图 7.4.2 刮刀位置

图 7.4.3 齿刀位置

7.4.2 刀具维修

1. 刀具成本

盾构掘进施工遇到硬岩段地层对刀具的需求量是其他地层的 2~3 倍，成本也随之升高，国内市场上进口刀具价格一直维持在 5~6 万/把（例如：庞万利），国产刀具因质量 3~5 万/把不等（常见的有株洲、南齿、中天等），完成一个项目，刀具费用高达几千万甚至上亿。

对此，对于刀盘上拆下的旧刀具通过更换刀圈、轴承、刀体等维修后再投入使用，能节约很大一笔成本。同时通过对刀具性能的研究、试用试验、加强刀具管理等手段从技术上和根本上降低了成本。

2. 刀具损坏类型

滚刀损坏形式归纳起来主要有以下几大分类：正常磨损、挡圈脱落、刀圈偏磨、刀圈断裂、刀毂损坏、整刀报废等。

刮刀、齿刀当磨损、掉落于土仓内时，修复成本较高，和购置新刀相比性价比相差不大，所以维修价值不大。

3. 刀具维修流程

刀具维修流程如图 7.4.4 所示。

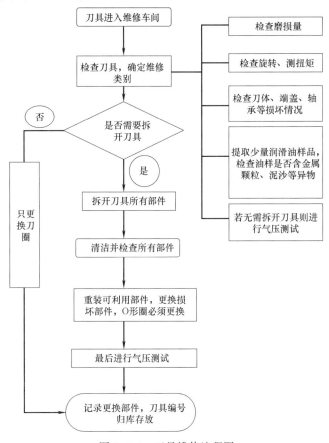

图 7.4.4 刀具维修流程图

4. 刀具维修技术规范

(1) 刀具的解体维修和不解体维修

1) 刀具解体维修条件：①曾经维修过的刀具；②扭矩发生改变或转动不均匀；③刀具漏油、进泥等；④刀体受到破坏。

2) 不解体维修条件：①扭矩在正常范围内，且转动均匀；②只有刀圈磨损，其他情况完好，只需更换刀圈。如正面刀刀圈磨损量达到或超过28mm，刀圈磨损量小但发生移位，中心滚刀磨损量达到或接近23mm，边缘滚刀磨损量达到或在15~18mm，保径刀磨损量达到或超过10mm，刀圈断裂、崩刃需要更换刀圈；刀圈磨损量小于10mm的刀具应保留继续使用。

(2) 轴承与密封圈的更换

轴承与密封圈是刀具上两种重要装置，对刀具掘进运转的可靠性和刀具的消耗具有特别重要的影响。

1) 所有解体维修组装刀具时必须更换橡胶圈；

2) 维修拆卸刀具时，若发现润滑油中含有金属末或油量减少，则金属环同时更换。

3) 若发现漏油或进泥，则需要同时更换密封与轴承；

4) 更换轴承不能单件（内圈和外圈）更换，必须成套更换。

(3) 刀体的维修

1) 刀具严重偏磨使刀体外表部位严重损坏时刀体应报废；

2) 边刀刀体的刀圈轴定位挡肩部位被磨损，高度小于3mm时应报废；

3) 刀体内表面变形应报废；

4) 内表面轴承外圈的配合面，如拉毛时，经打磨可使用，若轴承外圈压入时过松应报废；

5) 刀圈安装面如出现凸出点，可对其进行打磨修复。

(4) 端盖维修处理

1) 端盖出现明显缺损或裂纹须报废；

2) 端面出现磨损可继续使用；

3) 端盖边缘磨损严重和变形须报废；

4) 轴承定位架位置受伤可修复继续使用；

5) 螺纹孔出现变形，可用丝攻修复，如螺纹损坏2丝以上或两个以上螺纹变形须报废；

6) 中心刀端盖安装O形圈位置在不影响密封性能的情况下可继续使用。

(5) 刀轴的维修

1) 刀轴出现变形或裂纹需报废；

2) 刀轴与轴承、端盖接触面受伤，打磨后可使用；

3) 刀轴两端螺纹孔有断螺栓不能取出须报废。

7.4.3 刀具的使用

1. 换刀标准

(1) 中心刀和正面滚刀（9号~42号）不超过25mm；

(2) 边缘滚刀（43号～50号）不超过20mm；

(3) 保径刀（51A、51B）不超过10mm；

(4) 若边缘滚刀属于均匀磨损，可安装到正面进行二次使用，其他如磨、崩刀圈等情况应立即更换；

(5) 定期对刮刀、齿刀数量进行统计，发现有脱落现象且边刀被撞击损坏的，组织更换并且清仓。

2. 刀具的选择

(1) 保径刀必须使用庞万利进口新刀；

(2) 边缘滚刀用大连华瑞或富岩生产硬岩滚刀；

(3) 正面刀具用株洲或者南齿厂家生产的刀具；

(4) 中心刀根据库存和地层合理选择。

7.4.4 刀具数据研究

1. 刀具使用情况

从刀具出库至安装刀盘上位置，再到使用环数，我们都有详细的数据记录（图7.4.5）。这样不仅便于做刀具使用试验，而且通过数据分析可以选择库存刀具用到最适合的刀座位置。

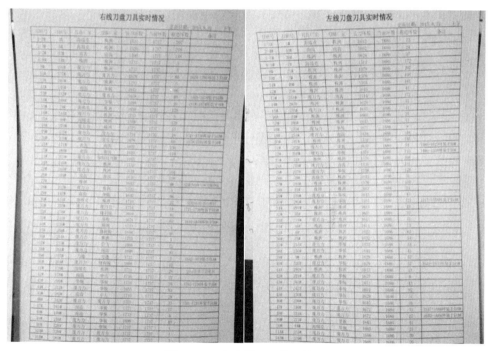

图 7.4.5　左右线刀具使用情况

2. 各个厂家刀具数据分析

左线选取1200环～1690环，右线选取1250环～1754环，对硬岩阶段各厂家刀圈使用情况进行了对比（图7.4.6）。环数参考30号刀座，掘进90分钟/环，刀盘转速1.7rpm，线里程为每环2.66km。

正常磨损	厂家	数量	平均线里程（km）	平均环数
	华锐	44	390.39	146.7
	南齿	56	293.89	110.4
	庞万力	58	285.39	107.2
	中天	12	298.21	112.0
	富岩	3	458.50	172.3
	株洲	113	290.95	109.3

正常磨损、断裂及崩边（注：不含偏磨、偏磨断裂以及刀具报废的情况）	厂家	数量	异常损坏率	平均线里程（km）	平均环数
	华锐	57	23%	323.98	121.7
	南齿	107	48%	209.74	78.8
	庞万力	69	16%	269.81	101.4
	中天	12	0%	298.21	112.0
	富岩	3	0%	458.50	172.3
	株洲	117	3%	284.14	106.8

图 7.4.6　多个厂家刀具在硬岩阶段使用数据分析

3. 非正常损坏刀具分析

044 号：株洲刀具；1686 环～1694 环装于左线 40 号刀座，共掘进 8 环。异常表现为：偏磨、刀圈断裂，刀具表面无明显撞击痕迹，但刀圈上有较多的划痕，推断仓内有掉落的配件，偏磨原因推测是密封性能没有做好。如图 7.4.7（a）所示。

035 号：株洲刀具；1653 环～1694 环装于左线 32 号刀座，共掘进 41 环。异常表现为：偏磨，刀具表面无明显撞击痕迹，但刀圈上有较多的划痕，推断仓内有掉落的配件，偏磨原因推测是密封性能没有做好。如图 7.4.7（b）所示。

139 号：庞万力刀体，华锐刀圈；1678 环～1746 环装于右线 33 号刀座，共掘进 74 环。异常表现为：偏磨，刀圈断裂。刀体下部受撞击变形，刀体报废。如图 7.4.7（c）所示。

228 号：庞万力刀体，华锐刀圈；1736 环～1744 环装于右线 50 号刀座，共掘进 8 环。异常表现为：偏磨。刀体下部受撞击，有弧面变平，导致密封失效，泥渣进入刀体磨损轴承，轴承报废，导致刀圈偏磨，上端盖打不开已返厂。如图 7.4.7（d）所示。

299 号：华锐刀具；1678 环～1746 环装于右线 33 号刀座，共掘进 74 环。异常表现为：偏磨，刀圈断裂。刀体表面有较多的划痕，未发现明显变形，锁紧环位置上移导致上端盖上移，已联系厂家，等待华锐的技术人员给出合理的解释说明。如图 7.4.7（e）所示。

通过对刀具的损坏情况分析，若没有明显的"外伤"，则可能是刀具本身质量有问题，刀具管理人会要求厂家技术人员到现场一起分析，解决问题的同时也提升了自己。若是偏磨、弦磨、断刀圈等情况，则可能是岩层强度变化和推进参数设置不合理，则根据实际岩层强度下达掘进技术交底。

7.4.5　刀具管理

在掘进过程中要根据地质情况选择合理的掘进参数，如果参数不合理则很容易将滚刀损坏。在换刀完成恢复掘进时，掘进速度不能过大，一般新刀安装完成之后要有一个磨合过程，根据现场的施工经验，在更换新刀后的 0.2m 掘进时，贯入度不宜超过 4mm/r，待刀具磨合完成后再逐步将掘进速度提高。在较软地层掘进过程中可采用低转速、高贯入度以增大刀具的启动扭矩，避免弦磨；在较硬岩层掘进过程中可采用高转速、低贯入度避

图 7.4.7 对异常损坏刀具分析原因

(e)

图 7.4.7　对异常损坏刀具分析原因（续）

免推力过大而将刀具损坏。掘进过程中不能调向过快、过大，否则很容易破坏边缘滚刀或卡住盾体。在更换刀具时相邻刀箱的滚刀刀差也不能过大，过大将造成刀具受力不均匀，易损坏刀具。在掘进过程中如果发现有推力增大、扭矩升高、出渣量减小的现象应考虑停止掘进。

为了避免大规模刀具损坏和刀盘严重磨损情况的发生，掘进过程中参数异常时应尽早安排停机和检查刀具及刀盘。如果地层情况没有变化，在大推力和大扭矩的情况下掘进几十厘米的距离都有可能造成严重的损失。在超长硬岩段采取每环开仓，做到及时清除仓内可能掉落的刀圈、刮刀、齿刀及装刀配件等杂物，防止它们与刀盘或者刀盘上的刀具剧烈碰撞造成刀盘及刀具受损，而这种情况下刀具的受损往往是不可维修的报废，而且数量可能会比较多，代价会很大。

刀具成本在盾构施工中占总成本的 20％～30％，有一个健全的管理制度和技术研究，自己的刀具维修厂，能节约 5％～8％的成本，大大提高了刀具的使用率，降低了成本。

7.4.6　小结

盾构施工通过超长硬岩段时，我们可以通过学习更多的刀具知识，建立完善的刀具管理制度和提升维修技术水平，才能大大提高刀具的使用效率。在每个环节提升一点，最后的总成绩将会提升一大截。

7.5　渣土改良技术

7.5.1　在盾构掘进中外加剂主要作用

（1）降低刀具和出土系统的磨损。

（2）通过添加剂渗入土体诸如形成泥膜，改善工作面土体的稳定性，便于对切割土体的控制。

（3）改善土仓内渣土的流动性和和易性。

（4）减小刀盘的动力要求，并使开挖出的土体成为流塑状态。

(5) 密封仓内的压力更均匀。
(6) 对地下水更易于控制。
(7) 降低了在密封仓内形成泥饼的可能性。
(8) 螺旋输送器的渣土和水能得到控制。

7.5.2 渣土改良剂的类型

渣土改良剂的种类见表 7.5.1。

渣土改良剂的种类 表 7.5.1

	膨润土	泡沫剂	高吸水性树脂(聚合物)	增黏剂
特性	pH 值 7.5～10.0 黏度：2～10Pa·s	pH 值 7.3～8.0 黏度：0.003～0.2 Pa·s	pH 值 7.5～10.0 黏度：0.7～2.0 Pa·s	pH 值 7.5～10.0 黏度：0.5～15 Pa·s
适用范围	砂～砂(卵)砾石地层	黏土～砂(卵)砾石地层	固结黏土～砂砾地层	粗土～粗砂地层
特征	制浆和输送设备需较大的空间	输送和使用便捷,消泡后渣土能恢复原来状态	在黏性软土层有时会因黏土变硬而出现堵塞	停止开挖时,有时会堵塞

7.5.3 渣土改良剂的选择

1. 泡沫剂的应用

盾构机配备有泡沫注入系统，泡沫发生器自动运行，8根独立管路分别把泡沫注入不同位置，一般以注入刀盘前部为主，管路上有一段是透明的，可供观察。

在泡沫发生器工作的过程中，可以设定泡沫剂与水混合的比例，在正常掘进状态下，一般不需要对该值做过多的调整，在许可的范围内，通常取值为 3:100，只有在扭矩长时间过大，而单靠调整流量又难以降低扭矩或遇喷涌、流沙的情况下，才调整为 5:100。

泡沫注入系统有三种控制方式，分别为自动、半自动及手动。在正常掘进状态下，若使用自动状态，泡沫的用量比较大。由于盾构掘进沿线土质情况时有变化，而采用手动控制就可以节省泡沫的用量，因此，在掘进过程中，一般要求盾构驾驶员采取手动控制方式，主要根据刀盘的扭矩、千斤顶的顶力以及出土的情况三项参数来调整泡沫注入系统的流量。当观察到出土的含水量过高时，应马上适当调整泡沫的注入量，本工程在砂、土地层中的泡沫用量为泡沫 250～300L/环（1.6m）。

2. 高吸水聚合物的应用

在遇水囊、喷涌、流沙地层时，通过手动控制调整泡沫浓度至 8:100，同时通过膨润土注入系统往土仓内注入聚合物对高含水量的渣土进行改良。加大泡沫混合液浓度是为了提高发泡倍率，发泡倍率越高半衰期越长，稳定性越好，同样能更好地填充砂土间的孔隙，起到止水的作用。往土仓内注入聚合物可吸收一定量的水分，使渣土流动性降低，防止螺旋输送机喷水，不过聚合物的注入量及聚合物与水的混合比例必须通过试验确定。

在第一区间右线 620～680 环段的掘进过程中遇到过水囊、喷涌、流沙地层，通过摸索和试验，得出了合理、适用的聚合物改良渣土的配合比。

渣土是喷涌时从螺旋输送机开口处取出的土样，聚合物是合东双产的高吸水性树脂聚合物，经试验，得出的配合比见表 7.5.2。

聚合物改良剂配合比 表 7.5.2

聚合物(kg)	水(L)	渣土(m³)
0.96	120	1

聚合物先与水拌合，拌合均匀后通过膨润土注入系统注入土仓，拌合过程中先在膨润土储存罐中加好水，再按比例通过人工均匀地撒入聚合物，充分搅拌，使其快速溶解，防止聚合物结成团或粘结在储存罐壁上。通过聚合物混合液的注入使流态的渣土到达理想状态（坍落度 160~200mm，不离析、不泌水），解决了螺旋机喷涌的问题，图 7.5.1 为室内试验配比调试情况。

图 7.5.1 试验人员室内调配聚合物改良剂配合比

3. 施工中遇到的问题及渣土改良措施

右线第一区间 620~680 环段，遇到水囊、喷涌、流沙时通过上述注高吸水性树脂聚合物解决。右线在出洞前的 60 多环，由于井点降水的缘故，地层中含水量低，出土坍落度在 70mm 以下，渣土干燥，盾构机推力、扭矩大，螺旋机磨损严重且前部渣土形成拱形固结转不出，经常需人工清理，耽误时间比较多，只是调整了泡沫剂的注入参数，改良效果没有明显改善，通过几种改良剂的配合使用，效果显著。

4. 膨润土浆和泡沫混合添加剂在长距离硬岩区间的应用

左线盾构在第二区间超长硬岩段的施工中，通过第一区间左右线的经验教训，主要采用发泡剂为渣土改良剂，膨润土为辅料。由于硬岩段较长，地下水随掘进长度而增加，从首先的可控发展到影响掘进进度到最后只有停下来解决地下水的问题，硬岩段掘进速度慢，推力和扭矩大，螺旋机磨损后出土困难，通过大量注入膨润土后得到改善，单纯的泡沫对硬岩段的渣土改良作用效果不大。盾构推进到第 1617 环时，刀盘和螺旋机磨损都比较严重了，只得停机对刀盘、螺旋机进行大规模修补。从第 1618 环后，通过试验和试用得出：膨润土泥浆和泡沫的混合添加材料对渣土改良效果比较好，决定以同时注膨润土泥浆和泡沫作为渣土改良剂。后来，开仓时对刀盘及螺旋机磨损检查，结果比较乐观。如图 7.5.2 所示，膨润-膨化系统包括搅拌罐、输送泵、膨化池、输送管路和三通阀等。

地面上设一膨润土搅拌罐，容量为 1000L，功率为 16kW，最高转速为 100 转/小时，一次搅拌 0.8m³，如图 7.5.3 所示。在 768ml 处刻一刻度，做明显标记，搅拌前先加水至 768ml 刻度位置，然后加入 2 袋膨润土，高速搅拌 5~8min，拌好后通过输送泵（功率

4kW，流量 $10m^3/h$）泵入膨化池。在车站的中板上设置 2 个膨化池，每个池容积为 $50m^3$，地面拌好的膨润土浆液泵入 1 号膨化池，直至池满，待膨化 8h 后方可使用。在使用 1 号膨化池内的膨润土浆液时，地面搅拌好的膨润土浆液泵入 2 号膨化池膨化，将两个膨化池通过三通阀完全隔离，交替使用，保证膨润土浆液有一定的膨化时间。中板上每一工作台班设有 1 台输送泵（泥浆泵，功率 28kW，流量 $30m^3/h$），1 专人负责放浆，在接到盾构操作室的指令后，打开三通阀、输送泵，膨润土浆液通过输送泵、输送管道泵入盾构机上的储存罐。

原三道泡沫管路不变，分别向刀盘前方注入泡沫，膨润土注入系统有两路管道，每一路管道分别通土仓和刀盘。膨润土浆的施工配比为：膨润土∶水＝80kg(2袋)∶768kg。再次始发时，三道泡沫管路往刀盘注泡沫，两道膨润土管路往刀盘注膨润土浆，在无水地段，泡沫浓度为 3%，每环注 30～50L，膨润土浆 $6m^3$；在有水地段，泡沫浓度为 5%，每环注 40～60L，膨润土浆 $4m^3$。推进速度明显提高，出土顺畅，渣土和易性较好，坍落度为 190mm。

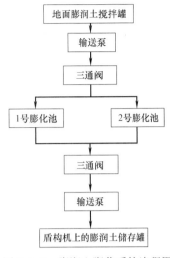

图 7.5.2 膨润土膨化系统流程图

图 7.5.3 地面膨润土搅拌罐

7.5.4 经济评价

就经济成本而言，在硬岩段膨润土改良效果及成本优于泡沫剂改良。高吸水聚合物单价及成本高且在第二区间硬岩段效果不明显，故在第二区间没有采用。

7.5.5 结论

（1）盾构在全断面无水砂卵石地层中掘进施工，采用泡沫、膨润土泥浆复合添加技术，能有效改善土体塑流性。

（2）在高水压砂卵石地层中掘进施工，采用泡沫改良土体效果良好，不过要加大泡沫混合液的浓度，减少注入量。

（3）遇到螺旋机喷涌时往土仓注入聚合物能有效止水。

（4）在超长硬岩段盾构掘进施工中，膨润土与泡沫搭配对渣土改良效果比较好。

7.6 盾构掘进风险及控制技术

7.6.1 控制地下水技术研究

1. 地下水对盾构施工的危害

对于盾构施工来说,地下水丰富是一件头疼的事,主要有以下几点:

(1) 易发生喷涌、掉渣等,耽误正常施工;

(2) 对土层长期浸泡,改变土质,开挖过程中容易造成掌子面不稳定;

(3) 造成管片错台、破裂、上浮等,严重影响施工质量;

(4) 造成地表发生不均匀沉降;

(5) 影响渣土改良剂作用,进而使刀具、刀盘、螺旋机等磨损加快。

2. 止水方法及作用效果

(1) 盾构施工中常用的几种止水方法

1) 聚氨酯作止水环

主要利用聚氨酯遇水在 20s 内迅速膨胀的性质,将水分隔为 2 个区域,从而达到止水效果。

制作步骤:

① 准备所需材料、器具及工具
(聚氨酯、二次注浆机、干燥注浆管、容器桶等)
↓
② 现场做试验,记录各项数据
↓
③ 接管道并用柴油清洗管道
↓
④ 监控土仓压力,确保波动范围在 0.1bar 范围内
↓
⑤ 清理在中盾处原有的 6 个管道并接好球阀
↓
⑥ 用聚氨酯与扩散剂按 20:1 的体积比配溶液
↓
⑦ 通过二次注浆泵把聚氨酯溶液注入盾体,按照先开注浆泵,压力达到稍大于土仓压力时,打开球阀注入聚氨酯,通过观察压力表读数确定注入量
↓
⑧ 达到注入量后,先关闭球阀,停注浆机,换孔继续下一点,依次顺序直至完成
↓
⑨ 清洗工具及现场卫生

2) 双液浆做止水环

① 建立静水压力

关闭土仓舱门、土仓后壁球阀、螺旋机闸门和管片注浆孔,保证无大流量渗水情况,

并观察土仓传感器直至压力稳定。

② 注浆位置

注浆位置选择在盾尾后 8~10 环中的一环，保证该环 6 个注浆孔（F 块除外）均能注入，注入时采用两台注浆机按从下到上的顺序对称注入。

③ 安装泄压阀

在止水环的相邻环顶部安装一个泄压阀，泄压阀压力应比静水压力大 0.3bar 左右。

④ 注浆压力

根据地层情况、水土压力和管头损失计算，初步确定注浆压力不大于 1.5MPa。

⑤ 注浆量

在进行二次注浆时，注浆量主要根据注浆压力控制，当注浆压力达到后，停止注浆，观察 10min，压力不下降时，即可停止注浆，适当降低注浆压力。

⑥ 浆液配置

止水环采用双液浆注入，水泥浆水灰比为 1:1。先将搅拌罐加水至 50cm，再放入 10 包水泥，水玻璃浓度根据现场情况配置，保证双液浆凝结时间在 15s 以内。

⑦ 在注浆时必须严密监视管片动态，若发现管片错台或碎裂，应立即停止注浆。

⑧ 注浆完成后，清理管道、工具，并打扫现场卫生。

3）双液浆+砂浆止水环

① 按照上述方法完成在盾尾后第 8 环和第 13 环（相隔 5 环）双液浆的步骤。

② 检查双液浆凝固情况，待凝固后，在中间第 10~11 环间开下部二次注浆孔放水。

③ 待放水完成后，通过同步注浆泵把砂浆从第 12 环，同时从左、右下方向上部的顺序从二次注浆孔开始注入，注入的过程中，在第 9 环开孔放水、泄压起到观察作用，注意观察压力及管片变化情况。

④ 完成第 12 环后，接着注第 11、10、9 环，通过观察孔查看注浆效果。

⑤ 注浆完成后清洗管道和工具，打扫现场卫生。

(2) 作用效果

1）在静止状态聚氨酯止水环止水效果比较好，但一旦恢复掘进或泄压后基本没有止水效果；

2）双液浆有一定的止水效果，但止水不完全，仍然有漏水处；

3）双液浆+砂浆止水效果很好，基本没有漏点。

3. 本段超长硬岩止水技术

(1) 三种方法对比结果

通过上述三种止水方法的研究得出：聚氨酯主要材质强度不够，恢复掘进后易受破坏；双液浆凝固时间太快且易堵管，在管片后容易聚集在一小区域，达不到止水最佳效果，管片还易错台甚至破损；两边做双液浆中间再加上双液浆止水环，弥补了漏水点，让管片与围岩间的空隙得到最大的填充，从而达到止水作用。

(2) 施工中重点措施

要彻底解决地下水的影响，主要从源头上解决问题，通过一些方案措施辅助才能达到最佳效果。最直接的做法就是在保证质量和进度的前提下尽可能采取手段填充管片与围岩的间隙。主要就是通过同步注浆和二次注浆两种方式。对此采取了以下措施：

1) 解决出现问题

① 在硬岩段掘进每环注浆量必须达到设计值的1.2倍以上；
② 通过开管片上孔、雷达扫描等方法检查管片后方空隙密实程度；
③ 对检查出空洞处进行二次补浆（浆液类型根据情况再定）；
④ 通过管片联测，根据测量数据找出上浮最大处，检查管片后方密实情况；
⑤ 多做试验对浆液进行研究，使浆液达到最佳效果。

2) 推进时要求

① 做到无浆液不掘进，根据推进速度控制好同步注浆速度；
② 推进时控制好姿态，尽量保护好盾尾刷的密封效果，避免漏浆；
③ 对水较大区域加大注浆量，同步注浆的同时，在盾尾后第5～6环处进行二次注浆，切断后来水通道；
④ 时隔3～5环，开管片二次注浆孔观察是否有渗漏水。

3) 提前准备工作

① 根据平时进度提前了解下周将会面临的地质情况（主要是土层结构和地下水情况），认真研究，及时下达掘进指令；
② 对富含地下水区域严格做好地表监测工作。

4. 小结

超长硬岩段岩层裂隙水比较发育，通过同步注浆不能完全解决填充管片后空隙作用，随着推进的长度增加，地下水积累得更大，最后造成影响掘进甚至无法掘进或地表产生沉降的严重后果。通过解决目前存在的问题，改善推进过程中的止水措施并严格要求现场人员执行，提前做好统筹安排，解决了地下水对盾构施工的影响。

7.6.2 刀盘和刀箱磨损严重

1. 原因分析

本段硬岩石强度基本在120MPa及以上，刀盘通过滚刀切削下来的岩石主要呈片状、不规则大个体，堆积在刀盘与掌子面间、土仓后壁与刀盘间。在盾构掘进过程中，刀盘转动向前推进过程中会与凹凸不平的掌子面接触产生摩擦，下部堆积的石碴对刀盘两边摩擦，甚至有的大个体会卡在刀盘与掌子面之间，一段时间后，就会发现刀盘与刀箱受磨损严重。在硬岩段，渣土改良剂对岩石大颗粒效果不明显。

2. 解决措施

（1）修复刀盘和刀箱。选择裂隙水最小或没有的地点，通过爆破在仓门正对的掌子面开挖出大小合适的空间，做好防护措施后，对受损刀盘、刀箱处进行补焊，补焊完成后表面堆焊耐磨焊丝，通过评估对受损严重刀箱进行更换。
（2）注入膨润土。再次恢复掘进后，向土仓注入膨润土，通过渣样效果决定注入量。
（3）掘进过程中注意控制掘进参数，勤开仓检查。
（4）通过市场调研，寻找对岩层改良的外加剂。

7.6.3 出现卡盾体情况

1. 原因分析

（1）最边缘的刀具磨损量过大，或异常磨损（偏磨、弦磨、刀圈脱断落等）；

(2) 盾构姿态控制不当；
(3) 停机期间注浆导致盾尾抱死；
(4) 盾壳外部包裹一层浆液凝固后的混凝土。

2. 解决措施

(1) 通过缓慢掘进判断卡的严重程度以及方向；
(2) 拆除 2、5、7、10 点钟方向铰接油缸，换成 10cm 厚连接板（尺寸根据现场实际情况决定）；
(3) 推力从小慢慢加大缓慢掘进，关注连接板是否变形，出现断裂；
(4) 若不能脱困，增加液压站放置于管片与中盾间；
(5) 脱困后，注意控制姿态，轴向不要超过±3mm；勤检查边缘滚刀是否需要更换，及时更换。

7.6.4 螺旋机磨损严重

1. 原因分析

在长距离硬岩段采用全开式无压掘进模式，开挖仓积土达到一定量后才能顺畅排渣，并且螺旋机转动速度一般不低于 10 转/分，螺旋机磨损程度比在其他地层磨损严重，还经常会出现小石头卡在筒壁凹槽里对螺旋机叶片磨损的现象。长此以往造成底部磨损最大，上部磨损偏小，导致渣土堆积在下部，做转动时对筒壁磨损甚至磨穿。

2. 解决措施

(1) 选择较佳地理位置停机，拆除螺旋机筒壁，用出厂原材料对叶片进行更换；
(2) 检查筒壁受损情况，是否需补焊堆耐磨块；
(3) 维修完成后，在恢复掘进过程中，在不影响排渣情况下，尽量慢一点转动螺旋机，一般不超 8 转/分；
(4) 向土仓加入适量膨润土达到改善土质效果。

7.6.5 后期螺旋机易卡死

1. 原因分析

主要因为螺旋机叶片磨损，不仅底部筒壁渐渐附上一层比较硬的渣，而且排渣量小于掘进时掌子面切削下来渣，导致渣在底部堆积；停机时间过久或换土斗过程中，再次启动螺旋机时启动扭矩大于螺旋机扭矩，造成转不动（卡死）状态。

2. 解决措施

(1) 维修补焊螺旋机叶片；
(2) 向土仓注入膨润土达到改良渣土的效果；
(3) 从螺旋机壁上按需注入膨润土（以螺旋机扭矩为参考）；
(4) 停机或换车时，上升螺旋杆反转转空螺旋机内渣土；
(5) 拆开观察孔盖板，人工疏通。

第 8 章

浅埋富水砂层矿山法隧道掘进技术

莞惠城际轨道四标 GZH-4 标起讫里程为 DK19＋780～DK25＋080，正线全长 5.300km，设计时速为 200km/h，隧道采用矿山法施工。其中，区间 GDZK19＋877.5～GDZK19＋780、GDK19＋875.5～GDK19＋780 段暗挖隧道穿越皇马郦宫房地产，该段隧道埋深为 10m，围岩等级为 Ⅵ 级，隧道上覆第四系填土、冲击淤泥质粉质黏土、砂层、残积层、下伏全风化混合片麻岩。洞身主要穿越砂层、粉质黏土、震旦系全风化混合片麻岩。地下水埋深 0.8～6m，拱顶以上以地表水补给为主，且围岩渗透情况较好，仰拱及以下为风化岩裂隙水，水量丰富。本章针对浅埋富水砂层矿山法隧道的施工，对水平旋喷桩与帷幕注浆复合超前支护技术进行阐述。

8.1 依托工程概况

8.1.1 工程地质概况

莞惠城际隧道 GDK19＋780～GDK25＋080 段区间隧道位于广东省东莞市东城南区莞惠城际东城南—寮步区间内，全段为矿山法区间隧道，矿山法隧道下穿高尔夫球场及人工湖起止里程为 GDK21＋720～GDK22＋380，此段隧道拱顶距湖底最小约 15m，湖面开阔，水量丰富，湖水最深处达约 10m。隧道结构形式为单线单洞断面，围岩等级为 Ⅳ 级～Ⅵ 级，Ⅳ 级围岩采用台阶法施工，Ⅴ 级围岩采用台阶法＋临时仰拱施工，Ⅵ 级围岩采用 CD 法施工。

GDK21＋720～GDK22＋380 段场地位于低山丘陵区，场地地层主要为全、强、弱风化混合片麻岩，风化岩存在风化不均现象，表现为全风化基岩面局部起伏略大，全风化岩浸水易软化，施工开挖容易坍塌，属较不稳定土体；强风化、弱风化混合片麻岩层破碎～较完整，变形小，属稳定岩体。详见图 8.1.1。

场地内广泛分布有素填土及杂填土，松散～稍密，属较不稳定土体，易造成隧道及基坑坍塌；局部分布有冲积淤泥质粉质黏土，具有孔隙比大、压缩性高、抗剪强度低等特点，具触变性、流变性，属不稳定土体；本场地存在冲积的饱和砂层，其富水性大，结构松散～中密，属较不稳定土体，透水性中等～强。施工中易发生坍塌、涌水、涌砂等现象；饱和状态下混合片麻岩残积土及全风化混合片麻岩，土质不均，属较不稳定土体，受施工扰动，强度骤降，极易造成隧道坍塌、侧壁失稳。

勘察期间本段区间隧道场地内未见不良地质体。隧道拱顶覆土为素填土、淤泥质粉质黏土、粉质黏土、全风化混合片麻岩、强风化混合片麻岩，局部分布砂层，其中左线

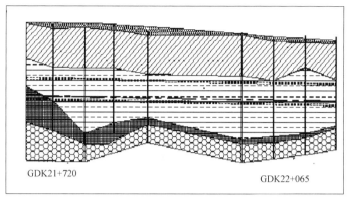

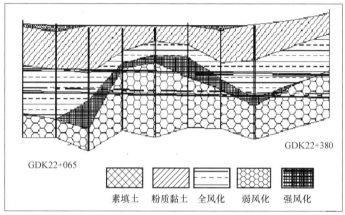

图 8.1.1　地质剖面图

GDZK22+168～GDZK22+238 隧道拱顶主要为砂层，厚 2～7m 不等，距拱顶距离最小为 2.8m。洞身主要穿越残积粉质黏土层、震旦系全～强风化混合片麻岩、弱风化混合片麻岩，其中残积粉质黏土层遇水易软化，强风化混合片麻岩节理裂隙发育。图示很好地表示了隧道的地质条件，为明显的复合地层。

8.1.2　水文地质概况

场地内地下水水文地质条件受当地气候、地貌、岩性、地质构造及人类活动等因素的影响，根据地下水埋藏条件可简单划分为孔隙水、基岩裂隙水。

孔隙水：分布于场区内上部覆盖层，主要含水层为第四系人工堆积层素填土、杂填土；第四系全新统冲积粉质黏土、淤泥质黏土及砂层；第四系残积层及全风化花岗斑岩、泥质粉砂岩、混合片麻岩中，其补给方式主要由大气降水补给及地表水补给，排泄方式为大气蒸发及地下径流。

本次勘察期间，GDK21+530～GDK23+600 段地下水位埋深 1.80～23.00m，岩石富水性和透水性与节理裂隙发育情况关系密切，节理裂隙发育的不均匀性导致其富水性和透水性也不均匀。

根据取水样试验，依据《混凝土结构耐久性设计标准》GB/T 50476 判定：GDK22+600～GDK24+000 段地下水化学环境作用等级为 V-C。

8.2 施工技术难点及总体方案

8.2.1 原设计情况及方案调整原因

1. 隧道地质条件及周围环境

区间 GZH-4 标 GDZK19+877.5～GDZK19+780、GDK19+875.5～GDK19+780 段暗挖隧道穿越皇马郦宫房地产，标头与 3 标相接，分界里程为 DK19+780（图 8.2.1）。该段隧道埋深为 10m，围岩等级为Ⅵ级，采用 CD 法开挖施工。该段地貌属丘间谷地，地形略有起伏。上覆第四系填土、冲击淤泥质粉质黏土、砂层、残积层、下伏全风化混合片麻岩。

图 8.2.1　DK19+780～DK19+900 段暗挖隧道平面图

隧道拱顶覆土为素填土、淤泥质粉质黏土、粉质黏土、砂层。洞身主要穿越砂层、粉质黏土、震旦系全风化混合片麻岩，其中，砂层段以粗砂为主，局部为细砂；粉质黏土层、全风化混合片麻岩遇水易软化，无自稳能力。地下水埋深 0.8～6m，水位变幅 5.2m，补给来源较好。隧道拱顶以上以地表水补给为主，且围岩渗透情况较好，仰拱及以下为风化岩裂隙水，水量较为丰富。地质纵断面图详见图 8.2.2、图 8.2.3。

2. 原设计情况

原设计 1 号竖井左线 GDZK19+877.5～GDZK19+780 过砂层段采用穿越砂层全断面注浆加固，拱部 180°小导管超前注浆支护，中隔壁（CD）法开挖；右线 GDK19+875.5～GDK19+865 过砂层、光明二路段采用超前长管棚支护和穿越砂层段全断面注浆加固，拱部 180°小导管超前注浆支护，中隔壁（CD）法开挖；GDK19+865～GDK19+780 过砂层段采用穿越砂层全断面注浆加固，拱部 180°小导管超前注浆支护，中隔壁（CD）法开挖。

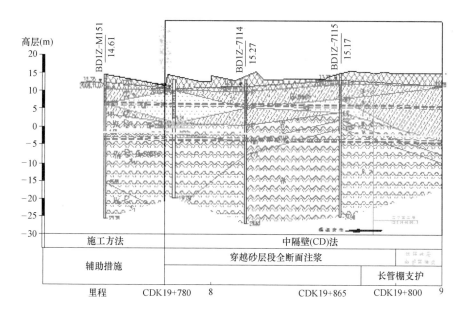

图 8.2.2 右线 GDK19+780～GDK19+900 地质纵断面图

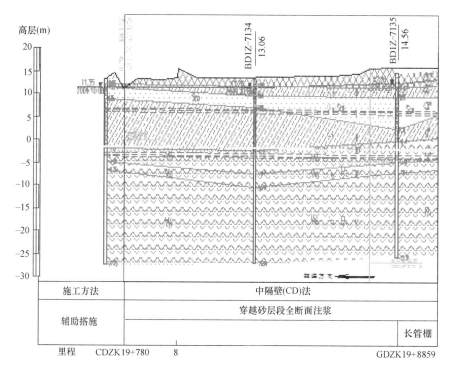

图 8.2.3 左线 GDK19+780～GDK19+900 地质纵断面图

3. 方案调整原因

（1）该段隧道上方为皇马郦宫房地产景观用地，洞内注浆导致地面冒浆、局部隆起，影响其场地绿化。目前皇马郦宫相关负责人已与我方交涉，要求我方停止注浆施工。

（2）因该段隧道埋深浅，原地面是一集水坑，后被房地产开发商回填土作为景观用地，拱顶以上仅为 10m 的素填土、淤泥质粉质黏土及砂层，属高度风险段，同时，地面又在进行房建施工，相互干扰大。为了避免隧道发生坍塌等安全质量事故，确保隧道安全掘进，需调整原设计方案以达到地面不冒浆的效果。

8.2.2 过砂层段总体施工方案

为确保洞内全断面注浆不发生地面冒浆，同时又能达到掌子面开挖不流泥水现象。首先采用在洞内拱顶 180°开挖轮廓线以外打设一排水平旋喷桩作为超前支护，同时又能作为止水、止浆帷幕。同时在隧道上半部掌子面打设 9 根旋喷加固桩来稳定掌子面土体。水平旋喷桩完成后，还按原设计在隧道内采用下半断面砂层注浆，如图 8.2.4 所示。

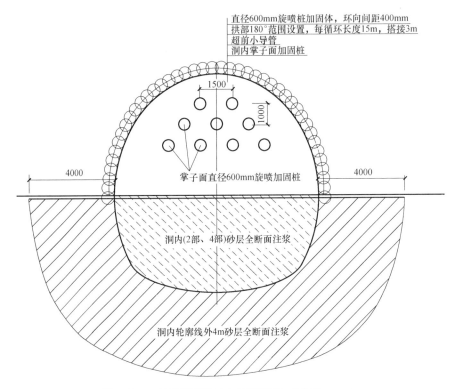

图 8.2.4　过砂层段洞内加固断面图（单位：mm）

8.2.3 施工难点分析

本区间隧道洞身穿越区段粉质黏土层、全风化混合片麻岩遇水易软化，自稳能力很差，而地下水埋深浅水位变幅大，补给来源好，隧道拱顶围岩渗透情况较好，仰拱及以下为风化岩裂隙水，水量丰富，在这种围岩条件差而水量丰富的条件下怎么对隧道进行超前预支护加固给施工人员带来了很大的挑战。

根据本工程的上述特点，其施工难点有：

（1）帷幕注浆压力大，注浆时间长，注浆量大，注浆期间极易使得注浆区间段隧道和掌子面产生膨胀、裂缝，进而发生漏浆、掌子面破坏等情况。

（2）由于前方的地层条件无法完全探明，使得帷幕注浆无法根据实际的地层条件进行合理的设计,只能凭借既有经验进行施工,这就有可能造成对注浆浆液的浪费,或者注浆时产生漏注或注浆不充分等情况,从而不能确保注浆达到预期的效果,对注浆后的开挖施工造成潜在的隐患。

(3) 由于富水量大,可能对浆液进行稀释,无法达到注浆的要求。

(4) 注浆压力过大可能会使得隧道内部收敛过大。

(5) 注浆量过大可能会造成地面涌浆,对周围环境造成破坏。

(6) 水平旋喷预加固是如何来保护围岩的天然承载力,又如何来保证隧道的安全与稳定,以及如何控制地层变位与地表下沉等问题,难有满意的理论论证。

(7) 在水平旋喷桩的浇筑过程中由于地层条件的隐蔽性,没法确保桩与桩之间的有效连接。

8.3 帷幕注浆设计与施工

帷幕注浆堵水率高、安全性强、注浆范围大,可作为改善软弱地层、封堵高水压,特别是拥有大量地下水的复合地层水下隧道施工的主要技术措施,但这种注浆方式的注浆工期较长,注浆费用较大,需经全面的经济技术方面的比较,当其他技术方法不能克服高水压和软弱破碎围岩时,可考虑选用帷幕注浆法。

帷幕注浆技术对于解决实际工程中所遇到的难题具有巨大的潜力,但在现行的施工条件的约束下,其潜力还得不到有效的开发。因此,对于帷幕注浆这一施工工艺的研究有着很重要的理论价值和实际意义。

8.3.1 帷幕注浆的设计

1. 注浆加固圈厚度的研究与确定

隧道全断面封闭式注浆的有效范围(注浆加固半径)按弹性理论和太沙基理论考虑,一般为开挖毛洞的2~4倍。

确定帷幕注浆的加固圈的厚度时,要综合当地的施工环境和经济条件以及必要的施工功效,对于帷幕注浆最主要的是把堵水率和地层承载能力的提高程度作为参考因素。

在现行的施工条件下,对于加固圈厚度值的确定主要通过两个方面:一是根据定量的数值计算,一是根据以往工程经验。

根据大多数的现场实际环境、理论力学模拟和以往的实际工程经验,对于加固圈厚度的确定现总结如下:

在一般地层,注浆加固的范围为开挖隧道直径的2~3倍,高压富水区,注浆范围应加大至开挖隧道直径的3~4倍。随着注浆技术的进步和注浆新材料的开发应用及性能的提高,注浆加固范围呈现出不断缩小的趋势。

按数值计算确定注浆的加固范围时,由于注浆帷幕固结体主要承受外部静水压力,其厚度按厚壁筒公式,并按第四强度理论计算,其计算公式为(帷幕注浆范围为隧道开挖轮廓线外):

$$E = R \left| \sqrt{\frac{\sigma}{\sigma - 1.732P}} - 1 \right| \qquad (8.3.1)$$

式中：E——帷幕计算厚度（m）；
  　　R——隧道掘进半径（m）；
  　　P——最大静水压力值（MPa）；
  　　σ——围岩固结体允许抗压强度（MPa）。

2. 浆液扩散半径的确定

浆液在围岩中的渗透扩散一般随渗透系数、材料特性、裂隙开度、注浆压力、地质条件、浆液浓度和注入时间等因素变化而变化。目前，准确确定裂隙介质中浆液扩散半径尚未无实用的理论公式，浆液的扩散半径可根据工程经验和工程类比法来进行初次确定，再根据注浆试验或施工前期注浆效果进行验证、评估并进一步修正确定。

3. 布孔参数

（1）注浆孔布置

注浆孔的布置是根据浆液有效的扩散范围，依据注浆的加固交圈理论，使被加固土体在被注范围内形成一个连续的整体。理论上来说，合理的孔距应该是在两相邻孔之间的中点断面处，注浆后地基在设计水头作用下的渗透性和岩体加固后的稳定性满足设计要求。

通常来说，浆液扩散半径、注浆孔排距和注浆孔的孔距在实际工程中是借鉴相似的成功经验来确定的，再通过逐渐加密的方法，以现场的试验来确定合理的孔距和排距。

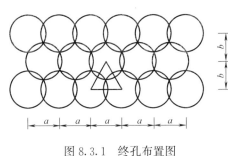

图 8.3.1　终孔布置图

（2）注浆孔终孔间距

帷幕注浆设计终孔间距的主要目的为在施工过程中进行有效的止水，因此，设计时应根据注浆的加固交圈理论使注浆过程中不存在注浆的盲区，注浆时，多排孔应呈梅花形布置，注浆孔终孔行距 a 和排距 b（图 8.3.1）应满足下式要求：

$$a \leqslant \sqrt{3}R \quad (8.3.2)$$

$$b \leqslant \frac{3R}{2} \quad (8.3.3)$$

式中：a——注浆孔终孔间距（m）；b——注浆孔终孔排距（m）。

4. 注浆段长度

注浆段长度的确定要综合考虑当地的地质条件、施工环境、注浆效果、钻机工作性能、注浆加固圈厚度等因素，主要还要根据类似的工程经验来确定。

5. 注浆压力的确定

注浆压力与围岩的强度等级、浆液材料的物理化学性能、裂隙发育程度等有关，注浆压力的计算可按下式进行计算，即

$$P = P_0 + \Delta P \quad (8.3.4)$$

式中：P——注浆终压（MPa）；
  　　P_0——静水压力（MPa）；
  　　ΔP——压力增量（MPa），一般取值范围为 1～3MPa。

6. 单孔浆液注浆量

单孔注浆量根据岩层填充率和注浆的扩散半径，按照如下公式计算：

$$Q = \frac{\pi D^2}{4} L \cdot n \cdot a \cdot \eta \tag{8.3.5}$$

式中：Q——注浆量；

D——注浆范围；

L——注浆段长；

n——岩层裂隙率；

a——浆液在岩石裂隙中的充填系数；

η——浆液消耗率。

7. 注浆速度

浆液在岩体裂隙中流动时所受的流动阻力与裂隙的大小、裂隙的延伸方向和裂隙中存在的填充物有关，注浆速度还和浆液的密度和粘度有关。参照达西流体运动方程：

$$V = C_{d^2} \left(\frac{\rho g}{\mu}\right) \left(\frac{\mathrm{d}h}{\mathrm{d}L}\right) \tag{8.3.6}$$

式中：C_{d^2}——介质渗透特性函数；

$\frac{\rho g}{\mu}$——流体特性函数；

$\mathrm{d}h$——水土压力，MPa；

$\mathrm{d}L$——注浆段长度，m。

对于最终注浆速度的确定，依据工程经验，由计算得出的注浆速度在 5~110L/min 时，还要经现场实际试验后才能确定。

8. 止浆墙厚度

为了更加有效地注浆，使得注浆时可以保持一定的注浆压力，避免出现漏浆现象和使注浆的扩散范围有效，注浆前在掌子面施工一定厚度的止浆墙，并将孔口管固定于止浆墙上。

止浆墙厚度的确定在帷幕注浆过程中要经过慎重考虑，当止浆墙厚度过大时，会造成不必要的浪费，不仅增加了施工成本，还可能由于对于地层的过分扰动从而会对原有地层造成不可预知的破坏；止浆墙厚度不够时，在施工过程中可能会出现突涌水、岩层塌裂、出水量过大等工程灾难，从而对施工造成很大的损失。

止浆墙面积较大，其厚度的计算可采用平板理论进行，如下式所示：

$$B = \alpha \sqrt{\frac{P \cdot W}{2H \cdot [\sigma]}} \tag{8.3.7}$$

式中：B——混凝土止浆墙厚度（m）；

α——安全系数，一般取 1~1.5，隧道断面大时安全系数取大值；

P——作用于止浆墙上的压力（N）；

W——隧道宽度（m）；

H——隧道高度（m）；

$[\sigma]$——混凝土允许抗压强度（MPa）。

9. 注浆结束标准

通常来说，注浆的结束标准要采用双标准，既控制注浆量，又要控制注浆的压力，具体参考标准如下：

（1）注浆量根据注浆扩散半径和岩层填充率计算，基本每孔每米按 $0.3\sim0.4m^2$ 计算。一般来说，最大注浆量不超过理论计算的 1.5 倍。

（2）注浆终压长时间达不到设计压力时，经间歇注浆或二次重复注浆仍达不到的，可考虑降低注浆压力。

（3）注浆压力达到设计终压，并且注浆速度小于设计注浆速度超过一定时间时，即可结束该孔注浆。

（4）在注浆过程中长时间压力不上升，并且达到设计注浆量时，应缩短浆液的凝胶时间，并采取间歇注浆措施，控制注浆量，当设计孔全部达到结束标准而且注浆效果检查合格时，即可结束本循环注浆。

对于注浆结束标准，在徐胜《浅谈帷幕注浆堵水在隧道施工中的应用》一文中也有如下描述，现参考引用如下：

（1）单孔注浆结束标准：注浆压力逐步升高至设计终压，并继续注浆 10min 以上；注浆结束时的进浆量小于 20L/min。

（2）注浆全段结束标准：所有注浆孔均已符合单孔结束条件，无漏注现象；注浆后涌水量小于 $1m^3/m/d$；浆液有效注入范围值大于设计值。

可见，对于注浆结束标准，主要有以下几个方面的考虑：注浆量、进浆量、设计终压、注浆后涌水量等，在具体实际工程中，对于注浆终止标准要综合考虑各种终止标准，从而对其优化，得到最适合具体施工工况的判定标准。

8.3.2 帷幕注浆的施工

1. 前进式注浆

前进式注浆保证了钻机钻进时都在已经加固的土体内钻孔，这样可以有效地防止塌孔和成孔困难，并且可控制孔内涌水，在钻进到孔内出水就开始注浆，便于灵活掌握，方便及时堵水。后一次注浆对前一次的钻进注浆部位还有复注作用，因此注浆效果较好，如图 8.3.2 所示。

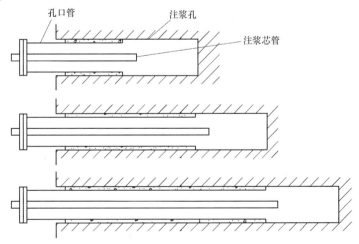

图 8.3.2 前进式注浆施工流程图

2. 后退式注浆

后退式注浆一般适用于岩层裂隙不够发育的地层条件注浆,其施工特点比较前进式注浆其注浆施工周期段较长,施工时对于地质条件的要求较高。在注浆时,较于灵活掌握,可以根据现场实际情况适当加入特种材料以增加浆液的可灌性和早期强度,施工流程图如图8.3.3所示。

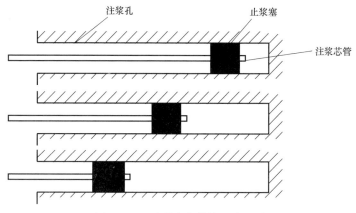

图 8.3.3 后退式注浆施工流程图

两种注浆方式的分析比较见表8.3.1。当围岩条件较好时,可进行一次性注浆。

注浆方式比较表 表 8.3.1

岩层裂隙程度	钻孔涌水量(m^3/h)	注浆方式	注浆分段长(m)
发育	>10	分段前进式	5~10
较发育	5~10	分段前进式	10~15
不够发育	2~5	分段后退式	15~20
不发育	<2	全孔后退式	20~30

8.3.3 注浆效果检验及评价标准研究

帷幕注浆效果的检验和评定主要是对于地层的加固程度和防渗堵水的评价,为隧道的支护和开挖提供可行性依据。注浆效果的检验和评价方法主要采取分析法、压水试验法、取样测试法、钻检查孔法。

钻检查孔法主要通过测定检查孔的取芯率、涌水量,并进行压水试验、渗透系数测定等。取样检查法主要是对固结体的物理力学指标进行测试。

1. 分析法

分析法主要通过分析注浆过程的注浆压力和进浆速度、注浆量之间的关系曲线,反算地层孔隙率和地层堵水率等。

(1) 注浆 $P\sim V\sim T$ 和 $P\sim Q\sim T$ 曲线分析

通过对实际工况下数据的整理,根据每个注浆孔的注浆压力、注浆量和注浆速度随时间的变化绘制成 $P\sim V\sim T$ 和 $P\sim Q\sim T$ 曲线,通过对注浆曲线的分析,发现在注浆的前期阶段,随着注浆压力的不断升高,单位时间内的注浆量不断减少,随后,注浆压力和单位时间内的注浆量达到一个稳定期,在这段时期内,二者的波动量很小,是注浆的主要时期,在注浆的末尾阶段,随着注浆压力逐渐达到设计终压,单位时间内的进浆量急剧减少。

通过分析总结出产生这种现象的原因是由于浆液的扩散方式主要通过劈裂和挤密注浆为主,在注浆的初始阶段,由于岩层的孔隙率较小,浆液的流动受到的阻力很大,分析曲线会呈现出压力增长很快但注浆量和单位时间内注浆量很小的趋势,但当岩层被劈开后,浆液所受到的阻力突然减小,单位时间内的进浆量随之提升,但这时注浆压力迅速减小,随后注浆压力和注浆量会反复交替地增长或减弱,到注浆的后期,会呈现出上图的变化规律,即注浆压力增大,而注浆量急剧减少的现象。

(2) 地层孔隙率变化

注浆前后地层孔隙率的变化率可用下式来表示:

$$\psi = \frac{n_1 - n_2}{n_1} \times 100\% \tag{8.3.8}$$

式中:ψ——地层孔隙率变化率;
$\quad n_1$——注浆前孔隙率;
$\quad n_2$——注浆后孔隙率。

(3) 注浆施工前后涌水量对比分析

分析注浆前后隧道每米平均涌水量变化情况,反算地层的堵水率。堵水率的计算公式如下:

$$\eta = \frac{Q_1 - Q_2}{Q_1} \times 100\% \tag{8.3.9}$$

式中:η——堵水率;
$\quad Q_1$——注浆前堵水量;
$\quad Q_2$——注浆后堵水量。

根据国内外隧道及地下工程的施工经验,隧道经过帷幕注浆后,地层的堵水率应保持在85%以上。

2. 钻检查孔法

钻检查孔对注浆效果进行检查是一种最直接的检查方法,钻孔时应保证检查孔的数量最少,应为注浆孔数量的5%~10%,对于注浆的薄弱环节,可重点进行检查。

检查孔位置主要根据注浆加固范围和注浆过程分析确定。一般情况下,在所开挖隧道的开挖面内和开挖面外一定范围内均应设置检查孔进行检查。钻检查孔法主要分两步对注浆的效果进行检查:一个是对注浆区进行取芯检查;另一个是对检查孔的涌水量进行测定。具体分析如下:

(1) 取芯检查

取芯检查主要是通过对注浆区进行取芯,通过取芯处浆液的填充情况计算出取芯率再对注浆区的注浆效果进行评价,但值得注意的是,对注浆区取芯应在浆液凝固后进行,以保证取芯检查的有效性。

根据国内相关地质钻探部门的经验,可以认为当取芯率小于65%时,地层注浆效果较差,当取芯率大于80%时,注浆效果较好。

根据《岩芯钻探工程》规定，取芯率按下列公式计算：

$$取芯率 = \frac{各回次取芯长度的累计数}{各回次取芯进尺长度的累计数} \times 100\% \tag{8.3.10}$$

式中的进尺和岩芯长度是指在固体岩层中的实际进尺和取出的岩芯长度。

(2) 检查孔涌水量测定

检查孔长度 L、总涌水量 Q、钻孔测试单位时间 t、单位长度的涌水量 q 之间的关系式如下：

$$q = \frac{Q}{L \times t} \tag{8.3.11}$$

式中：q——钻孔单位时间和单位长度涌水量；

Q——钻孔总涌水量；

L——钻孔总长；

t——测试时间。

一般情况下，当所测试的检查孔涌水量小于 0.2L/min·m 时，可以认为注浆效果较好，但当注浆地层为高压、富水的粉细砂时，一般要求检查孔需无水、无砂、无塌孔。

3. 压水试验法

(1) 压水试验方法

压水试验是将检查孔钻到一定深度后，对地层进行压水，测试地层的单位吸水量，并由此可通过压水所得参数估算地层的渗透系数。

压水试验具体过程为："试验段清水钻进→冲孔→下卡栓塞→管路试验→正式压水→数据收取→松塞提管"，压水试验成果主要用单位吸水量表示。

(2) 单位吸水量计算

单位吸水量 ω 是指该试验每分钟的压水量与段长和压力乘积之比，其计算公式如下：

$$\omega = \frac{Q}{L \cdot P} \tag{8.3.12}$$

式中：ω——单位吸水量，L/(MPa·min·m)；

Q——钻孔压水的稳定流量，L/min；

L——试段长度，m；

P——该试段压水时所加的总压力。

其中，压力流量稳定标准是：在稳定的压力下，每 3~5min 测读一次压入流量。连续四次读数中最大值与最小值之差小于最终值的 10%，或最大值与最小值之差小于 1L/min 时，本阶段试验即可结束，取最终值作为计算值。

(3) 根据单位吸水量 ω 近似求出渗透系数

根据《工程地质手册》（常士骠主编），当试验段底部距离隔水层的厚度大于试验段长度时，按下式近似计算岩（土）层渗透系数 k：

$$k = 0.527\omega \lg \frac{0.66L}{r} \tag{8.3.13}$$

式中：k——地层渗透系数，m/s；

ω——单位吸水量,L/(MPa·min·m);

L——试验段长度,m;

r——钻孔半径,m。

根据《工程地质手册》(常士骠主编),当试验段底部距下伏隔水层顶板之距离小于试验段长度时,按下式近似计算 k:

$$k = 0.527\omega \lg \frac{1.32L}{r} \quad (8.3.14)$$

其中,各参数意义见上。

根据有关资料和经验,认为注浆后地层渗透系数小于 1×10^{-4} 时,透水性将变差,稳定性将提高,其中,大坝防渗墙的渗透系数一般为 1×10^{-6} 数量级,因此可以认为,地层注浆后,当地层的渗透系数 $k = 1 \times 10^{-6} \sim 1 \times 10^{-4}$ 时,可以认为注浆效果较好,达到了堵水的目的,注浆加固圈具有较好的抗渗作用。

根据《工程地质手册》(常士骠主编),单位吸水量与岩石裂隙系数的关系见表8.3.2。

单位吸水量与岩石裂隙系数关系表　　　　表 8.3.2

单位吸水量 L/(MPa·min·m)	裂隙系数	岩体评价	单位吸水量 L/(MPa·min·m)	裂隙系数	岩体评价
<0.001	<0.2	最完整	0.1~0.5	0.6~0.8	节理裂隙发育
0.001~0.01	0.2~0.4	完整	>0.5	>0.8	破碎岩体
0.01~0.1	0.4~0.6	节理较发育			

一般情况下,注浆后,当地层的单位吸水量小于 0.01L/(MPa·min·m) 时,地层的裂隙系数或空隙率将会大大减小,完整性将提高。因此可以认为,注浆后,当地层的单位吸水量 $\omega \leqslant 0.01$L/(MPa·min·m) 时,可以认为注浆效果很好,达到了堵水和加固的目的。

4. 取样检查法

(1) 开挖面观察

主要根据开挖面稳定性、围岩稳定性、涌水量、浆脉数量、土体含水量和变形情况等来判断注浆效果,如胶结体比较连续和均匀,浆脉数量较多,开挖面基本无水或涌水量很小,可判定注浆效果良好。

(2) 凝固胶结体物理力学指标

凝固胶结体的物理力学指标的判定主要是通过钻孔取样和开挖取样,将胶结体制成标准试件,测试被注浆区域的密度、抗压强度、内聚力、弹性模量、内摩擦角、含水量、泊松比等物理力学指标,根据这些指标参数判断地层的加固情况。

(3) 综合评价标准

通过对地层特性和注浆效果检验方法的分析,制定了注浆效果综合评价标准表,见表8.3.3。

如果注浆后,表中5个条件同时具备4个,则可评定为相应等级,如表中4个条件不同时具备,则应根据实际情况评定注浆效果,并研究确定是否采用局部、补充注浆等措施。

注浆效果综合评价标准表　　　　　　　　表 8.3.3

项目	单位涌水量 [L/(MPa·min·m)]	探孔涌水量 [L/(min·m)]	胶结体强度 (MPa)	堵水率 (%)	取芯率 (%)	综合评价	级别
评价 指标	$\omega \geqslant 0.10$	$q \geqslant 10.0$	$p < 10$	$\eta < 60$	$\xi < 65$	较差	Ⅰ
	$0.05 \leqslant \omega < 0.1$	$1.0 \leqslant q < 10.0$	$10 \leqslant p < 20$	$60 \leqslant \eta < 80$	$65 \leqslant \xi < 80$	一般	Ⅱ
	$0.01 \leqslant \omega < 0.05$	$0.2 \leqslant q < 1.0$	$20 \leqslant p < 30$	$80 \leqslant \eta < 90$	$80 \leqslant \xi < 90$	较好	Ⅲ
	$\omega < 0.01$	$q < 0.2$	$p \geqslant 30$	$\eta \geqslant 90$	$\xi \geqslant 90$	很好	Ⅳ

8.4　水平旋喷桩设计与施工

水平旋喷桩在隧道开挖过程中对地层位移和地表沉降有很好的抑制效果，但在实际工程中，水平旋喷桩的设计往往根据经验和工程类比法进行确定。采用经验法设计可能会造成参数选取不合理，若旋喷厚度太大，会造成不必要的浪费，若旋喷厚度太小，又达不到抑制地层位移和控制地表沉降的效果。因此，对水平旋喷施工技术这种新型的施工工艺，进行系统及规范的研究分析，建立一整套合理、经济的施工工艺标准就显得尤为必要，本章结合国内外同类工法的研究情况，对水平旋喷施工工法的技术、工艺参数、流程控制、经济效益做一定的分析研究，总结水平旋喷施工工法的操作规程及现场控制因素。

8.4.1　水平旋喷桩超前支护的设计

1. 水平旋喷桩的适用范围

（1）适用地层

水平旋喷技术由高压喷射注浆技术发展而来，因此，在地层适应范围上，与高压喷射注浆基本类似，不仅如此，水平旋喷技术适应范围还受水平旋喷所采用的喷射方式（单管、双管、多重管等）影响。可适用于处理淤泥、淤泥质土、流塑、软塑或可塑黏性土、粉土、砂土、黄土、素填土和碎石土等地层。对于含大粒径块石、大量植物有机质以及地下水流速过大和已涌水的场地，应根据现场试验结果确定其适用性。

（2）适用工程类型

水平旋喷的成柱机理和固结体性能与竖直旋喷基本相同，可以在旋喷后插入钢筋以增强固结体的抗弯、抗剪强度，固结体周围地层也因挤压渗透作用得到一定程度的加固。因此，凡是需要应用高压旋喷的工程，由于条件限制，不能或不适合进行竖直钻孔高压旋喷时，都可考虑采用水平或倾斜钻孔旋喷。

水平旋喷作为一种先进的高压灌浆加固技术，可以适用于既有建筑物和新建建筑物地基加固，深基坑、地铁等工程的土层加固或防水，其主要的适用范围包括以下几个方面：

1) 软土地层隧道预支护

水平旋喷工法在施工时旋喷的压力较大，可以填补土体内存在的空洞，旋喷桩的桩与桩之间能相互咬合，刚度较大，能有效减小隧道周围土体的位移，在土体中形成很厚的重力式半刚性半柔性的主动支护挡土、止水结构体系。该结构体系属于主动制约的稳定机制，可起到超前支护抗滑移、抗隆起、抗压、抗剪等作用。通过土体中多层补强、加固效应,从而达到土体稳定的目的。

旋喷拱棚、钢管棚和预切槽都被列为先进的"预支护"技术。它们各有优缺点,钢管棚强度高,但耗钢量大,在富水地层还会从管间缝隙漏水。预切槽拱厚均匀,但长度有限,在极软含水地层中槽孔不易保持。旋喷拱既有一定强度又能防止渗漏,在极软地层中可以有效控制上方土体变形。日本已在铁路、公路、水工隧道及地铁施工中推广 RJFP 工法,取得良好效果。欧美等国在隧道施工中也把水平旋喷作为基本技术方案加以应用。在我国,管棚应用比较成功,预切槽也已立项研究、试验,但水平旋喷技术开展及研究、施工运用方面尚刚刚起步,因此水平旋喷隧道预支护技术在我国有着广阔的应用前景。

2)线路工程、机场、特殊场地的地基加固

除了浅埋隧道的预加固外,水平旋喷技术由于机械设备良好的全方位施工特性,可以将喷射范围大大扩大,从而衍生出更多的加固方式,如地基补强、基础纠偏、传统方法无法实施的特殊位置的岩土加固工程等。特别是繁忙铁路和高速公路、机场的路基需要加固时,由于地层地质条件、场地条件的限制,不宜用传统灌浆方式加固或加固效果不理想时,竖直钻孔又将影响行车,因此,可以利用水平(全方位)和倾斜钻孔旋喷在线路两侧进行地基加固。

3)土层锚固或土钉支护

利用水平旋喷的压力系统还可以控制水平旋喷固结的范围,形成粗细结合的复杂加固形式,并且在旋喷完成后插入预应力钢绞线、锚筋等,形成扩大头或台阶型的锚杆支护,这样可以有效地减少锚固段长度,同时达到锚固效果,具有良好的工程运用前景。

锚杆在基坑护壁和边坡支护中愈来愈被广泛应用,为了增加锚固力,常在锚孔底端用爆破或专用机械扩孔,这增加了作业时间和机械的复杂性。锚索放置后注浆常常不能充分充填空隙,影响质量。利用水平旋喷的全方位高压喷射注浆体系,旋喷固结体的直径和形状可以人为控制,可以根据需要在不同地段喷成葫芦形、倒锥形、螺旋形,锚固力将大大提高。

4)快速治理中小型滑坡

滑坡治理工程中,竖直抗滑桩无论挖孔或钻孔都要一个孔立一次钻架,桩也较长。用倾斜钻孔高压旋喷可以定一次钻机位置钻几个孔,孔的方向还可大致与滑动面正交从而减小桩的长度。桩直径可以根据需要调整变化,可以插入钢筋增加抗弯、抗剪强度。如果能够改善喷射工艺,如采用多管法喷射,有效地增加固结体直径,则可以实现利用旋喷桩替代大型抗滑桩,具有广阔的应用前景。

2. 水平旋喷桩的设计

(1)设计原则

水平旋喷桩作为一种新兴的岩土加固技术,目前尚无统一的设计规范,根据《建筑地基处理技术规范》JGJ 79—2012 中有关高压喷射注浆法的设计要求,高压喷射注浆法的设计应根据半经验半理论的方法加以判断、确定,有条件的可以针对施工地层进行现场试验,以确定旋喷桩的桩径、强度与地层间的关系。因此,水平旋喷桩设计应遵循以下原则:

1)水平旋喷桩的设计要考虑多方面因素,如场区土层条件、水文地质条件、地面荷载条件,隧道埋深以及隧道结构断面各项参数、施工方法等。综合考虑施工参数对加固区变形的影响，在确保地表结构安全使用的同时，保证施工的安全。在设计时综合考虑各种因素条件下，力求面面俱到。

2）对于复杂环境条件下岩土加固的问题，对水平旋喷桩的长度、水平旋喷桩施工的精度等有很高的要求，这样，在设计水平旋喷桩时必须考虑工艺的可行性，以满足施工要求，保证工程进度。

(2) 孔位布置设计

孔位布置方式根据工程性质确定，一般隧道预加固施工中，应根据地层、设备等因素，确定水平旋喷桩的直径大小，根据直径大小考虑孔位布置。一般桩间应充分考虑搭接效果，设计桩径相互搭接不宜小于50mm。喷射管分段提升的搭接长度不得小于200mm，尤其在截水工程中尚需要采取可靠方案或措施保证相邻桩的搭接，防止截水失败。在普通硅酸盐水泥浆中掺入2%～4%的水玻璃，可显著提高固结体的抗渗性。

(3) 注浆量计算

根据计算所需的喷浆量和设计的水灰比，可确定水泥的使用数量。水泥浆液的水灰比视工程地质特点或实际工程要求确定，可取0.8～1.5，常用1.0。目前注浆量计算有体积法和喷量法两种，实际计算时取其计算结果的较大值作为设计喷射注浆量。

1）体积法

体积法按下式计算注浆量：

$$Q=\frac{\pi}{4}D^2 Kha(1+\beta) \tag{8.4.1}$$

式中：Q——浆液用量（m^3）；

D——设计固结体直径（m）；

K——填充率（0.75～0.9）；

h——旋喷长度（m）；

a——折减系数（0.6～1.0）；

β——损失系数（0.1～0.2）。

2）喷量法

喷量法适合于旋喷桩及喷射板墙注浆量的计算，以单位时间喷射的浆量及持续时间计算浆量，计算公式为：

$$Q=\frac{H}{v}q(1+\beta) \tag{8.4.2}$$

式中：Q——浆液用量（m^3）；

H——旋喷长度（m）；

v——提升速度（m/min）；

q——单位时间喷浆量（m^3/min）；

β——损失系数（0.1～0.2）。

3. 关键技术分析

(1) 精度控制

传统的垂直旋喷在施工精度上主要控制的方面有浆液质量、桩体强度、承载力及桩径、桩位、桩长等，水平旋喷施工工法的精度控制不仅包括垂直旋喷工法相关内容，而且还应包括上倾角度、搭接位置、桩体空间分布等。

如在隧道预加固工程中，水平旋喷桩的上倾角度不宜过大，这样既能充分发挥桩体的超前支护性能，又能避免上倾角度过大给施工带来更多的麻烦。由于桩体呈水平布置，施工时应主要对桩端位置进行固定，及时做好搭接处理，以免由于上方土体的作用，造成桩体挠度较大。施工时水平旋喷桩较长，应注意水平旋喷桩体的空间分布，水平方向上应注意钻进过程中与钻杆给进方向保持一致，以免造成窜桩无法钻进或旋喷等现象。在锚固、地基工程中，还应注意水泥浆液的性能，如水泥浆体的强度、耐久性、防渗等。

（2）孔口溢流

孔口溢流是水平旋喷桩施工的关键部分，与垂直旋喷桩不同，水平旋喷桩施工时往往具有一定的上倾角度，如果不控制好孔口的返浆溢流则会造成无法成桩或成桩失败等现象。孔口的返浆溢流不应过大，溢流过大，孔内浆液无法充分填充旋喷所产生的孔洞部分，造成桩体有空洞的现象，桩体达不到强度要求；溢流过小，则又会使得孔内压力过大，造成周边土体变形、地面隆起等不良现象。因此，施工时因结合现场的参数，采用合理的止浆方式，做到根据实际的情况来处理止浆。

8.4.2 水平旋喷桩施工工艺参数控制

1. 旋喷压力

喷射流的破坏力与射流速度的平方成正比，喷射注浆的压力愈大，射流流量及流速就愈大，喷射流的破坏力也就愈大，处理地基的效果就愈好。根据国内实际工程的应用实例，单管法及双管法的高压水泥浆和三管法高压水的压力原则上应大于 20MPa。气流的压力以空气压缩机的最大压力为限，通常在 0.7MPa 左右，低压水泥浆的灌注压力通常在 1.0~2.0MPa 左右。

2. 喷嘴移动方式和速度

为提高固结体直径或强度，可采取重复喷射的方式。采用旋转提升喷射方式时，一般提升速度为 0.05~0.25m/min，旋转速度可取 10~20r/min。控制旋喷钻进及提升的速度可以有效控制施工流程，防止出现塌孔、堵孔、地面隆起等现象，同时可以控制固结体形态等。对需要局部扩大加固范围或提高强度的部位，可采用复喷措施。

喷嘴的大小应为 2~3mm 较为合适，喷嘴过大会造成喷射流速度减小，影响喷射流对土体的破坏作用，同时流量过大易塌孔；而喷嘴过小易造成喷射流雾化，难以达到破坏土体的作用，且易堵孔。

高压射流切削土层的能力与以下因素有关：喷射流的流量与流速、喷嘴的口径、射流的密度、喷嘴的出口压力、喷嘴离对象（土层）的距离、对象的性状、喷嘴的移动速度以及侧向土压力。因此，要了解旋喷桩直径与施工参数的关系，一般是通过室内或现场试验，建立旋喷桩直径与各施工参数之间的关系，并得到有关计算公式。

（1）考虑水泥浆流量的经验公式

日本喷流技术协会通过试验发现：旋喷施工时成桩半径与动态流体压力、流量、旋转速度及循环次数等因素有关。

$$L_m = \alpha_v K P^a Q^\beta N^\gamma / V_n^\delta \tag{8.4.3}$$

式中：L_m——成桩半径（m）；

α_v——水平旋喷成桩直径系数（<1）；

K——土性系数；

P——喷射压力（kPa）；

Q——喷射液体流量（L/min）；

N——循环次数；

V_n——喷嘴移动速率（m/s）。

(2) 考虑土体强度的经验公式

上述经验公式仅考虑施工参数，实际上地基土层的状态也影响到高压喷射流的切削效果，地基弱，切削效果好；地基强度大，切削效果差。

$$L_m = \frac{\alpha_h K (P_m)^a (d_0)^b N^c}{(q_u)^n (V_{tr})^m} \tag{8.4.4}$$

式中：L_m——切削距离或成桩半径（cm）；

α_h——垂直旋喷成桩直径系数（<1）；

K——土性系数；

q_u——土层的无侧限抗压强度（MPa）；

P_m——喷射压力（MPa）；

d_0——喷嘴内径（cm）；

N——循环次数；

V_{tr}——喷嘴移动速率（cm/min）；

a、b、c、n、m——回归常数。

喷射固结体直径的确定是一个复杂的问题，一般只能用半经验的方法来判断、确定。

根据国内外的施工经验，旋喷桩设计直径可参考表8.4.1选用。旋喷桩直径的估算是否合理，直接牵涉到其工艺适用性，还与加固效果、工程的经济效益密切相关，对于大型或重要工程应通过现场喷射试验确定。

旋喷桩的设计直径（m）　　　　表8.4.1

土质	方法	单管法	双重管法	三重管法
黏性土	0<N<5	0.5~0.8	0.8~1.2	1.2~1.8
	6<N<10	0.4~0.7	0.7~1.1	1.0~1.6
砂土	0<N<10	0.6~1.0	1.0~1.4	1.5~2.0
	11<N<20	0.5~0.9	0.9~1.3	1.2~1.8
	21<N<30	0.4~0.8	0.8~1.2	0.9~1.5

注：N为标准贯入击数。

3. 固结体强度的估计

固结体的强度取决于土的性质、喷射的材料、水灰比等。对于大型或重要工程可通过室内试验确定；对于一般工程，若无试验资料可结合当地工程经验设定。一般28天强度，黏性土中3~5MPa，粉土中5~8MPa，砂土中8~20MPa。28天后强度仍会继续增长，这种强度的增长可作为安全储备。选用桩身强度时，可根据土层的均匀性等因素综合考虑，一般土层较均匀时选高值，不均匀土层、杂填土、有机质含量高的土层选低值。

8.4.3 水平旋喷桩导向原理及施工原理

1. 导向原理

预导孔施工采用水平定向钻进打设，利用导向定位系统跟踪监测预导孔打设角度和方位变化，发现钻进角度偏差应及时进行纠偏。导向定位系统包括导向钻头及导向定位探棒，如图 8.4.1 所示。

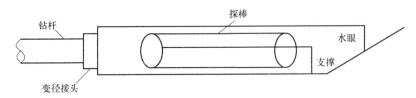

图 8.4.1 水平导向原理图

如图所示，具体纠偏方法如下：

钻头内装有特制的传感器，传感器直接由 15V 直流供电。显示屏显示钻头的倾角（水平角度）、面向角（导向板的方向：导向板朝上即为 12 点，如同钟面）。打设角度如果偏下，可以把钻头调到 12 点，即导向板朝上，直接顶进，此时由于导向板底板斜面面积大，受到一个向上的力，钻头轨迹就会朝上运动。同理在 6 点纠偏可以使钻头轨迹朝下，9 点、3 点分别为左、右纠偏方向。如果角度合适，钻机会匀速旋转钻进，此时钻杆轨迹一般是平直的，所以导向钻头是上下纠偏的关键。对于左右偏差要根据传感器尾端的发光装置来定，通过仪器测量参数来纠偏。

2. 施工原理

采用水平定向钻机打设水平孔，钻进至设计深度后，拔出钻杆，且同时通过水平钻机、钻杆、喷嘴以大于 35MPa 的压力把配制好的浆液喷射到土体内，借助流体的冲击力切削土层，使喷流射程内土体遭受破坏，与此同时钻杆一面以一定的速度（20r/min）旋转，一面低速（15～30cm/min）徐徐外拔，使土体与水泥浆充分搅拌混合，胶结硬化后形成直径比较均匀、具有一定强度（0.5～8.0MPa）的桩体，从而使地层得到加固，当旋喷桩相互咬接后，便以同心圆形式在隧道拱顶及周边形成封闭的水平旋喷帷幕体，水平旋喷桩具有梁效应和土体改良加强效应，能够起到防流沙、抗滑移、防渗透的作用，保证隧道掘进安全。

8.4.4 施工工艺流程及工序

1. 洞内水平旋喷桩工艺流程

洞内水平旋喷桩工艺流程如图 8.4.2 所示。

2. 施工工序

（1）准备

1）设备进场。检查钻机运行是否正常。回油管的快速接头是否完好，机台各种油管有无损伤。启动柜是否完好（包括启动柜内的各种开关、继电器、变压器、机柜等）、三联泵有无损伤，检查液压油液面高度是否在油箱 2/3 的高度以上，电机是否受潮，钻具、

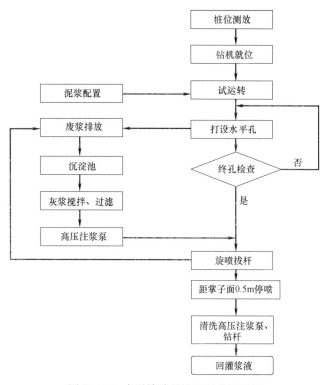

图 8.4.2 水平旋喷桩施工工艺流程图

工具是否齐全；高压注浆泵运行是否正常，高压注浆管路是否畅通，压力表是否正常。

2）测量放线定桩位。在隧道两侧测量放线定出两个同一里程点、隧道轴线，并在掌子面测量标出隧道开挖轮廓线，测量定出桩位，用钢筋做好桩位标志，并编好每个桩号。

3）钻机安装。平整工作平台，铺设轨道，安装立柱。场地要求平整，并挖设排水沟。要求如下：

钢垫板规格：长×宽＝250mm×250mm；高强螺栓直径：ϕ16mm；钢垫板与基础固定要牢，强度要高。

H 型钢轨找平误差＜3mm。

底盘对角线找方误差±3mm。

斜拉筋须绷紧，交叉拉力基本相等。

四柱对角误差±5mm。

升降系统：卡瓦等上紧，加强整体性。

所有螺母必须拧紧，发现溢扣者必须换掉。

油泵、高压泵安装，要求场地平整，场地硬化，高压泵安装平稳，管路安装摆放整齐。

4）对孔位。设备安装好后，按技术交底调整钻机角度、方位，对准孔位，孔位误差控制在±50mm 以内。

5）制定浆液。根据施工方案和技术交底要求的配比配制水泥浆，浆液搅拌必须均匀。在制浆过程中应随时测量浆液比重，每孔高喷灌浆结束后要统计该孔的材料用量。浆液用高速搅拌机搅制，拌制浆液必须连续均匀，搅拌时间不小于3min，一次搅拌使用时间宜控制在4h以内。

（2）钻进

1）开孔并安装孔口管

孔口密封装置结构如图8.4.3所示。

① 开孔器开孔，采用 ϕ130mm 钻头钻进，钻进深度为1.60m；初始开孔角度为1°。

② 退出钻具，准备安装孔口管。

③ 将一根直径为 ϕ127mm、长 0.8m 的孔口管埋入已开好的孔内，孔口管外露 0.30m。

④ 在掌子面植 ϕ12钢筋4根，钢筋用锚固剂固结，将钢筋与孔口管焊接牢固，加固孔口管。

⑤ 安装法兰盘和球阀。

2）配置浆液

用膨润土配制循环浆液。

3）钻孔打设

为确保钻孔质量，首先应打设1～2个探孔，查明地层变化情况及地层对钻孔角度的影响，然后根据探孔情况确定旋喷桩钻孔的打设角度。

① 检查确定孔口管安装牢固后，调整钻机，对好孔位；

② 将旋喷钻头及第一根钻杆送入孔口管内；

③ 安装密封装置；

④ 打开循环液排出口（循环液采用膨润土、聚丙乙烯及火碱制作的泥浆）；

⑤ 开始钻进，进孔角度按探孔确定的角度开始钻进，直到钻至设计深度；

⑥ 通过观察循环液压力变化，检查喷嘴是否堵住；

⑦ 钻进过程中要保持循环液压力1.0～2.0MPa，防止在钻进过程中砂石堵住喷嘴。

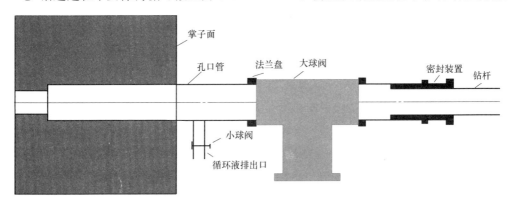

图 8.4.3　水平旋喷桩孔口密封装置结构图

（3）高压旋喷

1）进行高压喷浆前应检查高压注浆泵，查看泵压读数是否达到设计要求（35～40MPa），泵压达到设计要求时才能开始喷浆。

2）喷浆前应检查：

① 钻杆接头处是否漏气，如漏气，则应将钻杆退回，查出漏气位置重新密封，或更换钻具。

② 喷嘴是否堵住，喷嘴如堵死，则应将钻杆全部退回进行疏通，疏通后重新下管到设计深度后再进行旋喷。

3）在孔底高压喷浆时应停留一定时间，然后再缓慢外拔钻杆，同时高压喷浆。

4）在高压喷浆时，应安排专人观察泵压变化，一旦发现泵压过低时应及时通知机台停止喷浆，查明原因后再恢复高压喷浆。

5）当钻杆拔至孔口 0.50m 时停止喷浆，关闭浆液通道，再缓慢拔出钻杆，进行封孔作业。

6）每根高压旋喷钻杆拔出后应立即用清水高压冲洗干净，避免残留浆液凝固，避免下次旋喷时残留颗粒物堵喷嘴。

7）喷浆参数：浆液要求水：水泥为 1：1；注浆压力为 35～40MPa。

8）周边按照每次间隔一孔，孔位从下到上左、右交替进行。跳跃式成桩，两边强度平衡，可以减少因钻杆偏移造成桩间咬合率低的问题。

9）旋喷注浆时的注意事项：

① 接、卸钻杆要快，并且要清洗接头位置，不得残留杂物，防止喷嘴堵住。

② 旋喷过程中循环液排出口要保持畅通，如因故堵死，应松开密封装置疏通返浆通道，保持正常返浆，返浆量应控制在规范规定的 20% 左右。

③ 如果孔内不能疏通，为避免出现抱钻等情况发生，则应将钻杆退出，直至钻孔内返浆正常后再重新下旋喷钻杆进行高压旋喷。

④ 喷射时因故障中断，应酌情尽快处理：

A. 因机械故障，要尽力缩短中断时间，及早恢复灌浆；

B. 如中断时间超过 2h，要采取补救措施；

C. 恢复喷射时，钻杆要多伸入 0.30m，保证凝结体的连续性；

D. 喷浆过程中出现冒浆时，应及时从孔口进行封堵，如果出浆量较大时，则应考虑在浆液中加入速凝剂，并控制喷浆量和喷浆速度；

E. 旋喷注浆时返出的浆液要求及时排至地表。

（4）封孔

1）喷浆至孔口掌子面 0.50m 时，应停止喷浆；

2）卸下孔口管最外端的密封装置，关闭循环液排出口；

3）快速拔出钻杆和钻头，关闭大球阀；

4）高压旋喷注浆完成后应在循环液排出口处安装压力表，然后用 250 泵补注浆，注浆压力控制在 0.8～1.0MPa；

5）补注浆完成 48h 后方能卸下大球阀。

（5）清洗管道及设备

每根桩施工完毕后都应用清水高压冲洗管道及设备，确保管道内不留残渣，清洗完毕后移至下一桩位。

（6）钻机移到下一孔位

此时应核查相邻桩的成桩时间，后施工的桩必须在相邻桩成桩时间超过初凝时间后，前一根桩浆液达到一定强度时才能开钻，确保相邻桩相互咬合，因此移至下一孔位时应跳过 1 至 3 根后再施作较合适。

8.4.5 水平高压旋喷注浆技术特点

1. 强度高

因为在高压旋喷过程中，使土体与水泥浆充分混合，从而形成一种类似混凝土的固结体，其强度要比一般的水泥浆体强度高。

2. 均匀性

在成桩过程中，高压水泥浆喷射流，可以将较大的块状土体破碎，使其充分与水泥浆液混合，形成水泥浆液与土体较均匀的混合体。

3. 可控性

水平旋喷的浆液局限在土体破坏范围内，浆液注入部位和范围可以控制，可通过调节注入参数（切削土体压力、固化材料注入速度与配比、注入量等）获得满足设计要求的固结体。

8.4.6 水平旋喷桩效果

水平旋喷桩施工后，能够实现改良和加固土层的效果，使土体与水泥浆液混合形成均匀的桩体，并在隧道开挖施工时起到梁效应及防流沙、抗滑移功能。

预导孔施工过程中严格控制好钻孔仰角和方位角，能够实现相邻桩体的相互咬合，进而在隧道拱顶形成一个连续的旋喷桩帷幕体，实现止水、止浆效果。

水平旋喷桩在旋喷过程中，水泥浆液能沿着地层的缝隙渗透扩散，尤其在涌水量较大的地层中，水泥浆液扩散填充缝隙后也能起到止水的效果。

旋喷桩施工过程中，控制退杆速度和钻杆旋转速度及注浆压力，就能使旋喷注入的水泥浆液与切割的土体混合后的体积远远大于原土体的体积，并完全充填原有土体的空间，凝固后形成一个与未被切割的土体保持紧密接触的圆柱桩，从而有利于控制地表沉降。

8.4.7 施工工艺流程控制

尽管各种高压喷射注浆法所注入的介质种类和数量不同，但其施工程序却基本一致。根据现场试验的施工主要流程，水平旋喷施工工法的主要工序描述如下：

1. 定位、调平钻机

使钻机满足施工所需的场地空间要求，调整机器高度、喷射角度，对好桩位，安装止浆阀。随后检查电力、浆液、压力系统的准备情况，为正式施工做好准备。设备布置时，应注意喷射孔与注浆泵的距离不宜过远，一般以不大于 50m 为宜，这样可以防止压力损失。施工前应详细检查钻孔位置与设计位置的偏差，如遇障碍物或调整孔位，应做好详细记录。

2. 钻孔

利用水平旋喷钻机，钻孔至预定深度，钻进过程中低压泵以 2～4MPa 的压力输送清水，这样有利于成孔，保持孔内通畅；高压泵保持 2MPa 左右的压力输送清水，防止土颗粒堵塞喷嘴。钻进过程中应注意保持钻杆平稳，匀速钻入，如发现进钻困难或突然加快，应及时采取控制措施，查明原因，随后继续进行。

3. 提升旋喷注浆

成孔至预定深度后随即收回提升钻杆，同时按照预定的参数进行旋喷注浆。局部桩位根据需要进行原位第二次喷射（复喷），复喷时喷射流冲击的对象为第一次喷射的浆土混合体，喷射流所遇阻力小于第一次喷射。如图 8.4.4 所示，复喷工艺就是钻进成孔后随即退钻喷射注浆成桩，提升至复喷段要求长度后，继续钻进至孔底，重新高压提升旋喷。运用复喷工艺可有效控制固结体直径，控制咬合效果。在实际的工程施工中，可采用隔桩跳打，隔桩复喷的工艺使桩与桩之间咬合紧密，达到很好的防水效果。

在回收钻杆、旋喷注浆的过程中，应保持好钻杆提升的水平及旋转速度，做好记录，并观察浆液用量是否正常，若发现压力异常，应及时查明原因并采取相应的

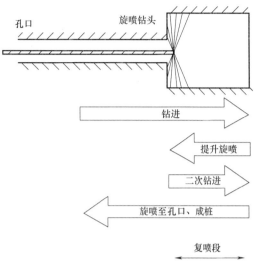

图 8.4.4　复喷工艺示意图

措施。当喷射注浆区域附近有邻近构筑物时，应注意做好监测工作，确保安全。

用于隧道预加固的水平旋喷桩，桩身一般上倾一定角度，因此旋喷完毕后应及时进行止浆，如有需要可进行插筋后止浆。插筋后可以有效地增强桩体强度，更加有利于支护土体。施工中应做好废浆液的处理工作，设置集水坑和导流沟收集浆液集中处理。水平旋喷桩示意图如图 8.4.5 所示。

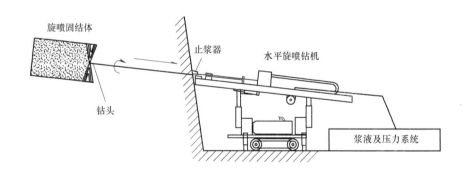

图 8.4.5　水平旋喷桩示意图

8.4.8　质量检查

注浆加固工程为隐蔽工程，其施工及成品均不可见，因此工程施工过程中和结束后，应加强施工效果的质量检验和检测，以确保建筑物的安全。

1. 施工质量检验

高压喷射注浆方案确定后,应结合工程情况进行现场试验、试验性施工或根据工程经验确定施工参数及工艺,形成的加固体强度和范围,应通过现场试验确定,并在施工中严格加以控制。施工阶段质量检验的内容一般包括:注浆孔位置及喷射注浆起始标高,机具稳固性及旋喷角度,长度及旋转提升速度,制浆原材料质量及浆液配合比、水灰比,喷射灌浆压力,复喷次数及搭接长度等。施工过程中,应严格按照施工参数和材料用量施工,实行工序控制,严格工序检查,每道工序设专人跟踪验收,并如实做好各项记录。

2. 固结体质量检测

高压喷射注浆可根据工程要求和当地经验采用开挖检查、取芯(常规取芯或软取芯)或其他方法进行检验,并结合工程测试、观测资料及实际效果综合评价加固效果。开挖检查法虽简单易行,通常在浅层进行,难以对整个固结体的质量做全面检查。钻孔取芯是检验单孔固结体质量的常用方法,选用时需以不破坏固结体和有代表性为前提,可在28d后取芯或在未凝以前软取芯(软弱黏性土地基)。检验点的位置应重点布置在有代表性的加固区,通常应布置在下列部位:有代表性的桩位、施工中出现异常情况的部位、地基情况复杂可能对高压喷射注浆质量产生影响的部位。

8.4.9 经济效益浅析

水平旋喷工法作为一种新型的施工工法,随着高性能水平旋喷钻机的研制成功,由于采用的是钻孔旋喷一体的钻机设备,施工过程中可以达到不间断施工的流水作业。且水平旋喷钻孔和旋喷可以一次完成,钻机的钻杆较长,可一次施工很长一段水平旋喷桩,从而有效地提高了施工效率。以隧道预支护技术为例,管棚工艺中,遇富水地层时,存在止水效果差的问题。在松散地层施工时,大管棚成孔过程中易使地表沉降超限,且需钢管等钢材,成本较高。小导管注浆超前支护虽无需大型设备,耗浆量较大,需钢管等辅助材料,成本也较高,但水平旋喷工法能有效地控制土体地层变形,使隧道开挖、支护安全、快速地进行,且水平旋喷桩主要施工材料消耗包括:水泥、水、电力。三种材料的施工成本比较低,不需要耗费钢材、混凝土等建筑材料,成本控制比较可观。经统计,水平旋喷工法与管棚施工相比,其成本仅为管棚施工的1/2~2/3,且耗浆量小,无需钢管等辅助材料,成本低,具有广阔的应用前景和明显的社会效益和经济效益。

8.5 水平旋喷桩与帷幕注浆复合超前支护技术

8.5.1 水平旋喷桩超前支护措施的数值模拟

为确定具体施工方案,用FLAC3D软件分别对单排旋喷、双排旋喷、小导管注浆三种超前支护措施进行数值模拟分析。

1. 数值模型参数和边界条件

计算模型选取水平方向(X轴)长30m,隧道轴向(Y轴)长20m,竖直方向(Z轴)长29m。因为实际隧道轴向长9.038m,竖直方向长8.980m,所以将隧道模拟为半径为4.5m的圆柱体。隧道围岩采用六面体单元。模型左右两侧边界施加水平方向的位移约束，前后两侧边界施加沿轴向的位移约束，下边界施加竖向约束，顶部为自由表面，不进行任何约束。

隧道使用CD法施工，分4步开挖。因隧道埋深仅为10m，属浅埋隧道，故将其岩性简化为4层，见表8.5.1。

模型参数　　　　表8.5.1

岩性及注浆	弹性模量（MPa）	泊松比	重度（kN/m³）	黏聚力（kPa）	内摩擦角（°）
素填土	12	0.3	17.8	5	6
砂层	32	0.21	21.6	18	30
全风化片麻岩	80	0.25	20.4	60	24
花岗斑岩	300	0.22	22.1	180	25
小导管注浆	7000	0.25	20	200	30

2. 地表沉降结果对比分析

因隧道下穿城市主要道路和一在建高层小区，故对隧道开挖时地表沉降提出了较高要求。因城市浅埋暗挖隧道开挖的第1步和第2步对地表沉降的影响较大，现以隧道开挖后地表沉降值为控制量，将隧道开挖前2步数值模拟结果归纳为图8.5.1。

从图8.5.1可得，水平旋喷桩超前支护能有效控制隧道开挖后的地表沉降，而且模拟施工效果比小导管超前注浆好，考虑到经济效益以及该隧道施工过程中地表沉降预警值30mm、沉降速率<2mm/d的要求，实际施工中决定采用水平单排旋喷桩施工。

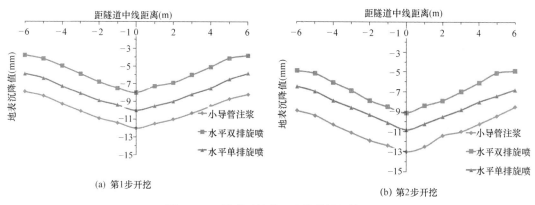

图8.5.1　隧道开挖前2步数值模拟结果

8.5.2　水平旋喷桩施工

1. 支护方案

此段隧道开挖轮廓范围内几乎全是砂层，地质条件差、埋深浅（10m），控制地表沉降是工程难点所在，所以拱顶采用了水平旋喷桩施工，隧道底部开挖轮廓线外同时帷幕注浆起到支护、防水等效果。

为确保洞内断面注浆时不发生地面冒浆，同时又能达到掌子面开挖时不涌水、涌泥，首先在洞内拱顶180°开挖轮廓线以外打设1圈水平旋喷桩作为超前支护，同时作为止水、止浆帷幕。然后在隧道上半部掌子面打设 9 根旋喷加固桩来稳定掌子面土体。水平旋喷桩完成后，在隧道下半断面洞内及其开挖轮廓线外 4m 范围内进行帷幕注浆。

2. 水平旋喷桩施作范围

在隧道开挖轮廓线以外采用 42 根 ϕ600mm@450mm 旋喷桩作为超前支护，同时在上半部掌子面设置 3 排间距 1m×1.5m、梅花形布置的旋喷桩来稳定掌子面前方土体。旋喷桩布置示意如图 8.5.2 所示。桩长均为 15m，每循环预留 3m 的旋喷桩搭接长度，拱顶旋喷桩外插角为 3°～5°。

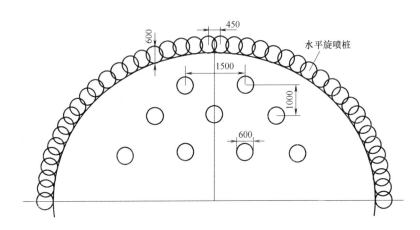

图 8.5.2　旋喷桩布置示意（单位：mm）

3. 主要施工参数

旋喷桩直径 600mm，桩间距 450mm，旋喷压力 40MPa，旋喷转速 20r/min，水泥浆浆液流量 50L/min，浆液配合比 1∶1，后退速度 20cm/min。

（1）施工技术要求

1）水平旋喷桩位置偏差±3cm；

2）打设角度偏差在 2‰ 以内；

3）施工后长度不小于设计桩长；

4）桩体应确保均匀、连续，满足设计强度要求并达到止水效果；

5）水平旋喷桩现场施工时应严格按照设计桩数、桩长、桩径和桩位等施工；

6）应在施工现场先进行 2 根桩的成桩试验，通过现场试验掌握单位时间喷浆量、喷浆压力、旋喷速度、拔钻速度等技术参数，确定最佳施工工艺以及最佳施工参数。

（2）质量保证措施

1）试验桩施工完成后应进行各项桩的质量检测，主要检测其桩长、强度、桩径等指标。

2）钻头在钻进过程中受到钻杆本身重力和高压浆液对土体的削切作用，会产生明显下移，为此旋喷桩的上仰角应根据桩径、桩长、隧道坡度、地层情况确定，从拱底往上采用间隔 1 根进行施工。

3）施工过程中，操作人员随时记录钻进速度、喷射压力、喷浆量等有效施工参数。施工时应严格控制，做到发现问题及时处理。

4）高压旋喷时应全孔连续进行，若中途拆卸喷射管，则应进行复喷，搭接长度不小于 200mm。供浆正常的情况下，孔口回浆密度变小且不能满足设计要求时，应加大进浆密度。

4. 施工过程

隧道自穿越富水砂层时开始使用水平旋喷桩超前支护，每个循环 15m，使用 1 台旋喷钻机。隧道断面共有旋喷孔 42 个，自两边从上而下依次编号，施工中每次间隔一个孔位自上而下、左右交替旋喷直到隧道上断面底部，然后再从上到下、左右交替补喷剩余孔。钻孔深度 16.5m，钻孔角度为 3°~5°。

8.5.3 施工效果

在洞内进行旋喷桩及注浆作业时，在洞内外布置监控量测点，对掌子面初支在施工过程中产生的变形进行监测。为了反映水平单排旋喷桩超前支护在实际工程中控制地表沉降的效果，现将其数值模拟结果和实际监测结果进行对比，如图 8.5.3 所示。

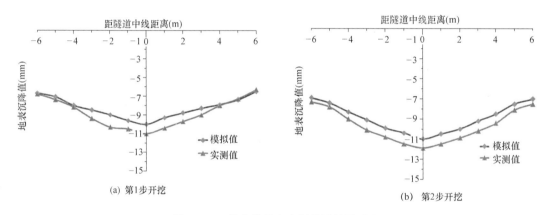

图 8.5.3　数值模拟和实际监测结果对比

由图 8.5.3 可知：监测地表沉降值和模拟沉降值变化规律几乎一致。数值模拟结果能比较准确真实地反映实际情况。监测沉降值较模拟沉降值偏大，经分析是城市道路上交通活荷载和在建小区施工荷载对浅埋隧道的影响所致。

8.5.4 注浆效果检查

1. 取芯观察

本工程对于注浆效果的检查主要采取的是钻检查孔取芯检测方法，根据现场的实际测量数据分析，本次注浆的岩心收获率达到了设计要求。图 8.5.4 是帷幕注浆部分取芯图片，由图片可看出，通过帷幕注浆，岩层的胶结强度有了很大的提高且取出的岩芯完整性较好，检查孔没有明显的水流出，满足注浆的设计要求。

2. 开挖面情况

注浆完成后，对隧道进行开挖，在开挖的过程中，可以看到，注浆浆脉沿着岩层节理裂隙呈层状分布，每条主浆脉附近有少量细微浆脉分布，且与主浆脉形成了浆脉骨架，而且，通过进一步的观察，掌子面范围内没有明显的水流出，可见注浆效果达到了预计的设

图 8.5.4 岩芯取样图片

计要求。

浆脉在掌子面上的分布情况如图 8.5.5 所示。

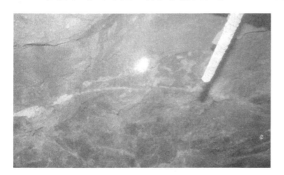 

图 8.5.5 注浆浆脉分布图

参 考 文 献

[1] 国家铁路局. TB 10623—2014 城际铁路设计规范 [S]. 北京：中国铁道出版社，2014.

[2] 北京城建设计研究总院有限责任公司、中国地铁工程咨询有限责任公司. GB 50157—2013 地铁设计规范 [S]. 北京：中国建筑工业出版社，2013.

[3] 中华人民共和国住房和城乡建设部地铁与轻轨研究中心. GB 50490—2009 城市轨道交通技术规范 [S]. 北京：中国建筑工业出版社，2009.

[4] 国家铁路局. TB 10003—2016 铁路隧道设计规范 [S]. 北京：中国铁道出版社，2016.

[5] 中国铁路总公司. Q/CR 9218—2015 铁路隧道监控量测技术规程 [S]. 北京：中国铁道出版社，2015.

[6] 中华人民共和国住房和城乡建设部. GB 50108—2008 地下工程防水技术规范 [S]. 北京：中国建筑工业出版社，2008.

[7] 中华人民共和国住房和城乡建设部. GB/T 50299—2018 地下铁道工程施工质量验收标准 [S]. 北京：中国建筑工业出版社，2018.

[8] 中华人民共和国住房和城乡建设部. GB 50446—2017 盾构法隧道施工及验收规范 [S]. 北京：中国建筑工业出版社，2017.

[9] 中华人民共和国住房和城乡建设部. GB 50204—2015 混凝土结构工程施工质量验收规范 [S]. 北京：中国建筑工业出版社，2015.

[10] 吴剑，王建宇，万晓燕，等. 高速铁路隧道空气动力学效应变化规律与设计方法研究 [J]. 现代隧道技术，2019，56（S1）：13-23.

[11] 段忠辉. 高速地铁隧道空气动力学特性及控制技术研究 [D]. 北京：北京交通大学，2019.

[12] 杜云超. 高速列车通过隧道时关键空气动力学系数确定方法研究 [D]. 兰州：兰州交通大学，2019.

[13] 程爱君，马伟斌. 铁路隧道变截面空气动力学效应分析 [J]. 铁道建筑，2016，(01)：29-32.

[14] 李玉峰，彭立敏，雷明锋. 高速铁路交叉隧道动力学问题研究综述 [J]. 现代隧道技术，2015，52（02）：8-15.

[15] 徐振，任志亮. 浅埋暗挖单拱大跨结构在地铁车站的应用 [J]. 铁道标准设计，2011，(10)：93-95.

[16] 胡国伟. 复杂条件下超大跨地铁车站施工仿真技术研究 [J]. 铁道工程学报，2007，(09)：87-90+101.

[17] 杨会军，孔恒. 浅埋大跨暗挖地铁车站施工地表沉降分析 [J]. 铁道工程学报，2015，32（05）：81-85.

[18] 曹伟. 单拱大跨浅埋暗挖车站塌方原因分析及治理 [J]. 铁道建筑，2013，(12)：58-61.

[19] 胡元芳，王守慧. 大跨浅埋暗挖地铁车站中洞法施工安全性分析 [J]. 现代隧道技术，2008，(04)：1-7+55.

[20] 刘伟楠，方诗圣，应克忠，等. 半盖挖车站深基坑工程的施工监测与数值模拟 [J]. 建筑结构，2020，50（S1）：1014-1020.

[21] Antonio Viana da Fonseca, Joao Rodrigo Quintela Modelling the behaviour of a retaining wall in residual soils for a cut and cover construction of a deep station in Metro do Porto [J]. Geomechanics and Geoengineering, 2011, 6 (4)：17.

[22] 张景娥，杨玉修，高志宏，等. 地铁车站与综合管廊结合设计研究 [J]. 铁道工程学报，2019，36（06）：80-85.

[23] 徐赞，徐正帅，陈先智，等. 盾构站内过站条件下地铁明挖车站上部结构施工支撑方案研究 [J]. 隧道建设（中英文），2018，38（S2）：303-309.

[24] 郭正伟，夏梦然，张阅博. 明挖地铁车站与风道接口结构设计问题探讨 [J]. 隧道建设，2017，

[25] 谢东武. 盾构隧道穿越历史建筑的监测与变形控制 [J]. 地下空间与工程学报, 2015, 11 (06): 1533-1538.

[26] 梁发云, 陈海兵, 孙海, 等. 浅埋地铁下穿越引起既有建筑物振动治理分析 [J]. 岩土工程学报, 2010, 32 (S2): 271-274.

[27] 李东海, 王梦恕, 杨广武, 等. 双排桩隔离位移场防护邻近基坑高楼监测研究 [J]. 岩土工程学报, 2014, 36 (S2): 412-417.

[28] 胡新朋, 孙谋, 王俊兰. 盾构隧道穿越既有建筑物施工应对技术 [J]. 现代隧道技术, 2006, 43 (06): 60-65.

[29] 冯涵, 张学民, 乔世范, 等. 双线盾构隧道下穿既有建筑物诱发地表变形规律分析 [J]. 铁道科学与工程学报, 2015, 12 (04): 866-871.

[30] 程韬, 郭洋洋, 有智慧. 大粒径富水卵石地层盾构下穿既有线技术措施 [J]. 地下空间与工程学报, 2020, 16 (S1): 224-231.

[31] 韩超, 张柯. 极硬岩隧道工程中双护盾隧道掘进机刀盘设计与滚刀磨损分析 [J]. 城市轨道交通研究, 2020, 23 (08): 133-137.

[32] 王旭龙, 朱晔. 基于ADAMS的全断面硬岩隧道掘进机主机耦合振动分析 [J/OL]. 隧道建设(中英文): 1-8 [2020-09-18].

[33] 史余鹏, 夏毅敏, 谭青, 等. 隧道硬岩掘进机盘形滚刀破岩过程中刀岩接触载荷(英文) [J]. Journal of Central South University, 2019, 26 (09): 2393-2403.

[34] 龚乙桐. 硬岩双护盾TBM隧道施工关键技术及工程应用研究 [D]. 西安: 西安建筑科技大学, 2019.

[35] 周智辉. 复合式土压平衡盾构机在高强度硬岩中的掘进技术分析与研究 [J]. 现代隧道技术, 2018, 55 (06): 204-209.

[36] 张瑾. 青岛富水砂层隧道变形机理及其控制对策研究 [D]. 北京: 中国矿业大学, 2013.

[37] 夏梦然, 李卫, 冯啸, 等. 极浅埋富水砂层地铁横通道注浆加固与开挖稳定性 [J]. 山东大学学报(工学版), 2017, 47 (02): 47-54+70.

[38] 张红军. 上覆富水砂层隧道开挖面稳定性分析与注浆加固对策研究 [D]. 济南: 山东大学, 2017.

[39] 宋昊. 富水砂层浅埋暗挖隧道施工中洞内降水的应用解析 [J]. 中国新技术新产品, 2015, (01): 75.

[40] 吴传贤. 水平旋喷桩与超前预注浆在富水砂层浅埋隧道中的应用 [J]. 公路交通科技(应用技术版), 2015, 11 (06): 309-310.